商务部"十二五"规划系列教材

全国外贸物流员岗位专业考试指导教材

外贸物流实务

中国国际贸易学会商务专业考试办公室　编

中国商务出版社

图书在版编目（CIP）数据

外贸物流实务/中国国际贸易学会商务专业考试办
公室编 . —北京：中国商务出版社，2011.4
　商务部"十二五"规划系列教材，全国外贸物流员岗
位专业考试指导教材
　ISBN 978-7-5103-0450-7

　Ⅰ.①外…　Ⅱ.①中…　Ⅲ.①对外贸易−物流−资格
考试−自学参考资料　Ⅳ.①F740.4②F252

　中国版本图书馆 CIP 数据核字（2011）第 055940 号

商 务 部 "十 二 五" 规 划 系 列 教 材

全国外贸物流员岗位专业考试指导教材

外贸物流实务

WAIMAO WULIU SHIWU

中国国际贸易学会商务专业考试办公室编

出　版：中国商务出版社

发　行：北京中商图出版物发行有限责任公司

社　址：北京市东城区安定门外大街东后巷 28 号

邮　编：100710

电　话：010—64269744（编辑室）

　　　　010—64266119（发行部）

　　　　010—64263201（零售、邮购）

网　址：www.cctpress.com

邮　箱：cctp@cctpress.com

照　排：北京嘉年华文图文制作有限责任公司

印　刷：北京市松源印刷有限公司

开　本：880mm×1230mm　1/16

印　张：19.25　字　数：556 千字

版　次：2011 年 4 月第 1 版　　2011 年 4 月第 1 次印刷

书　号：ISBN 978-7-5103-0450-7

定　价：32.00 元

编　委　会

前　　言

　　《国民经济和社会发展第十二个五年（2011—2015年）规划纲要》提出今后五年我国必须牢牢坚持以科学发展为主题，以转变经济发展方式为主线，这标志着我国经济社会发展将进入一个新的转型升级阶段。作为经济社会发展的助推器，现代物流业在促进发展方式转变、改善民生等方面将获得一个更大的发展空间和前所未有的新机遇。在纲要全文中，"大力发展现代物流业"以单节列出，而"物流"一词在纲要中出现多达21次，此外，还在其他8个相关领域提出了物流发展的任务，物流业被赋予了前所未有的重要地位。纲要提出"要加快建立社会化、专业化、信息化的现代物流服务体系，大力发展第三方物流，优先整合和利用现有物流资源，加强物流基础设施的建设和衔接，提高物流效率，降低物流成本。推动农产品、大宗矿产品、重要工业品等特点领域物流发展。优化物流业发展的区域布局，支持物流园区等物流功能集聚区有序发展。推广现代物流管理，提高物流智能化和标准化水平。"这是对国家《物流业调整和振兴规划》关于物流发展内容的深化和发展，是针对我国物流业发展现状和国际物流业发展总体趋势做出的科学判断和政策举措。

　　随着我国经济日益融入全球化进程，特别是加入世界贸易组织后，我国外外贸物流迅猛发展，在国民经济和社会发展中的地位愈发显得重要。外贸物流已经成为助推我国经济国际化、市场化、规范化发展的加速器；同时，通过与制造业、农业和相关服务产业间的衔接与互动，正成为促进其他产业发展不可或缺的粘合剂和促进剂。金融危机后，全球经济结构进入大调整大变革时期，国际生产要素在全球范围以更高效率配置的内在需要对外贸物流业的发展提出了新的要求，与此同时，随着我国开放型经济水平的不断提升和对外贸易的迅猛发展，我国经济融入全球产业链的进程进一步加速，这为我国外贸物流业的发展带来了新的契机。

　　当前，国内对外贸物流的研究刚刚起步，系统阐述外贸物流理论与实务的教材尚不多见，严重滞后于当下方兴未艾的外贸物流实践发展，编写一套系统阐述我国外贸物流理论和实务的系列教材是外贸物流理论界和实务界的当务之急。《外贸物流概论》、《外贸物流实务》、《外贸物流英语》由外贸业务理论与实践一线的专家学者和具有实践经验的业务骨干负责编写，系统吸纳了国际国内外贸物流研究的最新理论成果和实践知识，兼顾理论的系统性和实践的可操作性与针对性。该系列教材的出版顺应了"十二五"时期我国外贸物流发展的新要求，既是外贸物流从业人员培训与考试的唯一指定教材，同时也可作为我国高等院校外贸物流专业教学的教材。作为国内该领域开拓性的系列教材，本教材具有以下突出特点：

权威性。本套教材作者由中国国际贸易学会组织实施编写，汇集了外贸物流理论和实务界的专业学者和业务骨干，教材编写过程中吸取了多方的意见和建议，是外贸物流主管部门、院系专家、行业协会、业务精英和社会学者多方集体智慧的结晶。

时代性。本套教材紧扣时代脉搏，借鉴、吸取了国内外最新研究成果，同时使外贸物流领域的最新操作实践动向得到了及时的反映。

可操作性。外贸物流是一个具有高度实践性的领域，与国外先进发达国家相比，我国发展起步晚，具体做法还存在很多不规范之处，本书结合外贸物流的一线实践，条分缕析地具体阐述了外贸物流的各个关键领域和环节，对于科学把握、系统了解外贸物流的基本理论和操作环节意义重大。

我们有理由相信，本教材的出版具有填补外贸物流教材领域空白的重要意义，必将有助于提升我国外贸物流业相关从业人员的理论和实务水平。

在教材的编写过程中，我们得到了业内主管领导、专家学者、企业骨干和社会方家的悉心指导和热情支持，谨此诚挚感谢。

对中国商务出版社在本套系列丛书的出版过程中给予的技术支持和帮助表示衷心感谢。书中疏漏之处，恳请各位专家、读者对本书提出宝贵意见。

中国国际贸易学会
商务专业培训考试办公室
2011 年 4 月

编写说明

外贸物流（国际物流）是伴随和支撑国际间经济交往、贸易活动和其他国际交流所发生的物流活动。随着全球经济的一体化发展，外贸物流在经济活动中的地位也越来越重要。无论是全球性企业，还是以国内市场为主的企业，都不同程度地要与外贸物流发生联系。对于跨国公司来说，外贸物流为其在全球范围内组织资源提供了更加广阔的空间和优势。随着中国经济的快速发展，中国企业的商务活动也日趋国际化，企业的贸易活动不再是单纯的国内贸易，对外贸易（国际贸易）在企业运营中所占比例越来越大。对外贸易的快速发展，必将推动我国企业融入国际供应链一体化运作体系的步伐，进而带来对外贸物流的巨大需求。

外贸物流是现代物流系统中重要的物流领域，是一种新的物流形态。随着对外贸易的快速发展，对外贸物流人才的需求日增。近年来，专业的外贸物流企业得到了迅速发展，使得对专业外贸物流人才的需求更加巨大，外贸物流作为向社会提供专门化服务的职业也引起社会的广泛关注。外贸物流员是近年来随着我国对外贸易的飞速发展而产生的新兴外贸工作岗位。

由于外贸物流区别于国内物流的特征，中国国际贸易学会顺应我国外贸物流行业发展的需要，组织开展全国外贸物流员岗位专业培训与考试工作，这对于逐步提供外贸物流人员的业务素质，培训专业化的外贸物流人才，有着十分重要的意义。为了规范全国外贸物流员岗位专业培训与考试，从根本上促进我国外贸物流行业的健康发展，我们通过跟踪外贸物流市场的最新变化，结合外贸物流实践，总结相关专业的教学经验，编写了这套教材。在编写过程中我们力求做到：简明准确地阐述基础知识和基本理论，便于学习理解；基本技能和操作技术更贴近于实务，便于应用操作。

《外贸物流实务》共分为九章，内容包括外贸物流仓储业务实务，外贸物流配送业务操作实务，外贸物流货物操作实务，外贸物流货物报检与报关操作实务，海上货物运输操作实务，外贸物流铁路联运与多式联运实务、外贸物流航空货物运输操作实务、外贸物流危险品货物运输实务以及外贸物流货运代理实务。本书除用做全国外贸物流员岗位专业考试与培训教材外，也可作为高等院校物流类专业的教学用书，亦可作为国际贸易、市场营销、经贸英语等相类专业的参考教材。

本书由中南林业科技大学物流学院副院长庞燕博士，院长王忠伟教授主编。编写人员分工如下：第一章黄音，第二章胡亚特，第三章李思寰，第四章谭丹，第五章王魁，第六章李义华，第七章汪洪波、王忠伟，第八章黄向宇、庞燕，第九章朱莎莎、段圣贤。

本书在编写过程中，得到了中南林业科技大学领导的重视和支持，中国国际贸易学会的领导与专家也提供了支持和指导，中国商务出版社为本书的出版提供了技术支持和帮助，在此一并表示感谢。

本书疏漏偏颇之处在所难免，恳请读者批评指正。

编　者

2011 年 3 月

目　　录

第一章　外贸物流仓储业务实务

【本章培训的主要内容】

本章培训的主要内容是关于外贸物流仓储业务实务的基础知识。主要内容包括仓储在外贸物流中的定位，外贸仓储的主要分类，外贸仓储业务的基本程序，外贸物流仓储业务岗位操作流程，仓储货位管理与保管设备，库存控制与管理方法以及仓单的制作实务。

【本章应掌握的主要技能】

通过本章的学习，应掌握外贸仓储业务的基本程序、外贸物流仓储业务岗位操作流程，仓储货位管理以及仓单的制作，深刻理解仓储设备的保管，库存控制与管理的主要理论与方法，了解仓储在外贸物流中的定位及外贸仓储的主要分类。

第一节　外贸物流仓储业务基本程序

一、仓储在外贸物流中的定位

仓储是集中反映工厂物资活动状况的综合场所，是连接生产、供应、销售的中转站，对促进生产提高效率起着重要的辅助作用。仓储是产品生产、流通过程中因订单前置或市场预测前置而使产品、物品暂时存放。外贸商品从生产厂或供应部门被集中运送到装运出口港（站、机场）以备出口，有时须临时存放一段时间，再从装运港装运出口，是一个集和散的过程。为了保持不间断的商品往来，满足销售出口需要，必然有一定量的周转储存；有些出口商品需要在流通领域内进行出口商品贸易前的整理、组装、再加工、再包装或换装等，形成一定量的贸易前的准备储存。可见，国际货物仓储同国际货物运输一样，都是对外贸易及国际物流不可缺少的环节。

外贸物流仓储业务是随着国际商品交换的产生和发展而发展起来的。仓储业在国际货物流通，亦即外贸物流中有着重要的地位和作用。外贸物流仓储业务主要包括收货、存储、拣选和出货四个方面的内容。外贸物流仓储业务的主要作用有以下六个方面：

1. 调整生产和消费在时间上的间隔与地域差异。
2. 保证进入市场的商品质量。
3. 加速外贸商品在国际市场上的周转和流通。
4. 调节国际市场上商品的价格。
5. 调节内外运输工具运载能力的不平衡。
6. 减少外贸物流中的货损货差。

总之，外贸物流仓储业务是外贸物流业务中不可缺少的重要环节之一。随着我国对外国际贸易的不断发展，加强外贸物流仓储管理是缩短商品流通时间、节约流通费用的重要手段。随着综合物流管理的进程，仓储业开展集装箱的拆、装业务，集装箱货运站兼营国际贸易货物仓储业务变得越来越普遍，外贸物流仓储业正在通过开展物流管理拓展延伸服务业务，发挥着外贸物流系统网络的节点作用。

二、保税仓库储存的经营方式

我国目前实行的保税仓库制度，是一项专门储存"进口货物"的保税制度，即指经海关核准，进口货物（限定尚未确定最终去向或待复出口的货物）可以暂缓缴纳进口各税、免领进口许可证或其他进口批件，存入专门仓库，并在规定期限内复运出口或办理正式进口手续或提取用于保税加工。但在货物储存期间必须保持货物的原状，除允许在海关监管下进行一些以储存和运输为目的的简单处理（如晾晒、刷标记、更换包装等）外，不得进行任何加工。这项制度实际上开辟了一个免税的供销市场。

进口商品可以根据转口贸易、加工贸易、维修业务、寄售贸易等需要，随时有现货供应，而无须境内用货单位事先占用大量资金对进口货物进行储备，也不必等待交货期。保税仓库储存货物如提取运往境外，则向海关办理复运出口手续；如提取在境内销售和使用则办理正式进口手续并缴纳进口各税；如提取用于加工成品出口则按加工贸易办理海关手续。

三、保税仓库的法律责任

1. 保税仓库货物在存储期间发生损毁或者灭失的，除不可抗力外，保税仓库经营人应当向海关缴纳损毁、灭失货物的税款，并承担相应的法律责任。

2. 保税仓库存储货物在保税仓库内存储期满，未及时向海关申请延期或者延长期届满后，既不复运出境也不转为进口的，海关按照有关规定提取变卖处理。

3. 在保税仓库设立、变更、注册后，发现原申请材料不完整或者不准确的，应当责令经营企业限期补正，发现企业有隐瞒真实情况、提供虚假材料等违法情形的依法予以处罚。

4. 保税仓库经营企业有下列行为之一的，海关责令其改正，可以给予警告，或者处1万元以下的罚款；有违法所得的，处违法所得3倍以下的罚款，但最高不得超过3万元。

(1) 未经海关批准，在保税仓库擅自存放非保税货物的。

(2) 私自设立保税仓库分库的。

(3) 保税仓库管理混乱，账目不清的。

(4) 经营事项发生变更，未按照规定申请办理变更手续的。

5. 对其他违法行为，海关按照《海关法》、《海关行政处罚实施条例》的有关规定进行行政处罚。构成犯罪的，依法追究刑事责任。

四、保税仓库仓储业务基本程序

保税仓库仓储业务运作基本程序包括四个环节：保税仓库货物进口、入库、储存保管和出库，见图1—1。下面分别加以介绍。

（一）保税仓库货物进口

保税仓库货物进口主要有两种情况：本地进货与异地进货。

1. 本地进货

当进口货物在保税仓库所在地入境时，应由货物所有人或其代理人向入境所在地海关申报，填

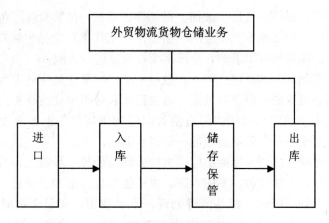

图 1－1　国际货物仓储业务运作基本程序

写"进口货物报关单"，在报关单上加盖"保税仓库货物"戳记并注明"存入××保税仓库"，经入境地海关审查验放后，货物所有人或其代理人应将有关货物存入保税仓库，并将两份"进口货物报关单"随货交保税仓库，保税仓库经营人应在核对报关单上申报进口货物与实际入库货物无误后，在有关报关单上签收，其中一份报关单交回海关存查（连同保税仓库货物入库单据），另一份由保税仓库留存。

2. 异地进货

进口货物在保税仓库所在地以外其他口岸入境时，货主或其代理人应按海关进口货物转关运输管理规定办理转关运输手续。货主或其代理人应先向保税仓库所在地主管海关提出将进口货物转运至保税仓库的申请，主管海关核实后，签发"进口货物转关运输联系单"，并注明货物转运存入××保税仓库。货主或其代理人凭此联系单到入境地海关办理转关运输手续，入境地海关核准后，将进口货物监管运至保税仓库所在地，货物抵达目的地后，货主或其代理人应按上述"本地进货"手续向主管海关办理进口申报及入库手续。

（二）保税仓库货物入库作业

我国国家标准《物流术语》对货物的入库作业的定义：货物进入库场储存时所进行的卸货、搬运、数量清点、检查质量、装箱、整理、堆码和办理入库手续等一系列操作。

外贸物流仓储业务入库分为卸货、入库验收、办理入库手续、贴储位标签或条形码和上架五个步骤。

1. 卸货

卸货有散货卸货和拆箱卸货两类。散货卸货是指一般货物与空运货物（未曾事先堆栈在托盘上并固定者）从仓库的收货码头卸下堆栈在托盘上。拆箱卸货是指海运集装箱装载的货物，在仓库收货区拆封，卸至托盘上。拆箱卸货又有机械拆箱和人工拆箱两种。机械拆箱，货物已打托盘或木箱，可以用堆高机直接开进集装箱内卸装；人工拆箱，货物呈松散堆栈，须以人力逐件搬出后堆放于托盘。

2. 入库验收

为防止商品在储存期间发生各种不应有的变化，在商品入库时首先要严格验收，弄清商品及其包装的质量状况。

入库验收的内容主要包括：第一，数量检验。在进行数量检验时，必须把好点数（过磅）、记码单和码垛三个环节，以保证数量准确。第二，质量检验。既对入库商品进行内在质量，也对商品的物理性能、化学性能的检验和通过耳、鼻、手等感觉器官，并利用简单工具检验。检验商品是否受潮、玷污、腐蚀、霉烂、缺件、变形、破损、损坏等。第三，包装验收。包装对商品安全运输和存储关系甚大，是仓库验收中必须重点检查的一项工作，尤其是对商品包装有具体规定的，如，木箱板的厚度、打包铁皮的箍数等有要求的，仓库都要按规定进行验收。

入库验收发现的主要问题及其处理：第一，数量不准。数量短缺在磅差允许范围内的，可按原数入账；凡超过规定磅差范围的，应查对核实，验收记录和磅码单交主管部门会同货主向供货单位办理交涉，凡实际数量多于原发料量的，可由主管部门向供货单位退回多发数，或补发货款。第二，质量不符合要求。对于不符合质量要求的一定要求退换，不能入库，做到入库的商品无任何质量问题。第三，证件不齐全。此类到库商品应作为待验商品处理，堆放在待验区，待证件到齐后再进行验收。证件未到之前，不能验收，不能入库，更不能发货。第四，单证不符。供货单位提供的质量证明书与进库单、合同不符时，商品留待处理，不得动用。商品未按时到库，有关证件已到库，但在规定的时间商品尚未到库，应及时向货主查询。第五，价格不符。应按合同规定价格承付，对多收部分应予拒付，如果是总额计算错误，应通知货主及时更改。第六，商品在入库前已有残损短缺。有商务记录或普通记录等证件的，可按照实际情况查对证件记录是否准确，在记录范围内的，按实际验收情况填写验收记录；在记录范围以外或无运输部门记录时，应查明责任。其残损情况可以从外观上发现，但在接运时尚未发现而造成无法追赔损失时，应由仓库接运部门负责；外观良好，内部残缺时，应做出验收记录，与供货方交涉处理。第七，发错货，如发现无进货合同、无任何进货依据，但运输单据上却标明本库为收货人的商品，仓库收货后应及时查找该货的产权部，并主动与发货人联系，询问该货的来龙去脉并作为待处理商品，不得动用，依其现状做好记录，待查清后做出处理。第八，对外索赔。对需要对外索赔的商品，应由商检局检验出证，对经检验提出退货、换货出证的商品应妥善保管，并保留好商品原包装，供商检局复验。

3. 办理入库手续

货物入库时，应由仓库保管员填写入库通知单，完整的入库通知单据必须具备以下四联：送货回单、储存凭证、仓储账页和货卡，并附上检验记录单、产品合格证、装箱单等有关资料凭证，以证实该批货物已经检验合格，可以正式上架保管。

4. 贴储位标签或条形码

为便于仓库保管员查找货物及理货，对办理完入库手续的货物通常贴上储位标签或条形码后，再入库上架。

5. 上架

入库的最后一步工作就是把堆栈好的托盘放上货架。货品检验完毕后，依性质的不同由仓储管理系统分配储位，上架人员将依照终端打印机印出的卷标（有些用条形码）黏附在货物外侧（至少两张分贴在对侧）后，缠上透明收缩膜，以堆高机放置入货架或是大货区（Bulk Storage Area）。大货区主要适合大量出货而且进出频繁的品类，另外，它是零库存作业中不可或缺的场地，但必须有良好的进出码头以及妥善的整仓变动规划，否则适得其反。

（三）保税仓库货物储存保管作业

货物入库以后，便进入了储存保管阶段，它是仓储业务的重要环节。其主要内容包括货的存放、保管、检查与盘点三方面。

1. 存放

在储存区内，全托盘装载的物品被分配到预定的托盘位置上。对此，有两种常用的货位分配方法，即可变的货位和固定的货位。可变的货位安排系统，也称作动态定位（Dynamic Slotting），是在每次有新的装运到达时允许产品改变位置，以便于有效地利用仓库空间；固定的货位安排系统，是在选择区内为每种产品分配一个永久性的位置。只要产品的移动流量保持相同水平，储存物品就始终保持这种位置。如果物品的流量一旦发生增减，就有可能对储存物品进行重新分配位置。一般说来，固定货位安排优越于可变货位安排，因为它可以对某种物品提供及时定位。

2. 保管

仓库中货物保管的方式主要有地面平放式，托盘平放式，直接堆放式，托盘堆码式以及货架存放式五种：地面平放式，将保管物品直接堆放在地面上；托盘平放式，将保管物品直接放在托盘上，再将托盘平放于地面；直接堆放式，在地面上直接码放堆积；托盘堆码式，将货物直接堆码在托盘上，再将托盘放在地面上；货架存放式，将货物直接码放在货架上。

仓库保管的基本要求有：

（1）面向通道进行保管。为使物品出入库方便，容易在仓库内移动，一般将物品面向通道保管。

（2）根据出库频率选定位置。出货和进货频率高的物品应放在靠近出入口、易于作业的地方；流动性差的物品可放在距离出入口稍远的地方；季节性物品则依其季节特性来选定放置的场所。

（3）尽可能地向高处码放，提高保管效率。要有效利用库内容积就应尽量向高处码放，为防止破损，保证安全，应当尽可能使用棚架等保管设备。

（4）同一品种放在同一地方。为提高作业效率和保管效率，同一物品或类似物品应放在同一地方保管，员工对库内物品放置位置的熟悉程度直接影响着出入库的时间，将类似的物品放在邻近的地方，将有利于提高仓储作业效率。

（5）根据物品重量安排保管的位置。安排放置场所时，当然要把重的东西放在下边，把轻的东西放在货架的上边。需要人工搬运的大型物品则以腰部的高度为基准。这对于提高效率、保证安全是一项重要的原则。

（6）要注意保证商品的存放安全。如确定货垛高度要考虑到物品及其包装的承压能力、库内设备的操作条件和竖向布局的方式等。

除上述问题以外，保管还应有温度和湿度管理，防尘、防臭、防虫、防鼠和防盗等问题。

3. 货物检查与盘点

（1）保管期间货物的检查

在对货物保管的过程中，保管人员应对货物进行经常和定期的检查，以确保在库量完好、数量准确。

检查的内容主要有：第一，数量检查。货物在存储期间，仓库保管人员要检查货物的数量是否准确，查账上的记载是否正确，核对账、卡、物是否一致。保持仓库的账账相符、账卡相符、账物相符、钱物相符。第二，质量检查。检查存储货物质量有无变化，包括有无受潮、玷污、锈蚀、发霉、干裂、虫蛀、鼠咬，甚至货物变质等现象；检查技术证件是否齐全，证物是否相符；必要时，还要对货物进行技术检查。第三，保管条件检查。检查各类货物堆码是否合理稳固，货垛是否苫垫严密，库房是否漏雨，货场是否积水，门窗通风洞是否良好，库内温度、湿度是否符合要求，保管条件是否符合各种货物的保管要求等。第四，安全检查。检查仓库各种安全措施和消防设备、器材是否齐备，是否符合安全要求，检查库房建筑物是否影响货物正常储存等。

检查的方式主要有：第一，日常检查。日常检查是指每日上下班前后，保管员对所保管的货物的安全情况、保管情况、库房和货场的整洁情况进行的检查。第二，定期检查。定期检查是指根据季节变化和业务需要，由仓库组织有关专业人员对在库货物所进行的检查。第三，临时性检查。临时性检查是指有灾害性气候预报时所组织的临时性检查，例如，在暴风雨、台风到来之前，要检查建筑物是否承受得住风雨袭击，水道是否畅通，露天货场苫盖是否严密牢固；灾害性风雨过后检查有无损失等。

在检查的过程中，如果保管人员发现货物发生变质或有变质迹象、数量有出入、货物出现破损等情况，应及时查明原因，通知存货人或仓单持有者及时采取措施进行处理。并对检查结果和问题做出详细的检查记录。

（2）货物的盘点

货物盘点是指定期或临时核对库存商品实际数量与保管账上的数量是否相符；查明超过保管期限、长期积压货物的实际品种、规格和数量，以便提请处理；检查商品有无质量变化、残损等情况；检查库存货物数量的溢余或缺少的原因，以利改进货物的仓储管理。

盘点内容主要有：第一，盘点数量。对计件商品进行全部清点，货垛层次不清的商品，应进行必要的翻垛整理，同时，检查商品质量变化、残损等情况。第二，盘点重量。对数量较少或贵重的商品应全部过磅；对数量大且价值低廉的商品，由于全部过磅工作量太大，可会同货主逐批抽查过秤核对。第三，货账核对。根据盘点商品的实际数量，逐笔核对商品保管账上所列结存数字。第四，账与账核对。定期或随时将仓库保管账与货主的商品账以及仓库间保管账核对。第五，做好记录及时联系。在盘点对账中发现问题时，要做好记录，及时与存货人联系，协商对策。第六，分析问题，找出原因，及时处理。对盘点中发现的问题，要逐一进行分析，必要时与货主协商，找出原因，纠正账目中的错误，并采取积极的挽救措施，尽量减少因霉烂、变质、残损等原因所造成的损失。

通过日常盘点，可保证定期的全面盘点。对库存货物盘点中出现的盈亏，必须及时做出处理。如果盘盈盘亏的数额不超出国家主管部门规定或合同约定的保管损耗标准，可由仓储保管企业核销；如果超出了损耗标准，则必须查明原因，做出分析，写出报告，承担责任；凡同类货物在规格上发生的数量此多彼少总量相符的，可与存货人根据仓储合同约定直接协商处理。依据处理结果，调整账、卡数额，使账、卡、物数额保持一致。

盘点的方法。一般情况下，对仓储货物的盘点方法主要有：动态盘点法、循环盘点法和重点盘点法。

第一，动态盘点法。动态盘点法是指在发生出库动态时，就随之清点货物的余额，并同保管卡片的记录数额相互对照核对。第二，循环盘点法。循环盘点法是指按照相关货物入库的先后次序，有计划对库存保管货物循环不断地进行盘点的一种方法，即保管员按计划每天都盘点一定量的在库货物，直至库存货物全部盘点完毕，再继续下一循环。第三，重点盘点法。重点盘点法是指对货物进出动态频率高的，或者易损耗的，或者昂贵的货物进行盘点的一种方法。

（四）保税仓库货物出库作业

对于存入保税仓库的货物其出库的流向较为复杂，一般可分为储存后原物复出口、加工贸易提取使用、转入国内销售三种情况：

1. 原物复出口

存入保税仓库的货物在规定期限内复运出境时，货物所有人或其代理人应向保税仓库所在地主管海关申报，填写出口货物报关单，并提交货物进口时经海关签章确认的进口报关单，经主管海关核实后予以验放有关货物或按转关运输管理办法，将有关货物监管运至出境地海关验放出境。复出境手续办理后，海关在一份出口报关单上加盖印章还货物所有人或其代理人，作为保税仓库货物核销依据。

2. 加工贸易提取使用

从保税仓库提取货物用于进料加工、来料加工项目加工生产成品复出口时，经营加工贸易单位首先按照进料加工或来料加工的程序办理合同备案等手续后，由主管海关核发《加工装配和中小型补偿贸易进出口货物登记手册》。经营加工贸易单位持海关核发的《登记手册》，向保税仓库所在地主管海关办理保税仓库提货手续，填写进料加工或来料加工专用"进出口货物报关单"和"保税仓库领料核准单"，经海关核实后，在"保税仓库领料核准单"上加盖放行章，其中一份由经营加工贸易单位凭此向保税仓库提取货物，另一份由保税仓库留存，作为保税仓库货物的核销依据。

3. 转入国内销售

保税仓库的货物需转为国内市场销售时，货物所有人或其代理人应事先报主管海关核准并办理正式进口手续，填写"进口货物报关单"，其贸易性质由"保税仓库货物"转变为"一般贸易进口"。货物属于国家进口配额、进口许可证、机电产品进口管理，以及特定登记进口商品和其他进口管理商品的，需向海关提交有关进口许可证或其他有关证件，并缴纳进口关税、消费税和进口环节增值税。上述进口手续办理后，海关在进口货物报关单上加盖放行章，其中一份用以向保税仓库提取货物，另一份有保税仓库留存，作为保税仓库货物的核销依据。

货物出库的一般步骤（见图1—2）：

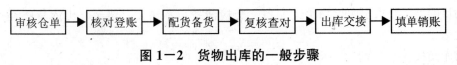

审核仓单 → 核对登账 → 配货备货 → 复核查对 → 出库交接 → 填单销账

图1—2　货物出库的一般步骤

（1）审核仓单

仓库街道存货人或仓单持有人出库通知后，必须对仓单进行核对。因为存货人取得仓单后，可以通过背书的方式将仓单转让给第三人，也可以分割原仓单的货物，填发两份以上新的仓单，将其中一部分转让给第三人。存货人与仓储人原来所签订的合同关系被转让部分规定适用于第三人。第三人在取得仓单后，还可以在仓库有效期内，再次转让或分割仓单。但是合同法规定，存货人转让仓储物提取权的，应当经保管人签字或盖章。

（2）核对登账

仓单审核后，仓库财务人员要检查货物的品名、型号、规格、单价、数量等有无错误，收货单位、到站、银行账号等是否齐全和准确，单证上书写的字迹是否清楚，有无涂改痕迹，是否超过了规定的提货有效期等。如果核对无误后，可根据凭证所列各项内容，登入商品保管账，核销储存量，并在出库凭证上批注发货商品存放的货区、库房、货位编号以及发货后应有的储存数量。同时，收回仓单，签发仓库货物出库单，写清各项内容，连同提货单或调拨单，一起交仓库保管员查对配货。

（3）配货备货

财务人员转来的货物出库凭证经复核无误后，仓库保管员按出库凭证上所列项目内容和上面的批注，到编号的货位对货，核实后进行配货。

配货的原则：先进先出；易坏先出；不利保管先出。

货物从货垛上搬下后，应整齐堆放在备货区位上，以便刷唛、复核、交付等备货作业的进行。

备货工作主要有：包装整理、标志重刷；零星货物组合；根据要求装托盘或成组；到备货区备运。

备货时，发现有下列情况的商品，要立即与存货人或仓单持有人联系，存货人或仓单持有人认为可以出库，并在正式出库凭证上签注意见后，方可备货、出库；否则，不备货、不出库。比如：没有全部到齐的一票入库商品；入库验收时发现的问题尚未处理的；商品质量有异状的。

出库货物应附有质量证明书抄件、磅码单、装箱单等。机电设备等配件产品，其说明书及合格证应随货同行。

（4）复核查对

备货后仓管人员应立即进行复核，以确保出库货物不出差错。复核形式有保管员自行复查、保管员互核、专职人员复核、负责人复查等。复核的内容主要包括以下五个方面：

①认真审查正式出库凭证填写的项目是否齐全，出库凭证的抬头、印鉴、日期是否符合要求，复核商品名称、规格、等级、产地、重量、数量、标志、合同号等是否正确。

②根据正式出库凭证所列项目，与备好的货物相对照，逐项复核、检查，看其是否与出库凭证所列完全相符，如经反复核对确实不符时，应立即调换，并将原错备商品标志除掉，退回原库房。

③检查包装是否破损、污染，标志、箱（包）号是否清楚，标签是否完好，配套是否齐全，技术证件是否齐备。

④需要计重、计尺的货物，要与提货人一起过磅，或根据货物的具体情况抽磅，或理论换算重量，一起检尺。要填写磅码单或尺码单，并会同提货人签字。

⑤复核结余商品数量或重量是否与保管账目、货物保管卡片结余数相符，发现不符应立即查明原因。

复核的目的就是要求出库货物手续完备、交接清楚，不错发、错运。出库货物经过复核无误后，方可发运。

（5）出库交接

备齐货物经复核无误后，仓库保管员必须当面与提货人或运输承运人按单逐件点交清楚、分清责任、办好交接手续。自提货物待货物交清后，提货人应在出库凭证上签章；待发运货物保管员应向发运人员点交，发运人员在出库凭证上签字。发货结束，应在出库凭证发货联上加盖"发讫"或"商品付讫"戳记，并留据存查。同时，应由仓库填写出库商品清单或出门证，写明承运单位名称、商品名称、数量、运输工具和编号，并会同承运人或司机签字。出库商品清单或出门证一式三联，一联由仓库发货人员留查；二联由承运人交仓库，以便门卫查验放行；三联给承运人作为交货凭据。

（6）填单销账

货物交点后，保管员应在出库单上填写"实发数"、"发货日期"等项目内容，并签名。然后将出库单及相关联证件资料及时交送货主，以便货主办理货款结算。保管员根据留存一联出库凭证清点货垛余数，并与账、卡核对，登记、核销实物保管明细账，账面余额应与实际库存量和货卡登记相符；出库凭证应在当日清理，定期装订成册，妥善保管；在规定时间内，转交账务人员登账复核。一批货物发完后，应根据出入库情况，对收发、保管、溢缺数量和垛位安排等情况进行分析，总结经验，改进工作，并把这些资料整理好，存入商品保管档案，妥善保存，以备日后查用。外贸仓库的仓管人员还应于每月的前5天内将上月所存货物的收、付、存等情况列表报送当地海关核查，并随附经海关签章的"进出口报关单"和"仓库领料核准单"等单证。

第二节　外贸物流仓储业务岗位操作流程

仓储主要岗位设置主要包括仓库提货员、记账员以及仓库保管员。其具体岗位操作流程如下：

一、仓库提货员岗位操作流程

（一）仓库提货员岗位职责范围

从保税仓库提取货物用于进料加工、来料加工项目加工生产成品，按照进料加工、来料加工的申请程序，办理有关手续。

（二）仓库提货员岗位操作流程

1. 办理合同登记备案

向对外贸易主管部门申请加工贸易合同审批，然后持国务院有关主管部、委或省、自治区、直辖市、计划单列市对外经济贸易管理机关以及他们授权的管理部门或有关主管部门颁发的《加工贸易合同批准证》，连同加工贸易合同副本或订货卡片，向主管海关办理备案手续，并由海关核发《加工贸易登记手册》。

2. 申请开设保证金台账

根据银行保证金台账制度的有关规定，向海关所在地的指定银行申请开设银行保证金台账。目前，中国银行是唯一授权办理开设加工贸易进口料件银行保证金台账业务的银行，其他银行均不受理该项业务。

3. 办理提货手续

持海关核发的《登记手册》向保税仓库所在地主管海关办理保税仓库提货手续，填写进料加工或来料加工专用"进口货物报关单"和"保税仓库领料核准单"。

加工贸易进口货物报关单位应按《中华人民共和国海关进口货物报关单填制规范》的要求填写，并注意以下六点：

（1）一份报关单只能填写一本《登记手册》项下料件的进口或成品的出口，否则应分单填报；

（2）备案号栏应填报实际进口或出口的手册编号；

（3）贸易方式栏应根据实际情况按规定选择相应的贸易方式填报，包括来料加工、进料对口、进料非对口和三资进料加工等贸易方式；

（4）企业所申报进口或出口货物的序号、品名、规格、计量单位必须与在海关备案的加工贸易登记手册上的进口料件或出口成品的序号、品名、规格、计量单位完全一致；

（5）进口料件的基本情况填在登记手册的"进口料件报关登记表"栏内；

（6）出口成品的基本情况填在登记手册的"出口成品登记表"栏内。

4. 提货

经海关核实后，在"保税仓库领料核准单"上加盖放行章，凭此可向保税仓库提取货物。

（三）仓库提货员岗位涉及单证（见本章附件）

《中华人民共和国海关进口货物报关单》见附件一，《外商投资企业进料加工业务申请表》见附件二，《进口料件申请备案清单》见附件三等。

二、记账员岗位操作流程

（一）记账员岗位职责范围

（1）接收并传递仓管员所传递的各种出、入库单据；

（2）配合仓管人员的检查与盘点工作；

（3）认真核对仓单和出库凭证，进行核对登账，并制作相应的财务报表；

（4）做好出入库商品归档工作。

（二）记账员岗位操作流程

1. 接收并传递单据

在货物入库时，仓库财务员收到仓管员所传递的各种入库单据后，要对其进行认真核对，通过电脑进行确认，并将储存凭证传递给客户。

2. 配合检查与盘点

在货物的在库存储与保管过程中，仓库保管员需对在库货物进行定期或不定期的检查与盘点。这时，财务人员应给予积极的配合与支持，做好货与账、账与账的核对工作，以便及时发现并解决问题。

3. 核对登账

货物出库时，财务员收到仓库保管员审核并签字的仓单后，要认真核对货物的信息有无错误，收货单位、到站、银行账号等是否齐全和准确，单证上书写的字迹是否清楚等。核对无误后，可根据凭证内容，登入商品保管账，核销储存量。同时，收回仓单，签发出库单，而后与提货单或调拨单一起交给仓库保管员。

4. 核单归档

货物交接完毕后，财务员在收到保管员所转交过来的出库凭证后，应根据出入库情况，对收发、保管、溢缺数量等情况进行分析，并把这些资料整理好，存入商品保管档案，妥善保存，以备日后查用。

（三）记账员岗位涉及单证（见本章附件四《入库单》

三、仓库保管员岗位操作流程

（一）仓库保管员岗位职责范围

1. 负责仓库的物料保管、验收、入库、出库等工作。

2. 提出仓库管理运行及维护改造计划、支出预算计划，在批准后贯彻执行。严格执行公司仓库保管制度及其细则规定，防止收发货物差错出现。入库要及时登账，手续检验不合要求不准入库；出库时手续不全不发货，特殊情况须经有关领导签批。

3. 负责仓库区域内的治安、防盗、消防工作，发现事故隐患及时上报，对意外事件及时处理。

4. 合理安排物料在仓库内的存放次序，不得混合乱堆，保持库区的整洁。

5. 负责将物料的存储环境调节到最适合条件，经常关注温度、湿度、通风、虫害、腐蚀等因素，并采取相应措施。

6. 负责定期对仓库物料盘点清仓，做到账、物、卡三者相符，协助物料主管做好盘点、盘亏的处理及调账工作。

7. 负责仓库管理中的入出库单、验收单等原始资料、账册的收集、整理和建档工作，及时编制相关的统计报表。

（二）仓库保管员岗位操作流程

1. 验单核对

货物到达仓库后，首先应进行验单，检查随同货物同时到达的货单。按照货单开列的内容，与货物的各项标志逐项进行核对。对错送货物，拒收退回。

2. 入库交接和登记

入库货物经过点数、查验之后，可以安排卸货、入库堆码在卸货、搬运、堆垛作业完毕后，与送货人办理交接手续，并建立仓库台账。

3. 在库保管

针对各种货物的特性制订保管方法和程序，充分利用现有的技术手段进行针对性的保管和维护。

4. 定期盘点

定期对仓库所存货物进行盘点，做到账、物、卡三者相符。

5. 催提

对将要到期的仓储物进行提前催提，以便提货人有足够的时间准备。

6. 备货

接到提货通知后，及时进行备货工作。备货时要认真核对货物资料。

7. 出库交接

在提货人提货时，认真核对提货人的身份和提货凭证，装车完毕，会同提货人签署出库单证、运输单证，交付随货单证和资料，办理交接。

8. 销账、存档

货物全部出库完毕，保管员应及时将货物从仓储保管账上核销，对留存的提货单证、货物单证、记录、文件等归入货物档案。

（三）仓库保管员岗位涉及的主要单证（见本章附件：附件五至附件七）

《入库盘点表》，《盘点盈亏表》和《仓库领料单》。

第三节　仓储货位管理与保管设备

一、仓储货位概述

仓库货位是仓库内存放货物的具体位置。库场除了通道、机动作业场地，就剩下存货的货位。为了使仓库管理有序、操作规范、存货位置能准确无误的表示出来，仓库根据结构，功能，按照一定的要求将仓库存货位置进行分割，形成货位。每一个货位进行编号以便区别。货位确定并进行标识后，一般不随意改变。货位可大可小，大的有几千平方米的散货货位，小的仅有零点几平方米的橱架货位，要根据所存货物的具体情况确定。货位分为场地货位、货架货位两种。有的相邻货位可以整体加以使用，有的预先已安装地坪，无须垫垛。

仓库货位的使用有三种方式：

1. 不固定货物的货位

不固定货物货位是指货物任意存放在有空的货位，不加分类。不固定货位虽然能提高货位使用率，但是仓库内显得混乱，不利于管理和货物查找。周转极快的专业流通仓库，货物保管时间极短，大都采用不固定方式。计算机管理能弥补仓库管理和货物查找方面的不足。采用不固定货位的方式，必须遵循仓储的分类安全原则。

2. 固定货物的货位

把确定的货物存放在固定货物的货位中，严格地区分使用，决不混用、串用。一般长期货源的计划库存、配送中心等大都采用这种方式。固定货位是专门用来存储固定货物的，便于拣选、查找货物，但是仓容利用率较低。由于是固定货物，可有针对性地对货位进行装备，便于提高货物保管质量。

3. 分类固定货物的货位

对货位进行分片、分区，同一区内只存放一类货物，但在同一区内的货位则采用不固定使用的方式。这种方式有利于货物保管，也有利于货物查找，提高货位使用率。大多数储存仓库都使用这种方式。

二、仓储货位管理规则

仓储货位管理需要遵循以下规则：

1. 以周转率为基础法则

将货品按周转率由大到小排序，再将此序分为若干段（通常分为三至五段），同属于一段中的货品列为同一级，依照定位或分类存储法的原则，指定存储区域给每一级货品，周转率越高应离出入口越近。

2. 产品相关性法则

产品相关性法则可以减短提取路程，减少工作人员疲劳，简化清点工作。产品的相关性大小可以利用历史订单数据做分析。

3. 产品同一性法则

所谓同一性的原则，指把同一物品储放于同一保管位置的原则。这样作业人员对于货品保管位置能简单熟知，并且对同一物品的存取花费最少搬运时间时提高物流中心作业生产力的基本原则之一。否则当同一货品散布于仓库内多个位置时，物品在存放取出等作业时不方便，就是在盘点以及作业人员对料架物品掌握程度可能造成困难。

4. 产品互补性原则

互补性高的货品也应存放于邻近位置，以便缺货时可迅速以另一品项替代。

5. 产品相容性法则

相容性低的产品不可放置在一起，以免损害品质。

6. 产品尺寸法则

在仓库布置时，我们同时考虑物品单位大小以及由于相同的一群物品所造成的整批形状，以便能供应适当的空间满足某一特定要求。所以在存储物品时，必须要有不同大小位置的变化，用以容纳不同大小的物品和不同的容积。此法则可以使物品存储数量和位置适当，使得拨发迅速，搬运工作及时间都能减少。一旦未考虑存储物品单位大小，将可能造成存储空间太大而浪费空间，或存储空间太小而无法存放；未考虑存储物品整批形状亦可能造成整批形状太大无法同处存放。

7. 重量特性法则

所谓重量特性的原则，是指按照物品重量不同来决定储放物品于货位的高低位置。一般而言，重物应保管于地面上或料架的下层位置，而重量轻的物品则保管于料架的上层位置；若是以人手进行搬运作业时，人腰部以下的高度用于保管重物或大型物品，而腰部以上的高度则用来保管重量轻的物品或小型物品。

8. 产品特性法则

物品特性不仅涉及物品本身的危险及易腐蚀，同时也可能影响其他的物品，因此在物流中心布局时应考虑。

第四节　库存控制与管理方法

一、库存及库存的分类

（一）库存的概念

狭义上的库存是指在仓库处于暂时停滞状态，用于未来的，有经济价值的资源。广义上的库存还包括处于加工状态或运输状态的物品。通俗地说，库存是指企业在生产经营过程中为了将来的耗用或者在销售过程中为了将来的销售而储备的资源。

从某种意义上说，库存是为了满足未来的需求而暂时闲置的资源，所以闲置的资源就是库存，与这种资源是否放在库存中没有关系，与资源是否处于运动状态也没有关系。例如，汽车运输的货物处于运动状态，但这些货物为了未来需要而闲置的，这就是库存，是一种在途库存。

从属性上看，库存具有两重性。一方面，库存是生产和生活的前提条件，没有库存人们就不能维持正常的、均衡的生产和生活；另一方面，库存又是生产和生活的负担，是一种资金的占用，要支付多种费用，不仅要负担常规的保管费用，还要承担库存损失和库存风险。因此，库存不能没有，也不能过多，应当在满足社会需要的前提下，库存越少越好。

（二）库存的作用

1. 库存的积极作用

（1）防止发生缺货。缩短从接受订单到送达货物的时间，快速满足客户的期望，缩短交货期，以保证优质服务，同时又要防止脱销。

（2）利用经济订货批量的好处，保证适当的库存，节约库存费用。

（3）降低物流成本。用适当的间隔补充与需求量相适应的、合理的库存以降低物流成本，消除或避免销售波动的影响。

（4）保证生产的计划性、平稳性以消除或避免销售波动的影响。并保证各个生产环节的独立性。

（5）储备功能。在价格下降时大量储存，以应付灾难等不时之需，减少损失。增强企业抵御原材料市场变化的能力。

2. 库存的消极作用

库存也会给企业带来不利的影响，这些影响主要包括以下四个方面。

（1）占用大量的流动资金。

（2）发生库存成本。库存成本是指企业为持有库存所需花费的成本。

（3）增加了企业的产品成本与管理成本。

（4）掩盖了其他一些管理上的问题。掩盖供应商的供应质量、交货不及时等问题。

（三）库存的分类

库存可以从库存的用途、存放地点、来源、所处状态或从生产角度和经营角度等几个方面来分类。

1. 按经济用途分类

（1）商品库存。商品库存指企业购进后供转销货物。其特征是在转销之前，保持其原有实物形态。

（2）制造业库存。制造业库存指购进后直接用于生产制造的货物。其特点是在出售前需要经过生产加工过程，改变其原有的实物形态或者实用功能。

（3）其他库存。指除了以上库存外，供企业一般耗用的用品和为生产经营服务的辅助性物品。其主要特点是满足企业的各种消耗性需要，而不是为了将其直接转销或加工制成产成品后再出售。为生产经营服务的辅助性物品，是指企业进行生产经营必不可少、服务于企业生产经营的物品，比如，包装物和低值易耗品等。

2. 按存货的存放地点分类

（1）库存存货。库存存货指已经运到企业或加工完成并已验收入库的各种存货。

（2）在途存货。在途存货指企业购入的正在运输途中的或货已运到但尚未验收入库的各种存货。

（3）加工中存货。加工中存货指企业自行生产加工以及委托其他单位加工改制中的各种存货。

（4）委托代销存货。委托代销存货指存放在委托单位，并委托其代为销售的存货。

3. 按存货的来源分类

（1）外购存货。外购存货指企业从外单位购入并已验收入库的材料、商品等存货。

（2）自制存货。自制存货指企业自备材料加工完成并验收入库的材料、半成品、产成品等存货。

（3）接受捐赠存货。接受捐赠存货指国外和国内其他单位和个人捐赠的材料、商品等存货。

（4）投资者投入存货。投资者投入存货指投资者投入的材料、商品等存货。

4. 从物品所处状态分类

从库存所处的状态来分，库存分为静态库存和动态库存。静态库存指长期或暂时处于储存状态的库存，这是人们一般意义上认识的库存。实际上广义的库存还包括处于制造加工状态或运输状态的库存，即动态库存。

5. 从生产过程所处状态分类

从生产过程的角度来分，库存分为原材料库存、在制品库存、产成品库存和维修库存四类。

（1）原材料库存。原材料库存是指企业储存的在生产过程中所需要的各种原材料和材料，这些原材料和材料必须符合企业生产所规定的要求。有时，也将外购件库存划归为原材料库存。在生产企业中，原材料库存一般由供应部门控制管理。

（2）在制品库存。在制品库存包括产品生产过程中不同阶段的半成品。在制品库存一般由生产部门来管理控制。

（3）产成品库存。产成品库存是准备让消费者购买的完整的或最终的产品。这种库存通常由销售部门或者物流部门来控制和管理。

（4）维修库存。维修库存包括用于维修与养护的经常小号的物品或备件，比如，润滑剂和机器零件；不包括产成品的维修活动多用的物件或者备件。维修库存一般由设备维修部门来管理控制。

6. 从经营过程的角度分类

从经营过程的角度分，可以将库存分为以下七种：

（1）经常库存。经常库存可以被称作周转库存，这种库存是指为满足客户日常的需求而产生的。经常库存的目的是衔接供需，缓冲供需之间在时间上的矛盾，保障供需双方的经营活动都能正常进行。这种库存的补充是按照一定的数量界限或时间间隔进行的。

（2）安全库存。为防止由于不确定因素（如突发性大量订货或供应商延期交货）准备的缓冲库存被称为安全库存。有资料表明，这种缓冲库存约占零售业库存的1/3。

（3）加工和运输过程库存。处于流通加工或等待加工而暂时被存储的商品叫做加工库存。处于运输状态（在途）或为了运输（待运）而暂时处于存储状态的商品叫做运输过程库存。

（4）季节性库存。季节性库存是指为了满足在一定的季节中出现的特殊需求而建立的库存，或指对在特定季节生产的商品在产成的季节大量收存所建立的库存。

（5）沉淀库存或积压库存。沉淀库存或积压库存是指因商品品质出现问题或发生损坏，或者是因没有市场而滞销的商品库存，超额存储的库存也是其中一部分。

（6）促销库存。促销库存是指为了与企业的促销活动相配合而产生的预期销售增加所建立的库存。

（7）时间效用库存。时间效用库存是指为了避免商品价格上涨给企业带来亏损，或为了从商品价格上涨中得到利益而建立的库存。

二、库存控制与库存管理方法

（一）库存控制的概念及意义

1. 库存控制的概念

库存控制要考虑的几个方面有：销量，到货周期，采购周期以及特殊季节特殊需求，等等。库存需要控制利用信息化手段，每次进货都记录下来，要有盘库功能，库存的价值与市场同步涨跌，要有生产计划，根据生产计划和采购周期安排采购。进行单件成本核算，节约奖励，对供货商进行管理，价格和服务，均衡采购，保持大家的竞争才能得到优质的服务和低廉的价格。每种库存的供应条件、生产能力不同，每种库存物都有不同的特点。多疑库存管理必须按照货物类型实施分类管理，不同的库存采用不同的库存控制系统。

2. 库存控制的意义

库存控制的意义在于在保证企业生产、经营需求的前提下，使库存量经常保持在合理的水平上；掌握库存量动态，适时、适量提出订货，避免超储或缺货；减少库存空间占用，降低库存总费用；控制库存资金占用，加速资金周转。

（二）库存控制方法

1. ABC分类法

ABC分类法又称帕累托分析法或巴雷托分析法、柏拉图分析、主次因素分析法、ABC分析法、ABC法则、分类管理法、重点管理法、ABC管理法、abc管理、巴雷特分析法，它是根据事物在技术或经济方面的主要特征，进行分类排队，分清重点和一般，从而有区别地确定管理方式的一种分析方法。由于它把被分析的对象分成A、B、C三类，所以又称为ABC分析法。

ABC分类法是由意大利经济学家维尔弗雷多·帕累托首创的。1879年，帕累托在研究个人收入的分布状态时，发现少数人的收入占全部人收入的大部分，而多数人的收入却只占一小部分，他将这一关系用图表示出来，就是著名的帕累托图。该分析方法的核心思想是在决定一个事物的众多因素中分清主次，识别出少数的但对事物起决定作用的关键因素和多数的但对事物影响较少的次要因素。后来，帕累托法被不断应用于管理的各个方面。

（1）ABC分析法的原理

20/80原则是ABC分类法的指导思想，即20%的因素带来了80%结果。人们将价值比率为65%～80%、数量比率为15%～20%的物品划为A类；将价值比率为15%～20%、数量比率为30%～40%的物品划分为B类；将价值比率为5%～15%、数量比率为40%～55%的物品划为C类。

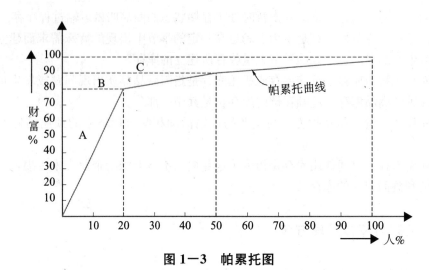

图1—3   帕累托图

（2）ABC方法的步骤

第一步，计算每一种材料的金额。

第二步，按照金额由大到小排序并列成表格。

第三步，计算每一种材料金额占库存总金额的比率。

第四步，计算累计比率。

第五步，分类。累计比率在0％～60％之间的为最重要的A类材料；累计比率在60％～85％之间的为次重要的B类材料；累计比率在85％～100％之间的为不重要的C类材料。

（3）ABC方法的应用

例：某企业有3 421种物资，每年占用资金额达8 392万元。

第一步，根据各种物资的价格和年需要量计算出年需要的价值，并按价值大小分段排出品种序列。

第二步，计算各段品种数和耗用金额，各段品种累计数和金额累计数以及各段品种累计数占全部品种数的百分比和各段金额累计数占总金额的百分比等。

表1—1   各种物资的年需要量及价值排序   单位：万元

物资金额区域类别	品种表	品种累计数	占全部品种％累计	物资金额	金额累计	占总金额％累计
＞6	250	250	7.0	5 300	5 300	63.0
＞5～≤6	92	342	10.0	1 412	6 712	80.0
＞4～≤5	230	572	16.7	300	7 012	83.5
＞3～≤4	75	647	18.9	250	7 262	86.6
＞2～≤3	185	832	24.0	320	7 582	90.4
1＞～≤2	505	1 337	39.0	390	7 970	95
≤1	2 084	3 421	100.0	420	8 392	100.0

第三步，根据分类标准进行ABC分类。

表1—2   该企业物资的ABC分类   单位：万元

物资分类	品种数	占全部品种％	物资金额	占总金额％
A	342	10	6 712	80
B	995	29	1 260	15
C	2 084	61	420	5

第四步，根据表中统计数据绘制 ABC 分析图。

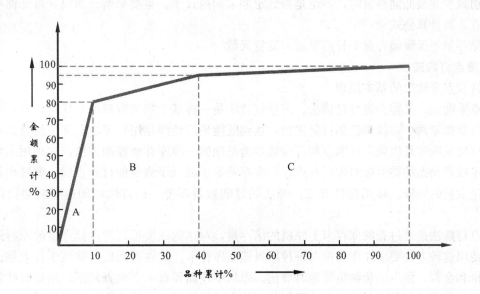

图 1—4 ABC 分析图

第五步，对于 ABC 三类物资采取不同的管理和控制方法。

对 A 类物资实行重点控制，重点计划；对 B 类物资实行一般管理；对 C 类物资采取简单的控制方法。

2. 定期采购法

（1）定期采购法的基本原理

定期采购法是基于时间的订货控制方法，它设定订货周期和最高库存量，从而达到库存量控制的目的。只要订货周期和最高库存量控制得当，既可以不造成缺货，又可以达到节省库存费用的目的。它采取定期盘点，按固定的时间间隔检查库存量并随即提出订购，订购批量根据盘点时的实际库存量和下一个进货周期的预计需要量而定。所以，这种方法订购时间固定，而每次订购的数量不同，按实际储备量情况决定。

为便于对物资的库存管理和采购管理，有必要对各项原料确定标准储存量。标准储存量就是一项物资在库房中储存的最高存量。管理人员要分别估计各项物资在规定时间内的总需要量。由于对客源量的预测不可能十分精确，同时采购后供应单位发货也会因某些特殊情况而推迟，因而在所需原料的总量上还需加一定的保险储量。

因为库存的品种多，使用频繁，不易对各种原料逐项计算最佳经济订货批量。管理人员可根据库房的储存面积、原料的可得性和流动资金多少确定同类原料（或向同一供货商）采购的间隔天数定期采购，再根据各项原料的预订日需要量算出各项原料的标准储存量：

标准储存量＝需要量×定期采购间隔天数＋保险储存量

采购日期时，要清点各种货物的存量，计算出需要采购的数量：

原料需采购量＝标准储存量－现存量＋日需要量×发货天数

利用这种方法来确定原料需购量时，可保证来货后原料正好又达到标准储存量。

（2）定期采购法的优点

同类的物资或同一供应商的物资可定期在同一天采购，这样能减少采购次数和人工时。另外，每项物资确定标准储存量后，原料不会过量储存，采购数量容易控制。定期采购法的缺点是某些货物实际用量大大超过预订数时，不易发现货物短缺。为了避免这种缺陷，对每项货物订出最低储存量，当货物减少到最低储存量时，不论是否到定期采购的日子，也要采购。所以，最低储存量也就是再订货点，其计算公式为：

最低储存量＝保险储存量＋日需要量×发货天数

3. 订货点订购法

（1）订货点采购法的基本原理

订货点采购法，又称为定量订货法。定量订货法是一种基于物资数量的订货法，它主要靠控制订货点和订货批量两个参数来控制订货进货，达到既能最好地满足用户需求，又使经营总费用最低的目的。订货采购法是以固定订购点和订购批量为基础的一种库存量控制方法，它采用永续盘点方法，对发生收发动态的物资随时进行盘点，当库存量等于或低于规定的订购点时，就提出订购，每次购进固定数量的物资。运用这种方法，每次的订购数量不变，而订购时间由材料物资需要量来确定。

订货点订购法是通过查阅库存卡上原料的结存量，对达到或接近订货点储存量的原料进行采购的方法。使用这种方法要求在库房中对每种原料建立库存卡。货物收到后必须在卡片上登记正确的数量、单价和金额，发出的货物也要随时登记。库房中还需要有一套检查制度，检查哪些货物已经达到或接近订货点储存量，对这些已达到订货点储存量的原料发出采购通知和确定采购数量。原料订货点储存量也就是该原料的最低储存量，当原料从库房发出使库存数量减少到订货点储存量时，该原料必须采购补充。

订货点储存量＝保险储存量＋日需要量×发货天数

订货点采购法和定期采购法的不同是，订货点采购法的采购数量比较稳定。

需采购量＝标准储存量订货点储存量＋日需要量×发货天数＝标准储存量－保险储存量

（2）订货点采购法的优点

建立了货品库存卡制度和检查制度。当原料不足时，能及时检查和反映出来并及时采购，能有效地防止货品储量不足或过量储存。

在确定采购时只需翻阅库存卡即可，能够节省人工时。

采购数量比较稳定，不需要每次作决策，采购管理比较方便。

（3）订货点采购法的缺点

订货点采购法的缺点是利用这种方法需要对原料进行不定期的采购，采购和运输的工作量比较大，而且库存卡上要正确登记库存的进货和发货量，卡片登记工作比较费时。

第五节　仓单制作实务

一、仓单的概念和性质

（一）仓单的概念和作用

仓单是保管人在接收仓储物后签发的表明一定数量的仓储物已经交付仓储保管的法律文书。保管人签发仓单，表明已接收仓储物，并已承担对仓储物的保管的责任以及保证将向仓单持有人交付仓储物。签发仓单是仓储保管人的法律义务，根据《合同法》规定："存货人交付仓储物时，保管人应当给付仓单。"

仓单的作用表现在：签发仓单表明保管人已接收了仓单上所记载的仓储物；仓单是仓储保管人

凭以返还保管务的凭证；仓单是确定保管人和仓单持有人、提货人责任和义务的依据；同时仓单还是仓储合同的证明。

（二）仓单的法律特性

1. 仓单是提货凭证

仓储保管人保证向仓单持有人交付仓储物。在提取仓储物时，提货人必须向保管人出示仓单，并在提货后将仓单交回保管人注销。没有仓单不能直接提取仓储物。

2. 仓单是所有权的法律文书

保管人在查验并接收仓储物后向存货人签发的仓单，表明仓储物的所有权并没有转移给保管人，只是将仓储物的保管责任转交给保管人，通过保管人签发的仓单作为仓储物的所有权文书，并由存货人或者其他人持有。

3. 仓单是有价证券

仓单是仓储物的文件表示，仓储保管人依据仓单返还仓储物，持有仓单表示占有仓储物，也就意味着占有被仓储的财产和该财产所包含的价值。受让仓单就需要支付与该价值对等的资产或者价款，因而仓单是表明仓储物价值的有价证券。

4. 仓单是仓储合同的证明

仓单本身不是仓储合同，当双方没有订立仓储合同时，仓单作为仓储合同的书面证明，证明合同关系的存在。存货人和保管人按照仓单的记载承担合同责任。

二、仓单的形式和内容

仓单由保管人提供。仓储经营人准备好仓单簿，仓单簿为一式两联，第一联为仓单，在签发后交给存货人；第二联为存根，由保管人保存，以便核对仓单。

《合同法》规定仓单的内容包括以下事项：

1. 存货人的名称或者姓名和住所；
2. 仓储物的品种、数量、质量、包装、件数和标记；
3. 仓储物的损耗标准；
4. 储存场所；
5. 储存期间；
6. 仓储费；
7. 仓储物已经办理保险的，其保险金额、期间以及保险人的名称；
8. 填发人、填发地和填发日期。

三、仓单业务

（一）仓单的签发

仓单由保管人向存货人签发。存货人要求保管人签发仓单时，保管人必须签发仓单。保管人签署的仓单才能生效。

保管人对仓储物不良状态的批注必须实事求是，如果仓储物的瑕疵不影响仓储物的价值或质量等级，保管人可以接受存货人的担保而不批注，否则就必须批注，或者拒绝签发仓单。

（二）仓单份数

根据《合同法》的规定，保管人只签发一式两份仓单，一份正式仓单交给存货人，另一份为存底单，由保管人保管。仓单副本则根据业务需要复制相应份数，但需注明为"副本"。

（三）仓单的分割

存货人将一批仓储物交给保管人时，因为转让的需要，要求保管人签发几份仓单，或者仓单持有人要求保管人将原先的一份仓单分拆成多份仓单以便向不同人转让，这就是仓单的分割业务。仓单的分割条件是仓储物必须能够被分批，且达成对残损、地脚货的分配协议并对分割后的仓单持有人有约束力，分割后仓单的仓储物总和数与仓储物总数相同。保管人对已经签发出的仓单进行分割后，必须将原仓单收回。

（四）仓单转让

仓单持有人需要转让仓储物时，可以通过背书转让的方式进行仓储物转让。仓单转让生效的条件为：背书过程完整，经保管人签署。

1. 背书转让

作为记名单证，仓单的转让采取背书转让的方式进行。背书转让的出让人为背书人，受让人为被背书人。背书格式为：

兹将本仓单转让给×××（被背书人的完整名称）
×××（背书人的完整名称）
背书经办人签名、日期

仓单可以进行多次背书转让，第一次背书的存货人为第一背书人。在第二次转让时，第一次被背书人就成为第二背书人。因而背书过程是衔接的完整过程，任何参与该仓单转让的人都在仓单的背书过程中有记载。

2. 保管人签署

存货人将仓单转让，意味着保管人需要对其他人履行仓储义务，保管人与存货人订立仓储合同的意境和氛围都因仓单的转让发生了改变，保管人对仓单受让人旅行仓单义务需要了解义务对象的变化，对仓单受让行使仓单权利也需要对债务人有足够的信任，因而需要对仓单的转让给予认可。所以仓单的转让需要保管人的签署，受让人方可凭单提取仓储物。

（五）凭单提货

在保管期满或者经保管人同意的提货时间，仓单持有人向保管人提交仓单并出示身份证明，经保管人核对无误后，保管人基于办理提货手续。

1. 核对仓单。

2. 提货人缴纳费用。

3. 保管人签发提货单证并安排提货保管人收取费用、收回仓单后，签发提货单证。安排货物出货准备。

4. 提货人验收仓储物提货人根据仓单的记载与保管人共同查验仓储物，签收提货单证，收取仓储物。

如果查验时发现仓储物状态不良，需现场编制记录，并要求保管人签署，必要时申请商品检验，以备事后索赔。

（六）仓单灭失的提货

仓单因故损毁或灭失，将会出现无单提货的险象。仓单灭失的提货方法如下：

1. 通过人民法院的公示催告使仓单失效

根据《民事诉讼法》，原仓单持有人或者仓单合同人可以申请人民法院对仓单进行公示催告。当60天公示期满无人争议后，人民法院可以判决仓单无效，申请人可以向保管人要求提取仓储物。在公示期内有人争议，则向法院审理判决，确定有权提货人，并凭法院判决书提货。

2. 提供担保提货

提货人向保管人提供仓储物的担保后提货，由保管人掌握担保财产，将来另有人出示仓单而不能交货需要赔偿时，保管人使用担保财产进行赔偿。该担保在可能存在的仓单失效后，方解除担保。

（七）不记名仓单

在仓单的存货人项不填写真正的存货人或者所有人，而只填写通知人或者经手人等非实际仓储物的所有人的仓单属于部记名仓单。

重点名词与概念

动态定位；仓库货位；库存；库存控制；ABC分类法；订货点订购法；仓单；仓单分割；仓单转让；背书转让

练习与思考

一、多选题

1. 按照仓库在商品流通中的用途分类，外贸仓库可以分为（　　）。

A. 口岸仓库　　　B. 中转仓库　　　C. 加工仓库　　　D. 储存仓库

E. 公用仓库

2. 按照仓库滚利体制分类，外贸仓库可以分为（　　）。

A. 自用仓库　　　B. 公用仓库　　　C. 保税仓库　　　D. 私人仓库

E. 保税仓库

3. 仓储岗位设置主要包括（　　）。

A. 仓库提货员　　B. 记账员　　　C. 仓库保管员　　　D. 仓库清洁人员

E. 装卸工人

二、判断题

1. 安全库存就是缓冲库存。（　　）

2. 仓单本身就是仓储合同。（　　）

3. 仓单可以进行多次背书转让，任何参与转让的人都在仓单的背书过程中有记载。（　　）

三、简答题与论述题

1. 外贸仓储业务的主要作用是什么？

2. 外贸仓储业务的基本程序包括哪些?

3. 请简述不同岗位人员在外贸物流仓储业务岗位上的操作流程。

4. 仓库货位使用的主要方式有哪些?

5. 请简述库存控制的主要方法。

附件

附件一　中华人民共和国海关进口货物报关单

进口口岸	备案号		进口日期	申报日期
经营单位	运输方式	运输工具名称		提运单号
收货单位	贸易方式		征免性质	征税比例
许可证号	起运国（地区）	装货港		境内目的地
批准文号	成交方式	运费	保费	杂费
合同协议号	件数	包装种类	毛重（公斤）	净重（公斤）
集装箱号	随附单据			用途
标记唛码及备注				

项号	商品编号	商品名称、规格型号	数量及单位	原产国（地区）	单价	总价	币制	征免

税费征收情况

录入员	兹申明以上申报无效并承担法律责任	海关审单批注及放行日期（签章）	
	录入单位	审单　　审价	
报关员			
单位地址	申报单位（签章）	征税	统计
邮编　　电话	填制日期	查验	统计

附件二   外商投资企业进料加工贸易申请表

局：   编号：

（税务登记代码为　　　　　　　）于　　年　　月销售的下表所列料件，属于进料加工复出口贸易，根据出口退税管理办法，准许将销售发票上按规定税率计算注明税额，从出口退税款中抵扣，而不计征入库。

海关登记册号	部门代码	商品代码	进料名称	计量单位	销售数量	单价	金额	增值税专用发票号码	增值税专用发票所列税款	复出口商品代码	复出口商品名称	抵扣税率	海关代征税额	出口退税应抵扣税额
合计														

出口企业		主管税务机关意见	
企业经办人： 财务负责人： 企业负责人：	（公章） 年　月　日	经办人： 科（所）长： 负责人：	（公章） 年　月　日

注：1. 抵扣税率：进口料件征税率和复出口商品退税率比较，哪个小按哪个抵扣
　　2. 海关代征税额：海关代征的增值税税额
　　3. 应抵扣税税额＝内销金额×抵扣税率－海关代征税额

附件三   进口料件申请备案清单

金额单位：美元

序号	商品编码	商品名称	规格型号	单位	数量	单价	总值	原产国

附件四   入库单

日期	品名和规格	计量单位	入库数量	入库单价	入库金额	领用数量	领用单价	领用金额

附件五　入库盘点表

年　月　日

项　目	入库	生产部出库	办公室出库
鲜活			
调料			
一次性消耗			
合　计			

附件六　盘点盈亏表

单位名称：　　　　　　　　　　　　　　　　　　　　　　　　　　　年　月　日

实 存 金 额	账 存 金 额	对比结果		备　注
		盈	亏	

盘点人签章：　　　　　　　　　　　　　　　　　　　　　　　　出纳员签章：

附件七　仓库领料单

部　门：　　　　　　　　　　　　　　　　　　　　　　　日　期：

编号	需 要 量		项　　目	实 发 量		单价	金额
	数量	单位		数量	单位		
合　计							

领货部门　　　　　　　　批准　　　　　　　发货人　　　　　　领货人

第一联：成本部　　　　　　第二联：仓库　　　　　　第三联：领货部门

第二章　外贸物流配送业务操作实务

【本章培训的主要内容】

本章培训的主要内容是关于外贸物流配送业务实际操作知识。内容主要包括配送的基本环节，外贸物流配送中心的作业流程及特点，配送计划制订，配送中心储存管理，装卸搬运作业组织，配送中心绩效的含义，配送中心绩效评价的含义、策略和原则，配送中心绩效评价的方法、指标体系及评价分析。

【本章应掌握的主要技能】

通过本章学习，掌握配送的基本环节，配送中心绩效与绩效评价的含义、外贸物流配送中心的作业流程及特点，理解配送计划制订，储存管理作业组织，装卸搬运作业组织，配送中心绩效评价指标体系，了解配送中心绩效评价的方法，配送中心绩效评价分析。

第一节　外贸物流配送中心作业流程

一、配送的基本环节

从总体上看，配送是由备货、理货和送货三个基本环节组成，其中每个环节又包含若干项具体的、枝节性的活动。

（一）备货

备货是指准备货物的系列活动，是配送的准备工作或基础环节，又是决定配送成败与否、规模大小的最基础环节。同时，它也是决定配送效益高低的关键环节。如果备货不及时或不合理，成本较高，会大大降低配送的整体效益。

严格说来，备货工作包括两项具体活动：筹集货物和储存货物。

筹集货物。筹集货物是由订货（或购货）、进货、集货及有关的质量检查、结算、交接等一系列活动组成的。

配送的优势之一，就是可以集中用户的需求进行一定规模的备货。备货是决定配送成败的初期工作，如果备货成本太高，会大大降低配送的效益。

储存货物。储存货物是购货、进货活动的延续。在配送活动中，货物储存有两种表现形态：一种是暂存形态；另一种是储备（包括保险储备和周转储备）形态。

暂存形态的储存是指按照分拣、配货工序要求，在理货场地储存少量货物。

暂存形态的货物储存是为了适应"日配"、"即时配送"需要而设置的，其数量多少对下一个环节的工作方便与否会产生很大影响，一般来说，不会影响储存活动的总体效益。

储备形态的储存是按照一定时期配送活动要求和根据货源的到货情况（到货周期），有计划地确定的，它是使配送持续运作的资源保证。

（二）理货

理货是配送的一项重要内容，也是配送区别于一般送货的重要标志。理货包括货物分拣、配货和包装等活动。

货物分拣采用适当的方法和手段，从储存的货物中分出（或拣选）用户所需要的货物。分拣货物一般采取两种方式来操作：一是摘取式，二是播种式。

摘取式分拣就像在果园中摘果子那样去拣选货物。具体做法是：作业人员拉着集货箱（或称分拣箱）在排列整齐的仓库货架间巡回走动，按照配送单上所列的品种、规格、数量等将客户所需要的货物拣出及装入集装箱内。

摘取式分拣的工艺过程：储物货位相对固定，而拣选人员或工具相对运动，所以又称作人到货前式工艺。形象地说，类似于人们进入果园，在一棵树上摘下熟了的果子后，再转到另一棵树前去摘果。

播种式分拣货物类似于田野中的播种操作。具体做法是：将数量较多的同种货物集中运到发货场，然后，根据每个货位货物的发送量分别取出货物，并分别投放到每个代表用户的货位上，直到配货完毕。

播种式分拣的工艺过程：用户的分货位固定，而分货人员或工具携货物相对运动，所以又称作货到人前式工艺。形象地说，又类似于一个播种者，一次取出几亩地所需要的种子，在地中边巡回边播种，所以又称为播种方式。

（三）送货（发送）

送货是配送活动的核心，也是备货和理货工序的伸延。在物流运动中，送货的现象形态实际上就是货物的运输（或运送），因此，常常以运输代表送货。但是，组成配送活动的运输（有人称这为"配送运输"）与通常所讲的"干线运输"是有区别的：前者多表现为对用户的"末端运输"和短距离运输，且运输的次数比较多；后者多为长距离运输（"一次运输"）。由于配送中的送货（或运输）需面对众多的客户，且要多方向运动，因此，在送货过程中，常常要进行运输方式、运输路线和运输工具的三种选择。按照配送合理化的要求，必须在全面计划的基础上，制订科学的、距离较短的货运路线，选择经济、迅速、安全的运输方式和适宜的运输工具。通常，配送中的送货（或运输）都把汽车（包括专用车）作为主要的运输工具。

二、外贸物流配送中心的作业流程及特点

（一）外贸物流配送中心作业流程

配送中心的特性或规模不同，其营运涵盖的作业项目和作业流程也不完全相同，但其基本作业流程大致可归纳如图 2—1 所示。

1. 进货

进货作业包括把货品做实体上的接收，从货车上将其货物卸下，并核对该货品的数量及状态（数量检查、品质检查、开箱等），然后记录必要信息或录入计算机。

进货亦即组织货源。其方式有两种：①订货或购货（表现为配送主体向生产商订购货物，由后

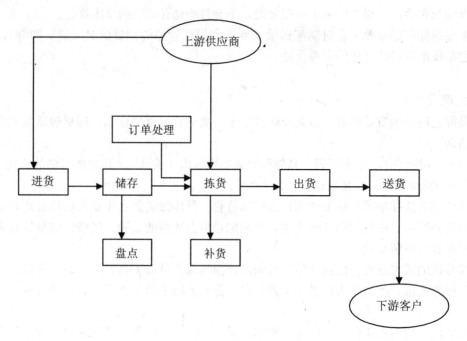

图 2－1   配送中心的基本流程

者供货）；②集货或接货（表现为配送主体收集货物，或者接收用户所订购的货物）。前者的货物所有权（物权）属于配送主体，后者的货物所有权属于用户。

2. 搬运

搬运是将不同形态之散装、包装或整体之原料、半成品或成品，在平面或垂直方向加以提起、放下或移动，可能是要运送，也可能是要重新摆置物料，而使货品能适时、适量移至适当的位置或场所存放。在配送中心的每个作业环节都包含着搬运作业。

3. 储存

储存即按照用户提供的要求并依据配送计划将购到或收集到的各种货物进行检验，然后分门别类地储存在相应的设施或场地中，以备拣选和配货。它的主要任务是把将来要使用或者要出货的物料做保存，且经常要做库存品的检核控制，储存时要注意充分利用空间，还要注意存货的管理。

储存作业一般都包括程序：运输→卸货→验收→入库→保管→出库。存储作业依产品性质、形状不同而形式各异。有的是利用仓库进行储存，有的是利用露天场地储存，特殊商品（如液体、气体）则需储存在特制的设备中。

4. 盘点

货品因不断的进出库，在长期的累积下库存资料容易与实际数量不符，或者有些产品因存放过久、不恰当，致使品质功能受影响，难以满足客户的需求。为了有效地控制货品数量，需要对各储存场所进行盘点作业。

5. 订单处理

由接到客户订货开始至准备着手拣货之间的作业阶段，称为订单处理，包括有关客户、订单的资料确认、存货查询、单据处理以及出货配发等。

6. 拣货

每张客户的订单中都至少包含一项以上的商品，如何将这些不同种类数量的商品由配送中心中取出集中在一起，此即所谓的拣货作业。拣货作业的目的也就在于正确且迅速地集合顾客所订购的商品。

7. 补货

补货是在拣货区的存货低于设定标准的情况下，将货物从仓库保管区（Reserve Area）搬运到拣货区（Home Area），并作相应的信息处理的工作。其目的是将正确的产品在正确的时间和正确的地点以正确的数量和最有效的方式送到指定的拣货区。

8. 出货

出货作业是衔接拣货作业和送货作业之间的作业环节，它是指拣货作业完成后至配送中心商品装车送达之前需要做的一些辅助性工作。其基本作业内容包括：将拣取完成后的货品按订单或配送路线进行分类，再进行出货检查；将商品装入合适的容器或捆包，做好标识和贴印标签；将同一趟次或相同厂商指示的物品运至出货准备区，最后装车配送。

9. 送货

送货是指将被订购之物品，使用卡车从配送中心送至顾客手中的活动。送货流程包括搬运、配装、运输和交货等活动。其作业程序为：配装→运输→交货。送货是配送的终结，故在送货流程中除了要圆满地完成货物的移交任务以外，还必须及时进行货款（或费用）结算。在送货这道工序中，运输是一项主要的经济活动。据此，在进行送货作业时，选择合理的运输方式和使用先进的运输工具，对于提高送货质量至关重要。就前者而言，应选择直线运输、"配载运输"（即充分利用运输工具的载重量和容积，合理安排装载的货物和载运方法的一种运输方式）方式进行作业。

（二）配送中心作业过程的特点

1. 作业过程不连续

配送中心的作业过程，从入库到出库不是连续进行的，而是间断进行的。这是因为各个作业环节不是密切衔接的，各个作业环节之间存在间歇。如货物卸车后不一定能马上入库，而需要一段待验和检验时间；货物入库后，不是立即就出库，而要有一段在库保管时间；货物分拣包装完毕，需要有一段待运时间；等等。

2. 作业量不均衡

配送中心每天发生的作业量有很大的差别，各月之间的作业量也有很大的不同，这种日、月作业量的不均衡主要是由于配送中心入库作业和出库作业在时间上的不均衡（不确定）和批量大小不等造成的。例如，物品集中到库而分散出库，分批到库而集中出库，各作业环节忙闲不均、时紧时松。

3. 作业对象复杂

通常情况下制造商固定生产某种类型的产品，劳动对象相对长期固定，如生产制造机床的厂商，其主要劳动对象是各种钢材。而配送中心的作业对象可以是各式各样的物品，可以有成千上万种。不同的库存物品可能要求不同的作业手段、方法和技术，因而配送中心作业情况就比较复杂。当然也有专用性配送中心比较单一，如碘盐配送中心。

4. 作业范围广泛

配送中心的各个作业环节，大部分是在配送中心范围内进行的，但也有一部分作业是在配送中心以外的范围内进行的，如接运、配送等作业可能要在生产企业、中转配送中心、车站、港口或者用户指定地点进行，所以作业范围相当广泛。

上述特点对配送中心的设施规划，设备配置、运用与管理，人员的定编、劳动组织与考核，作业计划、作业方式与方法等，均会产生重要影响，并给合理组织配送中心作业带来困难和不便。

（三）配送中心订单处理流程

配送中心收到客户订单后，进行订单处理的主要工作流程如下：

（1）检查订单是否全部有效，即信息是否完全准确。

（2）信用部门审查顾客的信誉。

（3）市场销售部门把销售额记入有关销售人员的账下。

（4）会计部门记录有关的账务。

（5）库存管理部门选择和通知距离顾客最近的仓库分拣顾客订货、包装备运并及时登记公司的库存控制总账，扣减库存，同时将货物及托运单送交运输商。

（6）运输部门安排货物运输，将货物从仓库发运至收货地点，同时完成收货确认，即签收。

配送中心在订单处理完毕后，将发货单寄给顾客。这一过程也可由计算机网络完成。有了电子订货系统和订单处理系统，便于客户与配送中心之间的联系。物流企业可自行设计订单的格式，便于客户和配送中心上机使用，便于计算机处理。

货物拣选完毕后，要核对集中起来的货物。比如，库存缺货，应立即通知营业部门修正原始文件。通常要填制包装清单放入每件货物中，以说明其中货物品类、数量，收货人也据此核收货物。

第二节　外贸物流配送中心作业组织

配送中心管理的关键是组织物流配送中心的作业，其主要作业组织内容包括配送计划的制订、入库作业组织、储存管理、出库作业组织、装卸搬运作业组织以及货物配装与配送路线选择。

一、配送计划的制订

配送是一个多环节的作业，配送效率的提高是在各个环节的密切配合、协调一致之下实现的，这就决定了它是一个复杂的过程。同时，配送是直接面对客户的活动，详细的计划是提高配送效率的保障，是提高配送服务水平的必要条件。配送管理也存在着很大的难度。如何安排和控制配送运输这一环节存在一定的难度，需要优化配送路线，控制时间，合理安排车辆、人员、对交通事故、交通堵塞、临时送货等突发事件采取应变措施，等等。

配送计划是在配送过程中关于配送活动的周密计划。它的主要目的是实现配送管理的合理化；消除配送中的作业浪费、时间浪费；减少商品损失，提高设备、设施、运输工具的使用效率，从而消减配送费用，使配送工作能够按最高效率的路线和行车时间表进行。

（一）配送计划的制订步骤

配送计划的制订一般应遵循如图 2—2 所示的步骤进行：

1. 确定配送计划的目的

物流业务的经营运作是以满足客户需求为导向的，并且需要与企业自身拥有的资源、运作能力相匹配。但是，往往由于企业受到自身的能力和资源的限制，对满足客户需求的多变性、复杂性有一定难度。这就要求企业在制订配送计划时必须考虑制订配送计划的目的。

2. 收集相关数据资料

收集整理服务对象的相关数据资料是提高配送服务水平的关键。配送活动的主要标的是货物，比如，原材料、零部件、半成品、产成品等。就长期固定客户而言，对该货物近年来的需求量以及淡季和旺季的需求量变化等相关统计数据是制订配送计划时必不可少的第一手数据资料。另外，了

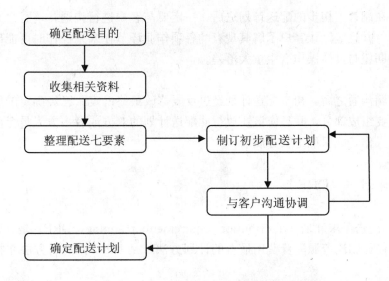

图 2—2　配送计划的制订步骤

解当年销售计划、生产计划、流通渠道的规模以及变化情况、配送中心的数量、规模、运输费用、仓储费用、管理费用等数据也是十分必要的。

3. 配送七要素

配送七要素是指：货物、客户、车辆、人员、路线、地点、时间，也称作配送的功能要素。在制订配送计划时应对此七项内容作深入了解并加以分析整理。

(1) 货物（goods）。货物是指配送标的物的种类、形状、重量、包装、材质、装运要求等。

(2) 客户（customers）。客户指委托人、收货人。

(3) 车辆（trucks）。车辆是指配送工具，需根据货物的特征、数量、配送地点以及车辆容积、载重量等来决定选用什么样的车辆配送。

(4) 人员（drivers 或 workers）。人员是指驾驶员或者配送业务员。由于需面对不同的客户以及环境，因此对人员配置也有一定的要求。例如，某些产品需要配送达目的地之后安装并调试，就需要驾驶员或者配送人员具有一定的技能。

(5) 路线（routes）。路线是指配送路线。可以根据一定的原则指定配送路线，例如，配送线路最短原则、送货量最大原则、订单时间顺序原则等，并要求司机或者配送人员执行，但是由于配送地点复杂和交通拥堵、交通管制等原因也可根据司机经验适当调整。

(6) 地点（places）。地点是指配送的起点和终点。主要了解这些地点的数目、距离、周边环境、停车卸货空间大小以及相关附属设施，例如，有无卸货月台、叉车等。

(7) 时间（time）。时间不仅仅指在途时间，还包括搬运装卸时间。由于不一定所有的业务都在自有配送中心进行，所以需要了解配送起点和终点的装货和收货的时间限制以及要求，提前做好安排，避免不必要的装卸等候，避免由于超过客户要求的时间范围，造成货物拒收。

4. 制订初步配送计划

在完成上述三个步骤后，结合自身能力以及客户需求，便可以初步确定配送计划。初步配送计划应该包括：配送线路的确定原则、每日最大配送量、配送业务的起止时间（也可以 24 小时不间断作业）、使用车辆的种类等，并且可以有针对性地解决客户现存的问题，如果客户需要甚至可以精确到达每一个配送地点的时间、具体路线的选择、货运量发生突然变化时的应急办法等方面。

5. 与客户协调沟通

给客户制订配送计划的主要目的就是要让客户了解在充分利用有限资源的前提下，客户所能得到的服务水平。因此，在制订了初步的配送计划之后，一定要与客户进行沟通，请客户充分参与意见，共同完善配送计划。并且应该让客户了解其现有的各项作业环节在未来操作时可能出现的各种变化情况，以免客户的期望与具体操作产生重大落差。

6. 确定配送计划

经过与客户几次协调沟通之后，初步配送计划经过反复修改最终确定。已经确定的配送计划应该成为配送合同中的重要组成部分，并且应该让执行此配送计划的双方或者多方人员全面了解，确保具体配送业务的顺利操作，确保配送服务质量。

（二）配送需求计划——DRP

1. DRP 的概念

根据《物流术语》，配送需求计划（distribution requirements planning，DRP）是一种既保证有效地满足市场需要，又使得物流资源配置费用最省的计划方法，是 MRP 原理与方法在物品配送中的运用。

利用准确可靠的需求预测，DRP 制订一个分阶段的商品从工厂或配送中心到最终用户的分销计划，解决分销商品的供应计划和调度问题。它的基本目标是合理进行分销商品资源配置，达到既保证有效地满足市场需要，又使得配置费用最省的目的。

DRP 系统对于现实需求非常敏感，使合适的商品及时到达用户手中，是替代传统订购点法的一种手段。

2. DRP 的原理

DRP 的原理如图 2—3 所示。

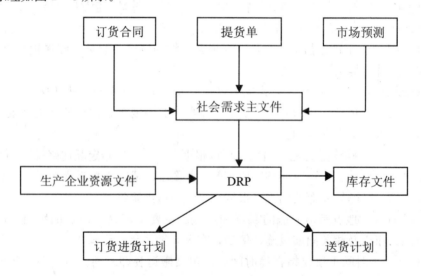

图 2—3   DRP 原理

实施 DRP 时，只要输入社会需求、库存和生产企业资源三个文件，然后根据这三个文件产生两个计划，即一个订货进货计划，一个送货计划，这两个计划就是 DRP 输出的内容，也是它的直接成果。有了这两个计划，配送中心就可以进行送货和订货进货。这两个计划的实施，构成了配送中心工作的主要内容，也是配送中心进行商品资源配置的主要手段。

3. DRP 的三个基本文件

（1）社会需求主文件。社会需求主文件是进行 DRP 处理的依据，是 DRP 处理的最主要的文件，没有这个文件就不可能进行 DRP 处理，所以把它称之为社会需求主文件，它是指所有的社会用户订货单、供货合同，也包括下属各子公司、下属各地区配送中心的订货单。这些需求都按品种、需求日期（或周）进行统计整理成社会需求文件。如果没有这些预先签订好的订货单、供货合同等，则社会需求量就要靠预测来确定。

（2）库存文件。库存文件是指配送中心里所有商品库存量的列表。配送中心根据库存文件确定什么商品可以从配送中心里提货送货、送多少，什么商品需要订货进货。配送中心里有的商品，应从配送中心里提货送货，送货的数量不能超过现有的库存量。配送中心里没有的商品则要立即订货进货。所以库存文件也是制订 DRP 计划所必须具备的文件。

（3）生产企业资源文件。生产企业资源文件是商品生产企业的可供资源文件，它包括可供的商品品种、生产企业的地理位置情况。生产企业资源文件主要是为 DRP 制订订货进货计划用的。

4. DRP 的运行步骤

（1）运行前的编码与信息整理工作。运行前的编码与信息整理工作包括商品编码、供货单位编码、用户编码（包括子配送中心）、运输信息整理（包括运输车辆、运输地理数据、送货提前期、进货提前期等信息）。

（2）建立社会需求主文件。通过整理订货单、订货合同、订货记录、提货单等确定社会用户及下属子公司在未来一个计划期中每天的需求，按品种、按时间顺序整理并统计，形成社会需求主文件。如果没有这些订货单、订货记录，则只能靠预测估计确定需求量，形成需求主文件。

（3）建立库存文件。查出所有经营商品的计划期的库存量、在途量等，形成库存文件。

（4）建立供货单位文件。查出所有品种的订货单位、订货进货提前期等，形成生产企业资源文件。

（5）DRP 系统运行。进行计算机 DRP 系统运行，得出各个品种的送货计划和订货进货计划以及本配送中心的总送货计划和总订货进货计划。

（6）DRP 计划的执行。根据送货计划、订货进货计划以及运输车辆、运输地理情况，统一组织运输，保证每天送货计划和订货进货计划的完成。

二、配送中心储位管理

为了使仓库管理有序、操作规范、存货位置能准确表示，入库管理员应根据结构、功能，按照一定的要求将仓库存货位置进行分块分位，形成货位。每一个货位都使用一个编号表示，以便区别。

确定货位主要在于拟订货位的分配原则，采用良好的储存策略，从而达到减少出入库移动的距离，缩短作业时间，充分利用储存空间的效果。

入库货物货位安排的一般原则是：依照货品特性来储存，大批量货物使用大储区，小批量货物使用小储区；能安全有效率地使适合储放于高位的物品使用高储区；笨重、体积大的货物储存在较坚固的层架及接近出货区；重量轻的物品储存在层架；将相同或相似的货品尽可能接近存放；出货速度慢的货物或小、轻及容易处理的物品使用较远储区；周转率低的物品尽量远离进货、出货及配送中心较高的区域；周转率高的物品尽量放在接近出货区及较低的区域等。

仓库货位的使用有四种方式：定位储存、随机储存、分类储存和分类随机储存。这四种方法的比较如表 2—1 所示。

表 2-1 储存方法比较

分类	定义	优点	缺点	适用范围
定位储存	每一种货物都有固定的货位	便于拣货人员熟悉货品货位。货品的货位可按周转大小安排,以缩短出入库搬运距离。可针对各种货品的特性作货位的安排调整,将不同货品特性相互影响减至最小	货位必须按各项货品的最大在库量设计,因此存储空间平均利用率较低	厂房空间大,多品种小批量商品的存放
随机储存	每种货物货位不固定,随机分配	由于货位可共用,因此只要按所有库存货品的最大在库量设计即可,存储空间的利用率较高	出库管理及盘点工作难度较大;周转率高的货品可能被存放在离出入口较远的位置,增加出入库搬运距离;具有相互影响特性的货品可能相信存放,造成货品的损坏或发生危险	厂房空间有限,种类少或体积较大的货品
分类储存	按产品相关性、流动性、尺寸、重量或产品特性等来分类储存	便于畅销品的存取,具有定位储存的各项优点;各分类的储存区域可根据货品特性再作设计,有助于货品的储存管理	货位必须按货品最大在库量设计,因此存储空间平均的利用率较低	产品相关性大,经常被同时订购、周转率差别大、产品尺寸相差大的货品
分类随机储存	每一类货物有固定存放区域,但在各类储存区域中,每个货位的分配是随机的	具有分类储存和部分优点,又可节省货位数量,提高空间利用率	货品出入库管理及盘点工作的较大	兼具分类存放及随机存放的特点,所需存储空间介于两者之间

三、装卸搬运作业组织

(一)装卸搬运的概念

装卸搬运作业贯穿于配送中心物流活动的全过程,是物流各项活动中出现频率最高的一项作业活动。

所谓装卸是指物品在指定地点以人力或机械装入运输设备或卸下。装卸是物流过程中对于保管物资和运输两端物资的处理活动,具体来说,包括物资的装载、卸货、移动、货物堆码上架、取货、备货、分拣等作业以及附属于这些活动的作业。

(二)装卸搬运作业组织原则

1. 装卸搬运工作必须坚持质量第一的原则。
2. 搬运作业必须注重提高效率。
3. 装卸搬运作业时必须注意安全。
4. 要讲究经济效益。

(三)装卸搬运作业组织形式

1. 装卸搬运作业劳动组织

装卸搬运作业的劳动组织就是按照一定的原则,将有关的人员和设备以一定的方式组合起来,形成一个有机的整体。它大致上可分为两种基本形式,即专业型劳动组织形式和综合型劳动组织形式。

（1）专业型劳动组织。专业型劳动组织形式，是按作业内容或工序，将有关人员和设备分别组合成装卸、搬运、检斤、堆垛、整理等作业班组，由这些班组共同组成一条作业线，共同完成各种装卸搬运作业。

（2）综合型劳动组织。综合型劳动组织形式，是将分工不同的各种人员和功能不同的设备共同组合成一个班组，对装卸搬运活动的全过程均由一个班组承包到底，全面负责。

上述两种劳动组织形式各有优缺点，究竟采用哪种形式好，不能笼统地下结论，应根据装卸作业的具体情况来定。一般来说，对于规模比较大的装卸作业部门，由于人员多，设备齐全，任务量大，可采用企业型或称工序制组织形式，否则，以采取综合型即包干制组织形式为宜。

2. 装卸搬运设备运用的组织

装卸搬运设备运用组织是以完成装卸任务为目的，并以提高装卸设备的生产率、装卸质量和降低装卸搬运作业成本为中心的技术组织活动。它包括下列内容：

（1）确定装卸任务量。根据物流计划，经济合同，装卸作业不均衡的程度，装卸次数，装卸时限等，来确定作业现场年度、季度、月、旬、日平均装卸任务量。

（2）合理地规划装卸方式和装卸作业过程。装卸作业过程是指对整个装卸作业过程中装卸、搬运、作业的连续性进行合理的安排，以减少运距和装卸次数。

（3）根据装卸任务和装卸设备的生产率，确定装卸搬运设备需用的台数和技术特征。

（4）根据装卸任务、装卸设备生产率和需用台数，编制装卸作业进度计划。它通常包括：装卸搬运设备的作业时间表、作业顺序、负荷情况等详细内容。

（5）下达给各部门装卸、搬运进度计划，安排劳动力和作业班组。

（6）统计和分析装卸作业成果，评价装卸搬运作业的经济效益。

（四）装卸搬运合理化

装卸搬运是装卸搬运人员借助于装卸搬运机械和工具，作用于货物的生产活动，它的效率高低，直接影响着物流整体效率。为此，科学组织装卸搬运作业，实现装卸搬运合理化对物流整体的合理化至关重要。

1. 装卸搬运合理化目标

装卸搬运合理化目标主要包括以下四个方面（图2—4）。

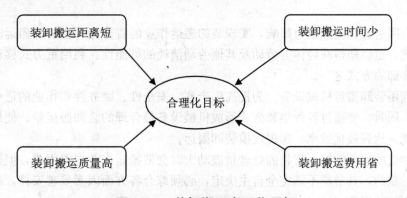

图2—4　装卸搬运合理化目标

2. 实现装卸搬运合理化的基本途径

（1）防止和消除无效作业。所谓无效作业是指在装卸作业活动中超出必要的装卸、搬运量的作业。

为了有效地防止和消除无效作业，可从以下五个方面入手：

尽量减少装卸次数。提高被装卸物品的纯度（指物品中含有的水分、杂质及物品使用无灰的物质的多少）。物品的纯度越高则装卸作业的有效程度越高。反之，则无效作业就会增多。包装要适宜。包装的轻型化、简单化、实用化会不同程度地减少作用于包装的无效劳动。减少装卸作业的距离。选择最短的路线完成这一活动，就可避免超越这一最短路线以上的无效劳动。提高装载效率。充分发挥装卸搬运机械设备的能力和装载空间，中空的物件可以填装其他小物品再进行搬运，以提高装载效率。

（2）提高物品的装卸搬运活性。由于货物存放的状态不同，货物的装卸搬运难易程度也不一样。人们把货物从静止状态转变为装卸搬运运动状态的难易程度称之为装卸搬运活性。如果很容易转变为下一步的装卸搬运而不需过多做装卸搬运前的准备工作，则活性就高；如果难于转变为下一步的装卸搬运，则活性低。

通常，活性指数分为 0—4 共 5 个等级，如表 2—2 所示。

表 2—2   装卸搬运活性指数

放置状态	需要进行的作业				活性指数
	整理	架箱	提起	拖运	
散放地上	需要	需要	需要	需要	0
置于一般容器	0	需要	需要	需要	1
集装化	0	0	需要	需要	2
无动力车	0	0	0	需要	3
动力车辆或传送带	0	0	0	0	4

注：活性指数量指对不同放置状态的货物，相对搬运而言，所作的不同的活性规定。

散放在地上的货物要运走，需经过集中（装箱）、搬起（支垫）、装车、运走四次作业，作业次数最多，最不易装卸搬运，也就是说它的活性水平最低，规定其活性指数为 0；集装在箱中的货物，只要进行后三次作业就可以运走，装卸搬运作业较方便，活性水平高一等级，规定其活性指数为 1；货物装箱后搁在托盘或其他支垫上的状态，规定其活性指数为 2；货物装在无动力车上的状态，规定其活性指数为 3；而处于运行状态的货物，因为不需要进行其他作业就能运走，其活性指数最高，规定为 4。

（3）充分利用重力和消除重力影响，实现装卸搬运作业的省力化。在装卸搬运时，尽量消除或削弱重力的影响，也会获得减轻体力劳动及其他劳动消耗的可能性。利用重力式移动货架是利用重力进行省力化装卸的方式之一。

（4）合理利用装卸搬运机械设备。为提高生产率、安全性、服务性和作业的适应性等，应尽量采用机械设备。同时，要通过各种集装方式形成机械设备最合理的装卸搬运量，使机械设备能充分发挥自己的效能，达到最优效率，实现规模装卸搬运。

（5）保持物流的均衡顺畅。货物的处理量波动大时会使搬运作业变得困难，但是搬运作业受运输等其他环节的制约，其节奏不能完全自主决定，必须综合各方面因素妥善安排，使物流量尽量均衡，避免忙闲不均的现象。

（6）合理选择装卸搬运方式，不断改善作业方法。在装卸搬运过程中，必须根据货物的种类、性质、形状、重量来合理确定装卸搬运方式，合理分解装卸搬运活动，并采用现代化管理方法和手段，改善作业方法，实现装卸搬运的高效化和合理化。

第三节　外贸物流配送中心运作绩效评价

在今天竞争日益激烈的情况下，配选中心不得不将精力集中于高效率、高效益地开发第三利润源泉——物流。为了有效地对资源进行监督和配置，就要不断地衡量公司的物流绩效，对物流使用的资源、物流作业的效果与物流目标进行比较，从而为更好地实施物流战略提供数据基础。研究表明，如果企业在开发和应用绩效评估时具有较高水平，必然会给企业带来卓越的绩效表现。而且，能够进行综合绩效评估的配送中心，可使总体生产率提高14%～22%。因此，许多正在迅速发展的配送中心都很重视绩效评价。

一、配送中心绩效评价概述

企业的良性发展依赖于该企业发展目标的科学程度，要保证企业前进的路线时刻指向自身的目标，就必须加强对该企业发展的绩效进行评估和监督。绩效评价具有很大的导向性和行为的预期性，其评价的结果，将直接影响到下一轮的工作行为甚至行为的价值取向。如果绩效评价不当将产生严重的后果。如果缺乏公正，甚至打击了先进，保护了后进，奖励了错误，不仅可能引起矛盾，而且使以后的管理工作更加难以开展，甚至会形成直接的反对和间接的对抗，形成企业的不良习气。总之，绩效评价是一种科学的过程，因此要有科学的态度和科学全面的评价方法。

（一）配送中心绩效评价的定义

绩效评价是企业管理和提高生产力的重要手段和工具，是一种监督手段，也是一种激励手段，它本身是对计划、任务执行情况的检查收督，同时一般也会与各种利益挂钩，因此具有激励作用。

配送中心绩效一般是指在一定的经营区间内配送中心的经营效益和经营者的绩效，具体来说，配送中心绩效评价是运用数值统计和运筹学方法，采用特定的指标体系，对照统一的评价标准，按照一定的程序，通过定量、定性分析，对配送中心在一定经营区间内的经营效益和经营者的业绩，做出客观、公正和准确的综合判断。

（二）配送中心绩效评价的策略

开展配送中心绩效评价工作，必须要有明确的目标，围绕目标进行评价。一般来说，一个配送中心通过绩效评估，可实现以下目的：

第一，以各部门或各作业单元为单位来评估营运作业的业绩，以促进其责任意识及目标达成意识，有利于提高公司整体的业绩。典型的指标是由服务水平指标和物流成本指标构成的。通过这样的衡量可以使管理者了解物流工作的实际情况。如果结果显示实际工作情况与所规定的标准只有很小的偏差，说明物流工作的目标达到了；如果偏差很大，管理者就应该利用这一信息制订新计划使其更加有效。其次，这种评估方法可以增强员工的积极性。因为人们希望获得关于对他们的评价信息，而评估正好能提供这样的信息。但是这种方法的缺点主要是由于考核是事后进行的，管理者在获得考核信息时有些损失已经造成了。但是在许多情况下，这是唯一可以用的手段。

第二，实施评价可以衡量各部门员工的贡献程度。可以提高成本及利益意识，以便达到精兵简政的目的。控制主要是在活动进行之中进行考查和衡量。

在工作进行之中予以控制，管理者可以在发生重大损失之前纠正错误，改进物流程序，在偏离正轨时把它带入正常状态。例如，在配送过程中，发现某种商品常有损坏的情况，物流管理人员就应该去查明原因，并根据需要调整包装或装货程序。

　　第三，通过公正的评估可以整合公司目标与员工个人的目标，以便提高员工的干劲。例如，如果按绩效支付报酬，就可以激励仓库工作人员和运输人员去达到更高的生产率，但要注意在衡量时，不但要衡量生产率还要衡量工作的质量。如负责拣选的工人，在低于标准的时间内完成了任务，但是在工作中有很多错误和货损，这样的员工是不应该得到奖励的。

（三）配送中心绩效评价的基本原则

建立和开展配送中心的绩效评价工作，应遵循以下原则：

（1）目的性原则。绩效指标的设立必须要有很强的目的性，以提高配送中心业务运营的效率和整体经济效益为最终目的。

（2）科学性原则。绩效评价指标体系要能够全面、客观、公正地反映配送中心运营的实际情况，通过科学的测评方法，能够获得真实的评价结果。

（3）系统性原则。绩效评价指标体系设计应将配送中心的各个业务环节联系在一起考虑，各项指标之间要相互协调，不能相互矛盾。

（4）可行性原则。绩效评价指标体系要简单易行，便于操作人员掌握和使用。也就是说指标的设计要充分考虑统计资料的可得性，并且要考虑指标设计的相对稳定性和可比性，保证统计资料的连续性。

二、配送中心绩效评价方法

要科学、有效地开展配送中心的绩效评价工作，必须选择恰当的评价方法和采取适当的实施步骤。

绩效考核的方法有很多，有主观评价法（包括简单排序、交错排序、成对比较和强制分布）、客观评价法（等级鉴定法、行为锚定法和行为观察法），还有现在比较推崇的集成化的绩效评价方法、平衡记分卡评价法、作业成本评价法、目标管理评价法、关键绩效指标评价法等。下面重点介绍集成化的绩效评价方法、平衡记分卡评价法和作业成本评价法。

（一）集成化的绩效评价方法

集成化的绩效评价方法正是在集成理论发展的基础上提出来的，它不同于传统的绩效评价方法。集成化的绩效评价方法就是以系统思想为指导，利用不同绩效评价方法之间的联系，将不同的绩效评价方法进行集成，以完善企业绩效评价方法体系，使企业可以从该集成中获得最大收益。集成化的绩效评价方法与传统的绩效评价方法的比较，如表2-3所示。

表2-3　集成化的绩效评价方法和传统的绩效评价方法比较

	集成化的绩效评价方法	传统的绩效评价方法
评价对象	与绩效目标相关的多个对象的集成	与绩效目标相关的单一对象
评价目标	多目标综合评价指标	评价某个具体的目标
评价内容	内容系统、涉及面广	内容零散、涉及面窄
评价方法	多种绩效评价方法的集成	某种绩效评价方法的运用
评价过程	过程复杂，阶段性强	过程简单、阶段性差

（二）平衡计分卡评价法

平衡计分卡（Balanced Score Card）是1992年由美国哈佛大学的罗伯特·卡普兰（Robert Kaplan）和戴维·诺顿（David Norton）提出的，它是一种以信息为基础系统考虑企业绩效驱动因素、多维度平衡评价的一种战略绩效评价系统。同时，它又是一种将企业战略目标和企业绩效驱动因素相结合、动态实施企业战略的战略管理系统。它以企业的战略与远景为核心，从财务、客户、内部业务流程、学习与成长四个各有侧重又相互影响的方面入手，分析哪些是完成企业使命的关键因素以及评价这些关键因素的项目，根据企业生命周期不同阶段的实际情况和采取的战略，为每一方面设计适当的评价指标，赋予不同的权重，并不断检查审核这一过程，形成一套完整的绩效评价指标体系，来沟通目标、战略和企业经营活动的关系，实现财务指标与非财务指标、短期目标和长期目标、局部利益与整体利益、内部衡量与外部衡量之间的平衡，以促使企业完成任务。平衡计分卡的基本框架如图2—5所示。

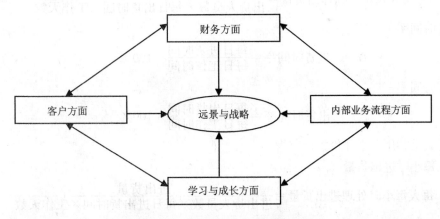

图2—5　平衡计分卡的基本框架

　　虽然平衡计分卡由财务、客户、内部业务流程、学习与成长四个方面构成，但它并不是四个方面的简单组合，它们之间存在着一种内在的逻辑关系。财务成果是最终的目标，客户方面是关键，企业内部业务流程是基础，企业的学习与成长是途径。

（三）作业成本评价法

　　作业成本评价法是 1988 年由哈佛大学的罗宾·库珀（Robin Cooper）和罗伯特·卡普兰（Robert Kaplan）提出的。它最初是作为一种用来更精确的计算成本的方法——将间接成本和辅助资源更准确的分配到作业、生产过程、产品、服务及顾客中的一种成本计算方法出现的。后来，随着经济的发展及作业成本计算法的广泛应用，其中所蕴涵的思想被逐渐运用到成本管理中，成为一种管理理念，即作业成本管理（Activity Based Management，ABM）——管理者利用作业信息采取行动进行管理。作业成本评价法的指导思想是"产品消耗作业、作业消耗资源"，它改进了传统成本分配方法采用仅以数量作为分配基础的弱点，根据资源消耗与成本对象之间的因果关系进行分配，从而得到更加精确的产品成本。其更深远的意义还在于，它使企业能着眼于内部的作业，发现具有附加价值的作业和无附加价值的作业以及发生在每个客户、每种产品身上的成本，从而为成本管理提供了广阔的空间。

三、配送中心绩效评价指标体系

　　对一个配送中心的绩效进行评价的结果能否达到预期的目的，关键在于绩效评价指标体系制订的是否科学合理。下面将对配送中心各主要环节的绩效评价指标分述如下：

（一）进出货作业绩效评价指标

　　对进出货作业的评价指标可从作业人员的工作效率及工作时间指标，进出货工作的质量指标及作业设施设备的利用指标三个层面进行考虑。

1. 作业人员的工作效率及工作时间指标

若进出货作业人员分开管理，则进出货作业评价指标如下：

（1）每人每小时处理进货量

$$每人每小时处理进货量 = \frac{进货量}{进货人员数 \times 每日进货时间 \times 工作天数}$$

（2）每人每小时处理出货量

$$每人每小时处理出货量 = \frac{出货量}{出货人员数 \times 每日出货时间 \times 工作天数}$$

（3）进货时间率

$$进货时间率 = \frac{每日进货时间}{每日工作时间} \times 100\%$$

（4）出货时间率

$$出货时间率 = \frac{每日出货时间}{每日工作时间} \times 100\%$$

若进出货人员共用，则评价指标应为

（1）每人每小时进出货量

$$每人每小时处理进出货量 = \frac{进出货量}{进出货人员数 \times 每日进出货时间 \times 工作天数}$$

（2）进出货时间率

$$进出货时间率 = \frac{每日进出货时间}{每日工作时间} \times 100\%$$

2. 进出货工作的质量指标

进出货工作的质量指标包括进货数量误差率、进货品合格率、进货时间延迟率、出货数量误差率和出货时间延迟率，其计算公式如下：

（1）进货数量误差率

$$进货数量误差率 = \frac{进货误差量}{进货总量} \times 100\%$$

（2）进货品合格率

$$进货品合格率 = \frac{进货品合格的数量}{进货总量} \times 100\%$$

（3）进货时间延迟率

$$进货数量延迟率 = \frac{延迟进货的货品总量}{进货总量} \times 100\%$$

（4）出货数量误差率

$$出货数量误差率 = \frac{出货误差量}{出货总量} \times 100\%$$

（5）出货时间延迟率

$$出货时间延迟率 = \frac{出货误差}{出货总量} \times 100\%$$

3. 作业设施设备的利用指标

作业设施设备的利用指标表现在站台利用率、站台高峰率和装卸搬运设备利用率上。

（1）站台利用率

配送中心的仓库与配送运输车辆之间的衔接部分称为站台（Platform）。站台的数量是否合理直接影响着进出货工作的效率。对站台设置是否合理进行评价的主要指标是站台利用率。

$$站台利用率 = \frac{进出货车次装卸停留总时间}{站台泊位数工作天数 \times 每天工作时数} \times 100\%$$

（2）站台高峰率

$$站台高峰率 = \frac{高峰期车辆数}{站台泊位数} \times 100\%$$

（3）装卸搬运设备利用率

$$设备能力利用率 = \frac{设备的实际装卸搬运量}{设备的额定装卸搬运量} \times 100\%$$

$$设备时间利用率 = \frac{设备的实际工作时间}{设备的额定工作时间} \times 100\%$$

（二）储存作业绩效评价指标

储存作业的主要任务是妥善保存货物，并对在库物品检核，科学利用仓库空间，提高储存空间利用率。对储存作业的评价可从储存效率指标、储存质量指标和储存消耗指标三个层面展开。

1. 储存效率指标

储存效率指标包括仓库面积利用率、仓库空间利用率、单位面积保管量和库存周转率，其计算公式分别为：

（1）仓库面积利用率

仓库面积利用率是指在一定的点上，存货占用的场地面积与仓库可利用面积的比率。它主要是评价储存区通道及储位布局的合理性，合理的储存区域布局应该充分考虑作业设备的空间需求和选择恰当的设施布局方式，以尽量提高仓库面积利用率。

$$仓库面积利用率 = \frac{存货占用的场地面积}{仓库可利用面积} \times 100\%$$

（2）仓库空间利用率

$$仓库空间利用率 = \frac{存货占用的场地空间}{可利用的存货时间} \times 100\%$$

（3）单位面积保管量

$$单位面积保管量 = \frac{平均库存量}{有效面积} \times 100\%$$

（4）库存周转率

$$库存周转率 = \frac{出货量}{平均库存量} \times 100\% = \frac{营业额}{平均库存金额} \times 100\%$$

2. 储存质量指标

储存质量指标包括缺货率和呆废货品率，其计算公式分别为：

（1）缺货率

缺货率是用于衡量缺货程度及其影响的指标。

$$缺货率 = \frac{缺货次数}{客户订货次数} \times 100\%$$

（2）呆废货品率

$$呆废货品率 = \frac{呆废品数量}{平均库存量} \times 100\% = \frac{呆废货品金额}{平均库存金额} \times 100\%$$

3. 储存消耗指标

储存消耗指标主要用库存管理费率来表现，它是衡量配送中心每单位存货的管理费用指标。一般储存管理费用包括仓库租金、仓库管理费用、保险费、损耗费以及货品淘汰费用等。

$$库存管理费率＝\frac{库存管理费用}{库存费用总量}×100\%$$

（三）盘点作业绩效评价指标

在配送中心的工作过程中，不断地进行着入库和出库作业。经过一段时间以后，可能由于种种原因会造成实际库存数量与理论库存数量不相符。为了有效地掌握库存物品的数量和质量，必须定期或不定期地对库存进行清点工作，即盘点作业。通过盘点工作搞清楚库存物品的实际数量与账面数量的差别程度，寻找出现差错的原因，及时进行盘点结果处理。评价盘点作业的常用指标为盘点数量误差、盘点数量误差率、盘点品项误差率和批量每件盘差商品的金额，其计算公式分别如下：

（1）盘点数量误差

$$盘点数量误差＝实际库存数－账面库存数$$

（2）盘点数量误差率

$$盘点数量误差率＝\frac{盘点数量误差}{实际库存数}×100\%$$

（3）盘点品项误差率

$$盘点品项误差率＝\frac{盘点误差品项数}{盘点实际品项数}×100\%$$

（4）批量每件盘差商品的金额

$$批量每件盘差商品的金额＝\frac{盘点误差品项数}{盘点误差量}×100\%$$

（四）拣选作业绩效评价指标

每张客户订单都至少包含一项以上的商品，而将这些不同种类数量的商品从配送中心取出集中在一起，即称为拣货作业。由于拣货作业多数依托人工配合简单机械化设备进行作业，因而，它属于劳动密集型的作业。在拣货作业过程中，拣货的时程及拣货策略是影响出货时间长短的最主要因素，而拣货的准确度则是影响出货质量的重要因素。拣货作业是配送中心最复杂、最费时间的作业，其耗费成本也较大。因此，对拣货作业环节的评价非常重要。

对拣货作业的评价可分成拣货人员作业效率指标、拣货数量指标、拣货质量指标和拣货成本指标四个层面来进行。

1. 拣货人员作业效率指标

拣货人员作业效率指标主要包括人均每小时拣货品项数和批量拣货时间，其计算公式如下：

（1）人均每小时拣货品项数

$$人均每小时拣货货品项数＝\frac{拣货单笔数}{拣货人数每日拣货时数×工作天数}$$

（2）批量拣货时间

$$批量拣货时间＝\frac{拣货人数每日拣货时间×工作天数}{拣货分批次数}$$

2. 拣货数量指标

拣货数量常用指标为单位时间处理订单数、单位时间拣取品项数和单位时间拣取体积数来评价，其计算公式分别为：

（1）单位时间处理订单数

$$单位时间处理订单数＝\frac{订单数量}{每日拣货时数×工作天数}$$

（2）单位时间拣取品项数

$$单位时间拣取品项数 = \frac{订单数量每件订单平均品项数}{每日拣货时数 \times 工作天数}$$

（3）单位时间拣取体积数

$$单位时间拣取体积数 = \frac{发货品体积数}{每日拣货时数 \times 工作天数}$$

3. 拣货质量指标

拣货质量指标主要宏现为拣误率，其计算公式为：

$$拣误率 = \frac{拣取错误笔数}{订单总笔数} \times 100\%$$

4. 拣货成本指标

拣货成本指标包括每订单投入的拣货成本、单位商品投入的拣货成本和单位体积投入的拣货成本，其计算公式分别为：

（1）每订单投入的拣货成本

$$每订单投入的拣货成本 = \frac{拣货投入成本}{订单数量}$$

（2）单位商品投入的拣货成本

$$单位商品投入的拣货成本 = \frac{拣货投入成本}{拣货商品累计总件数}$$

（3）单位体积投入的拣货成本

$$单位体积投入的拣货成本 = \frac{拣货投入成本}{发货商品体积数}$$

（五）配送作业绩效评价指标

配送是从配送中心将货物送达客户处的活动。有效率的配送作业需要适量的配送人员、适合的配送车辆以及每趟车最佳的配送路线来配合才能达到。因此，对配送作业绩效的评价可从人员负担指标、车辆负荷指标、配送时间效率指标、配送成本指标和配送服务质量指标五个层面进行评价。

1. 人员负担指标

对配送作业的人员负担进行评价，有利于评估配送人员的工作分摊及其作业贡献度，以衡量配送人员的能力负荷与作业绩效，同时有利于判断是否应增添或删减配送人员数量。其评价指标包括平均每人的配送量、平均每人的配送距离、平均每人的配送重量和平均每人的配送车次，计算公式分别如下：

（1）平均每人的配送量

$$平均每人的配送量 = \frac{出货总量}{配送人员数}$$

（2）平均每人的配送距离

$$平均每人的配送距离 = \frac{配送距离}{配送人员数}$$

（3）平均每人的配送重量

$$平均每人的配送重量 = \frac{配送总重量}{配送人员数}$$

（4）平均每人的配送车次

$$平均每人的配送车次 = \frac{配送总车次}{配送人员数}$$

2. 车辆负荷指标

对配送车辆的产能负荷进行评估，有利于判断是否应增减配送车辆数。其主要指标包括平均每车次配送吨公里数、平均每台车配送重量和空车率。其计算公式分别为：

（1）平均每车次配送吨公里数

$$平均每台车配送吨公里数=\frac{配送总距离\times配送总量}{配送总车次}$$

（2）平均每台车配送重量

$$平均每台车配送重量=\frac{配送总重量}{自有车重+外车重}$$

（3）空车率

$$空车率=\frac{空车行驶距离}{配送总距离}\times100\%$$

3. 配送时间效率指标

配送时间效率可用配送平均速度和单位时间生产力两项指标来评价。其计算公式分别如下：

（1）配送平均速度

$$配送平均速度=\frac{配送总距离}{配送总时间}$$

（2）单位时间生产力

$$单位时间生产力=\frac{配送营业额}{配送总时间}$$

4. 配送成本指标

配送成本指标主要用于考核分析配送过程中发生的成本费用，它主要包括每吨重配送成本、每容积货物配送成本、每车次配送成本和每公里配送成本，其计算公式分别为：

（1）每吨重配送成本

$$每吨重配送成本=\frac{自车配送成本+外车配送成本}{配送总重量}$$

（2）每容积货物配送成本

$$每容积货物配送成本=\frac{自车配送成本+外车配送成本}{配送总容积}$$

（3）每车次配送成本

$$每车次配送成本=\frac{自车配送成本+外车配送成本}{配送总距离}$$

（4）每公里配送成本

$$每公里配送成本=\frac{自车配送成本+外车配送成本}{配送总距离}$$

5. 配送服务质量指标

配送服务质量指标可用配送延迟率来分析，其计算公式如下：

$$配送延迟率=\frac{配送延迟车次}{配送总车次}$$

四、配送中心绩效评价分析

对配运中心的绩效评价不仅要进行定量评价，还要作出定性评价，只有两者有效结合，才有利于配送中心的经营管理质量的改进和提高。

（一）基于控制程序的绩效评价

在当前的经营环境下，成本控制日益重要，而基于控制程序的绩效评价就是为了强化对成本的控制，通过建立标准成本指标，将日常管理的重心引导到经营成本降低和费用节省上，有利于在管理过程中进行成本抑减和实行成本避免。

成本抑减是指有组织、有计划地运用各种技术方法和管理措施对企业成本形成环境进行改造，以消除和减少无效成本的管理活动，在广义的成本控制体系中，成本抑减属于成本控制的初级形态，具体表现为"成本维持控制"和"成本改善控制"两种执行模式。成本维持控制是在现有的生产经营环境下降低成本，节省费用支出。节约能耗、防止事故、以招标方式采购原材料或设备，属于成本维持的初级形式。适时生产系统将成本维持提高到了新的高度，以"零库存"的形式节约了库存成本。成本改善控制是成本抑减的精髓，其核心在于以一种改造和变革的观念反思现存成本管理环境的有效性、成本控制标准的合理性以及成本控制责任的范围与实施等问题。

在成本控制战略实施过程中，从管理的源流，通过运用各种技术方法和措施来挖掘降低成本潜力，立足于预防，在早期避免可能发生的无效成本，节省费用支出的管理活动即为成本避免。在广义的成本控制体系中，成本避免属于成本控制的高级形态，其执行模式表现为成本革新控制。成本革新控制的核心是在企业生产经营活动开始之前，对成本动因展开深入的调研和透彻的分析，在满足企业整体效益和符合市场需求的前提下，重新构思和规划企业的生产经营行为，以追求科技和管理进步所产生的成本效益效应。20世纪80年代在美国风靡一时的零基预算可认为是成本避免的先驱。但零基预算这样的成本避免只局限于单一价值管理的思路。美国的成本设计和日本的成本企划在成本避免上也独树一帜。由美国国防部首创的成本设计是限定的成本条件下进行设计，在军用产品的设计过程中进行成本思考以解决国防经费不足的问题。在日本独特的经济文化环境下，美国的成本设计发展为主宰日本成本管理思潮的主流模式，由丰田、日产等汽车公司在实践中摸索出了更系统、更具成效的成本企划，成本企划将成本按制的重心全面转移到产品开发和设计阶段，通过对设定目标成本、分解目标成本和达成目标成本的多重中心实施控制，将价值工程分析方法与成本管理结合起来，以达到先导式、更具成效的成本避免，它是成本控制战略重心前移的具体体现。这种高层次的成本避免必须与各控制程序的革新结合在一起实施，因而现代成本避免的实质是成本革新。

基于控制程序的绩效评价要着眼于企业流程的再造。所谓"再造工程"，简单地说就是以工作流程为中心，重新设计企业的经营、管理及运作方式。按照该理论的创始人原美国麻省理工学院教授迈克·哈默（M. Hammer）与詹姆斯·钱皮（J. Champy）的定义，再造工程是指为了飞越性地改善成本、质量、服务、速度等重大的现代企业的运营基准，对工作流程进行根本性重新思考并彻底改革，也就是说，从头改变，重新设计。为了能够适应新的世界竞争环境，企业必须摒弃已成惯例的运营模式和工作方法，以工作流程为中心，重新设计企业的经营、管理及运营方式。企业再造包括企业战略再造、企业文化再造、市场营销再造、企业组织再造、企业生产流程再造和质量控制系统再造。

（二）基于提供建设性反馈意见的绩效评价

配送效果的反馈是配送活动的末端环节，同时也是一个不容忽视的重要环节。能否利用好配送效果的反馈直接决定着配送中心配送业务操作水平和整体服务水平的改善和提高。

配送效果的反馈一般体现在顾客满意度、顾客市场份额递增率、从顾客处获得利润的综合值等方面。

（1）顾客满意度

顾客满意度的计算一般通过回访调查而得到，即满意数与调查数之比。

（2）顾客的市场份额递增率

顾客的市场份额递增率反映了配送中心顾客市场份额的递增情况。

（3）从顾客处获得利润的综合值

配送效果反馈不仅要重视顾客的交易利润，还要评价这种交易是否有利可图。应当注意有些顾客尽管无利可图，但是他们有很大的增长潜力，不可忽视。如果交易多时的老顾客仍然无利可图，应该迅速摆脱这些顾客。由此可将顾客分为三类，分别是稳定的长期的顾客、有较大发展潜力的顾客和无利可图的顾客。

一个企业的经营发展需要大家群策群力，一项政策的出台需要员工的理解和支持，尤其需要集思广益的舆论环境。这就要求人们畅所欲言，多提建设性意见，少发牢骚。每个真正关心企业前途的职工都应自觉做到这一点。所谓建设性意见，通俗的理解就是要补台，不要拆台。任何一个企业都制订不出绝对公平的规章制度，任何一项措施出台前论证再充分，也难免存在不足。需要在实践过程中不断完善，也需要广大员工的正确理解。对于关系到员工切身利益的事，大家应当以主人翁的态度，积极地出主意、想办法，使其不断完善。对于不足，要去完善，不能全盘否定。像合理化建议活动，集大家的智慧寻找工作中的缺陷并及时改正，这样的意见就是积极的，富有建设性的。在绩效评估过程中，评估机构和人员若时刻抱着为企业提供建设性反馈意见的指导思想。绩效评估工作就将为企业的发展提供更大的动力支持。

全球最大的商业连锁企业沃尔玛（Wal-Mart Stores，Inc），其企业文化的基本原则有三点，即"尊重个人，服务顾客，追求卓越"。其中，"尊重个人"就是尊重每位同事提出的意见，经理们被看做"公仆领导"，通过培训、表扬及建设性的反馈意见帮助新的同事认识、发掘自己的潜能，这使沃尔玛公司受益匪浅。

（三）基于以中心发展为导向的绩效评价

发展性评价所追求的不是给被评价对象下一个精确的结论，更不是给其一个等级或分数并与他人进行比较、排序，而是要通过对该企业过去和现在状态的了解，分析其存在的优势和不足，并在此基础上提出具体的改进建议，促进其在原有水平上进一步提高，逐步达到企业发展目标的要求。

物流企业是一类处于快速发展中的产业，从总体来看，我国物流业还处在较低的发展阶段，行业市场集中度低，企业规模小，技术相对落后，大多还延续着传统的经营模式，服务水平与经济快速发展和经济全球化的要求相比还存在较大差距。但也可以看到，一些传统的运输和仓储业为了顺应经济发展的要求，逐步树立现代物流服务理念，改变经营模式，加大技术革新力度，通过信息化建设和网络化建设，不断提高服务能力和企业竞争力。一部分物流企业，既包括由传统国有运输和仓储企业转型而来的物流企业，也包括近年来涌现出的民营物流企业，经过多年的市场磨炼，已经找准了自身的市场定位，从单纯提供简单的运输、仓储业务向提供综合物流服务和一体化物流服务，提升客户价值转化，从简单的价格竞争向服务竞争转化，积极探索新的经营模式，拓展服务内容，在此基础上发展起来的配送中心更显示出蓬勃生机。因此，现阶段对配送中心的评价更应侧重发展性评价。

开展基于以配送中心发展为导向的绩效评价，强调评价者与被评价者之间的有效沟通和协调。在评价过程中，以质性评价为主，要求评价标准的多元化，这对于正快速演进中的物流配送业无疑具有特殊的意义。

重点名词与概念

配送中心绩效，配送中心绩效评价，集成化的绩效评价方法，作业成本评价方法，成本抑减，成本避免

练习与思考

一、多选题

1. 配送是由（　　　）三个基本环节组成的。

A. 备货　　　　　　B. 理货　　　　　　C. 送货　　　　　　D. 流通加工

E. 储存

2. 平衡计分卡由（　　）方面构成。

A. 财务　　　　　　B. 客户　　　　　　C. 内部业务流程　　　D. 学习与成长

E. 企业战略

3. 配送的七个要素除了货物、客户、车辆外，还包括（　　）。

A. 人员　　　　　　B. 路线　　　　　　C. 地点　　　　　　D. 时间

E. 周期

二、判断题

1. 集成化的绩效评价方法就是以系统思想为指导，利用不同绩效评价方法之间的联系，将不同的绩效评价方法进行集成，以完善企业绩效评价方法体系，使企业可以从该集成中获得最大收益。（　　）

2. 成本抑减是指在成本控制战略实施过程中，从管理的源流，通过运用各种技术方法和措施来挖掘降低成本潜力，立足于预防，在早期避免可能发生的无效成本，节省费用支出的管理活动。（　　）

3. 平衡计分卡是一种以信息为基础系统考虑企业绩效驱动因素、多维度平衡评价的一种战略绩效评价系统。（　　）

4. 账面盘点法是对库存商品进行实物盘点方法。按盘点时间频率的不同，现货盘点又分为期末盘点和循环盘点。（　　）

三、简答与论述题

1. 简述外贸物流配送中心的作业流程。

2. 配送中心作业过程的特点。

3. 简述配送计划的制订步骤。

4. 简述实现装卸搬运合理化的基本途径。

5. 简述配送中心绩效评价指标包括哪些主要环节？

第三章 外贸物流货主操作实务

【本章培训的主要内容】

本章培训的主要内容是关于外贸物流在实施过程中的操作流程、操作技巧和操作方法。包括进口货物运输业务操作规程，出口货物运输业务操作规程，进口付汇核销，出口收汇核销与退税，保税区收付汇核销，跟单信用证与其他单证制作实务等。

【本章应掌握的主要技能】

通过本章学习，掌握进口付汇核销，出口收汇核销与退税，保税区收付汇核销，跟单信用证与其他单证制作实务；进出口理解货物运输业务操作规程；了解对制单与审单的要求。

第一节 进口货物运输业务操作规程

在我国外贸企业的运输中，进口运输业务占相当大的比重。搞好进出口运输工作，直接关系到进出口运输任务的完成和外贸企业经济效益的提高。因此，我们必须认真掌握这方面的知识。

一、进口方的义务

进口方的义务由国际商会制定的《国际贸易术语解释通则》所规定，目前的通则是《3000 IN-COTERMS》。本节介绍 FOB、CIF/CFR 条件下进口方的义务。

（一）FOB 条件下进口方的义务

1. 进口方必须按照买卖合同的规定支付价款。

2. 进口方必须自行承担风险和费用，取得进口许可证或由官方签发的其他核准文件，并办理货物进口以及经由他国过境运输的一切海关手续。

3. 进口方必须自行承担费用，订立自指定装运港运输货物的合同。对于保险合同，惯常由进口方订立。

4. 进口方在货物被出口方交付至由进口方指定的船上时必须收取货物。

5. 风险的转移。当货物在指定装运港越过船舷时起，进口方必须承担货物灭失和损坏的一切风险。

6. 进口方必须支付如下费用：

一是自货物已在指定装运港越过船舷时起，与货物有关的一切费用。

二是货物进口和经由他国过境运输需支付的一切关税、税捐和其他费用以及办理海关手续的费用。

7. 进口方必须给予出口方关于船名、装船地点以及所要求的交付时间的充分通知。

8. 进口方必须接受出口方提供的符合规定的交付证明。

9. 进口方必须支付装运前检验的费用，但出口国当局强制装船前的检验除外。

10. 进口方必须支付由出口方办理的经由他国过境运输所需的，由装运地国和/或原产地国所签发的单据或传输具有同等效力的电子数据的费用。

（二）CFR/CIF 条件下进口方的业务

1. 支付价款：与 FOB 第一项相同。

2. 许可证、核准文件和手续：与 FOB 第二项相同。

3. 运输合同和保险合同：进口方无义务订立运输合同。在 CFR 条件下，按照惯例由进口方订立运输合同。

4. 收取货物：出口方在约定的日期或期间内，在装运港将货物交付至船上后，进口方必须接受交付，并在指定目的港向承运人收取货物。

5. 风险转移：与 FOB 第五项相同。

6. 费用划分：

一是货物交付时起与货物有关的一切费用。

二是货物在运输途中直至到目的港的一切费用，除非依运输合同另有规定，这些费用应当由进口方支付。

三是包括驳船费、码头费在内的卸货费用，除非运输合同规定由出口方支付。

四是货物进口和必要时经由他国过境运输需支付的一切关税、税捐和其他费用以及办理海关手续的费用，除非这类费用包括在运输合同的运输费中。

7. 通知出口方：

进口方如有权确定约定交付货物期间的具体时间，和/或确定指定目的港的具体地点收取货物时，进口方必须给予出口方如此的充分通知。

8. 进口方必须接受出口方提供的符合规定的运输单据。

9. 货物检验：与 FOB 条件下第九项相同。

10. 其他业务：与 FOB 条件下第十项相同。

（三）FOB 与 CIF、CFR 条件下进口方风险的区别

通过上述两部分分别对 FOB 和 CIF/CFR 条件下进口方的义务进行逐条罗列，可以看出 CIF、CFR 条件下进口方无须派船。但要承担比 FOB 条件下更多的风险，因为风险转移点虽然相同，但此时装运船由出口方所派，对船的情况进口方只能间接了解，而风险却要由进口方承担。同时，在货物装上船后，出口方即可付款赎单，而进口方在付完款后才能在卸货港收到货。因此，CIF/CFR 属于单证买卖。即使在运输途中货物发生全损，进口方也要对这套付运单支付货款，提单就是货物装运船运输的最终证据。如果进口方遇到出口方造假提单，或遇到船方欺诈，进口方在出事前很难察觉。

因此，在订立合同是进口方应不怕租船的麻烦，尽量争取订立 FOB 合同。

二、进口贸易合同的运输条款

运输条款在进口合同中占有相当比重。贸易合同中的运输条框订得好坏，直接关系到执行对外

政策和维护买方经济权益，关系到合同能否顺利履行，应当引起充分重视。

（一）装运港口

在签订进口合同时（主要是指 FOB 进口合同），正确选择好国外装运港，对合同顺利履行和保证进口物资的及时到货，都有着十分重要的意义。

案例：某公司在签订一进口合同时（合同数量不足 500 吨），发货人从其本身利益出发，选择了一个离工厂较近的港口作为装运港，而我进口业务员由于缺乏港口基本知识，也未与有关运输部门取得联系，就签订了合同。后经了解，发现该港口较偏僻，吃水浅，条件差，既无直达班轮，也无其他进口物资可一起配装，虽经多方努力，但仍迟迟不能派船运回，而最终用户却急需这批物资投入生产。在此情况下，进口方被迫要求发货人该港交货，因此进口方又支付了一大笔额外的该港费和货物在原港口的仓栈租费，使进口方遭受了不应有的经济损失。由此可见，正确选择好国外装运港是十分重要的。

在对外签订合同、确定装运港时应注意以下七个方面：

1. 了解国外装运港的具体情况。如有无直达班轮航线，有无装箱码头，港口的装卸条件，运费和附加费用的水平，码头泊位的水深，港口对各种价格条件下，收、发货人应承担的责任和费用的具体情况和惯例，有无冰冻期以及其他有关特殊规定等。

2. 规定要明确，要列明具体的港口名称，而不能笼统的订为"××地区主要港口"，或"××地区，装运港口有卖方选择"等。

3. 如明确规定一个装运港有困难，可制定选择条款。但必须在合同中将港口名称一一列出，一般为两个，最多不超过三个，同时，应订明装运港"由买方选择"或"卖方须在交货期前 45 天将所交货物名称、数量和装运港口通知买方，并得到买方确认，买方有权变更装货港口"。有选择的装运港一经最后指定，就不可更改。如果租家没有在租约规定的时间指定转运港。（FOB 条件下，租家即买方或买方的指定人）使船方在需要开往装运港时等待，租家要承担由此造成的延滞损失。

4. 对货量和交货期要争取相对集中，以利于及时派船。

5. 对指定码头或专用泊位装货的条款，应向卖方了解清楚工班安排、是否有强制引水、港口吃水、码头长度、起吊能力、费用水平、装货速度、十分拥挤和有无冰冻等情况，如有以上条件较理想，可考虑接受。在签约之前，应与有关运输部门联系，在签订合同时，应订上滞期/速遣条款和对方必须提供安全的装货泊位的条款。如小批量杂货，不能接受在专用码头或指定泊位交货的条款。

6. 要注意港口有无重名。如美国、加拿大、圭亚那"GEORGETOWN"港，英国和澳大利亚都有"ARDROSSAN"港。如发现重名，应在港口名称后注明国别。

7. 对卖方派船合同的装运港可适当放宽，但仍应以明确指定为好。

（二）装运日期

FOB 条件下的进口货物，一般在合同中均应明确规定：卖方必须在合同规定的交货期限 30 天前，将合同号码、货物名称、数量、装运口岸及预计货物运达装运口岸日期，及时通知买方，以便买方安排舱位。买方应在船只受载期 12 天前，将船名、预计受载日期、装货数量、合同号码、船舶代理人，及时通知卖方。买方所租船只按期到达装运口岸后，如卖方不能按时备货装船，买方因而遭受的一切损失，包括空舱费、延滞费及/或罚款等均由卖方负担。如船只不能于船舶代理人所确定的受载期内到达，在港口免费堆存期满后第××天（一般为 16 天）起发生的仓库租费、保险费由买方负担。但卖方仍负有在载货船只到达装运口岸后，立即将货物装上船的义务并负担费用及货物越过船舷以前的一切风险。

贸易合同中的装运日期和租约中的受载期和解约日（LAYCAN ）不是一个概念。所谓LAYCAN 是指租船人可以接受船舶的期间。在 LAYCAN 内，船东必须准备好船舶能够装货，而租船人也必须按时装货。由于大宗货要在港口装许多天，有可能船到装货港后几天后才装完货。要说明的是，第一，船到港晚于解约日，租家可以取消船，但不能向船方索赔。第二，在港期间的时间风险要租家承担。这样一来，作为租家的买方要承担双重压力。一方面，要准备向船东支付滞期费；另一方面，如果船装货迟缓，错过了装运日期的最后期限，卖方会向买方索赔，甚至拒绝装货。对于滞期问题，可在贸易合同中订立装卸率和滞期/速遣条款向卖方追偿。但是，对于延误装运日期，只能是选好港、派好船。如发现船期延误而无法挽回经济损失，应及时通知卖方（发货人），修改信用证装期。因发货人原因造成的延误，应在合同中订有滞期费或延滞费条款。

（三）交货数量增减率及其选择权

以整船装运的进口大宗货，由于积载因素、装载技术和船舶结构的差异以及挂港和航程远近等诸因素的影响，在装船时，往往会出现多装或少装的情况。为了不使买方遭受船舶空舱或货物退关损失，在贸易合同中对交货数量，需要订明"数量增减率"。一般为增减 5%～10%，最低不低于5%，这个"数量增减率"的选择权可以属于船方，也可以属于租家。由租家选择的好处是可以根据贸易需要多装或少装些货。而且由租家选择可以避免多备货而退关。进口方/租家应尽早让出口方确定备货数量。对于一般的件杂货，参照国际贸易惯例，根据不同的商品及包装、生产等情况。为使合同能顺利执行，一般在合同中亦订有"数量增减率"。订立运输合同时要参照贸易合同的数量增减率条款制定。一般为 1%～3%。货物的"数量增减率"仅指重量的增减。而合同中件数没有增减率。

（四）装卸效率和延滞率

如果在散杂货运输中没有制定滞期/速遣条款，如果不是船方负责装卸，一般在合同中订有CQD 条款。表明装卸货物按港口习惯速度进行。同时，为了保障船方的利益，一般会制定延滞费（DETENTION ）条款来约束货方。该条款规定当船到港时，由于货未备好货，或没有准备好相关的单据，致使装卸货无法进行，则货方每日向船方交约定的罚金，直到可装卸货时为止。

如贸易合同定有 CQD 条款，相应的运输合同一定要订立 CQD，如果是对方租船，我方应要求在提单上注明 CQD，以防止不必要的麻烦。

因此，在 FOB 条款下，进口方要特别注意卖方备货、通关情况。

在 CIF、CFR 条款下，进口方特别注意船舶动态。

集装箱装卸船和装拆箱均没有规定装卸效率，原因是集装箱码头的装卸速度是固定的，与内装货物无关。装/拆箱时，也是按各装箱站（CFS ）的工作能力作业。对装卸速度没有统一规定。

（五）装卸时间和滞期/速遣条款

不少外贸企业经营大宗进出口商品时通常采用程租船方式承运。滞期/速遣条款是在程租船合同中采用船方不管装卸的承运条款（FREE IN AND OUT ）必不可少的一种奖罚条款。外贸企业在对外签订合同时，对贸易合同的滞期/速遣条款必须和租船合同中的滞期、速遣条款互相衔接。贸易合同中的滞期、速遣条款应注意以下事项：

1. 装卸货时间的起算

按照国际惯例，船舶到达港口，只要船舶具备装卸条件，船长就可以递交"装卸准备就绪通知书"（NOTICE OF READINESS，简称 NOR ）。NOR 的递交和装卸时间的起算有密切关系。装卸时间起算的越晚对船方越有利。例如，租约规定 NOR 递交后 24 小时开始起算装卸时间。而实际上 NOR 刚递交就可以装货，有可能出现装货时间还没有开始起算时货已经装完的情况。这样一来，船方有可能得到全部约定的速遣费。

为了兼顾船方和货方的利益，通常采用"金康 94"的规定作为装卸货时间的起算标准。

"金康 94"规定：NOR 上午 12 时以前（含 12 时）递交，自下午 13 时起开始起算装卸时间。12 时以后递交，则自第二个工作日的 6 时开始起算。

2. 装卸率的规定

装卸率的大小由港口的实际装卸能力决定。同时合同中的具体规定也非常重要。一般在合同规定装卸率为：×××吨每 24 小时连续良好天气工作日，星期日和假日除外，用了也不算。（WEATHER WORKING DAY DF 24 CONSECUTIVE HOURS, SUNDAYS AND HOLIDAYS EXCEPTED, EVEN IF USE ）

3. 滞期/速遣费

滞期费率的多少由所租船舶的市场日租金决定。速遣费一般为滞期费的一办。滞期时间的规定一般为"一旦滞期，永远滞期"（ONCE ON DEMURRAGE, ALWAYS ON DEMURRAGE ），即超过了租约规定的可使用装卸时间后，进入滞期时间。一旦进入滞期时间，就不考虑诸如恶劣天气、节日、星期日等不计入装卸时间的时间，使余下的所有时间都计入装卸时间，直到工作完成。速遣时间一般为按节约的工作时间计算。（WORKING TIME SAVE ）

4. 其他条款

在滞期/速遣条款中一般还定有开关舱时间、船舶时间及费用，滞期/速遣费的结算等条款。由于滞期/速遣条款非常复杂，一般在合同中作出滞期/速遣专用条款作为合同附件。

（六）仓栈租免费期

由于船舶延期而产生的货物在港口堆存的仓栈租费用，买卖双方间如何划分，需由买卖双方协商确定后在合同中订明。一般说来，免费期越长对买方越有利。计算仓储的日期应订立为免费堆存期满后开始，而不是从合同受载期满后开始。

（七）集装箱免费占用期

集装箱到港后一般有 10 天的免费占用期，超过 10 天，自第 11 天至第 20 天每天每 20 英尺箱一般罚 5 美元滞箱费，第 21 天至第 40 天每天每箱一般罚 10 美元滞箱费。超过 40 天，每天每箱一般罚 20 美元滞箱费，40 英尺集装箱滞箱费加倍。此项罚金由船长代表船东收取。因此，做集装箱进口货一定要注意尽快报关提货。

（八）装运通知

为便于收获人做好接货准备，合同中一般均规定，卖方在货物装船后，应立即将合同号、品名、数量、发票金额、装货船名、装船日期及预计抵港日期以电报通知买方。在实际业务中，目前基本均采用传真、电传、货、或 E-mail 方式通知。

（九）CIF/CFR 合同的装运条款

为确保进口货物安全、及时地运回国内，防止发生不测事件，在签订对方派船的进口贸易合同时，均需签署一份运输条款，作为合同附件，以明确有关船舶安排方面对卖方的要求。所列的

SHIPPING TERMS 是我国进口公司常用的卖方派船合同所附的装运条款，可供外贸企业在签订卖方派船的大宗货进口合同时参考。对小批量的件杂货，因大多由班轮装运，一般无须订类似的装运条款。对 CFR 条件的进口合同，还需在合同中明确规定，如卖方未能及时发出装船通知使买方不能及时保险时，由此发生的一切损失均由卖方负责赔偿。

对于大宗货运输，一般都要制定装卸货效率。在买卖合同中一定要制定相应的装卸率。特别是要防止卖方在租约中定有过高的装卸率和滞期率。

对于卖方派船的租船运输，在贸易合同中要订明买方确认船条款，要确认船的规范、船级、船东互保协会等，以防止船东或卖方进行欺诈。

（十）进口转船

买方派船装运的进口货物，采用直达运输还是转船运输，取决于买方自己对运输的安排，与卖方并无关系。因此，凡以 FOB 等买方派船条件成交的进口商品，在合同和信用证上均不能订上"不准转船"的条款。订上这种条款，反而约束了买方自己。

（十一）FOB 条件下的装货费用

在 FOB 条件下，对装货费用的划分，按照国际商会的《国际贸易名词解释》（INCOTERMS），买卖双方的费用、风险和责任的划分，均以货物越过船舷为界。但在实践中，各国港口的习惯和解释不同。为了避免扯皮和遭到不必要的经济损失，成交前应该搞清楚交货港口对它的习惯性解释。同时，还应注意下面五点：

1. 订 FOB 条件时，不要在后面随便加上"UNSTOWED"或"NOTSTOWED"等字样。加上这类字以后，发货人往往会自行解释，容易引起争议。

2. 同一个合同内价格条款和交货条件不要前后矛盾。比如，价格条款使用的是"FOB××港口"，而交货条款写的却是卖方负担装货费和理仓费。再如，合同中价格条件订为 FOB，但在货价中又订包括装货到舱底的费用，前后不一，结果引起争议。如要装货到舱，应改订"FOB ST"条款。

3. 凡不属于整船装运的大宗商品，比如，小批量的钢材、设备。车辆等杂货不要订"FOB STOWED"条件。因为这些货物装船时，要与其他货物搭配，若订为"FOB STOWED"条件，则由卖方指定泊位，组织装货，必然使全船的配载和装货工作遇到困难。

4. 在签订散装大宗合同时，一般均应订"FOB STOWED AND TEIMMED"（FOB ST）的条件，免得有些发货人只负担其中一种费用。"TRIMMED"一字在习惯上是指一般的平舱，是使船舶具备安全航行为限，不包括特殊的平舱作业。

5. FOB 条件下的订舱权。凡订 FOB 条件的合同，不要再委托卖方去订舱，因为 FOB 条件下的订舱全属于买方。如果买方不了解装货港情况，或不了解航运市场时，要委托可靠的、实力雄厚的租船经纪人负责租船订舱。

（十二）避风移泊条款

一些季节性港口在每年一段时间内受季风影响，风浪大，影响作业（比如，意大利的西西里岛港口和印度西岸等）。在这一期间，派船去装货，往往会发生为避风而多次移泊，甚至因来不及避风而发生碰撞。为安全起见，一般不接受在此季节内装货的条件。但如我方确有需要无法回避时，应在合同内附加避风移泊条款，要发货人承担移泊费用。该条款规定为：卖方应提供载货船舶安全进出、安全停靠的港口，或安全作业，使船舶始终保持漂浮状态的安全港口或泊位。如因天气变化需要移至另一泊位或移至港外，移泊费用由卖方承担，时间以装货时间计算。

（十三）病虫害和木质包装熏蒸及动植物检疫

我国进口的农产品货物或有木质包装材料的货物到港后，为防治病虫害，都要按国家检疫规定做熏蒸处理。为了避免买方产生经济损失，应在合同中订明"由于熏蒸而产生的船期损失和全部熏蒸费用均由卖方负担"的条款。

从 2002 年 10 月 1 日起，我国政府规定从欧盟进口的商品，如有木质包装，需由出口国出具熏蒸证书。如没有此证书，在我国进口口岸补办熏蒸手续。

从美国、加拿大、日本、韩国等进口的商品如有针叶木包装也需采取以上办法。

如无木质包装或非针叶木包装，出口方应出具无木质包装材料证书或非针叶木质包装材料证书。

从 1992 年 4 月 1 日起，我国开始实施"中华人民共和国动植物检疫法"。为了保证进口的动植物产品及以动植物产品作为包装材料的商品的安全，防止病虫害的侵入，在合同中还应订明"卖方应提供动植物检疫证书"（PHYTOSANITARY CERTIFICATE ）或"检疫处理证书"（QUARANTINEM TREATMENT CERTIFICATE ）。

（十四）索赔期有效期

为了保证国家的经济利益，避免发生货物还未运到国内，或者虽已运到国内，但还没有开卸，或没有完全卸完，而索赔有效期已过期，从而影响对外索赔的情况。在订立合同时，应使进口物资的品质、数量和重量的索赔有效期订得对我们的索赔工作有足够时间的保证，在合同中对索赔有效期应明确订为："如果货物质量、数量或重量与合同或发票不符，买方有权在货物全部卸离船舶后 70 天（或 90 天）内，凭国家质量监督检验检疫局出具的证明，想卖方提出退货或索赔。所有因退货或索赔引起的一切费用（包括检验费）均由卖方负担。

（十五）运费支付方法

由买方派船承运的进口货物，其运费的支付方式是由买方与船公司按照双方之间的契约执行的，与卖方无关。所以在贸易合同中不要规定支付运费的条款，以避免合同条款与租约或提单上的有关条款不一致，从而带来不必要的麻烦。

第二节　出口货物运输业务操作规程

出口业务涉及问题多、环节复杂。认真搞好出口业务工作，熟悉和了解出口运输业务的各个环节和操作程序，直接关系到出口任务的完成和外贸企业经济效益的提高，对于扩大出口，对国家多创外汇有着十分重要的意义。

一、出口方的义务

出口方和进口方一样，也是依据《3000 INCOTERMS》规定的。本节介绍 FOB、CIF/CFR 条件下出口方的义务。

（一）FOB 条件下出口方的义务

1. 出口方必须提供符合买卖合同的货物和商业发票，或与商业发票具有同等效力的电子数据以及合同可能要求的证明货物符合合同规定的其他凭证。

2. 出口方必须自行承担风险和费用，取得出口许可证或其他官方核准文件，并办理货物出口所需的一切海关手续。

3. 出口方无义务办理运输合同、保险合同。

4. 出口方必须在约定的日期或期间内，按港口的惯常方式，在指定的运输港与进口方指定的装船地，将货物置于进口方指定船舶的船上。

5. 出口方必须承担货物到指定船越过船舷前货物灭失或损坏的一切风险。

6. 出口方必须支付货物越过指定船船舷前的一切费用。出口方必须支付货物出口时需支付的海关手续费和一切关税、税捐和其他费用。

7. 出口方必须给予进口方关于货物已经支付至指定船舶的船上的充分通知。

8. 出口方必须承担费用，向进口方提供关于货物已按规定交付的通常证明。

出口方必须给予进口方一切协助，以取得运输单据。

如果进出口双方已约定采用电子方式通信，上述单据应被具同等效力的电子数据交换信息所代替。

9. 出口方必须支付按规定支付货物所需的检查费用。

出口方必须自行承担费用，提供为货物运输所需的包装，包装上须适当地予以标记。

10. 出口方协助进口方为货物进口以及必要时经由他国过境运输所需的，由装运他国和/或原产地国所签发的单据或传输的具有同等效力的电子数据。

一经进口方请求，出口方必须向进口方提供办理保险的必要信息。

（二）CFR/CIF 条件下出口方的义务

1. 与 FOB 第一项相同。

2. 与 FOB 第二项相同。

3. 出口方必须承担费用，按照通常条件订立运输合同，以将合同规定的货物，按通常用以运输此类货物的船舶，经惯常航线，运至指定目的港。

按照惯例，CIF 合同由出口方替进口方办理保险合同。

4. 与 FOB 第四项相同。

5. 与 FOB 第五项相同。

6. 出口方必须支付与货物有关的一切费用，直到货物按规定交付为止，以及运费和其他一切费用，包括依照运输合同应当由出口方支付的货物装船费用和在约定卸货港的卸货费用，以及货物出口时需支付的海关手续费，一切关税、税捐和其他费用，以及依运输合同由出口方支付的货物经由他国过境运输时需支付的费用。

7. 出口方必须给予进口方关于货物已按规定交付至船上的充分通知，以及为使进口方能采取通常必要的措施收取货物所需的其他通知。

8. 出口方必须自行承担费用，毫不迟疑地向进口方提供货物运至约定目的港的全套通常运输单据。

此单据必须载明合同货物，注明在约定装运期间内签发的日期，使进口方能在目的地向承运人收取货物。如果进出口双方以约定采用电子方式通信，单据可被具有同等效力的电子数据交换信息所代替。

9. 与 FOB 条件下第九项相同。

10. 与 FOB 条件下第十项相同。

（三）比较 FOB 与 CIF、CFR 条件下对于出口方的义务和风险

通过上述两部分对于 FOB、CIF 和 CFR 三种贸易条件下出口方义务可知，这三种条件下进出口方的风险转移点是相同的，均为装货港过船舷转移风险。对于 FOB 条件下，出口方不必租船定舱，但也增加了三个方面的风险：一是进口方订立了不利于出口方的装卸率条款，有可能使出口方承担不必要的滞期费。二是无提单放货，进口方作为租家可以与船东订立凭租家保函无提单放货条款。而不向出口方付款赎单。三是由于船是买方所租，船只不受出口方控制，出口方很难凭保函倒签提单、签清洁提单。总之，买卖双方谁负责租船对谁有利。所以对于出口货卖方应尽量争取CIF、CFR 条款。

二、出口贸易合同的运输条款

运输条款是贸易合同的组成部分，如果在成交时忽略了运输问题，从而使运输条款订得不恰当，或者责任不明确，甚至脱离了运输的实际可能，不但会在执行合同时使运输工作陷于被动，引起经济损失和种种纠纷，严重的还会影响履约，使出口任务无法完成。因此，在签订出口合同前，充分考虑到运输条件，将运输条款订得尽可能完整、明确和切实可行是有其重要意义的。

（一）CIF/CRF 合同下的运输条款

1. 关于装运期的条款

（1）装运期必须订明年度及月份，对船舶较少去的偏僻港口，最好争取跨月装货，以便于安排船舶，不要订"即装"（如 PROMPT SHIPMENT、IMMEDIATELY SHIPMENT 等）的条款。

订装运期条款应结合商品的性质，选择季节。比如，雨季不宜装烟叶，夏季不宜装沥青等。还应结合交货港、目的港的特殊季节因素，比如，北美，北欧某些冰冻港口装运期不宜订在冰冻期，热带某些地区装运期不宜订在雨季等。

（2）出口货的装运期，分远、近洋地区，应掌握在信用证收到后有一定的期限。远洋地区不少于 30 天，近洋地区不少于 20 天。因此，应在合同中订明信用证于装运期前开到卖方期限。

（3）签订合同时，应避免信用证结汇有效期与装运期订为同时到期，即"双到期"。一般应争取结汇有效期晚于装运期 15 天，以便货物装船后有足够的时间办理结汇手续。

（4）不能接受一笔货物在短时期内分若干批出运的条款。因为在规定期内，如无适当的足够数量的船舶，就会影响这批货物的出运。

2. 关于装运口岸和目的港的条款

（1）出口装运港口，尽可能争取订为"中国港口"，或者订为几个中国港口，由卖方选择。

（2）出口目的港，应尽量选订班轮航线通常靠挂的基本港口或条件较好的港口，以便组织直达运输，减少中转。

（3）目的港要明确、具体，不要笼统订为"××地区主要港口"，以避免含义不明，给安排船舶造成困难。比如，买方提出几个主要港口，并选择其中任何一港交货时，应在合同中明确规定：（A）选卸港费（OPTIONAL CHARGE）和所选目的港需要增加的运费、附加费等，应由买方负担；（B）买方在开信用证的同时，宣布最后目的港；（C）供选择的港口必须在同一航线内，不应跨航线选卸港口，所选卸港不要超过 3 个。运费应按选卸港中最高的费率及附加费计算。

（4）在不以联运方式承办运输的条件下，一般不接受内陆城市为目的地的条款。对于内陆国家的贸易，应选择其最近的卖方能安排船舶的港口为目的港。

3. 关于出口转船条款

（1）货物出口至没有直达船或虽有直达船但没有固定船期、航班较少的港口，必须订明"允许转船"以利于卖方订舱。

（2）对某些数量较大的商品或需要运往条件较差的港口时，应考虑到港口吃水限制和租船的可能条件，在合同中订明"允许转船及分批装运"的条款。

（3）凡是"允许转船"的货物，不能接受买方指定中转港、二程船公司和船名的条件，也不要接受在提单中注明中转港和二程船船名的条件。

4. 关于装卸费负担的条款

由于世界各地的港口对 INCOTERMS 有不同的解释和不同的习惯做法，因此，我们在签订 CFR 或 CIF 的出口合同时，应根据各地的实际情况，在合同中明确规定在目的港的卸货费用由谁负担，以免扯皮。

5. 签订运输条款应注意的问题

（1）关于限期运抵目的港的条款。对买方提出限期运抵目的港的要求应予重视，但不能接受在合同上规定限期运抵目的港的条款。因为船舶在海上航行，很难保证到达目的港的时间。如因特殊情况，必须限期运抵目的港时，需保留足够长的时间。

（2）关于指定船舶或限制航线的条款。在合同中一般都不能接受由买方指定装某国籍船、某班轮公司船以及限制船型、船级或航线等条款。对于买方要求指定装船部位的条款，要做具体分析，合理的应予接受，对于不合理的要求，则不能接受。

（3）关于指定装卸码头、仓库的条款。对于买方要求指定装卸码头和仓库的条款，一般不能接受。如有特殊情况，应根据货量的大小和所指定的装卸码头及仓库的实际情况来确定。

（4）关于出具租船提单问题。对于大宗的出口商品，通常采用租船装运，同时签发租船提单（BS/L UNDER CHARTER PARTY）。对于这种提单，除非信用证特别规定，银行是可接受的。一旦在信用证中规定可接受租约提单，租约条款一定要和贸易合同中的运输条款相一致。绝不能出现租约定 FIO，而贸易合同中的运输条款是 LINER TERM 等情况。其原因在于银行不负责审核租约，而船东对贸易合同和信用证不用负责。如出现差错，只能是租家一方承担。

（5）关于大宗货的溢短装条款。对于大宗货物，应订明溢短装条款。一般为增减 5%～10%，争取由租家选择，而不是由船方选择。

（6）对于大宗货一般船方都要求定有装卸效率和滞期/速遣条款。制定装卸效率和滞期/速遣条款时，一定要在买卖合同中定有相应的条款。同时，要熟悉装卸港实际装卸货速度。

（二）FOB 合同下的运输条款

对 FOB 出口合同中的起运港口不能订为香港、澳门和台湾港口，只能是国内其他港口。

对于 FOB 出口合同，卖方应在合同规定的交货期前 30 天，向买方发出准备装船通知。买方应从卖方发出通知之日起 12 天内将装货船只的船舶规范和预计到港日期等通知卖方和装港的船务公司。

在我国港口装货所发生的理货费，应在合同中明确由买方或船方负担。因为我国港口一般是由船方申请理货和收受货物，卖方不负担此项费用。

以 FOB 条件成交的出口货物，由船边至船舱的装船费（包括绞车费、开关舱费、颠仓物料、理舱和平舱费以及在船上的有关人工费用等）应由买方/船方负担。如为 FOBST 条款，上述费用则应由卖方负担。

对于制定装卸率的租船合同，卖方要特别在买卖合同中确定合理的装卸率。以免向租家/买方支付不必要的滞期费。

如果对方派船晚于合同规定的装期到装港，卖方可以拒绝装船，向买方索赔毁约。也可以让部分货装船，当付运时刻的最后期限到来时停止装货，然后向买方索赔剩余部分如果不想向买方索赔，可以采取修改信用证装期、倒签提单、不符点交单等方法。同时卖方必须准时在买卖合同装运期内将货物装上船，否则构成违约/毁约，买方可拒绝接受货物，或者向卖方索要相应的延滞费或滞期费。

FOB出口货，提单上的托运人要写明发货人/卖方的名称来保护出口商对货物物权的控制。如果提单上的托运人写为买方，即契约托运人作为托运人。买方如以托运人的身份要求无单放货，同时又借口单据不符点而拒绝付款赎单。卖方此时便落得财货两空的局面。

第三节　进口付汇核销

一、进口付汇核销制度的概念

进口付汇核销制度就是外汇管理局在海关的配合和外汇指定银行的协助下，以跟单（核销单）的方式对进口单位的进口付汇直至报关到货的全过程进行监督、核查的一种管理制度。

进口企业在银行办理贸易进口付汇后，应当在有关货物进口报关后一个月内持贸易进口付汇核销单或者进口付汇项下国际收支申报托证、贸易进口付汇到货核销表，一式两份加盖公司公章等有效单证到外汇管理部经常项目管理处进口付汇核销科柜台办理核销报审手续。

二、进口付汇核销的对象、原则和范围

（一）进口付汇核销的对象

进口付汇核销的对象为：经商务部或其授权单位批准的经营进口业务的企事业单位和外商投资企业，简称进口单位。

（二）进口付汇核销的原则

1. 属地管理原则

外汇指定银行向所在地的外汇管理局申领进口付汇核销单，它应当向该外汇管理局报送核销单及有关报表。对外付汇的进口单位向外汇指定银行领取进口付汇核销单，无论是本地付汇（进口单位和外汇指定银行属同一个外汇管理局管辖）还是异地付汇（进口单位和外汇指定银行不属同一个外汇管理局管辖），进口单位均受企业注册地外汇管理局进口付汇核销的监管。

2. 付汇与核销衔接

进口单位进口付汇时，在外汇指定银行领取进口付汇核销单，它必须在该银行付汇，并办理货到付款项下的同步核销；在其他结算方式项下的进口付汇，由进口单位直接向所在地外汇管理局办理进口付汇核销报审手续。

3. 核销与两次核对挂钩

在进口付汇核销中，应对进口单位提供的进口货物报关单的真伪作相应的核查，对有疑问的或一次进口付汇达50万美元及以上的报关单，应与报关单签发地海关进行两次核对。外汇指定银行办理的货到付款项下的核销，由该外汇指定银行按照规定办理两次核对，外汇管理局办理核销的，由该外汇管理局办理两次核对。

4. 核销状况决定付汇

进口单位进口付汇核销状况的好坏决定了进口单位能否直接到外汇指定银行办理付汇。换句话说，核销状况好的进口单位，就可以直接到外汇指定银行办理付汇，反之就有可能被列入"由外汇

局审核真实性的进口单位名单"，在该名单内的进口企业，就不能直接到外汇指定银行办理付汇，重者还要按照规定给予处罚。

5. 单单相应

进口单位填写进口付汇核销单时，应与进口合同、开证申请书和付汇通知书、发票、提单、进口报关单等的内容基本一致，如有不同处，就必须有相应的证明或说明。

（三）进口付汇核销的范围

境内的进口单位以通过外汇指定银行购汇，或从现汇账户支付的方式，向境外（包括保税区）支付有关进口商品的货款、预付款、尾款等均需办理核销手续。

1. 进口商品货款，主要包括进口货物及用于转口贸易而对外支付的外汇款项。
2. 预付款：不超过合同总值15%或绝对金额不超过10万美元的预付外汇货款。
3. 尾款及其他：因多次付汇造成的余款，是原进口付汇总额的一部分。

下列情况不在核销范围内：

（1）非贸易项下的付汇；

（2）无须付汇而到货的；

（3）保税区内进口单位的付汇。

三、贸易进口付汇核销单

贸易进口付汇核销单（代申报单）是由国家外汇管理局印制、进口单位填写、外汇指定银行审核并凭以办理对外付汇的凭证，它既用于贸易项下进口付汇核销，又用于国际收支申报统计，因此，必须按规定如实填写。

贸易进口付汇核销单分进口单位填写和外汇指定银行填写两部分内容。进口单位在进口付汇时，需要填写核销单的十九栏项目。外汇指定银行在办理进口付汇时，按规定审核进口单位填写的核销单及所提供的其他单证，审核无误后，及时填写核销单上应由银行填写的部分，共有五栏项目。贸易进口付汇核销单的具体内容与填制说明如下。

（一）进口单位填写的内容

1. 单位名称栏：所填写的单位名称应与进口货物报关单上经营单位、信用证申请人、提单委托人一致，与进口付汇备案表（如有）及有关单据上的进口单位名称一致。

2. 单位编码栏：为国家技术监督局编制的该进口单位企业代码，码长10位字符。

3. 已付汇银行名称栏：所填的付汇银行名称应与发放核销单和办理对外付汇业务的银行名称一致。

4. 所在地分局栏：填写直接管辖该进口单位的外汇管理局。

5. 进口合同号栏：按向外汇指定银行购付汇时提供的进口合同上的编号填写。

6. 进口发票号栏：按照实际进口货物的发票编号填写。

7. 商品类别栏：应与进口货物报关单和发票的货物名称一致。

8. 进口批件号栏：属于进口配额管理或者许可证产品进口管理的货物，填写许可证或进口证时或登记表格的编号。

9. 购汇付出币种金额栏：进口付汇如系向外汇指定银行购汇支付的，则将实际购汇币种金额填写在该栏，先写币种（英文编写），后写金额（阿拉伯数字）。

10. 现汇付出币种金额栏：进口付汇如系由该进口单位外汇账户划汇支付的，则将实际支付币种金额写在该栏，先写币种（英文缩写），后写金额（阿拉伯数字）。

11. 交易编码栏：根据该笔对外付款交易的性质所对应的国际收支交易编码表填写相应的编码。如一般贸易 0101，进料加工装配贸易 0106，预付货款 0201 等。

12. 付汇性质栏：共有四类构成，即正常付汇、远期付汇，异地付汇、真实性付汇，应按实际付汇性质在相应的付汇性质后的方框内打"钩"即可。如付汇性质属于后三种性质，还应当填报有关备案表号码。

13. 结算方式栏：共有四种结算方式，即信用证、托收、货到汇款及其他。当结算方式为货到汇款时，还应当填写有关进口货物报关单编号和币种金额。

14. 付汇日期栏：按实际付汇日期填写，顺序为年/月/日。

15. 外汇账号栏：如实际付汇系从进口单位现汇账户支付的，则应填写具体外汇账号。

16. 人民币账号栏：如实际付汇系向外汇指定银行购汇支付的，则应填写具体人民币账号。

17. 应到货日期栏：按合同或协议规定的进口到货日期填写。

18. 收款人国别栏：按合同或协议上收款人所属国别填写。

19. 折美元金额栏：按国家外汇管理局制定的《各种货币对美元内部统一折算表》折算精确到个位。

（二）外汇指定银行填写的内容

1. 银行业务编号栏：按付汇银行具体业务编号填写。

2. 申报号码栏：按国际收支申请统计规定的原则填写。

3. 营业员签章栏：应加盖付汇银行办理该笔付汇业务的营业员签章。

4. 业务公章栏：应加盖付汇银行办理该笔付汇业务的部门业务公章。

5. 审核日期栏：按实际审核进口单据无误的日期填写。

贸易进口付汇核销单一式三联。一份核销单（一式三联）只可凭以办理一次付汇。贸易进口付汇核销单的式样如表 3-1 所示。

表 3-1　贸易进口付汇核销单（代申报单）

制表机关：国家外汇管理局

单位名称：　　　　　　　　　　单位编码：　　　　　　　　　核销单编号：NO

付汇银行名称		所在地分局	
进口合同号		进口发票号	
商品类别		进口批件号	
购汇付出币种金额：现汇付出币种金额：		交易编码□□□□	
付汇款性质：正常付汇□ 远期付汇□ 异地付汇□ 真实性审查付汇□ 备案表号：			
付汇日期：　　　外汇账号：　　　人民币账号：			
应到货日期：　　　收款人国别：　　　折美元金额：			
外汇指定银行审核无误后填写此栏			
银行业务编码：　　申报号码□□□□□□ □□□□ □□□□□□ □□□□			
营业员签章：　　　业务公章：　　　审核日期：			

进口单位（盖章）　　　　　　　　　　　　　　　　年　　月　　日

注：

1. 核销单编号为 8 位顺序号，由各印制本核销单的外汇管理局自行印制；

2. 核销单一式三联：第一联送所在地外汇局；第二联退进口单位；第三联外汇指定银行存档；

3. 本核销单尺寸为 16 开纸；

4. 进口单位编码为国家监督局编制的企业代码；

5. 申报号码和交易号码按国际收支申报统计规定的原则填写。

四、进口付汇备案表

进口付汇备案表，简称备案表，是由国家外汇管理局印制，进口单位向所在地外汇管理局申办，外汇指定银行凭此办理进口付汇手续，外汇管理局办理进口付汇核销手续的有顺序编码的凭证。一份备案表只可凭以办理一次进口付汇。

进口付汇备案表并不是每个进口单位对外付汇时都要申办，也不是每笔进口交易付汇时都要申办，只有发生下列进口付汇情况之一（或以上）的进口单位应当在付汇或开立信用证前，逐笔向所在地外汇管理局申请并办理"进口付汇备案表"手续。

1. 不在"对外付汇进口单位名录"上的。

2. 被列入"由外汇局审核真实性的进口单位名单"的。

3. 进口付汇后 90 天以内（不含 90 天）不能到货报关的。

4. 进口单位到期所在地外汇管理局管辖范围以外的外汇指定银行办理进口付汇手续的。

进口单位申办备案表手续时，应提供如下单证：

（1）盖有企业公章的进口付汇备案申请函（备案原因及内容）；

（2）进口合同正本及主要条款复印件；

（3）开证申请书（如备案原因为"远期信用证"，则该开证申请书上应有银行加盖的公章）；

（4）进口付汇通知单投复印件（如结算方式不为"托收"，则企业可不提供该单据）；

（5）电汇申请书（如结算方式不为"汇款"，则企业可不提供该单据）；

（6）进口货物报关单正本、复印件及 IC 卡（如备案原因不为货到付款、信用证展期，则企业可不提供该单据及 IC 卡）；

（7）结汇水单/收账通知单或转口所得的信用证（如备案原因不为"境外工程使用物资"及转口贸易，则企业可不提供该单据）；

（8）预付款保函（如备案原因不为"90 天以上到货"、超过 15％且超过等值 10 万美金的预付货款，则企业可不提供该单据）；

（9）特殊备案情况下，外汇局要求提供的其他凭证、文件；

（10）填写进口付汇备案表。

按规定如实填写备案表所列项目。进口单位填妥的备案表，需所在地外汇管理局审核无误后加盖"进口付汇核销"专用章方为有效。

一份进口付汇备案表由一式四联构成。

进口付汇备案表式样如表 3-2 所示。

表 3-2　进口付汇备案表

备案表编号

备案类别：	远期付汇□		异地付汇□	真实性审查付汇□	
进口单位			付汇银行		
进口合同号			进口发票号		
商品类别			进口批件号		
购汇付出币种金额：	账户现汇付出币种金额：				
结算方式：信用证□ 托收 □ 货到付款（报关单编号：币种金额：）其他□					
付汇日期：		应到货日期		折美元金额	

本笔付汇我局已经审查备案，请按规定办理付汇手续。

国家外汇管理局　　分（支）局

年　　月　　日

注：

1. 备案表一式四联：第一联由外汇指定银行付汇后与核销单（第三联）一并存档；第二联由进口单位与核销单（第二联）一并留存；第三联由外汇指定银行在办理付汇后与核销单（第一联）一并报送所在地外汇局；第四联由签发地外汇局留存。

2. 备案表由各外汇局印制。

3. 备案表编号为 6 位外汇局代码＋6 位顺序号。

五、进口付汇核销方法

2001 年，外汇局和海关按照是否有相应付汇，将进口报关单的海关监管方式分为可付汇、有条件付汇和不可付汇三大类：

1. 属于"不可对外付汇"的，进口报关单不可用于付汇和核销。

2. 属于"可对外付汇"的，进口报关单可直接用于进口付汇和核销。

3. 属于"有条件对外付汇"的，进口报关单需在企业提交相关证明材料后方可用于办理付汇和核销。

具有对外贸易经营权的企业，到注册地外汇局办理"对外付汇进口单位名录"（以下简称"名录"）登记后，即可直接持规定单证到本地银行申请办理进口付汇，银行按规定审核企业申请单证无误后为企业办理进口付汇。企业办理进口付汇核销业务的基本要求包括以下三方面：

第一，对于采用汇款结算方式到货后付款的，银行在核验报关单电子数据无误、为企业办理付汇后，进口付汇核销过程同时自动完成。

第二，对于采用信用证、托收、预付货款及其他结算方式付汇的。由于货物尚未报关进口，银行无法在付汇时通过进口报关单联网核查来核实付汇真实性，企业需在预计到货日期后一定时限内，持规定单证到外汇局办理进口付汇核销手续，证实付汇真实性。期限届满未办理核销的，将被纳入逾期监管。转口贸易、境外工程使用物资、退汇项下的进口付汇凭对应收汇凭证办理进口付汇核销。

贸易进口付汇到货款核销单如表 3－3 和表 3－4 所示。

表 3－3　　　年　　月　　　贸易进口付汇到货款核销单（1）

进口单位名称：　　　　　　　　进口单位编码：　　　　　　　　核销表编号：

序号	付汇情况							报关到货情况						备注
	核销单号	备案表号	付汇币种金额	付汇日期	结算方式	付汇银行名称	应到货日期	报关单号	到货企业名称	报关币种名称	报关日期	与付汇差额	凭报关单付汇	
												退汇	其他		
付汇合计笔数：	付汇合计金额：		到货报关合计笔数：		到货报关合计金额：			退汇合计金额：		凭报关单付汇合计金额：				
至本月累计管数	至本月累计金额：		至本月累计笔数：		至本月累计金额：			至本月累计金额：		至本月累计金额：				

填表人：　　　　负责人：　　　　　　　　　　　　　　填表日期：　　年　月　日
　　　　　　　　　　　　　　　　　　　　　　　　　　　本核销表内容无讹。（进口单位盖章）

注：
1. 本表一式两联，第一联送外汇后，第二联进口单位留存；
2. 本表合计和累计栏金额为折美元金额；
3. 本表由各外汇局印制，供进口单位使用；
4. 货到付款项下的付汇在"凭报关单付汇栏"填"√"；
5. 累计栏为本年年初至本月的累计数；
6. 一次到货多次付汇的，在"付汇情况"栏填写本次实际付汇情况；在"报关到货情况"栏只填写一次；
7. 一次付汇多次到货的，参照第六点处理。

　　第三，对于资金流与货物流之间出现较大偏差的，企业需持相关材料向外汇局证明偏差存在的客观性、合理性，完成差额核销。

　　进口付汇核销制度还包含了对进口付汇主体的监管，分为贸易付汇资格准入（即名录管理），以及对高风险主体和高风险业务的分类管理。已在商务部门办理登记获取外贸经营权的企业均可向外汇局申请登记"名录"，只有进入名录的企业方可在银行办理贸易进口付汇。

　　分类管理则由外汇局审核真实性的进口单位名单（以下简称"名单"）管理与进口付汇备案管理两部分构成。对于进口业务存在违规、违法行为的企业，外汇局会依据相关规定将其列入名单。对于不在"名录"和"名单"内企业的进口付汇，以及在注册地以外地区银行进行对外支付的，企业需要在付汇前到外汇局办理进口付汇备案。

表3-4　　　　年　　　月　　　贸易进口付汇到货款核销单（2）

进口单位名称：　　　　　　　　进口单位编码：　　　　　　　　核销表编号：

	付 汇 情 况						未 到 货 情 况		
序号	核销单号	备案表号	付汇币种金额	结算方式	付汇银行名称	应到货日期	推迟到货日期	外商不再供货	其他
付汇合计笔数		付汇合计金额：				备注：			

填表人：　　　　负责人：　　　　　　　　　　　　　　填表日期：　　年　月　日
　　　　　　　　　　　　　　　　　　　　　　　　　　　本核销表内容无讹。（进口单位盖章）

注：
1. 本表为所有付汇后未到货情况表，可不附单证；
2. 本表一式两联：第一联送外汇后，第二联进口单位留存；
3. 本表合计和累计栏金额为折美元金额；
4. 本表由各外汇局印制，供进口单位使用。

第四节　出口收汇核销与退税

一、出口收汇核销

　　外汇核销是指国家为加强进出口收付汇管理，指定外汇管理部门对进出口企业贸易的外汇收入和支出情况进行监督检查的一种制度，目的是监控每一笔贸易的每一笔外汇的进和出，这套制度叫出口收汇核销制度和进口付汇核销制度，统称为外汇核销制度。

所谓出口收汇核销，是指国家外汇管理部门根据国家外汇管理的要求，通过海关对出口货物的监管，对出口单位的收汇是否符合国家规定而进行监督的一种管理制度，企业必须按照该规定办理。

（一）出口收汇核销的对象、原则、范围

1. 出口收汇核销的对象

经批准有经营出口业务的公司，有对外贸易经营权的企业和外商投资企业，简称出口单位。

2. 出口收汇核销的原则

（1）属地管理：企业向其注册所在地的外管部门申领核销单之前，需上网向外汇局申请所需领用核销单份数，申请后本企业操作员凭 IC 卡到外汇局领取纸质核销单。外汇局根据企业网上申请的份数及出口收汇考核等级发放纸质核销单，同时将所发的核销单底账数据联网存放在公共数据中心。

企业在领取核销单时，应当办理签领手续。在核销单使用时，应加盖企业单位名称和组织机构代码条形章，在骑缝处加盖公章。空白新版核销单无须填有写效期，视同长期有效。海关对核销单进行电子底账数据联网核查。一般而言，在何地中领的核销单就在何地办理核销。这些核销单产生的外汇方面的责任就由这家企业承担。核销单只准本企业使用，不得借用、冒用、转让和买卖。

（2）谁单谁用：谁申领的核销单由谁使用，不得相互借用，核销单的交回核销或作废、遗失、注销手续也由原领用该核销单的出口单位向其所在地的外管部门办理。

（3）已领用衔接：多用多发，不用不发。续发核销单的份数与已用核销单及其已核销情况和预计出口用单的增减最相"呼应"。

（4）单单相应：原则上一份核销单对应一份报关单。报关单、核销单、发票、汇票副本上的有关栏目的内容应一致，如有变动应附有关的更改单或凭证。

企业到海关报关出口前，必须上网向海关进行新版核销单使用的口岸备案，一张核销单只能应用于一张出口报关单。不备案则不能使用。已在口岸备案的核销单，在未被用于出口报关的情况下，可上网申请变更并重新设置出口口岸。

（5）出口后的交单：企业在货物出口后不需要再到外汇局进行交单，可以上网将已用于出口报关的核销单向外汇局交单。企业如需在报关后 60 天之内办理出口收汇手续的，应当在货物实际报关离境后先向外汇局进行网上交单，再到外汇局办理相关手续。

乱收汇后的核销：即期出口项下，企业应当不迟于预期收汇日期起 30 天内出口收汇后凭核销单、报关单、出口收汇专用联到外汇局办理出口核销手续；对预期收汇日期超过报关日期 180 天（含 180 天）的，企业应当在报关后 60 天内到外汇局办理远期收汇备案。企业可按月集中到外汇局办理核销。

3. 出口收费核销的范围

除经批准外，一切出口贸易项下的均应办理出口核销手续。它可分为收汇贸易、不收汇贸易和其他贸易三大类。

收汇贸易包括一般贸易、进料加工、来料加工、来件装配、有价样品；不收汇贸易包括易货贸易、补偿贸易（实物补偿）、实物投资、记账贸易；其他贸易包括寄售、出境展销（览）、承包工程等，收款和不收款或自用、损耗、赠送、出售、退还兼有的贸易。

（二）出口核销的操作过程

1. 核销单的申领

出口企业自 2001 年 4 月起，在到外汇管理局领取核销单之前，要上网向外汇管理局申请所需领用核销单份数。领好核销单后企业需在核销单上加盖公章。

2. 核销单的报关前备案

企业到海关报关出口前，必须上网向报关海关进行核销单使用的报关前备案。出口交单。企业在货物出口后可以上网将已用于出口报关的核销单向外汇管理局交单。

3. 收汇核销

企业应在出口报关之日起 100 天内凭核销单，报关单的核销单专用联到外汇管理局办理出口收汇手续。

（三）收汇核销单的填制

出口收汇核销单，是指由国家外汇管理部门制发，出口单位填写、传递，海关凭此受理报关，外汇管理部门凭以核销的有顺序编号的凭证。它由存根、正本（分为左、右两联）共三联构成。

1. 核销单存根的填写

核销单存根由出口单位在货物报关时填写，共有六项栏目。

（1）出口单位名称栏：所填的出口单位的名称应与领取该编号核销单、报关单申报单位、信用受益人、运单（提单）委托人和保单的投保人的名称相一致。

（2）单位代码：填写本企业代码（凡在国家工商行政管理局注册登记的国务院和各部委直属进出口企业，向商务部申领进出口企业代码；在地方工商行政管理局注册登记的进出口企业，向注册地的进出口企业代码管理机关申领进出口企业代码。该代码为国家技术监督局编制的该进口单位企业代码，码长 10 位字符）。

（3）出口币种总价栏：按报关单内容填写成交价格（如 FOB 或 CIF 或 CFR 等）和应收汇币种金额。

（4）预计收款日期栏：按信用证即（远）期、托收即（远）期、汇款（包括支票）、现金填写。按《出口核销管理办法》规定的最迟收款日期，如属分期付款的，应依次列明收款日期、币种和金额。

（5）备注栏：填写发票编号和合同的编号以及其他需要说明的。

（6）此报关有效期栏：填写预计出口报关有效日期。

2. 核销单正本的填写

核销单正本分为左、右两联。左联银行、海关、外汇管理局填写并盖章，共有五个栏目：

（1）出口单位名称栏：填写出口单位名称，并加盖出口单位章，与存根的要求相吻合。

（2）单位代码栏：填写本企业的代码。

（3）银行签注栏：由外汇指定银行填写，证明已凭该出口收汇核销单结汇和收账。银行在办理结汇或收账时必须在结汇水单或收账通知上填写有关核销单编号。

（4）海关核放情况栏：由海关核对报关单与出口收汇核销单的内容是否一致。出口货物经审核验放无误后，盖"验讫章"，并注记盖章日期。如属报关后退关，还应由海关签注意见并盖章。

（5）外汇管理局核销情况栏：由外汇管理局在三个工作日内处理完出口单位的有关出口收汇核销单据，并在核销后的核销单上盖"已核销章"，注记盖章日期，并将出口收汇核销单出口退税联退给出口单位。

右联是出口退税专用联，由出口单位填写，共有五个栏目：

（1）出口单位名称栏：填写出口单位名称，并加盖出口单位章，与左联的要求相吻合。

（2）单位代码栏：填写本企业的代码。

（3）货物名称、数量、币种总价栏：按报关单和发票的内容填写。

（4）报关单编号栏：按报关单上的编号填写。

（5）外汇管理局签注栏：由外汇管理局加盖"已核销章"，并注记盖章日期。

出口单位在外汇管理部门送交核销单正本时，还应提供已填妥的"送交出口收汇核销单及其附件情况表"。

出口收汇核销单的样式如表3－5所示。

表3－5   出口收汇核销单

出口收汇核销单 存　　根 （宁）编号：31A351294		出口收汇核销单 31A351294 （宁）编号：31A351294					出口收汇核销单 出口退税专用 （宁）编号：31A351294			
出口单位：	出口单位盖章	出口单位：					出口单位盖章	出口单位：		
单位代码：		单位代码：						单位代码：		
出口币种总价：		银行签注栏	类别	币种金额	日期	盖章		货物名称	数量	币种总价
收汇方式：										
预计收款日期：										
备注：		海关签注栏：						报关单编号：		
此报关有效期截止到：	海关盖章	外汇管理局签注栏： 　　　　　　　年　　月　　日（盖章）					海关盖章	外汇管理局签注栏： 　　　　　年　　月　　日（盖章）		

（四）出口收汇核销程序

外汇局和海关依据货物出口是否收汇等情况，将出口报关监管方式分为需要使用核销单报关和不需要使用核销单报关两类。

1. 不需要使用核销单报关出口的，企业无须办理出口收汇核销手续。

2. 需要使用核销单报关出口的，企业按照以下流程办理出口、收汇及核销：取得对外贸易经营权并领取了中国电子口岸IC卡的企业到所在地外汇局领取核销单，凭核销单及海关要求的其他材料办理出口报关；企业按合同约定收回货款后，凭报关、收汇以及核销单等纸质凭证或电子信息办理核销手续。完成出口收汇核销手续后，企业可以向国家税务部门申请办理出口退税。

企业办理出口收汇核销业务的基本要求包括：

第一，企业应于货物出口后不迟于预计收汇日期30天向外汇局进行出口收汇核销报告。对于预计收汇日期超过出口报关180天的，企业应到外汇局办理远期收汇备案手续。对于未在规定时限内进行出口收汇核销报告的，外汇局将纳入逾期未收汇核销管理并进行催核。

第二，企业出口项下的资金流与货物流应当基本对应，主要包括以下两种情况：

一是出口报关总价之和与出口收汇总额之和基本一致；二是来料加工项下按加工合同工缴费收汇核销。对于资金流和货物流存在差额且有客观理由的，企业可以提供相关证明材料办理差额核销。

第三，出口企业与收汇企业应当一致。代理出口业务，应由代理方负责出口、收汇及核销，代理方收汇后再将外汇直接划转或结汇后将人民币划转给委托方。对于因专营商品出口等特殊情况造成收汇企业与出口企业不一致时，收汇企业可向外汇局申请办理境外收汇过户。

出口收汇核销制度实施十多年来，外汇局及时根据外汇形势变化，不断改进管理方式，优化管理手段，简化管理程序，降低企业操作成本。目前，全国 16 个地区、60% 以上的出口收汇核销业务可直接通过网络完成，企业无须往返外汇局。

有下列情况之一者，外汇管理部门不予核销：

（A）未按出口收汇核销规定及时收汇者；

（B）未按规定办理结汇或收账者；

（C）无核销专用结汇水单/收账通知或其上没有注明核销单编号者；

（D）核销单与报关单内容不一致或有涂改者；

（E）出口商品收汇后的单价低于有关商会规定的出口协调价者；

（F）超过规定支付佣金、回扣及其他从属费者；

（G）违反出口收汇核销规定的其他情况。

第四，企业如遇到出口核销单或报关单元电子底账数据，或纸质单证与电子底账数据发生差异；企业应持核销单或报关单到相关外汇局或海关查询，接到查询要求的外汇局或海关应当在 5 天内解决问题。如属纸质单证出具有误，外汇局或海关应更改纸质单证；如电子底账数据有误，则应更改或补充电子数据。

第五，出口单位申请出口退税。外汇局在出口核销单上加盖"已核销"章后，将核销单和报关单（出口退税专用）给出口企业，凭此向税务局申请办理退税手续。

出口单位在向国家税务局申请出口退税和办理"代理出口货物证明"时，必须逐票附送对应的出口收汇核销单（出口退税专用联），国家税务局审核无误后才予办理出口退税和签发"代理出口货物证明"。

（五）核销单挂失以及退关后核销单注销手续

1. 出口核销单遗失后的挂失

（1）出口核销单的挂失：企业应在 1 个工作日内通过电子出口收汇子系统申请挂失，挂失的条件是申请挂失的核销单在外汇局的动态为"有效"，在海关的动态为"未用"。核销单一经挂失不能再使用。

（2）已用于出口报关的核销单遗失：企业必须到外汇局申请挂失及补办退税联；应出具已填妥的该地区外汇管理部门统一印制的外汇核销单补办证，向主管出口退税的税务机关申请出具与该核销单对应的出口未办理退税的签批意见后，到所在地外汇管理部门补办核销单退税联。企业如因未及时挂失造成经济损失或导致违规行为，责任自负。

2. 出口货物因故退运的手续

出口货物因故退运时，出口货物发货人应先到外汇管理局办理出口收汇核销单注销手续，并填妥"退关后核销单注销申报表"。外汇局给出口货物发货人出具证明，出口发货人持证明和原海关出具的专为出口收汇核销用的报关单向海关办理退运货物的报退手续。退运货物，比如，展出口退税货物，出口货物发货人还应向海关交验审批出口退税的税务机关出具的未退税或出口退税款已收回的证明和原出口退税专用报关单，凭以办理退运手续。

二、出口货物退税

出口退税是指将出口货物在国内生产与流通过程中缴纳的间接税予以退还，使出口货物以不含税的价格进入国际市场。出口货物退税单是指中华人民共和国海关出口货物报关单中的出口退税专用联，格式与出口货物报关单相同，但纸张为黄色。通关时由海关盖章表示货物已经出口，出口单位可凭此联作为证明，按规定时间向主管退税的税务机关申请退还本批出口货物所征纳过的产品税或增值税。

（一）办理出口退税的方法

1. 出口企业退税登记。出口企业向所在地主管退税业务的税务机关办理出口企业退税登记。

2. 出口产品的退税鉴定。出口企业填写出口产品退税鉴定表，报经所在地主管退税业务的税务机关批准后执行。

3. 出口企业退税的申报。

（二）办理出口退税时需持有的单证

出口企业在商品报关出口后，持如下单证向税务机关申请退税：

1. 盖有"海关验讫"章的出口退税专用报关单一份。

2. 出口商业发票。

3. 增值税发票。

4. 结汇水单。

5. 出口退税专用核销单。

第五节　保税区收付汇核销

保税区是经国务院批准设立的海关监管的特定区域，海关对保税区与境外之间进出的货物实施备案制。国家外汇管理局曾于 1991 年和 1995 年先后颁布了《保税区外汇管理暂行办法》和《保税区外汇管理办法》，对促进保税区外向型经济发展、规范保税区外汇收支管理起到了积极的作用。1996 年以来，随着我国外汇体制改革的不断深化，经常项目和资本项目相继推出了一系列的配套政策，如今，基本上都不适用于保税区企业，为此外管部门对保税区企业外汇收支日常监管难度较大，目前，监管难度最大的是保税区内企业（以下简称"区内企业"）和境内保税区外的其他企业（以下简称"区外企业"）之间代理进出口业务经营中有关外汇收付的管理。

一、区内企业委托区外企业代理报关出口划汇

（一）代理形式

区内企业和国外客商签订售货合同，区内企业与区外有进出口权企业签订代理出口协议，委托区外企业进行出口报关（使用区外企业的出口收汇核销单），国外客商将货款汇给区内企业，最后区内企业要求将收到的外汇（一般收汇金额大于划汇金额，差额部分为区内企业的差价收入）划给区外代理报关企业，区外企业收汇后结汇用于核销。

（二）外汇收支管理

根据《保税区外汇管理办法》规定，区内企业可委托区外企业代理出口，区外企业收到代理出口货款后划转给区内企业。

区内企业划汇给区外代理报关企业须经外汇局审批，即外汇指定银行须凭外汇局审核同意的

"现汇账户支用申请表"办理划汇。

外汇审批划汇的有效单证主要有：区内企业与境外客商的售货合同；区内企业与区外企业的代理协议；区内企业的收汇凭证（收汇行出具的境外汇入款项凭证）；以及区外企业的出口收汇核销单（已交单复印件）。

二、保税区企业进口付汇、货未到保税区

（一）表现形式

区内企业与境外客商签订购货合同，区内企业提供有关单证要求外汇指定银行办理进口开证、付汇，区内企业与区外企业签订代理协议，货物由区外企业代理报关入境，或以关外卖断形式将货物转让给有进口权的区外企业。

（二）监管政策

规定外汇指定银行对保税区企业提供的合同上列明货未到保税区的进口付汇不得售汇，从而保证该笔支付境外的外汇来源为区外报关企业划入区内企业的外汇，区外企业付汇给区内或境外必须履行进口付汇核销手续。这样做可以避免区外企业利用区内企业付汇不核销的政策逃避监管。

对区内企业进口付汇实行核销制，这实际上是解决这一难题、堵住逃套汇、偷漏关税的根本办法。在进出口收付汇核销监管上应该采取出口管二线（保税区与区外）为主、进口管一线（保税区与境外）的办法。也就是说进口管一线，指在对区外企业向境外直接进口实行核销监管同时，对保税区企业进口付汇全部实行核销监管制度。因为实行进口付汇核销的根本目的是防止进口付汇不到货逃套汇、多进少报偷逃关税等行为，若对保税区企业进口到货情况不跟踪监管，同样存在付汇后不到货或多付少到货的可能。在实行管一线的同时，则可放开二线，即对区外向区内进口不采取核销制。原因一是区外外汇划入区内不存在逃汇风险；二是由于区内企业不实行出口收汇核销制，所以也不会引发区内企业收汇后用于出口收汇核销骗税等问题。

第六节 跟单信用证与其他单证制作实务

一、跟单信用证支付方式流转程序

1. 买卖双方在合同中订明采用信用证方式付款。

2. 买方向当地银行递送开证申请书，依照合同填写各项规定和要求，交付押金或提供其他保证，请当地银行开证。

3. 开证行根据申请书内容，向受益人开出信用证，把正本寄给代理行（通知行），要求它转递或通知受益人。副本一份给开证申请人。

4. 通知行核对印鉴或密码无误后，将信用证交与受益人。

5. 受益人审核信用证与合同相符后，按来证规定装运货物，并备齐各项单据，开出汇票，在信用证有效期内送请议付行议付。

6. 议付行按信用证条款审核单据无误后，按照汇票金额扣除利息，把货款垫付给受益人，同时将汇票和单据寄开证行或指定的付款行索偿。

7. 开证行（或其指定的付款行）核对单据无误后，付款给议付行。

8. 开证行通知开证申请人付款赎单。在开证申请人同意接受单据或付清货款后，此项信用证业

务即告结束。

9. 开证申请人赎单后，如发现到货不符合规定，或发生残缺损失等情况，不能向开证行，议付行提出赔偿要求，而应分情况向受益人、保险公司、运输公司或港口管理部门等提出索赔。

二、催证、审证与改证

(一) 催证

在按信用证付款条件成交时，买方按约定的时间开证是卖方履行合同的前提条件。尤其是大宗交易或按买方要求而特制的商品交易，买方及时开证更为必要，否则，卖方无法安排生产和组织货源。

通常情况下，买方信用证最少应在货物装运期前 15 天开到卖方手中，但在实际业务中，国外客户在遇有市场发生变化或资金短缺时，往往拖延开证，因此，应经常检查开证情况。为使合同顺利履行，在以下四种情况下，应及时催促对方开立信用证：

1. 合同规定装运期限较长（如三个月），而买方应在我方装运期前一定期限（如 15 天）内开证，我们应在通知对方预计装运期时，同时催请对方按约定时间开证；

2. 根据我方备货和船舶情况，如果有可能提前装运时，也可与对方商量，要求其提前开证；

3. 国外买方未在合同规定的期限内开证，我方可向对方要求损害赔偿，或催促对方开证，或限期对方开证，或在催证同时保留索赔权；

4. 开证期限未到，但发现客户资信不佳，或市场情况有变，也可催促对方开证。

(二) 审证

外贸公司在收到买方开来的信用证后，应对照销售合同并依据《跟单信用证统一惯例》进行审核。审证的基本原则是，信用证的内容必须与销售合同的规定相一致，否则会直接影响我方安全收汇和履行合同。

在实际业务中，经常发现国外来证内容并不完全与合同规定相符。原因是多方面的，有的是由于某些国家、地区的习惯做法往往有特殊规定，有的是因为国外客户对我国政策不了解，有的是国外客户或开证银行工作的疏忽或差错，也有的是国外客户故意玩弄手法而在信用证中加列一些不合理的条款，等等。因此，对国外来证，我们必须认真审核。

审核信用证是银行和外贸公司的共同职责，但他们在审核的范围和内容上各有侧重。

1. 银行审核信用证的主要内容

(1) 政治性、政策性审核。在我国对外政策的指导下，对不同国家和不同地区的来证从政治上、政策上进行审核。例如，凡国家规定不准与之有经济贸易往来的国家和地区的银行开来的信用证，不能接受。凡与我国签有政府间贸易协定、支付协定的国家，有关信用证必须符合协定的规定。来证如载有歧视性或错误或政治性条款，应要求改正。

(2) 资信情况审核。对开证银行和保兑行资信情况的审核，在经济上应要求其本身资力必须与所承担的信用证义务相适应。如发现他们资信不佳，应酌情采取适当的措施。

(3) 保证安全收汇。为保证安全收汇，信用证内应有明确表示保证付款的责任文句，还要审核开证行的付款责任是否加列了"限制性"条款或其他"保留"条件。

2. 出口商审核信用证的主要内容

外贸公司审核信用证时侧重审查信用证的内容是否与合同一致等。由于交易不同，这些项目所载内容可能会有所差异。一般而言，主要审核以下几个方面：

(1) 审核信用证的种类。信用证种类繁多，要审查来证是可撤销的还是不可撤销的信用证。此外，还要审查来证是保兑的还是不保兑的信用证。如保兑，被哪家银行保兑以及保兑费用由谁负担都要审核清楚。

（2）审核开证申请人和受益人。要仔细审核开证申请人的名称和地址，以防错发错运。受益人的名称和地址也必须正确无误，而且前后要一致，否则会影响收汇。例如，我某外贸公司印就的发票、合同上的公司名称是×××Corporation，而公司的印章上却是×××Company。恰逢市场有变，国外客户利用这一词之差拖延付款，致使我外贸公司没能及时结汇。

（3）审核信用证的金额及其采用的货币。信用证的金额应与合同金额一致，总金额的阿拉伯数字和大写数字必须一致。如合同订有溢短装条款，那么信用证金额还应包括溢短装部分的金额。来证采用的支付货币应与合同规定的货币一致。如不一致，应按中国银行外汇牌价折算成合同货币，在不低于或相当于原合同货币总金额时方可接受。

（4）审核信用证的到期地点。根据《跟单信用证统一惯例（UCP600）》所有信用证均须规定一个到期日及一个付款、承兑的交单地点。对议付信用证的还须规定一个议付到期地点。由此可见，信用证的到期日有"议付到期"、"承兑到期"和"付款到期"三种不同的规定方法。议付到期日是指受益人向议付银行交单要求议付的最后期限。到期地点通常在出口国。承兑或付款到期日是指受益人或通过出口地银行向开证行或信用证指定的付款银行交单要求付款或承兑的最后期限，到期地点一般在开证行或指定银行所在地。如信用证中的议付到期地点不在我国而在国外，那么有关单据必须在到期日前寄达开证银行或指定付款银行，我外贸公司就要承担邮递迟延、邮件遗失等风险。所以，对议付到期地点在国外的信用证，一般应提请对方修改。

（5）审核装运期和有效期。装运期是对货物装运时间的规定，原则上必须与合同规定一致。如信用证到达太晚，不能按期装运，应及时电请国外买方推迟装运期限；如由于生产或船舶等原因，不能在装运期限内装运，也可要求对方推迟装运期。信用证的有效期与装运期应有一定的合理间隔，以便在货物装船后有足够的时间进行制单结汇等工作。如信用证有效期与装运期规定在同一天，习惯上称为"双到期"，这种规定方法不十分合理，受益人应视具体情况提请对方修改。

（6）审核有关货物的记载。审核来证中有关品名、品质、规格、数量、包装、单价、金额、佣金、目的港、保险等是否与合同规定一致，有无附加特殊条款及保留条款。如指定由某轮船公司的船只载运，或要求出具装运船只的船龄不超过15年的证明，商业发票或产地证书须由国外的领事签证，等等，这些都应慎重审核，视具体情况作出是否接受或提请修改的决策。

（7）审核转船和分批装运。转船是指货物从装运港或发运地或承运人接管货物地至卸货港或目的地运输过程中，从一种运输工具转至另一种相同类型的运输工具上。货物中途转船，不仅延误时间和增加费用开支，而且还有可能出现货损货差，一般情况下，买方都不愿意对其进口的货物转运。在审核这条款时，应注意它是否与合同的规定一致。如允许转船，还应注意在证中允许转船后面有无加列特殊限制或要求，如指定某转运地点、船名或船公司。对这些特殊限制应考虑是否有把握办到，否则，应即时通知对方改证。分批装运是一笔成交的货物分若干批次装运。在海运时，同一航次，同一船只在不同时间或地点分别装运，即使分别签发了若干不同内容的提单，也不作分批装运。在邮寄时，如多份邮包收据或邮寄证明，由规定发货地同一日期投寄者，也不作分批装运。通过铁路、航空或其他方式运输时，若多份运输单据由同一承运人或其代理人出具，并且表明同一出单日期、同一发运地或接管地和同一目的地者，也不作为分批装运。如合同中规定分批、定期、定量装运，那么在审核来证时，应注意每批装运的时间是否留有适当的间隔。因为按照惯例，若任何一批未按期装运，则信用证的本批和以后各批均告失效，所以审证时，应认真对待。

（8）来证规定开立汇票的内容。来证规定开立汇票的内容如即期、远期等应与合同中支付条款的规定相符。

（9）装运单据。要仔细审核来证要求提供的单据种类、份数及填制方法等，如发现有不适当的要求和规定，应酌情作出适当处理。

（10）特殊条款。审查来证中有无与合同中不符的其他特殊条款，如发现有对我方不利的附加特殊条款，一般不应接受。如该条款没有对我方不利之处，而且也能办到，则可灵活掌握。

以上是审证过程中需要注意的几个主要方面，在实际工作中，可能还会遇到想不到的问题。如果认真仔细地逐条审核来证条款之后，仍有把握不住的内容，一定要向经验丰富的业务人员及有关方面的专家咨询。因为任何疏漏都有可能影响到安全结汇。

（三）改证

对信用证进行全面细致的审核以后，如果没有发现任何问题，就可按信用证条款发货、装运、制单结汇。但是，审证后发现问题也是常有的事。这些问题可能会涉及包装、信用证总金额、装船期、保险乃至一些拼写方面的错误。根据问题性质的不同，就要作出不同的处理方法。一般来说，凡是不符合我国对外贸易方针政策，影响合同履行和安全收汇的情况，我们必须要求国外客户通过开证行进行修改；如果不违反政策原则，经过努力可以做到而又不增加太多费用的情况，可以酌情处理，或不作修改，按信用证规定发货。

修改信用证同审证一样，是保证顺利履行合同和安全迅速收汇的重要前提，所以，必须应予足够的重视。

1. 改证中应注意的问题

（1）同一张信用证中，有时会发现多处地方需要修改，对此，应做到一次向国外客户提出，尽量避免由于疏忽或考虑不周而多次提出修改要求。因为，每次修改国外客户都要向开证行交纳一定的手续费，外贸公司也要向通知行交纳一定的修改通知费，它不仅增加了双方的手续和费用，而且对外影响不好，也影响及时履约。

（2）对于开证行根据客户申请发出的修改通知的内容，也要认真地进行审核，如发现修改后的内容仍不能接受时，应及时向客户声明表示拒绝，并再次提请修改。

（3）按《跟单信用证统一惯例（UCP600）》第10条的规定，未经开证行、保兑行以及受益人同意，不可撤销信用证，既不能修改也不能撤销。如果国外客户来证后，又主动要求修改来证内容，而我方对修改内容不接受时，我们可以拒绝，但是我们应该立即发出拒绝接受修改的通知。发出该通知后，就可按原证各项条款和内容办理出运。

（4）按惯例的规定："对同一修改通知中的修改内容不允许部分接受，因而，对修改内容的部分接受当属无效。"国外开证行发来的修改通知中如包括两项或两项以上的内容时，我们对此通知要么全部接受，要么全部拒绝，不能只接受其中一部分，而拒绝另一部分。

（5）要求国外客户修改信用证时，为争取时间，一般都以电传通知对方，并要求对方也电改信用证。

2. 信用证的修改流程

（1）出口商（受益人）提出要求修改信用证；

（2）经进口商（开证申请人）同意，并由其向开证行提交信用证修改申请书；

（3）开证行审查并受理；

（4）开证行向通知行发出信用证修改通知书；

（5）通知行将信用证修改通知书送达受益人确认。

3. 信用证修改申请书的主要内容

（1）信用证修改申请书提交的日期；

（2）所需修改的原信用证编号；

（3）修改的内容，一般先列出原信用证的有关条款，再写出相应的修改条款，例如：

原证：最晚装运期为 2004 年 7 月 15 日

修改为：最晚装运期为 2004 年 7 月 27 日

申请人提交信用证修改申请书时，必须交纳修改手续费。

4. 开证行对改证申请的审核

（1）信用证修改申请书中的编号是否正确；

（2）所要求修改的条款内容是否符合国际惯例和本国法律；

（3）所要求修改的条款对开证行有无不利之处；

（4）所要求修改的条款之间有无相互矛盾之处，与原信用证其他条款有无相互矛盾之处；

（5）如果是提出增加信用证金额，则要增收保证金。

开证行审核无误后，根据修改申请书的要求，以迅速的方式按原来的传递路线向各有关当事人发出信用证修改通知书。

三、其他单证制作实务

（一）对制单的要求

单据时代表货物履约的凭证，是收取外汇的手段。单据中的任何差错，即使是微小的疏忽或时间的延误，都可能造成不同程度的损失，比如，延迟结汇，遭到拒付，甚至被迫降价，有的还会影响政治信誉。因此，外贸企业的业务部门、运输部门和财务部门要互相配合，共同努力，做到准确及时，安全迅速，简明完整和清晰美观，以确保及时、安全收汇。

1. 各种单据一定要按信用证的要求缮制，在表面上必须完全符合信用证的条款，并做到数字计算准确、字迹清楚、拼写正确、内容完整、单据齐备、张数不缺、签章不漏。

2. 要做到单单一致，各种单据只能互相补充，不能彼此矛盾。

3. 要符合国际惯例及进口国的习惯做法。

4. 单据中的抬头名称应和来证要求的单据名称相一致，不能擅自更改。

5. 要以信用证为中心，核对合同、信用证、备货单等原始单据是否相符及有无矛盾的地方，如有问题，要等信用证修改后再制。

6. 信用证规定要手签的，一定要手签。

7. 信用证如有附页，应视为信用证不可分割部分。

8. 必须在信用证规定的交单有效期内送交银行议付和结汇。

（二）对审单的要求

单据与信用证不一致，信用证的规定不能在单据上得到证实，单证之间彼此矛盾等，都将被视为是单证不符。出现了这种情况，卖方就失掉了信用证的保证作用，使该交易的银行信用降为商业信用。在买方信誉欠佳，国际市场动荡以及商品价格下跌的情况下，卖方极易遭受拒付、迟付、压价、索赔甚至毁约的经济损失。因此，单据制出后，一定要进行认真审核，尽可能把不符点消灭在送交银行之前，以确保及时、安全结汇。

审单要提倡自审、互审或专职人员审核的做法。审单时应站在银行立场，而不是卖方立场。审单的依据是信用证（在托收和汇付条件下是买卖合同），单证之间有矛盾时，应以信用证条款为准。总的要求是达到"单证相符"，具体包括以下两个方面：

1. 单证一致。单证一致就是在信用证规定的期限内提交所需的单据，提交的单据表面上要符合信用证的条款；

2. 单单一致。除了符合信用证条款以外，各种单据之间还必须相互一致，单据之间不能相互矛盾。如果单与单之间有矛盾或不一致，就不能认为是单证一致。

（三）汇票

汇票（BILL OF EXCHANGE 或 DRAFT）是一个书面的无条件的支付命令。在出口贸易中一般用于出口人向进口人索取货款，要求进口商见票后立即或在一定时期内向持票人支付一定数额的某种货币。汇票有"光票"和"跟单汇票"两种。我们通常使用的是跟单汇票。汇票一般开具一式两份，两份具有同等效力，其中一份讨讫，另一份即自动失效。

缮制汇票应注意事项：

1. 由受益人出票，金额、币别要与发票一致，不能超过信用金额。受益人的全称应打印在汇票的右下角，并加上负责人的签字或签章。

2. 汇票的受益人应按信用证规定填写。如信用证未作规定，一般应填写议付银行。

3. 汇票的付款人须按信用证规定开列，不要省略地址。如来证未规定的，一般以开征为付款人。

4. 金额的打印：小写金额，先打印货币代号，紧接以阿拉伯数字表明的金额，一般保留两位小数，第三位小数四舍五入。大写金额，一般先打印货币全称，再打印金额的数目文字。在习惯上可首先加打一个"SAY"，意为"计"，在句尾加打一个"ONLY"，相当于中文的"整"字，如 SAY HONGKONG DOLLARS FIVE HUNDRED THOUSAND ONLY。

（四）商业发票

商业发票（COMMERCIAL INVOICE）简称发票，是卖方向买方开立的，凭以向买方收款的发货价目清单，也是卖方对于一笔交易的全名说明，内容包括商品名称、规格、价格、数量、单价、币别、佣金、折扣、包装、唛头、起运地、目的地以及合同、订单、信用证、许可证号码和加收额外费用等。商业发票是全套出口单据的核心，其余单据均需参照它缮制，所以被称为中心单据。因此，缮制发票应做到正确无误，排列合理，缮印清楚，整洁美观。

缮制发票应注意以下事项：

1. 发票上方一定要有"INVOICE"字样，出口公司名称及地址应与信用证的受益人相一致。

2. 发票一般做开证人抬头，并要把名称和地址排齐。

3. 发票日期，不能迟于提单日期，更不得迟于信用证的议付有效期。

4. 起运地和目的地，要严格按信用证的规定缮打。

5. 对于商品的描述，是发票的主要部分。发票中所表示的货物名称必须与信用证的描述相符，包括品名、规格、唛头和件号。

6. 价格条件、单价、总价和累计总金额等均是发票的主要项目，必须正确计算，正确缮打并认真复核。要特别注意小数点的位数是否正确，佣金是否内扣，金额和数量是否符合信用证的规定等。

7. 商品的包装、件数、货物的毛、净重及包装尺码等必须在发票中写明。

8. 出口商品的名称及负责人签字或盖章，一般人在发票的右下角已印就或盖章，如来证要求手签，还必须另加负责人的手签。

（五）海运提单

海运提单（BILI OF LADING）是船方或其代理人在收到其承运的货物时签发给托与人的货物

收据；也是承运人与托运人之间运输契约的证明；在法律上它具有物权证书的效用。收货人在目的港提取货物时必须提交正本提单。由于海运提单具有以上重要的作用，因此它是出口单据中的主要单据之一。

除了信用证内另有规定外，提单必须是清洁提单，即承运人在签发提单时未加任何损及包装不良一类批注的提单。除非信用证特许，银行不接受表明货物装于舱面的提单（集装箱货除外）。银行可接受转船提单和联运提单。

缮制提单的注意事项：

1. 提单是货运单据中最主要的单据之一，单据中的内容不能涂改，如有改动，必须由签发提单的部分或由该部门授权的部门加盖更正章。

2. 提单的托运人（SHIPPER），通常是信用证的受益人，即出口商。如来证指定某第三者为提单发货人，可根据具体情况酌定，但在 FOB 条件下，因买方订舱，买方如要求卖方作为托运人，则卖方不能接受，因为这样做，此提单买方在装船时就拥有货权，而真正的发货人却在未收到货款时即失去了货权，对卖方极为不利。

3. 收货人（CONSIGNEE），也称抬头人，通常做成指示提单（TO ORDER），也有做成"凭发货人指示"（TO ORDER OF SHIPPER），这种提单要由发货人背书。托起项下的提单切不可做成以买方为抬头的记名提单，避免在货款尚未收到时，货权即已转移。

4. 通知人（NOTIFY PARTY），这是货物到达目的港时船放松到货通知的对象，有时即为进口人。如果是记名提单或收货人指示提单而收货人又有详细地址，则此格可以不填，信用证也往往不作规定。如果是空白格式提单或托运人指示提单，则必须填写通知人名称及详细地址，否则船方将无法与收货人联系。当信用证对提单通知方具体规定时，则必须严格按信用证的规定缮打。

5. 提单号码（B/L No.）。提单必须编号，便于工作联系和核查。发货人发送船通知的主要内容也包括船名及提单号码。

6. 对船名、装货船、卸货船及最终目的地等应该根据实际情况填写。

7. 对货名、唛头、件数及数量等可按实际情况填写，如信用证没有特殊规定，重量以公斤为单位，尺码以立方米为单位，货名只写出统称即可。

8. 运费支付情况的说明，应参照发票中的价格条件填写，如成交价为 CIF 或 CFR，则应写"FREIGHT PREPID"（运费预付）；如成交价为 FOB，则应写"FREIGHT COLLECT"（运费到付）。

9. 提单的签发地点一般为装运地点，但是如果装货港交通不便影响提单流转速度时，可向船东申请异地签提单，这样做比凭保函无单放货要安全得多。

10. 提单签发日期不得迟于信用证或合约所规定的最迟装运日期，此点应严格掌握。如果信用证规定提单日期比事实货物装船日或承运人实际控制货物的日期早，托运人一般会出保函，请求承运人倒签提单。

11. 每份正本提单都必须有船名或代理人的印章和签名才有效。

（六）保险单据

保险单据目前使用最广的是保险单和投保单（INSURANCE POLICY、APPLICATION FOR TRANSPORTION INSURANCE），由保险公司出具，它是被保险人索赔和保险人理赔的主要依据。在 CIF 交易中，它又是卖方必须向买方提供的出口单据之一。保险单上的船名必须与提单一致；币别及其他有关内容要与信用证、发票、汇票一致；保险金额一般为发票金额的 110% 加成投保；出单日期不得迟于提单日期。凡是以出口公司为投保人的均需要加背书，以利转让。信用证无特殊规定的都做空白背书，在保险单背面盖上出口公司和负责人签单式样的橡皮图章即可。

（七）装箱单或重量单

装箱单（PACKING LIST）、重量单（WEIGHI MEMO），是对发票的补充，供进口地海关检验和进口商核对货物之用。所以要按信用证规定的名称出具。其包装、货号、规格、净重和体积等，要与发票、提单等相一致。所列项目要与实际情况相符。

（八）检验证书

检验证书（INSPECTION CERTIFICATE），是由出入境检验检疫机构出具的品质、数量、重量的证明。其出征日期应在装船以前，否则银行不接受。

（九）产地证明书

产地证明书（CERTIFICATE OF ORIGIN）简称产地证，是一种证明货物原产地或制造地的证件，它是应进口商的要求而提供的。目前通常使用的产地证主要有：出口商的产地证明书，贸促会产地证、惠普制产地证，检验检疫机构产地检验证书和生产厂/地证明书。具体采用哪一种，应根据进口商和信用证的要求而定。如来正只要求提供产地证而没有特殊要求的，一般提供出口商的产地证明书，这种公司产地证手续最为便捷，它由本单位自行签发，便于更改或更换，也无须支付任何签证费用。产地证明书。

（十）其他单据

除了上述几类单据外，有些单据是出口商在向海关办理出口报关时必须要提供的证明文件，如许可证，有时甚至是进口商凭以进口的证明文件。同时进口商在其开来信用证中，往往要求出口商提供除发票、运输、保险等主要单据以外的其他单据。从结汇的角度来看，这些单据和主要单据具有同样重要的价值。这些单据常见的有：寄单证明、邮局收据（含快邮收据）、装运通知电的副本、有关船籍、船程、船龄、船级的证明文件，等等。所有这些单据均应按信用证的要求提供。

重点名词与概念

FOB，CIF，CFR，信用证，收汇核销单，出口退税

练习与思考

一、多选题

1. 进出口货物的收发货人及其代理人申报时应准备好以下单证（   ）。

A. 一般单证   B. 货运单证   C. 特殊单证   D. 预备单证

E. 商业单证

2. 以下（   ）属于运输包装的标志。

A. 运输标志   B. 条形码   C. 指示性标志   D. 警告性标志

E. RFID

3. 以下属于进口付汇核销的原则的（   ）。

A. 属地管理原则   B. 付汇与核销衔接

C. 核销与两次核对挂钩   D. 核销状况决定付汇

E. 谁单谁用

4. 出口核销的范围( )。

A. 收汇贸易   B. 不收汇贸易   C. 单单核销   D. 其他贸易

E. 逐笔核销

二、判断题

1. 按一般惯例, 凡 FOB 后未加 "理舱" 或 "平舱" 字样, 则由买方负担理舱或平舱的费用。( )

2. 未经海关许可, 擅自开拆、提取、交付、发运、调换、改装、抵押、转让海关监管货物或者海关未放行的进出境物品的, 是走私行为。( )

3. 汇付和托收都是银行信用。( )

4. 进出口许可证一经签发, 任何单位和个人不得修改证面内容。( )

5. 审核提单时应注意海运提单一般为 "备运提单" 提单, 而多式联运提单属于 "已装船"。( )

三、简答与论述题

1. 简述信用证的特点。

2. 请指出 FOB、CFR 和 CIF 的相同点和不同点。

3. 如果信用证项下要求提供 "on board" 海运提单, 在什么样的前提下, 银行不拒绝接受, 涉及运输的船只的船名及港口注有 "intended" 的单据?

4. 在制作出口单据的各项要求中, 正确是最重要的一条。"正确" 至少包括哪两个方面的内容?

5. 目前保税区收付汇核销最大的监管难度在哪里? 对策是什么?

第四章 外贸物流货物报检与报关操作实务

【本章培训的主要内容】

本章培训的主要内容是关于外贸物流货物报检与报关操作实务知识。包括货物报检的含义、范围和方式，货物报检的基本程序，出、入境货物报检的分类、时限、地点和应提供的单据；报关的基本程序，一般进出口货物、保税货物、特定减免税货物、暂准进出口货物的报关程序；出入境货物报检单的填制要求，进出口货物报关单填制的具体规范和要求，美国 24 小时舱单制度和欧盟提前 24 小时舱单申报制度。

【本章应掌握的主要技能】

通过本章学习，了解货物报检的含义、范围和方式，理解出、入境货物报检的分类、时限、地点和应提供的单据，了解一般进出口货物、保税货物、特定减免税货物、暂准进出口货物的报关程序以及货物报检的基本程序和报关的基本程序，美国 24 小时舱单制度和欧盟提前 24 小时舱单申报制度，掌握出入境货物报检单的填制方法和进出口货物报关单的填制方法。

第一节 外贸物流货物报检作业流程

一、货物报检基本规定

（一）报检的含义

报检（包括申请、申报等行为），是指报检人依法申请/申报出入境检验检疫机构对法定检验检疫对象实施检验检疫，以获准出入境或取得销售使用的合法凭证及相关检验检疫证书等所必须履行的法定程序和手续。

（二）报检的范围

根据国家法律、行政法规的规定和我国对外贸易的实际情况，报检的范围主要包括四个方面。

一是国家法律、行政法规规定必须由出入境检验检疫机构实施检验检疫的，包含：

1. 列入《出入境检验检疫机构实施检验检疫的进出境商品目录》内的货物。

2. 入境废物、进口旧机电产品。

3. 出口危险货物包装容器。

4. 进出境集装箱。

5. 进境、出境、过境的动植物、动植物产品及其他检疫物。

6. 装载动植物、动植物产品和其他检疫物的装载容器、包装物、铺垫材料；进境动植物包装物、铺垫材料。

7. 来自动植物疫区的运输工具；装载进境、出境、过境的动植物、动植物产品及其他检疫物的运输工具。

8. 进境拆解的废旧船舶。

9. 出入境人员、交通工具、运输设备以及可能传播检疫传染病的行李、货物和邮包等物品。

10. 国际邮寄物（包括动植物、动植物产品和其他检疫物、微生物、人体组织、生物制品、血液及其制品以及其他需要实施检疫的国际邮寄物）。

11. 旅客携带物（包括微生物、人体组织、生物制品、血液及其制品、骸骨、骨灰、废旧物品和可能传播传染病的物品以及动植物、动植物产品和其他检疫物）和携带伴侣动物。

12. 其他法律、行政法规规定需要经检验检疫机构实施检验检疫的对象。

二是输入国家和地区的规定要求必须凭检验检疫机构出具的证书方准入境的；

三是有关国际条约、协议规定必须经检验检疫的；

四是对外贸易合同约定必须凭检验检疫机构签发的证书进行交接、结算的。

（三）报检的方式

出入境货物的收/发货人或其代理人向检验检疫机构报检，可采用书面报检或电子报检两种方式。

1. 书面报检

报检当事人按照检验检疫机构的规定，填制纸质出/入境货物报检单，备齐随附单证，向检验检疫机构当面递交。

2. 电子报检

报检当事人使用电子报检软件，通过检验检疫电子业务服务平台，将报检数据以电子方式传递给检验检疫机构，经检验检疫业务管理系统和检验检疫工作人员处理后，将受理报检信息反馈给报检当事人，报检当事人在收到检验检疫机构已受理报检的反馈住处（生成预录入号或直接生成正式报检号）后打印出符合规范的纸质报检单，在检验检疫机构规定的时间和地点提交出/入境货物报检单和随付单据。

（四）报检的基本程序

货物的出入境报检程序一般包括准备报检单证、电子数据录入、现场递交单证、联系配合检验检疫、缴纳检验检疫费用和签领检验检疫证单六个环节，如图4—1所示。

图4—1　货物出入境报检的基本程序

1. 准备报检单证

报检人员在了解出入境货物的基本情况后，应按照货物的性质，根据检验检疫机构的有关规定和要求，准备好报检单证，并确认提供的数据和各种单证真实、有效、正确、齐全。报检时应使用国家质检总局统一印制的报检单，完整、准确填写报检单上所列项目，并保证单证相符，即报检单与合同、批文、发票、装箱单等内容相符；单货相符，即报检单上所报内容与出入境货物实际情况相符；单单相符，即纸质报检单与电子报检单载明的数据、信息相符。随附单证原则上要求提供原件，确实无法提供原件的，应提供有效复印件。

2. 电子数据录入

报检人员应使用经国家质检总局评测合格并认可的电子报检软件进行报检，在规定的时限内将相关出入境货物的数据发送至报检地检验检疫机构。对于合同或信用证中涉及检验检疫特殊条款和要求的，应在电子报检中同时提出。在收到受理报检的反馈信息后打印出符合规范的纸质货物报检单。如果录入的数据不符合要求，应对数据进行修改，再次报检。如需要对已发送的数据进行更改或撤销，应发送更改或撤销申请。

3. 现场递交单证

报检人员应在电子报检受理后，在检验检疫机构规定的地点和期限内，持本人《报检员证》到现场递交纸质报检单、随附单证等有关资料。对经审核不符合规定的报检单证或需要报检单位作出说明和解释的，应及时修改、补充或更换报检单证，解释、说明有关情况。

4. 联系配合检验检疫

报检人员应主动向检验检疫机构提供进行抽样、检验、检疫和鉴定等必要的工作条件，配合检验检疫机构进行现场验（查）货、抽（采）样及检难检疫处理等事宜，落实检验检疫机构提出的检验检疫监管措施和其他有关要求。

5. 缴纳检验检疫费用

报检人员应在检验检疫机构开具收费通知单之日起 20 日内足额缴纳检验检疫费用。

6. 签领证单

对出入境货物检验检疫完毕后，检验检疫机构根据评定结果答发相应的单证。报检人在领取检验检疫机构出具的有关证单时应如实签署姓名和领证时间，并妥善保管，并按其特定的范围使用，不得混用。

二、入境货物报检

（一）入境货物报检的分类

入境货物报检可分为入境一般报检、入境流向报检和异地施检报检。

入境一般报检是指法定检验检疫入境货物的货主或其代理人，持有关单证向报关地检验检疫机构申请对入境货物进行检验检疫以获得入境通关放行凭证，并取得入境货物销售、使用合法凭证的报检。

入境流向报检是指法定检验检疫入境货物的货主或其代理人，持有关单据在卸货口岸向口岸检验检疫机构报检，获取《入境货物通关单》并通关后，由入境口岸检验检疫机构进行必要的检疫处理，货物调往目的地后，法定检验检疫入境货物的收货人或其代理人再向目的地检验检疫机构申报，由目的地检验检疫机构进行检验检疫监管。申请入境流向报检货物的通关地与目的地属于不同辖区。

异地施检报检是指已在口岸完成入境流向报检，货物到达目的地后，该批入境货物的货主或其代理人在规定的时间内（海关放行后 20 日内），向目的地检验检疫机构申请对入境货物实施检验的报检。它是入境流向报检货物到达目的地后，入境货物货主或其代理人对同一批货物向目的地检验检疫机构的二次申报。因入境流向报检时，只在口岸对装运货物的运输工具和外包装进行了必要的检疫处理，并未对整批货物进行检验检疫，只有当检验检疫机构对货物实施了具体的检验检疫，确认其符舍有关规定，货主才能获得相应的准许入境货物销售、使用的合法凭证，完成入境货物的检验检疫工作。它们的区别如表 4—1 所示：

表 4—1 货物入境报检的分类及区别

报检类别	报检地点	领取单证种类	检验地点	领取单证种类
一般报检	报关地检验检疫机构	通关单	报关地	检验检疫证明、证书等
流向报检	报关地检验检疫机构	通关单	—	—
异地施检报检	目的地检验检疫机构	—	目的地检验检疫机构	检验检疫证明、证书等

（二）入境货物的报检时限和地点

1. 报检时限

微生物、人体组织、生物制品、血液及其制品或种畜、禽及其精液、胚胎、受精卵，应在入境前 30 天报检；其他动物，应在入境前 15 天申报；植物、种子、种苗及其他繁殖材料，应在入境前 7 天报检；入境货物需对外索赔出证的，应在索赔有效期前不少于 20 天内向到货口岸或货物到达地的检验检疫机构报检；法律、行政法规及部门规章别有特别规定的从其规定。

2. 报检地点

审批、许可证等有关政府批文中规定了检验检疫地点的，在规定的地点报检；大宗散装商品、易腐烂变质商品、可用作原料的固体废物以及在卸货时已发生残损、数量/重量短缺的商品，必须向卸货口岸检验检疫机构报检；需结合安装调试进行检验的成套设备、机电仪产品以及在口岸开件后难以恢复包装的货物、应在收货人所在地检验检疫机构报检并检验；输入动植物、动植物产品和其他检疫物的，应向入境口岸检验检疫机构报检，并由口岸检验检疫机构实施检验。入境后面办理转关手续的检疫物，除活动物和来自动植物疫情流行国家或地区的检疫物须在入境口岸报检和实施检疫外，其他均应到指运地检验检疫机构报检，并实施检疫。过境的动植物、动植物产品和其他检疫物，在入境口岸报检，出境口岸不再报检；其他入境货物，应在入境前或入境时向报关地检验检疫机构报检。

（三）报检时应提供的单据

1. 应填写《入境货物报检单》，并提供外贸合同、发票、提（运）单、装箱单等有关单证

2. 按照检验检疫的要求，提供其他相关特殊单证

申请数量/重量鉴定的，还应提供数量/重量明细单、磅码单、理货清单等；

凡实施安全质量许可、卫生注册或其他需审批审核的货物，应提供有关证明；

申请品质检验的，还应提供国外品质证书或质量保证证书、产品使用说明及有关标准和技术资料；凭样成交的，须加附成交样品；以品级或公量计价结算的，应同时单证重量鉴定；

入境废物，还应提供国家环保部门签发的《进口废物批准证书》和经认可的检验检疫机构签发的装运前检验合格证书等；

申请残损鉴定的，还应提供理货残损单、铁路商务记录、空运事故记录或海事报告等证明货损

的有关单证；

货物经收、用货部门验收或其他单位检测的，应随附验收报告或检测结果以及数量/重量明细单等；

入境动植物及其产品，还必须提供产地证、输出国家或地区官方的检疫证书；须办理入境检疫审批的，还应提供入境动植物检疫许可证；

过境动植物及其产品，应提供货运单和输出国家或地区官方的检疫证书；运输动物过境的，还应提交国家质检总局签发的动植物过境许可证；

入境旅客、交通员工携带伴侣动物的，应提供入境动物检疫证书及预防接种证明；

因科研等特殊需要，输入禁止入境物的，须提供国家质检总局签发的特许审批证明；

入境特殊物品的，应提供有关的批件或规定的文件；

开展检验检疫工作要求提供的其他特殊单证。

（四）入境货物检验检疫的一般程序

法定检验检疫的入境货物，在报关时必须提供报关地检验检疫机构签发的《入境货物通关单》，海关凭检验检疫机构签发的《入境货物通关单》验放。

入境货物的检验检疫工作程序是先行通关，后进行检验检疫，即法定检验检疫入境货物的货主或其代理人首先向卸货口岸或到达站的检验检疫机构报检。

检验检疫机构受理报检，转施检部门签署意见，计收费，对来自疫区的、可能传播检疫传染病、动植物疫情及可能夹带有害物质的入境货物的交通工具或运输包装实施必要的检疫、消毒、卫生除害处理的，签发《入境货物通关单》（入境废物、活动物等除外）供报检员国理海关的通关手续。

货物通关后，入境货物的货主或其代理人必须在检验检疫机构规定的时间和地点到指定的检验检疫机构联系对货物实施检验检疫，经给检验检疫合格的入境货物签发《入境货物检验检疫证明》放行，经检验检疫不合格的货物签发检验检疫处理通知书，需要索赔的签发检验检疫证书。工作流程如图4-2所示。

三、出境货物报检

（一）出境货物报检的分类

出境货物报检可分为出境一般报检、出境换证报检和出境货物预检报检。

出境一般报检是指法定检验检疫出境货物的货主或其代理人，持有关单证向产地检验检疫机构申请检验检疫以取得出境放行证明及其他证单的报检。对于出境一般报检的货物，检验检疫合格后，在当地海关报关的，由产地检验检疫机构签发《出境货物通关单》，货主或其代理人持《出境货物通关单》向当地海关报关；在异地海关报关的，由产地检验检疫机构签发《出境货物换证凭单》或"换证凭条"，货主或其代理人持《出境货物换证凭单》或"换证凭条"向报关地的检验检疫机构申请换发《出境货物通关单》。对于经检验检疫合格的符合出口直通放行条件的货物，产地检验检疫机构直接签发《出境货物通关单》，货主或其代理人凭《出境货物通关单》直接向报关地海关办理通关手续。

出境换证报检是指经产地检验检疫机构检验检疫合格的法定检验检疫出境货物的货主或其代理人，持产地检验检疫机构签发的《出境货物换证凭单》或"换证凭条"向报关地检验检疫机构申请换发《出境货物通关单》。对于出境换证报检的货物，报关地检验检疫机构按照国家质检总局规定

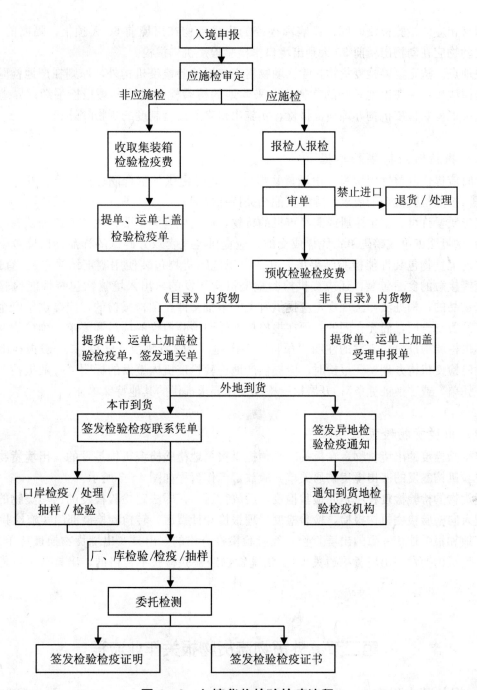

图 4—2　入境货物检验检疫流程

的抽查比例进行查验。

出境预检报检是指货主或其代理人持有关单证向产地检验检疫机构申请对暂时还不能出口的货预先实施检验检疫的报检。预检报检的货物经检验合格的，检验检疫机构签发标明"预验"字样的《出境货物换证凭单》；正式出口时，货主或其代理人可在检验检疫有效期内持此单向检验检疫机构申请办理换证放行手续。申请预检报检的货物必须是经常出口的、非易腐烂变质的、非易燃易爆的商品。

（二）出境货物的报检时限和地点

报检时限。出境货物最迟应在出口报关或装运前 7 天报检，对于个别检验检疫周期较长的货物，应留有相应的检验检疫时间；需隔离检疫的出境动物在出境前 60 天预报，隔离前 7 天报检；出境观赏动物应在动物出境前 30 天到出境口岸检验检疫机构报检。

报检地点。法定检验检疫货物，除活动物需由口岸检验检疫机构外，原则在产地检验检疫机构报检；法律法规允许在市地采购的货物应向采购地的检验检疫机构办理报检手续；异地报关的货物，在报关地检验检疫机构办理换证报检，实施出口直通放行制度的货物除外。

（三）报检时应提供的单据

报检时应提供的单据应填写《出境货物报检单》，并提供外贸合同、信用证、发票、装箱单等有关单证。按照检验检疫的要求，提供其他相关特殊单证。

凡实施质量许可、卫生注册或需经审批的货物，应提供有关证明；生产者或经营者的检验结果单和数量/重量明细单或磅码单；凭样成交的，应提供经买卖双方确认的样品；出境危险货物，应提供《出入境货物包装性能检验结果单》和《出境危险货物包装使用鉴定结果单》；有运输包装、与食品直接接触的食品包装，还应提供检验检疫机构签发的《出入境货物包装性能检验结果单》；出境特殊物品的，根据法律法规规定应提供有关的审批文件；预检报检的，应提供生产企业与出口企业签订的贸易合同，尚无合同的，须在报检单上注明检验检疫的项目和要求；预检货物换证放行时，应提供检验检疫机构签发的注明"预验"字样的《出境货物换证凭单》；一般报检出境货物在报关地检验检疫机构办理换证报检时，应提供产地检验检疫机构签发的标明"一般报检"的《出境货物换证凭单》或"换证凭条"；开展检验检疫工作要求提供的其他特殊单证。

（四）出境货物检疫工作程序

法定检验检疫的出境货物，在报关时必须提供报关地检验检疫机构签发的《出境货物通关单》。海关凭检验机构签发的《出境货物通关单》验放，工作流程如图 4－3 所示。

出境货物的检验检疫程序是先检验检疫，后放行通关，即法定检验检疫的出境货物的发货人或者其代理人向检验检疫机构报检，检验检疫受理报检和计费后，转检验检疫部门实施检验检疫。

对产地和报关地相一致的出境货物，经检验检疫合格的，出具《出境货物换证凭单》，由报关地检验检疫机构换发《出境货物通关单》。出境货物经检验检验不合格的，出具《出境货物不合格通知单》。

第二节　外贸物流货物报关作业流程

一、报关基本程序

（一）含义

报关程序是指进出口货物收发货人、运输工具负责人、物品所有人或其代理人按照海关的规定，办理货物、物品、运输工具进出境及相关海关事务的手续和步骤。

货物进出境应当经过审单、查验、征税、放行四个海关作业环节。与之相适应，进出口货物收发货人或其代理人应当按程序办理相对应的进出口申报、配合查验、缴纳税费、提取或装运货物等手续，货物才能进出境。但是，这些程序还不能满足海关对所有进出境货物的实际监管要求。比如，加工贸易原材料进口，海关要求事先备案，因此不能在"申报"和"审单"这一环节完成上述工作，必须有一个前期办理手续的阶段；如果上述进口原材料加工成成品出口，在"放行"和"装

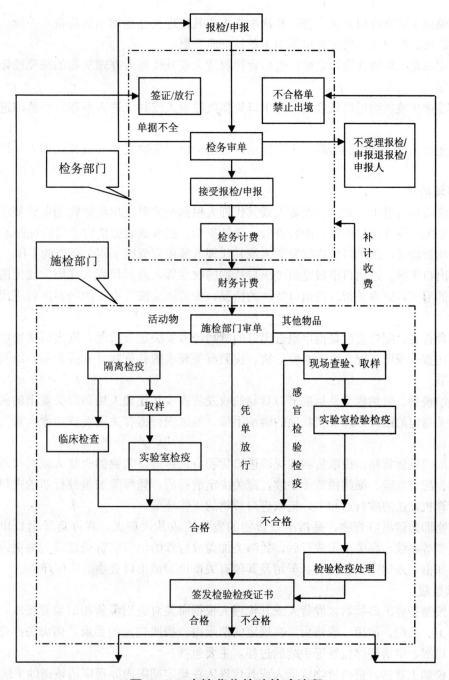

图 4—3　出境货物检验检疫流程

运货物"离境的环节也不能完成所有的海关手续，必须有一个后期办理核销结案的阶段。因此，从海关对进出境货物进行监管的全过程来看，报关程序按时间先后可以分为三个阶段：前期阶段、进出境阶段和后续阶段。

（二）基本程序

1. 前期阶段

前期阶段是指进出口货物收发货人或其代理人根据海关对进出境货物的监管要求，在货物进出口以前，向海关办理备案手续的过程，主要包括：

（1）保税加工货物进口之前，进口货物收货人或其代理人办理加工贸易备案手续，申请建立加工贸易电子账册、电子化手册或者申领加工贸易纸质手册。

（2）特定减免税货物在进口之前，进口货物收货人或其代理人办理货物的减免税申请手续，申领减免税证明。

（3）暂准进出境货物进出日之前，进出口货物收发货人或其代理人办理货物暂准进出境备案申请手续。

（4）其他进出境货物中的出料加工货物出口之前，出口货物发货人或其代理人办理出料加工的备案手续。

2. 进出境阶段

进出境阶段是指进出口货物收发货人或其代理人根据海关对进出境货物的监管要求，在货物进出境时，向海关办理进出口申报、配合查验、缴纳税费、提取或装运货物手续的过程。

在进出境阶段中，进出口货物收发货人或其代理人需要完成以下四个环节的工作：

（1）进出口申报。进出口申报是指进出口货物的收发货人或其代理人在海关规定的期限内，按照海关规定的形式，向海关报告进出口货物的情况，提请海关按其申报的内容放行进出口货物的工作环节。

（2）配合查验。配合查验是指申报进出口的货物经海关决定查验时，进出口货物的收发货人或其代理人到达查验现场，配合海关查验货物，按照海关要求搬移货物，开拆包装，以及重新封装货物的工作环节。

（3）缴纳税费。缴纳税费是指进出口货物的收发货人或其代理人接到海关发出的税费缴纳通知书后，向海关指定的银行办理税费款项的缴纳手续，通过银行将有关税费款项缴入海关专门账户的工作环节。

（4）提取或装运货物。提取货物即提取进口货物，是指进口货物的收货人或其代理人，在办理了进口申报、配合查验、缴纳税费等手续，海关决定放行后，凭海关加盖放行章的进口提货凭证或海关通过计算机发送的放行通知书，提取进口货物的工作环节。

装运货物即装运出口货物，是指出口货物的发货人或其代理人，在办理了出口申报、配合查验、缴纳税费等手续，海关决定放行后，凭海关加盖放行章的出口装货凭证或凭海关通过计算机发送的放行通知书，通知港区、机场、车站及其他有关单位装运出口货物的工作环节。

3. 后续阶段

后续阶段是指进出口货物收发货人或其代理人根据海关对进出境货物的监管要求，在货物进出境储存、加工、装配、使用、维修后，在规定的期限内，按照规定的要求，向海关办理上述进出口货物核销、销案、申请解除监管等手续的过程，主要包括：

（1）保税加工货物，进口货物收货人或其代理人在规定期限内办理申请核销的手续。

（2）特定减免税货物，进口货物收货人或其代理人在海关监管期满，或者在海关监管期内经海关批准出售、转让、退运、放弃并办妥有关手续后，向海关申请办理解除海关监管的手续。

（3）暂准进境货物，收货人或其代理人在暂准进境规定期限内，或者在经海关批准延长暂准进境期限到期前，办理复运出境手续或正式进口手续，然后申请办理销案手续；暂准出境货物，发货人或其代理人在暂准出境规定期限内，或者在经海关批准延长暂准出境期限到期前，办理复运进境手续或正式出口手续，然后申请办理销案手续。

（4）其他进出境货物中的出料加工货物、修理货物和部分租赁货物等，进出口货物收发货人或其代理人在规定的期限内办理销案手续。

二、一般进出口货物的报关程序

一般进出口货物的报关程序包括四个基本环节：申报、查验、缴税和放行。

（一）一般进出口货物的申报

1. 申报地点

根据现行海关法规的规定，进出口货物的报关地点，应遵循以下三个原则：

进出境地原则：在一般情况下，进口货物应当由收货人或其代理人在货物的进境地向海关申报，并办理有关进口海关手续；出口货物应当由发货人或其代理人在货物的出境地向海关申报，并办理有关出口海关手续。

转关运输原则：由于进出口货物的批量、性质、内在包装或其他一些原因，经收发货人或其代理人申请，海关同意，进口货物也可以在设有海关的指运地，出口货物地可以在设有海关的启运地向海关申报，并办理有关进出口海关手续。这些货物的转关运输，应当符合海关监管要求，必要时，海关可以派员押运。

指定地点原则：经电缆、管道或其他特殊方式输送进出境的货物，经营单位应当按海关的要求定期向指定的海关申报并办理有关进出口海关手续。这些以特殊方式输送进出境的货物，输送路线长，往往需要跨越几个海关甚至几个省份；输送方式特殊，一般不会流失；有固定的计量工具，如电表、油表等。因此，上一级海关的综合管理部门协商指定其中一个海关管理，经营单位或其代理人可直接与这一海关联系报关即可。

2. 申报时间与期限

（1）进口货物的申报时间与期限。根据《海关法》第 18 条、第 21 条的规定，进口货物的报关期限为自运输工具申报进境之日起 14 日内。进口货物的收货人或其代理人超过 14 天期限未向海关申报的，由海关征收滞报金。滞报金的日征收金额为进口货物到岸价格的 0.5‰。进口货物滞报金期限的起算日期为运输工具申报进境之日起第 15 日；邮运的滞报金起收日期为收件人接到邮局通知之日起第 15 日。转关运输滞报金起收日期有两个：一是运输工具申报进境之日起第 15 日，二是货物运抵指运地之日起第 15 日。两个条件只要符合一个，即征收滞报金。如果两个条件均达到则要征收两次滞报金。

进口货物自运输工具申报进境之日起超过 3 个月还没有向海关申报的，其进口货物由海关提取变卖处理。如果属于不宜长期保存的，海关可根据实际情况提前处理。变卖后所得价款在扣除运输、装卸、储存等费用和税费后尚有余款的，自货物变卖之日起 1 年内，经收货人申请，予以发还；逾期无人申领，上缴国库。

规定进口货物的报关期限和征收滞报金是为了运用行政手段和经济手段，促使进口货物人或其代理人及时报关，从而加速口岸货运，减少积压，使货物早日投入生产和使用。进口货物的收货人，为能尽快收到货物，并且在海关规定期限内办理报关手续，应该要求国外厂商及时把货运单据寄来，在货物及有关单证上正确标明货物的全部标记唛码，包括合约的号码、年份、字头、编号及代号以及收货人的名称、地址。

（2）出口货物的申报时间与期限。根据《海关法》规定，出口货物的发货人除海关特准外，应当在装货的 24 小时以前向海关申报。至于装货 24 小时以前到什么程度，是 3 天、5 天，还是 1 个月，可由报关人视口岸的仓储能力自定，海关一般不予过问。

规定出口货物的报关期限主要是为了留给海关一定的时间，办理正常的查验和征税等手续，以维护口岸的正常货运秩序。除了需紧急发运的鲜活、维修和赶船期货物等特殊情况之外，在装货的

24 小时以内申报的货物一般暂缓受理。

3. 申报所需的单证

（1）进口货物报关时需提供的单证包括以下几种：由报关员自行填写或由自动化报关预录入人员录入后打印的报关单；进口货物属于国家限制或控制进口的，应交验对外经济贸易管理部门签发的进口货物许可证或其他批准文件；进口货物的发票、装箱单（装箱清单）；进口货物的提货单（或运单）；减税、免税或免验的证明文件；对应实施商品检验、文物鉴定、动植物检疫、食品卫生检验或其他受管制的进口货物还应交验有关主管部门签发的证明；海关认为必要时，可以调阅贸易合同、原产地证明和其他有关单证、账册等以及其他有关文件。

（2）出口货物报关时需提供的单证包括以下几种：由报关员自行填写或由自动化报关预录入人员录入打印的报关单一式多份，其所需份数根据各部门需要而定，出口退税时加填一份黄色出口退税专用报关单；出口货物属于国家限制出口或配额出口的应提供许可证件或其他证明文件；货物的发票、装箱清单、合同等；商检证明等；对方要求的产地证明；出口收汇核销单（指创汇企业）以及其他有关文件。

（二）一般进出口货物的查验

查验是通关的重要环节。进出口货物在通过申报环节后，即进入查验环节。海关查验是指海关依法为确定进出境货物的品名、规格、成分、原产地、货物状态、数量和价格是否与货物申报内容相符，对货物进行实际的核查，确定单货、证货是否相符，有无瞒报、伪报和申报不实等走私行为，并为今后的征税、统计和后续管理提供可靠的监管依据。

1. 查验的地点

海关查验货物，一般在海关监管区内的进出口码头、车站、机场、邮局或海关的其他监管场所进行。对进出口大宗散货、危险品、鲜活商品、落驳运输的货物，经进出口收发货人的申请，海关也可结合装卸环节，在作业现场予以查验放行。在特殊情况下，经收发货人或其代理人的申请，海关审核同意，也可派员到规定的时间和场所以外的工厂、仓库或施工工地查验货物，但必须按照规定收取监管区域外监管手续费。

2. 查验的时间

海关将查验的决定以书面通知的形式通知进出口货物收发货人或其代理人，约定查验的时间。查验时间一般约定在海关正常工作时间内。

对于危险品或者鲜活、易腐烂、易失效、易变质的货物，以及因其他特殊情况需要"紧急验放的货物，经进出口货物收发货人或其代理人申请，海关可以优先安排实施查验。

3. 查验的方式

海关实施查验可以是彻底查验，也可以是抽查。查验操作可以分为人工查验和设备查验。海关可以根据货物情况以及实际执法需要，确定具体的查验方式。人工查验包括外形查验、开箱查验。外形查验是指对外部特征直观、易于判断基本属性的货物的包装、运输标志和外观等状况进行验核；开箱查验是指将货物从集装箱、货柜车箱等箱体中取出并拆除外包装后对货物实际状况进行验核。设备查验是指利用技术检查设备为主对货物实际状况进行验核。

彻底检查检查，即对货物逐件开箱（包）查验，对货物品种、规格、数量、重量、原产地货物状况等逐一与货物申报单详细核对。抽查，即按一定比例对货物有选择地开箱抽查，必须卸货。卸货程度和开箱（包）比例以能够确定货物的品名、规格、数量、重量等查验指令的要求为准。外形检验是对货物的包装、标记、商标等进行验核。外形查验只能适用于大型机器、大宗原材料等不易搬运、移动。此外，海关还充分利用科技手段配合查验，比如，地磅和 X 光机等查验设施和设备。

海关查验部门自查验受理起，到实施查验结束、反馈查验结果不得超过 48 小时，出口货物应于查验完毕后半个工作日内予以放行。查验过程中，发现有涉嫌走私违规等事情的，不受此时限限制。

4. 海关复验和自行开验

（1）有下列情形之一的，海关可依法对已经完成查验的货物进行复验，即第二次查验：

初次查验未能查明货物的真实属性，需要对已查验货物的某些性状做进一步确认的；货物涉嫌走私违规，需要重新查验的；进出口货物收发货人对海关查验结论有异议，提出复验要求并经海关同意的以及其他海关认为必要的情形。已经参加过查验的查验人员不得参加对同一票货物的复验。

（2）自行开验是指海关在进出口货物收发货人或其代理人不在场的情况下，自行开拆货物进行查验。海关行使"径行开验"的权利时，应当通知货物存放场所的管理人员、运输工具负责人到场协助，并由其在海关的查验记录上签字确认。有下列情形之一的，海关可以径行开验：

进出口货物有违法嫌疑的；经海关通知查验，进出口货物收发货人或其代理人届时未到场的。

5. 海关查验的程序

（1）海关确定查验后，由现场接单关员打印《查验通知单》，必要时制作查验关封交报关员。

（2）安排查验计划。由现场海关查验受理岗位安排查验的具体时间，一般当天安排第二天的查验计划。

（3）海关查验时，进口货物的收货人、出口货物的发货人或其授权报关员应当到场，并负责协助搬移货物，开拆和重封货物的包装。海关认为必要时，可以径行开验、复验或者提取货样。

（4）查验结束后，由陪同人员在《查验记录单》上签名、确认。

（三）一般进出口货物的关税缴纳

进出口货物收、发货人或其代理人进行申报，海关对报关单进行审核，对需要查验的货物先由海关进行查验，然后进行关税的缴纳。进口货物自运输工具申报进境之日起 14 日内，出口货物在货物运抵海关监管区后装货的 24 小时以前，应由进出口货物的纳税义务人向货物进（出）境地海关申报，海关根据税则归类和完税价格计算应缴纳的关税和进口环节代征税，并填发税款缴款书。纳税义务人应当自海关填发税款缴款书之日起 15 日内，向指定银行缴纳税款。如关税缴纳期限的最后 1 日是周末或法定节假日，则关税缴纳期限顺延至周末或法定节假日过后的第 1 个工作日。为方便纳税义务人，经申请且海关同意，进（出）口货物的纳税义务人可以在设有海关的指运地（启运地）办理海关申报、纳税手续。

（四）一般进出口货物的放行

海关在接受进出口货物申报、查验货物，并在纳税义务人缴纳关税后，在货运单据上签印放行。进出口商或其代理人必须凭海关签印的货运单据才能提取或发运进出口货物。未经海关放行的海关监管货物，任何单位和个人不得提取或发运。

1. 放行的方式

（1）征税放行。进出口货物在取得海关放行前，如属于应税货物，应由海关的税收部门，按照《中华人民共和国关税条例》和《中华人民共和国进出口税则》的规定，并根据一票一证的方式对这些货物收发货人征收有关关税和代征税，然后签印放行。

（2）担保放行。进出口货物的担保是担保人因进出口货物税款或某些证件不能及时备齐而向海关申请先予放行时，以向海关交纳保证金或提交保证函的法定方式向海关保证在一定期限内履行其在通关活动中承诺的义务的法律行为。其目的是确保海关监管货物的安全性，避免因纳税人无偿付能力或不履行义务而对海关造成的风险。

（3）信任放行。信任放行是海关为适应外向型经济发展的需要，在有效监管的前提下，对监管模式进行改革的一项措施。海关根据进出口企业的通关信誉、管理水平等因素，对其进行评估分类。对被海关授予"信得过企业"称号的各类企业给予通关便利，采取集中报关、预先报关、信任放行等优惠措施，使这些企业的进出口货物在口岸进出口时径直放行，事后一定时期内，通过分批或集中定期纳税来完备海关手续。这种放行制度是建立在海关与企业、报关人相互信任的前提下的。但在方便企业的同时，也给海关构成一定的管理风险。为此，各地海关采取与企业签订"信任放行"的谅解备忘录，实行"义务监管员"制度，即企业按海关要求推荐义务监管员，经海关培训合格后发证上岗，代替海关行使权力。有的海关还开辟了"信得过企业窗口"，对这引起企业的货物随到随放，由业务监管员代替海关查验。这些措施，为企业节省了通关费用，同时也缓解了海关力量不足的矛盾。当然，经海关批准的"信得过企业"，发现违反海关规定的情况，海关可以提出警告。情节严重的，可立即取消通关优惠企业资格，并依法从严惩处。

三、保税货物的报关程序

保税货物分为保税加工货物和保税物流货物两大类，保税加工货物通常被称为加工贸易保税货物。下面分别叙述保税加工货物和保税物流货物的报关程序。

（一）保税加工货物的通关

1. 合同备案

加工贸易合同备案是指加工贸易企业持经批准的加工贸易合同到主管海关备案，申请保税并领取加工贸易手册或其他准予备案凭证的行为。

海关受理合同备案，是指海关根据国家规定在接受加工贸易合同备案后，批准合同约定的进口料件保税，并把合同内容转化为手册内容或作必要的登记，然后核发手册或其他准予备案的凭证。

对符合规定的加工贸易合同，海关应当在规定的期限内予以备案，并核发加工贸易手册或其他准予备案的凭证。对不予备案的合同，海关应当书面告知经营企业。

2. 进出口报关

保税加工货物报关，适用进出口报关阶段程序的有进出境货物报关、深加工结转货物报关和其他保税加工货物报关三种情形。

（1）进出境货物报关。保税加工货物进出境由加工贸易经营单位或其代理人向海关申报。保税加工货物进出境申报必须持有加工贸易手册或其他准予合同备案的凭证。保税加工货物进出境的报关程序与一般进出口货物一样，也有 4 个环节，其中申报、配合查验、提取货物或装运货物 3 个环节与一般进出口货物基本一致，见一般进出口货物的报关程序。有区别的是，保税加工货物进境的报关程序第 3 个环节不是缴纳税费，而是暂缓纳税，即保税。除此以外，还有以下区别：

加工贸易企业在主管海关备案的情况在计算机系统中已生成电子底账，有关电子数据通过网络传输到相应的口岸海关，因此企业在口岸海关报关时提供的有关单证内容必须与电子底账数据相一致。也就是说，报关数据必须与备案数据一致，一种商品报关的商品编码、品名、规格、计量单位、数量、币制等必须与备案数据无论在字面上还是计算机格式上都完全一致。若不一致，报关就不能通过。

（2）深加工结转货物报关。加工贸易深加工结转是指加工贸易企业将保税进口料件加工的产品转至另一加工贸易企业进一步加工后复出口的经营活动。其程序分为计划备案、收发货登记和结转报关三个环节。

计划备案。加工贸易企业开展深加工结转，转入、转出企业应当向各自主管海关提交保税加工货物深加工结转申请表，申报结转计划。

收发货登记。转出、转入企业办理结转计划申报手续后，应当按照经双方海关核准后的申请表进行实际收发货。转出、转入企业的每批次收发货记录应当在保税货物实际结转情况登记表上进行如实登记，并加盖企业结转专用名章。

结转报关。转出、转入企业实际收发货后，转出、转入企业分别在转出地、转入地海关办理结转报关手续。转出、转入企业可以凭一份申请表分批或者集中办理报关手续。

3. 其他保税加工货物的报关

其他保税加工货物是指履行加工贸易合同过程中产生的边角料、剩余料件、残次品、副产品和受灾保税货物。海关总署制定了《中华人民共和国海关关于加工贸易边角料、剩余料件、残次品、副产品和受灾保税货物的管理办法》来规范这些物资的处理。

边角料是指加工贸易企业从事加工复出口业务，在海关核定的单位耗料量内（以下简称单耗）、加工过程中产生的、无法再用于加工该合同项下出口制成品的数量合理的废、碎料及下脚料。

剩余料件是指加工贸易企业在从事加工复出口业务过程中剩余的、可以继续用于加工制成品的加工贸易进口料件。

残次品是指加工贸易企业从事加工复出口业务，在生产过程中产生的有严重缺陷或者达不到出口合同标准，无法复出口的制品（包括完成品和未完成品）。

副产品是指加工贸易企业从事加工复出口业务，在加工生产出口合同规定的制成品（即主产品）过程中同时产生的，且出口合同未规定应当复出口的一个或者一个以上的其他产品。

受灾保税货物是指加工贸易企业从事加工出口业务中，因不可抗力原因或者其他经海关审核认可的正当理由造成灭失、短少、损毁等导致无法复出口的保税进口料件和制品。

加工贸易保税进口料件加工后产生的边角料、剩余料件、残次品、副产品及受灾保税货物属海关监管货物，未经海关许可，任何企业、单位、个人不得擅自销售或者移作他用。

对于履行加工贸易合同中产生的上述剩余料件、边角料、残次品、副产品、受灾保税货物，企业必须在手册有效期内处理完毕。处理的方式有内销、结转、退运、放弃、销毁等。除销毁处理外，其他处理方式都必须填制报关单报关。有关报关单是企业报核的必要单证。

（1）内销。保税加工货物转内销应经商务主管部门审批，加工贸易企业凭"加工贸易保税进口料件内销批准证"办理内销料件正式进口报关手续，缴纳进口税和缓税利息。

经批准允许转内销的保税加工货物属进口许可证件管理的，企业还应按规定向海关补交进口许可证件；申请内销的剩余料件，如果金额占该加工贸易合同项下实际进口料件总额3%及以下且总值在人民币1万元及以下的，免予审批，免予交验许可证件。

（2）结转。加工贸易企业申请将剩余料件结转到另一个加工贸易合同使用，限同一经营单位、同一加工厂、同样进口料件和同一加工贸易方式。凡具备条件的，海关按规定核定单耗后，准予企业办理该合同核销及其剩余料件结转手续。剩余料件转入合同已经商务主管部门审批的，由原审批部门按变更方式办理相关手续，如剩余料件的转入量不增加已批合同的进口总量，则免于办理变更手续；转入合同为新建合同的，由商务主管部门按现行加工贸易审批管理规定办理。

同一经营单位申请将剩余料件结转到另一加工厂的，应当经主管海关同意并缴纳相当于结转保税料件应缴税款金额的风险担保金；对已实行台账实转的合同，台账实转金额不低于结转保税料件应缴税款金额的，经主管海关同意，可以免予缴纳风险担保金。

（3）退运。加工贸易企业因故申请将剩余料件、边角料、残次品、副产品等保税加工货物退运出境的，应持手册等有关单证向口岸海关报关，办理出口手续，留存有关报关单证，以备报核。

（4）放弃。加工贸易企业因故无法内销或者退运而申请放弃边角料、剩余料件、残次品、副产品或者受灾保税货物的，凭企业放弃该批货物的申请和海关受理企业放弃货物的有关单证经海关核实无误后办理核销手续。

企业申请放弃加工贸易货物，除按现行规定提交有关单证、材料外，还需提供经政府价格主管部门认定资质的价格评估机构出具的关于拟放弃的加工贸易货物的价值证明。

由海关按规定作变卖处理的加工贸易放弃货物，企业应当在海关作出准予放弃之日起15日内将加工贸易放弃货物全部运至海关指定的仓库，并与该指定仓库的经营者办理放弃货物的交接入库手续。

按照规定需要进行销毁处理的加工贸易放弃货物，企业应当在实施销毁3个工作日前向主管海关报送销毁方案，并自海关作出准予放弃之日起15日内完成全部放弃货物的销毁工作。企业应当向主管海关提供放弃货物的销毁清单、销毁报告以及销毁过程的全程录像光盘。其中，需要销毁的加工贸易放弃货物为原进口料件或成品的，应当在海关认可的销毁机构实施销毁，并提供销毁机构出具的接收单据和处置证明等销毁证明材料。

海关可以派员监督加工贸易放弃货物的交接入库和销毁工作，企业及有关销毁机构应当给予配合。

企业完成加工贸易放弃货物交接入库、销毁或者经海关批准自行处理后5个工作日内凭相关证明材料办理加工贸易放弃货物的进口报关手续。

（5）销毁。被海关作出不予结转决定或不予放弃决定的加工贸易货物或涉及知识产权等原因企业要求销毁的加工贸易货物，企业可以向海关提出销毁申请，海关经核实同意销毁的，由企业按规定销毁，必要时海关可以派员监督销毁。货物销毁后，企业应当收取有关部门出具的销毁证明材料，以备报核。

（6）受灾保税加工货物的处理。加工贸易保税货物（包括边角料、剩余料件、残次品、副产品）在运输、仓储、加工期间发生灭失、短少、损毁等情事的，加工贸易企业应当及时向主管海关报告，海关可以视情派员核查取证。

因不可抗力因素造成的加工贸易受灾保税货物，经海关核实，对受灾保税货物灭失或者虽未灭失，但完全失去使用价值且无法再利用的，海关予以免税核销；对受灾保税货物虽失去原使用价值，但可以再利用的，海关按照审定的受灾保税货物价格、其对应进口料件适用的税率计征税款和税款缓税利息后核销。受灾保税货物对应的原进口料件，属于发展改革委、商务部、环保总局及其授权部门进口许可证件管理范围的，免于提交许可证件。企业在规定的核销期内报请核销时，应当提供下列证明材料：商务主管部门的签注意见；保险公司出具的保险赔款通知书或者检验检疫部门出具的有关检验检疫证明文件；海关认可的其他有效证明文件。

除不可抗力因素外，加工贸易企业因其他经海关审核认可的正当理由导致加工贸易保税货物在运输、仓储、加工期间发生灭失、短少、损毁等情事的，海关凭商务主管部门的签注意见、有关主管部门出具的证明文件和保险公司出具的保险赔款通知书或者检验检疫部门出具的有关检验检疫证明文件，按照规定予以计征税款和缓税利息后办理核销手续。本款所述受灾保税货物对应的原进口料件，如属进口许可证件管理范围的，企业须按照规定向海关提交有关进口许可证件。按法律和法规规定免于提交进口许可证件的除外。

4. 合同报核

加工贸易合同报核是指加工贸易企业在加工贸易合同履行完毕或终止合同并按规定对未出口的货物进行处理后，按照规定的期限和规定的程序，向加工贸易主管海关申请核销、结案的行为。

经营企业报核时应当向海关如实申报进口料件、出口成品、边角料、剩余料件、残次品、副产品以及单耗等情况，并向海关提交加工贸易手册、加工贸易进出口货物专用报关单以及海关要求提交的其他单证。

经审核单证齐全有效的，海关受理报核；海关不予受理的，应当书面告知企业原因，企业应当按照规定重新报核。海关核销可以采取纸质单证核销和电子数据核销的方式，必要时可以下厂核查，企业应当予以配合。

（二）保税物流货物的通关

国内经营保税物流的海关特殊监管区域有保税仓库、保税物流中心、保税物流园区、保税区和保税港区等，下面分别叙述其的通关程序。

1. 保税仓库进出货物的通关程序

（1）保税仓库货物进口入库。仓库储存货物在保税仓库所在地进境时，由货主或其代理人向入境地海关申报，填写"进口货物报关单"，在报关单上加盖"保税仓库货物"戳记，并注明"存入××保税仓库"，经入境地海关查验放行后，货物所有人或其代理人应将货物存入保税仓库，并将两份"进口货物报关单"随货带交保税仓库经营人，保税仓库经营人应在核对报关单上申报进口货物与实际入库货物无误后，在报关单上签收，其中一份报关单连同保税仓库货物入库单据交回海关存查。

货物如在保税仓库所在地以外的口岸进境，则应由货主或其代理人先行办理转关运输手续。货物到达目的地后，货物所有人或其代理人应按上述手续向海关办理进口申报和入库手续。

（2）保税仓库储存货物按出库流向报关。转口售出或复运出境，办理出口报关手续。保税仓库储存货物在规定的时间内，复运出境时，货物所有人或其代理人应向保税仓库所在地海关申报，填写"出口货物报关单"并提交进口时经海关签章确认的"进口货物报关单"，经海关核实后予以验放有关货物，或按转关运输管理办法将有关货物监管至出境地海关验放出境。复出境手续办理后，海关在一份出口货物报关单上加盖印章退还给货物所有人或其代理人，作为保税仓库货物核销依据。

转入境内市场销售，办理正式进日报关手续。保税仓库储存货物转为进入国内市场销售时，货物的所有人或其代理人应事先报主管海关核准，并办理正式进口手续。对属于进口管制的货物（如属于实行进口配额、进口许可证管理、机电产品进口管理、特定商品进口管理以及其他进口管理的商品），应向海关交验相应的许可证件，并应按照海关规定视进口货物的不同情况缴纳进口税费，其中对符合特定减免税条件的海关按照规定给予减或免税；对保修期内免费维修有关进口产品所使用的保修零配件，海关凭维修报告书也可享受免税待遇。上述手续办理后，海关在进口货物报关单上加盖放行章。其中一份用以向保税仓库提取货物，另一份由保税仓库留存，作为保税仓库核销依据。

转为加工贸易提取使用，办理进口保税加工提货手续。对从保税仓库提取货物用于进料加工、来料加工项目加工生产成品复出口时，经营加工贸易的单位，应首先按照进料加工或来料加工的程序办理。即应首先向外经贸主管部门申请加工贸易合同审批→向主管海关申请办理合同登记备案→向海关指定银行申请办理银行保证金台账→主管海关核发《加工贸易登记手册》。

经营加工贸易的单位凭《加工贸易登记手册》，并填写加工贸易专用《进口货物报关单》和《保税仓库领料核准单》，经海关审核后加盖放行章，其中一份凭以到保税仓库提货，另一份保税仓库留存，作为保税仓库核销依据。

对运往境内保税区、出口加工区或者调往到其他保税仓库继续实施保税监管的，应向海关办理相应的海关手续。

（3）保税仓库储存货物的定期逐批核销。保税仓库货物应按月向主管海关办理核销。经营单位应在每月的前5天将上月所发生的保税仓库货物的入库、出库、结存等情况列表，并随附经海关签章的进出口货物报关单以及《保税仓库领料核准单》、维修报告书等单证，报送主管海关。海关对上述单证资料进行审核，必要时，派员到仓库实地核查有关记录和货物结存情况，核实无误后予以核销，并在一份保税仓库报表上加盖印章，退还保税仓库经营单位留存。

2. 保税仓库海关管理规范

（1）保税仓库不得转租、转借给他人经营，不得下设分库。

（2）海关对保税仓库实行计算机管理，并可以随时派员进入保税仓库检查货物收、付、存情况及有关账册。海关认为有必要时，可以会同保税仓库经营企业双方共同对保税仓库加锁或者直接派员驻库监管，保税仓库经营企业应当为海关提供办公场所和必要的办公条件。

（3）海关对保税仓库实行分类管理及年审制度，保税仓库经营企业应按照海关对企业实行年审的规定按时参加年审。对保税仓库不参加年审或者年审不合格的，海关注销其注册登记，并收回《保税仓库注册登记证书》。

（4）保税仓库企业负责人和保税仓库管理人员应当熟悉海关有关的法律法规，遵守海关监管规定，参加海关培训。

（5）保税仓库经营企业应当如实填写有关单证、仓库账册，真实记录并全面反映其业务活动和财务状况，编制仓库月度收、付、存情况和年度财务会计报告，并定期以计算机数据和书面形式报送主管海关。

（6）保税仓库经营企业需变更企业名称、注册资本、组织形式、法定代表人等事项的应向主管海关提交报告，并报直属海关重新审核；对保税仓库需变更名称、地址、仓库面积（容积）、所存货物范围和种类等事项，应报直属海关批准。直属海关批准后报海关总署备案。

（7）保税仓库无正当理由6个月未经营保税业务的，保税仓库经营企业应当向海关申请终止保税仓储业务。经营企业未申请的，海关注销其注册登记，并收回《保税仓库注册登记证书》。

（8）保税仓库因其他事由终止保税仓储业务的，由保税仓库经营企业向海关提出申请，经海关核准后，交回《保税仓库注册登记证书》，并办理《注销手续证书》。

（9）保税仓库因其他事由终止保税仓储业务的，由保税仓库经营企业向海关提出申请，经海关核准后，交回《保税仓库注册登记证书》，并办理注销手续。

3. 保税仓储货物的通关限制

海关保税仓储货物的通关制度对货物有以下方面的限制：

（1）保税储存货物品种的限制按照规定，转口贸易的烟、酒和转口贸易的易制毒化学品等和由于公共道德、公共秩序、公共安全或公共卫生等方面国家明令禁止进口的物品不准存入保税仓库，除此以外，其他进口货物无论是应税货物，还是属于限制进口的货物，均可存入保税仓库，保税仓库货物进境申报时，除易制毒化学品、监控化学品、消耗臭氧层物质等需申领许可证以外免领许可证件。

对于汽车只能存放于设在国家指定的6个口岸的保税仓库，这6个口岸是大连、天津、上海、黄岗、黄埔、满洲里等。但是，对一家具体的保税仓库而言，只能在海关注册的储存范围内储存进口货物。公用型保税仓库可以储存通关制度中未规定不准存放的一切货物，自用型保税仓库原则上仅能存放与其经营业务相关的货物。

（2）保税储存货物时间的限制按照《中华人民共和国海关对保税仓库及所存货物的管理办法》的规定：保税仓库所存货物的储存期限为1年。如因特殊情况需延长储存期限的，应向主管海关申请延期，经海关核准的延长期限最长不能超过1年。所存货物期满超过3个月仍未转为正式进口或复运出口，按《海关法》的规定，由海关提取变卖处理；变卖所得价款在扣除运输、装卸、储存等费用和进口各税后，仍有余款的，自变卖之日起1年内，经货主申请并办理相关进口手续后予以发还，逾期无人申请的，上缴国库。

（3）对保税货物在储存保管中的限制

保税仓库应独立设置，专库专用，保税货物不得与非保税货物混放保税仓库对所存货物应有专人管理，海关认为有必要时将会与仓库管理人员共同加锁。仓库经营人配合海关派员对仓库储存情况进行检查，对海关派员驻库监管，应提供便利。

保税仓库所存货物属于海关监管货物，未经海关核准并按规定办理有关手续，仓库经营人及其他任何人均不得擅自出代、提取、交付、调换、抵押、转让或移作他用。

货物在仓库储存期间发生短少或灭失，除不可抗力原因外，短少或灭失部分，由保税仓库经营人承担缴纳税款责任，并由海关按有关规定予以处理。

（4）对保税储存货物处置的限制保税货物在储存期间不得进行加工。但是对由于运输、保管或商业上的需要，在遵守存放规则的前提下，由保税仓库经营人，向海关提出申请，经海关同意，并在海关监管下，保税仓库经营人或货主可对货物进行以下处置：

为保存货物所必须的搬运和处理，如除尘、防腐、防虫及防潮处理等；改善外观或商业性质的处理，如对货物进行分级、拆零等；改善包装，如将大包装改为小包装，改换中性包装。

4. 保税物流中心货物通关

（1）保税物流中心与境外之间的进出货物报关。保税物流中心与境外之间进出的货物，应当在保税物流中心主管海关办理相关手续。保税物流中心与口岸不在同一主管海关的，经主管海关批准，可以在口岸海关办理相关手续。

保税物流中心与境外之间进出的货物，除实行出口被动配额管理和中华人民共和国参加或者缔结的国际条约及国家另有明确规定的以外，不实行进出口配额、许可证件管理。

从境外进入保税物流中心内的货物，凡属于规定存放范围内的货物予以保税；属于保税物流中心企业进口自用的办公用品、交通运输工具、生活消费品等，以及保税物流中心开展综合物流服务所需进口的机器、装卸设备、管理设备等，按照进口货物的有关规定和税收政策办理相关手续。

（2）保税物流中心与境内之间的进出货物报关。保税物流中心内货物运往所在关区外，或者跨越关区提取保税物流中心内货物，可以在保税物流中心主管海关办理进出中心的报关手续，也可以按照境内监管货物转关运输的方式办理相关手续。

物流中心货物进入境内视同进口，按照货物实际贸易方式和实际状态办理进口报关手续；货物属许可证件管理商品的，企业还应当向海关出具有效的许可证件；实行集中申报的进出口货物，应当适用每次货物进出口时海关接受申报之日实施的税率、汇率。

货物从境内进入物流中心视同出口，办理出口报关手续。如需缴纳出口关税的，应当按照规定纳税；属许可证件管理商品，还应当向海关出具有效的出口许可证件。

从境内运入物流中心的原进口货物，境内发货人应当向海关办理出口报关手续，经主管海关验放；已经缴纳的关税和进口环节海关代征税，不予退还。

用于办理出口退税的出口货物报关单证明联的签发，除法律、行政法规另有规定外，按照以下规定办理：

海关给予签发用于办理出口退税的出口货物报关单证明联：货物从境内进入物流中心已办结报关手续的；转关出口货物，启运地海关在已收到物流中心主管海关确认转关货物进入物流中心的转关回执后；境内运入物流中心供物流中心企业自用的国产的机器设备、装卸设备、管理设备、检验检测设备等。

海关不予签发用于办理出口退税的出口货物报关单证明联：境内运入物流中心供物流中心企业自用的生活消费用品、交通运输工具；境内运入物流中心供物流中心企业自用的进口的机器设备、装卸设备、管理设备和检验检测设备等；物流中心之间，物流中心与出口加工区、保税物流园区和已实行国内货物入仓环节出口退税政策的出口监管仓库等海关特殊监管区域或者海关保税监管场所的货物往来。

货物从物流中心进入境内时依法免征关税和进口环节海关代征税的情况有：

用于在保修期限内免费维修有关外国产品并符合无代价抵偿货物有关规定的零部件；用于国际航行船舶和航空器的物料以及国家规定免税的其他货物。

5. 保税物流园区货物通关

（1）园区与境外之间进出货物的通关。海关对园区与境外之间进、出的货物实行备案制管理，但园区自用的免税进口货物、国际中转货物或者法律、行政法规另有规定的货物除外。境外货物到港后，园区企业（或者其代理人）可以先凭舱单将货物直接运至园区，再凭进境货物备案清单向园区主管海关办理申报手续。

园区与境外之间进出的货物应当向园区主管海关申报。园区货物的进出境口岸不在园区主管海关管辖区域的，经园区主管海关批准，可以在口岸海关办理申报手续。

园区内开展整箱进出、二次拼箱等国际中转业务的，由开展此项业务的企业向海关发送电子舱单数据，园区企业向园区主管海关申请提箱、集运等，凭舱单等单证办理进出境申报手续。

从园区运往境外的货物，除法律、行政法规另有规定外，免征出口关税。

下列货物、物品从境外进入园区，海关予以办理免税手续：园区的基础设施建设项目所需的设备、物资等；园区企业为开展业务所需的机器、装卸设备、仓储设施、管理设备及其维修用消耗品、零配件及工具；园区行政管理机构及其经营主体和园区企业自用合理数量的办公用品。

下列货物从境外进入园区，海关予以办理保税手续：园区企业为开展业务所需的货物及其包装物料；加工贸易进口货物；转口贸易货物；外商暂存货物；供应国际航行船舶和航空器的物料、维修用零配件；进口寄售货物；进境检测、维修货物及其零配件；供看样订货的展览品、样品；未办结海关手续的一般贸易货物；经海关批准的其他进境货物。

园区行政管理机构及其经营主体和园区企业从境外进口的自用交通运输工具、生活消费用品，按一般贸易进口货物的有关规定向海关办理申报手续。

园区与境外之间进出的货物，不实行进出口许可证件管理，但法律、行政法规、规章另有规定的除外。

（2）园区与境内区外之间进出货物的通关。园区与区外之间进出的货物，由园区企业或者区外收、发货人（或者其代理人）在园区主管海关办理申报手续。园区企业在区外从事进出口贸易业务且货物不实际进出园区的，可以在收、发货人所在地的主管海关或者货物实际进出境口岸的海关办理申报手续。

园区货物运往区外视同进口，园区企业或者区外收货人（或者其代理人）按照进口货物的有关规定向园区主管海关申报，海关按照货物出园区时的实际监管方式的有关规定办理。

园区企业跨关区配送货物或者异地企业跨关区到园区提取货物的，可以在园区主管海关办理申报手续，也可以按照海关规定办理进口转关手续。

区外货物运入园区视同出口，由园区企业或者区外发货人（或者其代理人）向园区主管海关办理出口申报手续。属于应当征收出口关税的商品，海关按照有关规定征收出口关税；属于许可证件管理的商品，应当同时向海关出具有效的出口许可证件，但法律、行政法规、规章另有规定在出境申报环节提交出口许可证件的除外。

用于办理出口退税的出口货物报关单证明联的签发手续，按照下列规定办理：

从区外进入园区供园区企业开展业务的国产货物及其包装物料，由园区企业或者区外发货人（或者其代理人）填写出口货物报关单，海关按照对出口货物的有关规定办理，签发出口货物报关单证明联；货物转关出口的，启运地海关在收到园区主管海关确认转关货物已进入园区的电子回执后，签发出口货物报关单证明联。

从区外进入园区供园区行政管理机构及其经营主体和园区企业使用的国产基建物资、机器、装卸设备、管理设备等，海关按照对出口货物的有关规定办理，并签发出口货物报关单证明联。

从区外进入园区供园区行政管理机构及其经营主体和园区企业使用的生活消费用品、办公用品、交通运输工具等，海关不予签发出口货物报关单证明联。

从区外进入园区的原进口货物、包装物料、设备和基建物资等，区外企业应当向海关提供上述货物或者物品的清单，按照出口货物的有关规定办理申报手续，海关不予签发出口货物报关单证明联，原已缴纳的关税、进口环节增值税和消费税不予退还。

海关对于园区与海关特殊监管区域或者保税监管场所之间往来的货物，继续实行保税监管，不予签发出口货物报关单证明联。但货物从未实行国内货物入区（仓）环节出口退税制度的海关特殊监管区域或者保税监管场所转入园区的，按照货物实际离境的有关规定办理申报手续，由转出地海关签发出口货物报关单证明联。

园区与其他海关特殊监管区域、保税监管场所之间的货物交易、流转，不征收进出口环节和国内流通环节的有关税收。

6. 保税区货物的通关

保税区是指经国务院批准在中华人民共和国境内设立的由海关进行监管的特定区域。保税区具有出口加工、转口贸易、商品展示、仓储运输等功能，也就是说既有保税加工的功能，又有保税物流的功能。

保税区与中华人民共和国境内的其他地区（以下简称非保税区）之间，应当设置符合海关监管要求的隔离设施。保税区内仅设置保税区行政管理机构和企业，除安全保卫人员外，其他人员不得在保税区内居住。

（1）保税区与境外之间进出货物的通关。保税区与境外之进出的货物，由货物的收货人、发货人或其代理人向海关备案。对保税区与境外之间进出的货物，除实行出口被动配额管理的外，不实行进出口配额、许可证管理。从境外进入保税区的货物，其进口关税和进口环节税收，除法律、行政法规另有规定外，按照下列规定办理：

A. 区内生产性的基础设施建设项目所需的机器、设备和其他基建物资，予以免税；

B. 区内企业自用的生产、管理设备和自用合理数量的办公用品及其所需的维修零配件，生产用燃料，建设生产厂房、仓储设施所需的物资、设备，予以免税；

C. 保税区行政管理机构自用合理数据的管理设备和办公用品及其所需的维修零配件，予以免税；

D. 区内企业为加工出口产品所需的原材料、零部件、元器件、包装物件，予以保税。

前款第（1）项至第（4）项规定范围内外的货物或者物品从境外进入保税区，应当依法纳税。

转口货物和在保税区内储存的货物按照保税货物管理。

（2）保税区与境内非保税区之间进出货物的通关。从保税区进入非保税区的货物，按照进口货物办理手续；从非保税区进入保税区的货物，按照出口货物办理手续，出口退税按照国家有关规定办理。从非保税区进入保税区供区内使用的机器、设备、基建物资和物品，使用单位应当向海关提供上述货物或者物品的清单，经海关查验后放行。前款货物或者物品，已经缴纳进口关税和进口环节税收的，已纳税款不予退还。保税区的货物需从非保税区口岸进出口或者保税区内的货物运往另一保税区的，应当事先向海关提出书面申请，经海关批准后，按照海关转关运输及有关规定办理。

7. 保税港区货物的通关

（1）保税港区与境外之间进出货物的通关。保税港区与境外之间进出的货物应当在保税港区主管海关办理海关手续；进出境口岸不在保税港区主管海关辖区内的，经保税港区主管海关批准，可以在口岸海关办理海关手续。

海关对保税港区与境外之间进出的货物实行备案制管理，对从境外进入保税港区的货物予以保税，但按照规定不予保税的情形除外。

除法律、行政法规另有规定外，下列货物从境外进入保税港区，海关免征进口关税和进口环节海关代征税：

区内生产性的基础设施建设项目所需的机器、设备和建设生产厂房、仓储设施所需的基建物资；区内企业生产所需的机器、设备、模具及其维修用零配件；区内企业和行政管理机构自用合理数量的办公用品。

从境外进入保税港区，供区内企业和行政管理机构自用的交通运输工具、生活消费用品，按进口货物的有关规定办理报关手续，海关按照有关规定征收进口关税和进口环节海关代征税。

从保税港区运往境外的货物免征出口关税，但法律、行政法规另有规定的除外。保税港区与境外之间进出的货物，不实行进出口配额、许可证件管理，但法律、行政法规和规章另有规定的除外。对于同一配额、许可证件项下的货物，海关在进区环节已经验核配额、许可证件的，在出境环节不再要求企业出具配额、许可证件原件。

（2）保税港区与境内区外之间进出货物的通关。保税港区与区外之间进出的货物，区内企业或者区外收发货人按照进出口货物的有关规定向保税港区主管海关办理申报手续。需要征税的，区内企业或者区外收发货人按照货物进出区时的实际状态缴纳税款；属于配额、许可证件管理商品的，区内企业或者区外收货人还应当向海关出具配额、许可证件。对于同一配额、许可证件项下的货物，海关在进境环节已经验核配额、许可证件的，在出区环节不再要求企业出具配额、许可证件原件。

区内企业在区外从事对外贸易业务且货物不实际进出保税港区的，可以在收发货人所在地或者货物实际进出境口岸地海关办理申报手续。

区内企业在加工生产过程中产生的边角料、废品以及加工生产、储存、运输等过程中产生的包装物料，区内企业提出书面申请并且经海关批准的，可以运往区外，海关按出区时的实际状态征税。属于进口配额、许可证件管理商品的，免领进口配额、许可证件；属于列入《禁止进口废物目录》的废物以及其他危险废物需出口进行处置的，有关企业凭保税港区行政管理机构以及所在地的市级环保部门批件等材料，向海关办理出区手续。

区内企业在加工生产过程中产生的残次品、副产品出口内销的，海关按内销时的实际状态征税。属于进口配额、许可证件管理的，企业应当向海关出具进口配额、许可证件。

经保税港区运往区外的优惠贸易协定项下货物，符合海关总署相关原产地管理规定的，可以申请享受协定税率或者特惠税率。

区外货物进入保税港区的，按照货物出口的有关规定办理缴税手续，并按照下列规定签发用于出口退税的出口货物报关单证明联：

从区外进入保税港区供区内企业开展业务的国产货物及其包装物料，海关按照对出口货物的有关规定办理，签发出口货物报关单证明联。货物转关出口的，启运地海关在收到保税港区主管海关确认转关货物已进入保税港区的电子回执后，签发出口货物报关单证明联；从区外进入保税港区供保税港区行政管理机构和区内企业使用的国产基建物资、机器、装卸设备、管理设备、办公用品等，海关按照对出口货物的有关规定办理，签发出口货物报关单证明联；从区外进入保税港区供保税港区行政管理机构和区内企业使用的生活消费用品和交通运输工具，海关不予签发出口货物报关单证明联；从区外进入保税港区的原进口货物、包装物料、设备、基建物资等，区外企业应当向海关提供上述货物或者物品的清单，按照出口货物的有关规定办理申报手续，海关不予签发出口货物报关单证明联，原已缴纳的关税、进口环节海关代征税不予退还。

海关对于保税港区与其他海关特殊监管区域或者保税监管场所之间往来的货物，实行保税监管，不予签发用于办理出口退税的出口货物报关单证明联。但货物从未实行国内货物入区（仓）环节出口退税制度的海关特殊监管区域或者保税监管场所转入保税港区的，视同货物实际离境，由转出地海关签发用于办理出口退税的出口货物报关单证明联。

保税港区与其他海关特殊监管区域或者保税监管场所之间的流转货物，不征收进出口环节的有关税收。

四、特定减免税货物的报关程序

1. 减免税申请

根据《海关总署关于加强减免税审批管理的公告》规定，享受进口税收优惠政策的单位需要向海关申请办理进口货物的减免税手续的，应该按照该项进口税收优惠政策的实施规定，以及国家对项目管理和对进口货物管理的有关规定，预先在国家或地方政府主管部门办妥有关的审批、核准、备案、等级等手续。按照规定需要向海关登记备案的，进口货物单位应当在首批货物进口前，持有关文件或证明，向海关申请办理减免税登记备案手续。

其中保税区减免税货物向海关办理减免税备案登记时，应提交：企业批准证书；营业执照；企业合同；章程等。出口加工区减免税货物向海关办理减免税备案登记时，应提交：出口加工区管理委员会的批准文件；营业执照；海关审核后批准建立企业设备电子账册。特定企业（主要是指外商投资企业）应提交商务主管部门的批准文件；营业执照；企业合同；章程。国内投资项目，经批准后，凭国家鼓励发展的内外资项目确认书、发票、装箱单等向主管海关提出减免税申请。海关审核后，签发"进出口货物征免税证明"。利用外资项目，经批准后，凭国家鼓励发展的内外资项目确认书、发票、装箱单等向主管海关提出减免税申请。海关审核后，签发"进出口货物征免税证明"。办理科学研究和教学用品免税进口申请时，应当持有关主管部门的批准文件，向主管海关办理资格认定手续。海关审核后，签发"科教用品免税登记手册"。残疾人专用品减免税申请向主管海关提交民政部门的批准文件，海关审核后，签发"进出口货物征免税证明"，民政部门或中国残疾人联合会所属单位批量进口残疾人专用品，出具民政部门或残联（包括：省、自治区、直辖市的民政部门出具）出具的证明函，海关凭以审核签发"进出口货物征免税证明"。

2. 进出境阶段

持减免税证明、许可证等相关证件按一般进出口货物办理报关程序。

3. 后续阶段

海关监管的解除：监管期满，根据有关企业的申请，海关核准后解除监管。监管期内解除海关监管：在海关监管器内销售、转让的，企业应向海关办理缴纳进口税费的手续；将货物转让给同样享受进口减免税优惠的企业，接受货物的企业应当先向主管海关申领"进出口货物征免税证明"，凭以办理货物的结转手续；退运出境的，向出境地海关办理货物出口退运申报手续。出境地海关监管货物出境后，签发出口报关单，企业持该报关单及其他有关单证向主管海关申领解除监管证明；要求放弃特定减免税货物的，向主管海关提交放弃货物的书面申请，经海关核准后，按规定来办理手续。海关将货物拍卖，所得款项上缴国库后签发收据，企业凭这个收据向主管海关申领解除监管证明。企业破产清算时，特定减免税货物的处理：企业进入到破产清算程序时，对于还处在海关监管期内的特定减免税货物，企业，首先向主管海关申请，经主管海关同意，缴纳应纳税款，获得解除监管证明，然后才能够处理该货物。

五、暂准进出口货物的报关程序

暂准进出口货物的报关程序

A. 适用 ATA 单证册的暂准进出境货物的申报：

进境申报。进境货物收货人或其代理人持 ATA 单证册向海关申报进境展览品时，先在海关核准的出证协会即中国国际商会以及其他商会，将 ATA 单证册上的内容预录入海关与商会联网的 ATA 单证册电子核销系统，然后向展览会主管海关提交纸质 ATA 单证册、提货单等单证。海关在白色进口单证上签注，并留存白色进口单证（正联），退还其存根联和 ATA 单证册其他各联给货物收货人或其代理人。

出境申报。出境货物发货人或其代理人持 ATA 单证册向海关申报出境展览品时，向出境地海关提交国家主管部门的批准文件、纸质 ATA 单证册、装货单等单证。海关在绿色封面单证和黄色出口单证上签注，并留存黄色出口单证（正联），退还其存根联 ATA 单证册其他各联给出境货物发货人或其代理人。

过境申报。过境货物承运人或其代理人持 ATA 单证册向海关申报将货物通过我国转运至第三国参加展览会的，不必填制过境货物报关单。海关在两份蓝色过境单证上分别签注后，留存蓝色过境单证（正联），退还其存根联和 ATA 单证册其他各联给运输工具承运人或其代理人。

担保和许可证件。持 ATA 单证册向海关申报进出境展览品，不需向海关提交进出口许可证件，也不需另外再提供担保。但如果进出境展览品及相关货物受公共道德、公共安全、公共卫生、动植物检疫、濒危野生动植物保护、知识产权保护等限制的，展览品收发货人或其代理人应当向海关提交进出口许可证件。

ATA 单证册印刷文字与申报文字。ATA 单证册必须使用英语或法语，如果需要，也可以同时使用第三种语言印刷。我国海关接受中文或英文填写的 ATA 单证册的申报。用英文填写的 ATA 单证册，海关可要求提供中文译本。用其他文字填写的 ATA 单证册，则必须提供忠实于原文的中文或英文译本。

使用 ATA 单证册报关的暂准进出境货物的结关。持证人在规定期限内将进境展览品、出境展览品复运出境、复运进境，海关在白色复出口单证和黄色复进口单证上分别签注，留存单证（正联），退还其存根联和 ATA 单证册其他各联给持证人，正式核销"结关"。

持证人不能按规定期限将展览品复运进出境的，我国海关向担保协会即中国国际商会提出追索。

B. 进出境展览品

进境申报。展览品进境之前，展览会主办单位应当将举办展览会的批准文件连同展览品清单一起送展出地海关，办理登记备案手续。展览品进境申报手续可以在展出地海关办理。从非展出地海关进口的，可以申请在进境地海关办理转关运输手续，将展览品在海关监管下从进境口岸转运至展览会举办地主管海关办理申报手续。展览会主办单位或其代理人应当向海关提交报关单、展览品清单、提货单、发票、装箱单等。展览品中涉及检验检疫等管制的，还应当向海关提交有关许可证件。展览会主办单位或其代理人应当向海关提供担保。海关一般在展览会举办地对展览品开箱查验。

出境申报。展览品出境申报手续应当在出境地海关办理。在境外举办展览会或参加国外展览会的企业应当向海关提交国家主管部门的批准文件、报关单、展览品清单一式两份等单证。展览品属于应当缴纳出口关税的，向海关缴纳相当于税款的保证金；属于核用品、"核两用品"及相关技术的出口管制商品的，应当提交出口许可证。海关对展览品开箱查验，核对展览品清单。查验完毕，海关留存一份清单，另一份封入"关封"交还给出口货物发货人或其代理人，凭以办理展览品复运进境申报手续。

进出境展览品的核销结关。进境展览品按规定期限复运出境，出境展览品按规定期限复运进境后，海关分别签发报关单证明联，展览品所有人或其代理人凭以向主管海关办理核销"结关"手续。展览品未能按规定期限复运进出境的，展览会主办单位或出国举办展览会的单位应当向主管海关申请延期，在延长期内办理复运进出境手续。

进境展览品在展览期间被人购买的，由展览会主办单位或其代理人向海关办理进口申报、纳税手续，其中属于许可证件管理的，还应当提交进口许可证件。出口展览品在境外参加展览会后被销售的，由海关核对展览品清单后要求企业补办有关正式出口手续。

展览会结束后，进口展览品的所有人决定将展览品放弃交由海关处理的，由海关变卖后将款项上缴国库。有单位接受放弃展览品的，应当向海关办理进口申报、纳税手续。展览品的所有人决定将展览品赠送的，受赠人应当向海关办理进口手续，海关根据进口礼品或经贸往来赠送品的规定办理。

展览品因毁坏、丢失、被窃等原因，而不能复运出境的，展览会主办单位或其代理人应当向海关报告。对于毁坏的展览品，海关根据毁坏程度估价征税；对于丢失或被窃的展览品，海关按照进口同类货物征收进口税。展览品因不可抗力遭受损毁或灭失的，海关根据受损情况，减征或免征进口税。

C. 集装箱箱体

集装箱箱体是指作为运输设备而非货物的暂时进出境集装箱箱体。

境内生产的集装箱及我国营运人购买进口的集装箱，在投入国际运输前，营运人应当向其所在地海关办理登记手续。海关准予登记并符合规定的集装箱箱体，无论是否装载货物，海关准予暂时进境和异地出境，营运人或者其代理人无须对箱体单独向海关办理报关手续，进出境时也不受规定的期限限制。

境外集装箱箱体暂准进境，无论是否装载货物，承运人或者其代理人应当对箱体单独向海关申报，并应当于入境之日起 6 个月内复运出境。比如，因特殊情况不能按期复运出境的，营运人应当向"暂准进境地海关"提出延期申请，经海关核准后可以延期，但延长期最长不得超过 3 个月，逾期应按规定向海关办理进口及纳税手续。

D. 暂时进出口货物

《关税条例》规定可以暂不缴纳税款的九项暂准进出境货物除使用 ATA 单证册报关的货物、不使用 ATA 单证册报关的展览品、集装箱箱体按各自的监管方式由海关进行监管外，其余的均按《中华人民共和国海关对暂时进出口货物监管办法》进行监管，因此均属于暂时进出口货物的范围。

暂时进出口货物应当自进境或出境之日起 6 个月内复运出境或者复运进境。如果因特殊情况不能在规定期限内复运出境或者复运进境的，应当向海关申请延期，经批准可以适当延期，延长期最长不超过 6 个月。

暂时进出口货物进出境要经过海关的核准。暂时进出口货物进出境核准属于海关行政许可范围，应当按照海关行政许可的程序办理。

暂时进口货物进境时，收货人或其代理人应当向海关提交主管部门允许货物为特定目的而暂时进境的批准文件、进口货物报关单、商业及货运单据等，向海关办理暂时进境申报手续。暂时进口货物不必提交进口货物许可证件，但对国家规定需要实施检验检疫的，或者为公共安全、公共卫生等实施管制措施的，仍应当提交有关的许可证件。暂时进口货物在进境时，进口货物的收货人或其代理人免予缴纳进口税，但必须向海关提供担保。

暂时出口货物出境，发货人或其代理人应当向海关提交主管部门允许货物为特定目的而暂时出境的批准文件、出口货物报关单、货运和商业单据等，向海关办理暂时出境申报手续。暂时出口货物除易制毒化学品、监控化学品、消耗臭氧层物质、有关核出口、"核两用品"及相关技术的出口管制条例管制的商品以及其他国际公约管制的商品按正常出口提交有关许可证件外，不需交验许可证件。

暂时进口货物复运出境，暂时出口货物复运进境，进出口货物收、发货人或其代理人必须留存由海关签章的复运进出境的报关单，准备报核。

暂时进口货物因特殊情况，改变特定的暂时进口目的转为正式进口，进口货物收货人或其代理人应当向海关提出申请，提交有关许可证件，办理货物正式进口的报关纳税手续。

暂时进口货物在境内完成暂时进口的特定目的后，比如，货物所有人不准备将货物复运出境的，可以向海关声明将货物放弃，海关按放弃货物的有关规定处理。

暂时进口货物复运出境，或者转为正式进口，或者放弃后，暂时出口货物复运进境，或者转为正式出口后，收发货人向海关提交经海关签注的进出口货物报关单，或者处理放弃货物的有关单据以及其他有关单证，申请报核。海关经审核，情况正常的，退还保证金或办理其他担保销案手续，予以结关。

第三节　报检与报关单证制作实务

一、出入境货物报检单的填制

（一）报检单填制的一般要求

1. 报检时，应使用国家质检总局统一印制的报检单。报检单必须加盖报检单位印章，即报检单位公章或已向检验检疫机关备案的"报检专用章"。

2. 报检单所列项目应填写完整、准确、字迹清晰，不得涂改，无相应内容的栏目应填写"＊＊＊"，不得留空。

3. 报检单必须按所申报的货物内容填写，并做到三个相符：一是单证相符，即报检单与合同、批文、发票、装箱单等内容相符；二是单货相符，即报检单所报内容与出入境货物实际情况相符，不得虚报、瞒报、伪报；三是单单相符，即纸质报检单所列内容与电子报检单载明的数据、信息相符。报检人员应在"报检人声明"栏签名，并对申报内容的真实性、准确性负责。

（二）《入境货物报检单》填制要求

1. 编号：15位数字形式，由检验检疫机构报检受理人员填写，前6位为检验检疫局机关代码，第7位为入境货物报检类别代码"1"，第8位、第9位为年度代码，第10位至第15位为流水号。实行电子报检后，该编号可在电子报检的受理回执中自动生成。

2. 报检单位（加盖公章）：填写报检单位的全称，并加盖报检单位公章或已向检验检疫机构备案的"报检专用章"。

3. 报检单位登记号：填写报检单位在检验检疫机构备案或注册登记的代码。

4. 联系人：填写报检人员姓名。电话：填写报检人员的联系电话。

5. 报检日期：由检验检疫机构受理报检人员填写实际受理报检的日期。

6. 收货人：填写外贸合同中的收货人。应中英文对照填写。

7. 发货人：填写外贸合同中的发货人。

8. 货物名称（中/外文）：填写本批货物的品名及规格，应与进口合同、发票所列名称一致，如为废旧货物应注明。

9. H.S编码：填写本批进口货物的10位数商品编码，以当年海关公布的商品税则编码分类为准。

10. 原产国（地区）：填写本批货物生产/加工的国家或地区。

11. 数/重量：填写本批货物的数/重量，注明数/重量单位，应与合同、发票或报关单上所列一致。重量应将毛/净重填写清楚。

12. 货物总值：入境货物的总值及币种，应与合同、发票或报关单上所列的货物总值和币种一致。

13. 包装种类及数量：填写本批货物运输包装的种类及数量，注明包装的材质。

14. 运输工具名称号码：填写装运本批货物的运输工具的名称和号码。

15. 合同号：填写对外贸易合同、订单的号码。

16. 贸易方式：填写本批货物的贸易方式。根据实际情况选填一般贸易、来料加工、进料加工、易货贸易、补偿贸易、边境贸易、无偿援助、外商投资、对外承包工程进出口货物、出口加工区进出境货物、出口加工区进出区货物、退运货物、过境货物、保税区进出境仓储、转口货物、保税区进出区货物、暂时进出口货物、暂进出口留购货物、展览品、样品、其他非贸易性物品、其他贸易性货物等。

17. 贸易国加别（地区）：填写本批货物的贸易国别（地区）。

18. 提单/运单号：填写本批货物海运提单号、空运单号或铁路运单号，有二程提单的应同时填写。

19. 到货日期：填写本批货物到达口岸的日期。日期均为8位数字。

20. 启运国家（地区）：填写装运本批货物的交通工具的启运国家或地区，若从中国境内保税区、出口加工区入境的，填写保税区、出口加工区。

21. 许可证/审批号：需办理进境许可证或审批的货物，应填写有关许可证号或审批号。入境口岸：货物的入境口岸。

22. 卸毕日期：填写本批货物在口岸卸毕的日期。

23. 启运口岸：填写装运本批货物的交通工具的启运口岸，若从中国境内保税区、出口加工区入境的，填写保税区、出口加工区。

24. 入境口岸：填写本批货物从运输工具卸离的第一个境内口岸。

25. 索赔有效期至：按外贸合同规定的日期填写，注明截止日期。合同中未约定索赔有效期的，应注明"无索赔期"。

26. 经停口岸：填写本批货物启运后，入境前中途曾经停靠的口岸名称。

27. 目的地：填写本批货物预定最后到达的交货地。

28. 集装箱规格、数量及号码：货物若以集装箱运输应填写集装箱的规格，数量及号码。

29. 合同订立的特殊条款以及其他要求：填写在合同中特别订立的有关质量、卫生等条款或报检单位对本批货物检验检疫的特殊要求。

30. 货物存放地点：填写本批货物存放的地点。

31. 用途：填写本批货物的用途。根据实际情况，选填种用或繁殖、食用、奶用、观赏或演艺、伴侣动物、实验、药用、饲用、介质土、食品包装材料、食品加工设备、食品添加剂、食品容器、食品洗涤剂、食品消毒剂、其他。

32. 随附单据：按实际向检验检疫机构提供的单据，在对应的"□"内打"√"或补填。

33. 标记及号码：填写本批货物的标记号码，应与合同、发票等有关外贸单据保持一致。若没有标记号码则填"N/M"。

34. 外商投资财产：由检验检疫机构报检受理人员填写，根据实际情况在对应的"□"内打"√"。

35. 报检人郑重声明：由持有报检员证的报检人员手签。

36. 检验检疫费：由检验检疫机构计费人员核定费用后填写。

37. 领取证单：报检人在领取检验检疫机构出具的有关检验检疫证单时填写领证日期与领证人

姓名。

报检人要认真填写"入境货物报检单"，内容应按合同、国外发票、提单、运单上的内容填写，报检单应填写完整、无漏项，字迹清楚，不得涂改，且中英文内容一致，并加盖申请单位公章。

入境货物报检单的格式如表4—2所示：

表4—2 入境货物报检单

中华人民共和国出入境检验检疫
入境货物报检单

报检单位（加盖公章）：				编号_____	
报检单位登记号：		联系人：	电话：	报检日期：___年__月__日	
发 货 人	（中文）				
	（外文）				
收 货 人	（中文）				
	（外文）				
货物名称（中/外文）	H. S. 编码	产地	数/重量	货物总值	包装种类及数量
运输工具名称号码				合同号	
贸易方式		贸易国别		提单/运单号	
到货日期		启运国家		许可证/审批号	
卸货日期		启运口岸		入境口岸	
索赔有效期至		经停口岸		目的地	
集装箱规格、数量及号码					
合同、信用证订立的检验检疫条款或特殊要求			货物存放地点		
			用途		
随附单据（画"V"或补填）		标记及号码	外商投资财产（画√）□是□否		
			检验检疫费		
□合同　　□到货通知 □发票　　□装箱单 □提/运单　□质保书 □兽医卫生证书　□理货清单 □植物检疫证书　□磅码单 □动物检疫证书　□检收报告 □卫生证书　　□ □原产地证　　□ □许可/审批文件 □			总金额 （人民币元）		
			计费人		
			收费人		
报检人郑重声明： 1 本人被授权报检。 2 上列填写内容正确属实，货物无伪造或冒用他人的厂名、标志、认证标志，并承担货物质量责任。 签名：_____			领取证单		
			日期		
			签名		

（三）《出境货物报检单》填制要求

1. 编号：15位数字形式，由检验检疫机构受理报检人员填写。前6位为检验检疫机构代码，第7位为出境货物报检类别代码"2"，第8位、第9位为年度代码，第10位至15位为流水号。实行电子报检后，该编号可在电子报检的受理回执中自动生成。

2. 报检单位（加盖公章）：填写报检单位的全称，并加盖报检单位公章或已向检验检疫机构备案的"报检专用章"。

3. 报检单位登记号：填写报检单位在检验检疫机构备案或注册登记的代码。

4. 联系人：填写报检人员姓名。电话：填写报检人员的联系电话。

5. 报检日期：检验检疫机构受理报检的日期，由检验检疫机构受理报检人员填写。

6. 发货人：根据不同情况填写。预检报检的，可填写生产单位。出口报检的，应填写外贸合同中的卖方或信用证的受益人。

7. 收货人：按外贸合同、信用证中所列买方名称填写。

8. 货物名称（中/外文）：按外贸合同、信用证上所列品名及规格填写。

9. H. S编码：填写本批货物10位数商品编码，以当年海关公布的商品税则编码分类为准。

10. 产地：指本批货物的生产（加工）地，填写省、市、县名。

11. 数/重量：按申请检验检疫的数/重量填写，注明数/重量单位。重量还应填写毛/净重。

12. 货物总值：按外贸合同、发票上所列的货物总值和币种填写。

13. 包装种类及数量：填写本批货物运输包装的种类及数量，注明包装的材质。

14. 运输工具名称和号码：填写装运本批货物的运输工具的名称和号码。

15. 贸易方式：填写本批货物的贸易方式，根据实际情况选填一般贸易、来料加工、进料加工、易货贸易、补偿贸易、边境贸易、无偿援助、外商投资、对外承包工程进出口货物、出口加工区进出境货物、出口加工区进出区货物、退运货物、过境货物、保税区进出境仓储、转口货物、保税区进出区货物、暂时进出口货物、暂时进出口留购货物、展览品、样品、其他非贸易性物品、其他贸易性货物等。

16. 货物存放地点：填写本批货物存放的具体地点。

17. 合同号：填写外贸合同、订单或形式发票的号码。

18. 信用证号：填写本批货物对应的信用证编号。

19. 用途：填写本批货物的用途。根据实际情况，选填种用或繁殖、食用、奶用、观赏或演艺、伴侣动物、实验、药用、饲用、介质土、食品包装材料、食品加工设备、食品添加剂、食品容器、食品洗涤剂、食品消毒剂及其他。

20. 发货日期：填写出口装运日期，预检报检可不填。

21. 输往国家（地区）：输往国家（地区）指外贸合同中买方（进口方）所在国家和地区，或合同注明的最终输往国家和地区，出口到中国境内保税区、出口加工区的，填写保税区、出口加工区。

22. 许可证/审批号：对实施许可/审批制度管理的货物，填写质量许可证编号或审批单编号。

23. 启运地：填写本批货物离境的口岸/城市地区名称。

24. 到达口岸：到达口岸指本批货物抵达目的地入境口岸名称。

25. 生产单位注册号：填写本批货物生产、加工单位在检验检疫机构的注册登记编号，如卫生注册登记号等。

26. 集装箱规格、数量及号码：货物若以集装箱运输，填写集装箱的规格，数量及号码。

27. 合同、信用证订立的检验检疫条款或特殊要求：填写在外贸合同、信用证中特别订立的有关质量、卫生等条款或报检单位对本批货物检验检疫的特殊要求。

28. 标记及号码：填写本批货物的标记号码，应与合同、发票等有关外贸单据保持一致。若没有标记号码则填"N/M"。

29. 随附单据：按实际向检验检疫机构提供的单据，在对应的"□"内打"√"或补填。

30. 需要证单名称：根据所需由检验检疫机构出具的证单，在对应的"□"内打"√"或补填，并注明所需证单的正副本数量。

31. 报检人郑重声明：报检人员必须亲笔签名。

32. 检验检疫费：由检验检疫机构计/收费人员填写。

33. 领取证单：由报检人员在领取证单时填写领证日期并签名。

出境货物报检单的格式如表4－3所示：

表4－3   出境货物报检单

〔CIQ〕	中华人民共和国出入境检验检疫 出境货物报检单					
报检单位（加盖公章）：					＊编 号	
报检单位登记号：		联系人：		电话：	报检日期：	
发货人	（中文）					
	（外文）					
收货人	（中文）					
	（外文）					
货物名称（中/外文）	H.S.编码	产地	数/重量	货物总值	包装种类及数量	

运输工具名称号		贸易方式		货物存放地点	
合同号		信用证号		用途	
发货日		输往国家（地区）		许可证/审批号	
启运地		到达口岸		生产单位注册号	
集装箱规格、数量及号码					

合同、信用证订立的检验 检疫条款或特殊要求	标 记 及 号 码	随附单据（画"√"或补填）	
		□合同	□包装性能结果单
		□信用证	□许可/审批文件
		□发票	□
		□换证凭单	□
		□装箱单	□
		□厂检单	□

需要证单名称（画"√"或补填）				＊检验检疫费	
□品质证书	＿正＿副	□植物检疫证书	＿正＿副	总金额 （人民币元）	
□重量证书	＿正＿副	□熏蒸/消毒证书	＿正＿副		
□数量证书	＿正＿副	□出境货物换证凭单	＿正＿副		
□兽医卫生证书	＿正＿副	□		计费人	
□健康证书	＿正＿副	□			
□卫生证书	＿正＿副	□		收费人	
□动物卫生证书	＿正＿副	□			

报检人郑重声明： 1. 本人被授权报检。 2. 上列填写内容正确属实，货物无伪造或冒用他人的厂名、标志、认证标志，并承担货物质量责任。 签名：＿＿＿＿＿＿	领 取 证 单	
	日期	
	签名	

注：有"＊"号栏由出入境检验检疫机关填写	◆国家出入境检验检疫局制

二、进出口货物报关单的填制

进出口货物报关单及其他进出境报关单（证）在对外经济贸易活动中具有十分重要的法律效力，是货物的收、发货人向海关报告其进出口货物实际情况及适用海关业务制度、申请海关审查并放行货物的必备法律文书。它既是海关对进出口货物进行监管、征税、统计以及开展稽查、调查的重要依据，又是出口退税和外汇管理的重要凭证，也是海关处理进出口货物走私、违规案件及税务、外汇管理部门查处骗税、逃套汇犯罪活动的重要书证。因此，申报人对所填报的进出口货物报关单的真实性和准确性应承担法律责任。

纸质进口货物报关单一式五联，分别是：海关作业联、海关留存联、企业留存联、海关核销联和进口付汇证明联；纸质出口货物报关单一式六联，分别是：海关作业联、海关留存联、企业留存联、海关核销联、出口收汇证明联和出口退税证明联。

（一）进出口货物报关单填制的一般要求

进出境货物的收、发货人或其代理人向海关申报时，必须填写并向海关递交进出口货物报关单。申报人在填制报关单时，应当依法如实向海关申报，对申报内容的真实性、准确性、完整性和规范性承担相应的法律责任。

1. 报关人必须按照《海关法》、《货物申报管理规定》和《报关单填制规范》的有关规定和要求，向海关如实申报。

2. 报关单的填报必须真实，做到"两个相符"，一是单、证相符，即所填报关单各栏目的内容必须与合同、发票、装箱单、提单以及批文等随附单据相符；二是单、货相符，即所填报关单各栏目的内容必须与实际进出口货物的情况相符，不得伪报、瞒报、虚报。

3. 报关单的填报要准确、齐全、完整、清楚，报关单各栏目内容要逐项详细准确填报，字迹清楚、整洁、端正，不得用铅笔或红色复写纸填写；若有更正，必须在更正项目上加盖校对章。

4. 不同批文或合同的货物、同一批货物中不同贸易方式的货物、不同备案号的货物、不同提运单的货物、不同征免性质的货物、不同运输方式或相同运输方式但不同航次的货物等，均应分单填报。一份原产地证书只能对应一份报关单。同一份报关单上的商品不能同时享受协定税率和减免税。在一批货物中，对于实行原产地证书联网管理的，比如，涉及多份原产地证书或含非原产地证书商品，亦应分单填报。

5. 在反映进出口商品情况的项目中，须分项填报的主要有下列几种情况：商品编号不同的；商品名称不同的；原产国（地区）/最终目的国（地区）不同的。

6. 已向海关申报的进出口货物报关单，如原填报内容与实际进出口货物不一致而又有正当理由的，申报人应向海关递交书面更正申请，经海关核准后，对原填报的内容进行更改或撤销。

（二）进出口货物报关单填制的具体规范和要求

进出口货物报关单各栏目的填制规范如下：

1. 预录入编号

预录入编号指预录入单位预录入报关单的编号，用于申报单位与海关之间引用其申报后尚未接受申报的报关单。

预录入编号由接受申报的海关决定编号规则。报关单录入凭单的编号规则由申报单位自行决定。

2. 海关编号

海关编号指海关接受申报时给予报关单的编号，应标识在报关单的每一联上。

（1）H883/EDI通关系统。报关单海关编号为9位数码，其中1—2位为接受申报海关的编号（《关区代码表》中相应海关代码的后2位），第3位为海关接受申报公历年份4位数字的最后1位，后6位为顺序编号。

进口报关单和出口报关单应分别编号，确保在同一公历年度内，能按进口和出口唯一地标识本关区的每一份报关单。

（2）H2000 通关系统。报关单海关编号为 18 位数字，其中第 1—4 位为接受申报海关的编号（《关区代码表》中相应海关代码），第 5—8 位为海关接受申报的公历年份，第 9 位为进出口标志（"1"为进口，"0"为出口），后 9 位为顺序编号。

在海关 H883/EDI 通关系统向 H2000 通关系统过渡期间，后 9 位的编号规则同 H883/EDI 通关系统的要求。

3. 进口口岸/出口口岸

进口口岸/出口口岸指货物实际进出我国关境口岸海关的名称。

本栏目应根据货物实际进出关境的口岸海关填报《关区代码表》中相应的口岸海关名称及代码。

进口转关运输货物应填报货物进境地海关名称及代码，出口转关运输货物应填报货物出境地海关名称及代码。按转关运输方式监管的跨关区深加工结转货物，出口报关单填报转出地海关名称及代码，进口报关单填报转入地海关名称及代码。

在不同出口加工区之间转让的货物，填报对方出口加工区海关名称及代码。

其他无实际进出境的货物，填报接受申报的海关名称及代码。

4. 备案号

备案号指进出口企业在海关办理加工贸易合同备案或征、减、免税审批备案等手续时，海关给予《进料加工登记手册》、《来料加工及中小型补偿贸易登记手册》、《外商投资企业履行产品出口合同进口料件及加工出口成品登记手册》、电子账册及其分册（以下均简称《加工贸易手册》）、《进出口货物征免税证明》（以下简称《征免税证明》）或其他有关备案审批文件的编号。

一份报关单只允许填报一个备案号。备案号栏目为 12 位字符，其中第 1 位是标记代码。

无备案审批文件的报关单，本栏目免予填报。

5. 合同协议号

本栏目应填报进（出）口货物合同（协议）的全部字头和号码。

6. 进口日期/出口日期

进口日期指运载所申报货物的运输工具申报进境的日期。本栏目填报的日期必须与相应的运输工具进境日期一致。

进口申报时无法确知相应的运输工具的实际进境日期时，本栏目免予填报。

出口日期指运载所申报货物的运输工具办结出境手续的日期。本栏目供海关打印报关单证明联用，在申报时免予填报。

无实际进出境的报关单填报办理申报手续的日期，以海关接受申报的日期为准。

在 H883/EDI 通关系统中，本栏目为 6 位数，顺序为年、月、日各填 2 位数字；在 H2000 通关系统中，本栏目为 8 位数字，顺序为年（4 位数字）、月（2 位数字）、日（2 位数字）。

7. 申报日期

申报日期指海关接受进出口货物的收、发货人或受其委托的报关企业申请的日期。

以电子数据报关单方式申报的，申报日期为海关计算机系统接受申报数据时记录的日期。以纸质报关单方式申报的，申报日期为海关接受纸质报关单并对报关单进行登记处理的日期。

在 H883/EDI 通关系统中，本栏目为 6 位数，顺序为年、月、日各填 2 位数字；在 H2000 通关系统中，本栏目为 8 位数字，顺序为年（4 位数字）、月（2 位数字）、日（2 位数字）。

8. 经营单位

经营单位指对外签订并执行进出口贸易合同的中国境内企业、单位或个体工商户。

本栏目应填报经营单位名称及经营单位编码。经营单位编码是经营单位在海关办理注册登记手续时，海关给予的注册登记10位编码。

9. 收货单位/发货单位

收货单位指已知的进口货物在境内的最终消费、使用单位，包括自行从境外进口货物的单位和委托进出口企业进口货物的单位。

发货单位指出口货物在境内的生产或销售单位，包括自行出口货物的单位和委托进出口企业出口货物的单位。

备有海关注册编号或加工生产企业编号的收、发货单位，本栏目必须填报其经营单位编码或加工生产企业编号；否则填报其中文名称。加工贸易报关单的收、发货单位应与《加工贸易手册》的"货主单位"一致；减免税货物报关单的收、发货单位应与《征免税证明》的"申请单位"一致。

10. 申报单位

申报单位指对申报内容的真实性直接向海关负责的企业或单位。自理报关的，应填报进（出）口货物的经营单位名称及编码；委托代理报关的，应填报经海关批准的报关企业名称及编码。

本栏目还包括报关单左下方用于填报申报单位有关情况的相关栏目，包括报关员、报关单位地址、邮政编码和电话号码等栏目。

11. 运输方式

运输方式指载运货物进出关境所使用的运输工具的分类，包括实际运输方式和海关规定的特殊运输方式。

本栏目应根据实际运输方式按海关规定的《运输方式代码表》（见表4—4）选择填报相应的运输方式。

表4—4　运输方式代码表及说明

代码	名称	运输方式说明
0	非保税区	非保税区运入保税区和保税区退区
1	监管仓库	境内存入保税仓库和出口监管仓库退仓
2*	江海运输	
3*	铁路运输	
4*	汽车运输	
5*	航空运输	
6	邮件运输	
7	保税区	保税区运往非保税区
8	保税仓库	保税仓库转内销
9	其他运输	人扛、驮畜、输水管道、输油管道、输电网等方式
W	物流中心	从中心外运入保税物流中心或从保税物流中心运往中心外
X	物流园区	从境内（指国境内特殊监管区域之外）运入园区内或从保税物流园区运往境内
Y	保税港区	保税港区（不包括直通港区）运送区外和区外运入保税港区的货物
Z	出口加工	出口加工区运往区外和区外运入出口加工区（区外企业填报）

12. 运输工具名称

运输工具名称指载运货物进出境的运输工具的名称或运输工具编号。本栏目填报内容应与运输部门向海关申报的载货清单所列相应内容一致。一份报关单只允许填报一个运输工具名称。

13. 航次号

航次号指载运货物进出境的运输工具的航次编号。本栏目仅限H2000通关系统填报，使用H883/EDI通关系统的，本栏目内容与运输工具名称合并填报。

14. 提运单号

提运单号指进出口货物提单或运单的编号。本栏目填报的内容应与运输部门向海关申报的载货清单所列相应内容一致。一份报关单只允许填报一个提运单号，一票货物对应多个提运单时，应分单填报。

15. 贸易方式（监管方式）

进出口货物报关单上所列的贸易方式专指以国际贸易中进出口货物的交易方式为基础，结合海关对进出口货物监督管理综合设定的对进出口货物的管理方式，即海关监管方式。海关监管方式代码采用4位数字结构，其中前两位是按海关监管要求和计算机管理需要划分的分类代码，后两位为海关统计代码。比如：一般贸易的代码为0110，来料加工的代码为0214，易货贸易的代码为0130。

本栏目应根据实际情况按海关规定的《贸易方式代码表》选择填报相应的贸易方式简称或代码。一份报关单只允许填报一种贸易方式。

16. 征免性质

征免性质是指海关根据《海关法》、《关税条例》及国家有关政策对进出口货物实施的征、减、免税管理的性质类别。征免性质共有42种。以代码首位作为标记，征免性质分为照章征税、法定减免税、特定减免税、其他减免税和暂定税率五部分。其中特定减免税又分为按地区和用途、贸易性质、企业性质、资金来源四类。常见的征免性质有：一般征税（101）、加工设备（501）、来料加工（502）、进料加工（503）、中外合资（601）、中外合作（602）、外资企业（603）、鼓励项目（789）、自有资金（799）等。

本栏目应按照海关核发的《征免税证明》中批注的征免性质填报，或根据实际情况按海关规定的《征免性质代码表》选择填报相应的征免性质简称或代码。一份报关单只允许填报一种征免性质。

17. 征税比例/结汇方式

征税比例仅用于"非对口合同进料加工"（代码0715）贸易方式下进口料件的进口报关单，填报海关规定的实际应征税比率，例如，5%填报"5"，15%填报"15"。

出口报关单应填报结汇方式，即出口货物的发货人或其代理人收结外汇的方式。本栏目应按海关规定的《结汇方式代码表》（见表4-5）选择填报相应的结汇方式名称或代码或英文缩写。

表4-5 结汇方式代码表

代码	结汇方式	英文缩写	英文名称
1*	信汇*	M/T*	Mail Transfer
2*	电汇*	T/T*	Telegraphic Transfer
3*	票汇*	D/D*	Demand Draft
4*	付款交单*	D/P*	Documents against Payment
5*	承兑交单*	D/A*	Documents against Acceptance
6*	信用证*	L/C*	Letter of Credit
7	先出后结		
8	先结后出		
9	其他		

18. 许可证号

应申领进（出）口许可证的货物，必须在此栏目填报商务部及其授权发证机关签发的进（出）口货物许可证的编号。一份报关单只允许填报一个许可证号。

19. 起运国（地区）/运抵国（地区）

起运国（地区）指进口货物直接运抵或者在运输中转国（地）未发生任何商业性交易的情况下

运抵我国的起始发出的国家（地区）。

运抵国（地区）指出口货物离开我国关境直接运抵或者在运输中转国（地）未发生任何商业性交易的情况下最后运抵的国家（地区）。

对发生运输中转的货物，比如，中转地未发生任何商业性交易，则起、抵地不变，中转地发生商业性交易，则以中转地作为起运/运抵国（地区）填报。

本栏目应按海关规定的《国别（地区）代码表》选择填报相应的起运国（地区）或运抵国（地区）中文名称或代码。无实际进出境的，本栏目填报"中国"（代码0142）。

20. 装货港/指运港

装货港指进口货物在运抵我国关境前的最后一个境外装运港。

指运港指出口货物运往境外的最终目的港；最终目的港不可预知的，可按尽可能预知的目的港填报。

本栏目应根据实际情况按海关规定的《港口航线代码表》选择填报相应的港口中文名称或代码。无实际进出境的，本栏目填报"中国境内"（代码0142）。

21. 境内目的地/境内货源地

境内目的地指已知的进口货物在国内的消费、使用地或最终运抵地。

境内货源地指出口货物在国内的产地或原始发货地。

本栏目应根据进口货物的收货单位、出口货物生产厂家或发货单位所属国内地区，并按海关规定的《国内地区代码表》选择填报相应的国内地区名称或代码。

22. 批准文号

本栏目仅用于填报实行出口收汇核销管理的出口收汇核销单上的编号。进口货物报关单暂免予填报。

23. 成交方式

成交方式是指在进出口贸易中进出口商品的价格构成和买卖双方各自应承担的责任、费用和风险，以及货物所有权转移的界限。成交方式在国际贸易中称为贸易术语，又称价格术语，在我国习惯称为价格条件。成交方式包括两方面的内容：一方面表示交货条件；另一方面表示成交价格的构成因素。在我国进出口贸易活动中常见的成交方式有：CIF、CFR、FOB、CPT、CIP等。

本栏目应根据实际成交价格条款按海关规定的《成交方式代码表》（见表4-6）选择填报相应的成交方式代码。无实际进出境的，进口填报CIF价，出口填报FOB价。

表4-6　成交方式代码

成交方式代码	成交方式名称	成交方式代码	成交方式名称
1*	CIF*	4	C&I
2*	CFR*	5	市场价
3*	FOB*	6	垫仓

24. 运费

本栏目用于成交价格中不包含运费的进口货物或成交价格中含有运费的出口货物，应填报该份报关单所含全部货物的国际运输费用。可按运费单价、总价或运费率三种方式之一填报，同时注明运费标记，并按海关规定的《货币代码表》（常用货币代码见表4-7）选择填报相应的币种代码。

运保费合并计算的，运保费填报在本栏目。

运费标记"1"表示运费率，"2"表示每吨货物的运费单价，"3"表示运费总价。

（1）H883/EDI通关系统

运费率：直接填报运费率的数值，如5％的运费率填报为"5"。

运费单价：填报运费币值代码＋"/"＋运费单价的数值＋"/"＋运费单价标记，如：24 美元的运费单价填报为"502/24/2"。

运费总价：填报运费币值代码＋"/"＋运费总价的数值＋"/"＋运费总价标记，如：7 000 美元的运费总价填报为"502/7000/3"。

(2) H2000 通关系统

运费标记填写在运费标记处。

运费价格填写在运费价格处。

运费币制填写在运费币制处。

表 4—7　常用货币代码

货币代码	货币符号	货币名称	货币代码	货币符号	货币名称	货币代码	货币符号	货币名称
110 *	HKD	港币	116 *	JPY	日本元	132	SGD	新加坡元
142 *	CNY	人民币	133	KRW	韩国元	300 *	EUR	欧元
302	DKK	丹麦克朗	303 *	GBP	英镑	330	SEK	瑞典克朗
331	CHF	瑞士法郎	344	RUB	俄罗斯卢布	501	CAD	加拿大元
502 *	USD	美元	601	AUD	澳大利亚元	609	NZD	新西兰元

25. 保费

本栏目用于成交价格中不包含保险费的进口货物或成交价格中含有保险费的出口货物，应填报该份报关单所含全部货物国际运输的保险费用。可按保险费总价或保险费率两种方式之一填报，同时注明保险费标记，并按海关规定的《货币代码表》选择填报相应的币种代码。

运保费合并计算的，运保费填报在运费栏目中，本栏目免予填报。

保险费标记"1"表示保险费率，"3"表示保险费总价。

(1) H883/EDI 通关系统

保费率：直接填报保费率的数值，如：3‰的保险费率填报为"0.3"。

保费总价：填报保费币值代码＋"/"＋保费总价的数值＋"/"＋保费总价标记，如：10 000 港元保险费总价填报为"110/10000/3"。

(2) H2000 通关系统

保费标记填写在保费标记处。

保费总价填写在保费总价处。

保费币制填写在保费币制处。

26. 杂费

杂费指成交价格以外的按照《中华人民共和国进出口关税条例》相关规定应计入完税价格或应从完税价格中扣除的费用，可按杂费总价或杂费率两种方式之一填报，同时注明杂费标记，并按海关规定的《货币代码表》选择填报相应的币种代码。

应计入完税价格的杂费填报为正值或正率，应从完税价格中扣除的杂费填报为负值或负率。

杂费标记"1"表示杂费率，"3"表示杂费总价。

(1) H883/EDI 通关系统

杂费率：直接填报杂费率的数值，如：应计入完税价格的 1.5%的杂费率填报为"1.5"；应从完税价格中扣除的 1%的回扣率填报为"－1"。

杂费总价：填报杂费币值代码＋"/"＋杂费总价的数值＋"/"＋杂费总价标记，如：应计入完税价格的 500 英镑杂费总价填报为"303/500/3"。

(2) H2000 通关系统

杂费标记填写在杂费标记处。

杂费总价填写在杂费总价处。

杂费币制填写在杂费币制处。

运费、保费、杂费的正确填报格式举例见表4—8。

表4—8　运费、保费、杂费的正确填报格式

项　目	率（1）	单价（2）	总价（3）
运费	8%→8	USD60/吨→502/60/2	HKD8000→110/8000/3
保费	0.25%→0.25	/	EUR8000→300/8000/3
应计入的杂费	1%→1	/	GBP8000→303/8000/3
应扣除的杂费	1%→-1	/	JPY8000→116/-8000/3

27. 件数

件数是指有外包装的单件进出口货物的实际件数，货物可以单独计数的一个包装称为一件。

本栏目应填报有外包装的进（出）口货物的实际件数。

舱单件数为集装箱的，填报集装箱个数。

舱单件数为托盘的，填报托盘数。有关单据仅列明托盘件数，或者既列明托盘件数，又列明单件包装件数的，本栏填报托盘件数。例如："2 PALLETS 100 CTNS"，件数应填报为2。

本栏目不得填报为零，裸装货物填报为"1"。

28. 包装种类

商品的包装是指包裹和捆扎货物用的内部或外部包装和捆扎物的总称。一般情况下，应以装箱单或提运单据所反映的货物处于运输状态时的最外层包装或称运输包装作为"包装种类"向海关申报，并相应计算件数。

进出口货物报关单所列的"包装种类"栏是指进出口货物在运输过程中外表所呈现的状态，包括包装材料、包装方式等。本栏目应根据进出口货物的实际外包装种类，按海关规定的《包装种类代码表》选择填报相应的包装种类代码，比如，木箱、纸箱、铁桶、散装、裸装、托盘、包、捆、袋等。

在原始单据（装箱单或提运单据）上件数和包装种类一般表示为"No. of PKGS"，其后数字即表示应填报的"Packages"（包裹）的件数；或"TOTAL PACKED IN×××CARTONS ONLY"；或"TOTAL×××WOODEN CASES ONLY"。

例如："PACKED IN 30 CTNS"表明共有30个纸箱，件数填报为"30"，包装种类填报为"纸箱"。

"4 Unit&6 Cartons"表明共有4个计件单位（辆、台、件等）和6个纸箱，件数合计为10；由于有两种不同的包装出现，所以类似这种情况，件数填报为"10"，包装种类统报为"件"。

"TOTAL PACKED IN 500 CARTONS ONLY"，表明共有500个纸箱，件数填报为"500"，包装种类填报为"纸箱"。

"TOTAL FIVE(5)WOODEN CASES ONLY"，表明共有5个木箱，件数填报为"5"，包装种类填报为"木箱"。

29. 毛重（公斤）

毛重指货物及其包装材料的重量之和。

本栏目填报进（出）口货物实际毛重，计量单位为公斤，不足1公斤的填报为"1"。如货物的毛重在1公斤以上且非整数，其小数点后保留4位，第5位及以后略去。如毛重9.56789公斤填报为"9.5678"，毛重123 456.789公斤填报为"123 456.789"。

30. 净重（公斤）

净重指货物的毛重减去外包装材料后的重量，即商品本身的实际重量。

本栏目填报进（出）口货物的实际净重，计量单位为公斤，不足 1 公斤的填报为"1"。如货物的净重在 1 公斤以上且非整数，其小数点后保留 4 位，第 5 位及以后略去。以毛重作为净重计价的，可填毛重。合同、发票等有关单证不能确定净重的货物，可以估重填报。

31. 集装箱号

集装箱又称货柜，是一种用金属板材或木材、塑料、纤维板制成的长方体的大箱，常见规格为 20 英尺和 40 英尺。

集装箱号是在每个集装箱箱体两侧标示的全球唯一的编号。其组成规则是：箱主代号（3 位字母）＋设备识别号"U"＋顺序号（6 位数字）＋校验码（1 位数字），例如 EASU9809490。

本栏目用于填报和打印集装箱编号及数量。集装箱数量四舍五入填报整数，非集装箱货物填报为"0"。

（1）H883/EDI 通关系统

填报：一个集装箱号＋"＊"＋集装箱数＋"（折合标准集装箱数）"。

如：TEXU3605231＊1（1）表示 1 个标准集装箱。

TEXU3605231＊2（3）表示 2 个集装箱，折合为 3 个标准集装箱，其中一个箱号为 TEXU3605231。

在多于一个集装箱的情况下，其余集装箱编号打印在备注栏或随附清单上。

（2）H2000 通关系统

填报在集装箱表中，一个集装箱填一条记录，分别填报集装箱号、规格和自重。

32. 随附单据

随附单据指随进（出）口货物报关单一并向海关递交的单证或文件。合同、发票、装箱单、进出口许可证等必备的随附单证不在本栏目填报。

（1）H883/EDI 通关系统

本栏目按海关规定的《监管证件名称代码表》选择填报相应证件的代码，证件编号填报在"标记唛码及备注"栏后半部分。

（2）H2000 通关系统

本栏目分为随附单据代码和随附单据编号两项，其中代码栏应按海关规定的《监管证件名称代码表》选择填报相应证件的代码填报；编号栏应填报许可证件编号。

33. 用途/生产厂家

进口货物填报用途，应根据进口货物的实际用途按海关规定的《用途代码表》（见表 4－9）选择填报相应的用途代码，如"以产顶进"填报"13"。

生产厂家指出口货物的境内生产企业。本栏目供必要时手工填写。

表 4－9　用途代码

代 码	名　称	代 码	名　称	代 码	名　称
01	外贸自营内销	02	特区内销	03	其他内销
04	企业自用	05	加工返销	06	借用
07	收保证金	08	免费提供	09	作价提供
10	货样，广告品	11	其他	13	以产顶进

34. 标记唛码及备注

标记唛码是运输标志的俗称。进出口货物报关单上标记唛码专指货物的运输标志，英文表示为：Marks、Marking、MKS、Marks&No.、Shipping Marks 等。它通常是由一个简单的几何图形和一些字母、数字及简单的文字组成，一般分列为收货人代号、合同号和发票号、目的地、原产国（地区）[包括最终目的国（地区）、目的港或中转港]和件数号码等项。备注是指填制报关单时需要备注的事项，即除按报关单固定栏目申报进出口货物有关情况外，需要补充或特别说明的事项，包括关联备案号、关联报关单号等。

本栏上部用于打印以下内容：

标记唛码中除图形以外的文字、数字。

受外商投资企业委托代理其进口投资设备、物品的进出口企业名称，格式为："委托××公司进口"。

加工贸易结转货物及凭《征免税证明》转内销货物，其对应的备案号应填报在本栏，格式为："转至（自）××××××××××××手册"。

本栏下部供填报随附单据栏中监管证件的编号，具体填报要求为：监管证件代码＋"："＋监管证件号码。一份报关单多个监管证件的，连续填写。

一票货物多个集装箱的，在本栏目打印其余的集装箱号（最多 160 字节，其余集装箱号手工抄写）。

35. 项号

本栏分两行填报及打印。

第一行打印报关单中的商品排列序号。

第二行专用于加工贸易等已备案的货物，填报和打印该项货物在《加工贸易手册》中的项号。

36. 商品编号

商品编号指按商品分类编码规则确定的进出口货物的商品编号。此栏目分为商品编号和附加编号两栏，其中商品编号栏应填报《中华人民共和国海关进出口税则》8 位税则号列，附加编号栏应填报商品编号附加的第 9 位、第 10 位附加编号。《加工贸易手册》中商品编号与实际商品编号不符的，应按实际商品编号填报。

37. 商品名称、规格型号

本栏分两行填报及打印。第一行打印进出口货物规范的中文商品名称，第二行打印规格型号，必要时可加注原文。例如：

商品名称、规格型号

棕榈仁油　　　　　　　　　　　（第一行，规范的中文名称）

H2100G，氢化，碘值 0.21，游离脂肪酸 0.014%　（第二行：规格型号）

商品名称及规格型号应据实填报，并与所提供的商业发票相符。商品名称应当规范，规格型号应当足够详细，以能满足海关归类、审价及许可证件管理要求为准。根据商品属性，本栏目填报内容包括：品名、牌名、规格、型号、成分、含量、等级、用途、功能等。加工贸易等已备案的货物，本栏目填报录入的内容必须与备案登记中同项号下货物的名称与规格型号一致。

38. 数量及单位

数量及单位指进出口商品的实际数量及计量单位。

本栏分三行填报及打印。进出口货物必须按海关法定计量单位填报，法定第一计量单位及数量打印在本栏目第一行。凡海关列明第二计量单位的，必须报明该商品第二计量单位及数量，打印在本栏目第二行。无第二计量单位的，本栏目第二行为空。成交计量单位及数量应当填报并打印在第三行。

39. 原产国（地区）/最终目的国（地区）

原产国（地区）指进口货物的生产、开采或加工制造国家（地区）。

最终目的国（地区）指已知的出口货物的最终实际消费、使用或进一步加工制造国家（地区）。

本栏应按海关规定的《国别（地区）代码表》（见表 4—10）选择填报相应的国家（地区）名称或代码。

表 4—10　主要国别（地区）代码

代码	中文名称	代码	中文名称
110*	中国香港	307	意大利
116*	日本	331	瑞士
121	中国澳门	344*	俄罗斯联邦
132	新加坡	501	加拿大
133*	韩国	502*	美国
142*	中国	601*	澳大利亚
143*	台澎金马关税区*	609	新西兰
303*	英国*	701	国（地）别不详的
304*	德国*	702	联合国及机构和国际组织
305*	法国*		

40. 单价

本栏应填报同一项号下进出口货物实际成交的商品单位价格。

海关估价时，应在 H2000 通关系统"海关单价"栏修改。

无实际成交价格的，本栏目填报货值。

41. 总价

本栏应填报同一项号下进出口货物实际成交的商品总价。填报同一项号下进出口货物实际成交的商品总价，总价如非整数，其小数点后保留 4 位，第 5 位及以后略去。例如：昌明有限公司进口"铜版纸"16 314.5千克，每千克 0.8049 美元，则总价为13 131.54105美元，略去小数点后第 5 位的"5"，即为"13 131.5410"。在手工填制报关单的时候，小数点后末位的"0"也可略去，因此，"总价"栏应该填报为："13 131.541"。

海关估价时，应在 H2000 通关系统"海关总价"栏修改。

无实际成交价格的，本栏填报货值。

42. 币制

币制指进出口货物实际成交价格的币种。

本栏目应根据实际成交情况按海关规定的《货币代码表》选择填报相应的货币名称或代码，如《货币代码表》中无实际成交币种，需转换后填报。

43. 征免

征免指海关对进出口货物进行征税、减税、免税或特案处理的实际操作方式。

本栏应按照海关核发的《征免税证明》或有关政策规定，对报关单所列每项商品选择填报海关规定的《征减免税方式代码表》（见表 4—11）中相应的征减免税方式。

表 4—11　征减免税方式代码

代码	名称	代码	名称
1	照章征税	5	保证金
2	折半征税	6	保函
3	全免	7	折半补税
4	特案	8	全额退税

加工贸易报关单应根据《加工贸易手册》中备案的征免规定填报。

《加工贸易手册》中备案的征免规定为"保金"或"保函"的，不能按备案的征免规定填报，而应填报"全免"。

44. 税费征收情况

本栏供海关批注进（出）口货物税费征收及减免情况。

45. 录入员

本栏用于记录预录入操作人员的姓名并打印。

46. 录入单位

本栏用于记录并打印电子数据报关单的录入单位名称。

47. 填制日期

填制日期指报关单的填制日期。电子数据报关单的填制日期由计算机自动打印。

（1）在 H883/EDI 通关系统中，本栏目为 6 位数，顺序为年、月、日各填 2 位数字。

（2）在 H2000 通关系统中，本栏目为 8 位数字，顺序为年（4 位数字）、月（2 位数字）、日（2 位数字）。

48. 海关审单批注栏

本栏指供海关内部作业时签注的总栏目，由海关关员手工填写在预录入报关单上。

其中"放行"栏填写海关对接受申报的进出口货物作出放行决定的日期。

进、出口货物报关单的格式分别如表 4—12 和表 4—13 所示：

表 4—12　进口货物报关单

中华人民共和国海关进口货物报关单

预录人编号：　　　　　　　　　　　　　　　　　　　　　　　　　　　　　　　海关编号：

进口口岸*			备案号	进口日期*	申报日期
经营单位			运输方式	运输工具名称	提运单号
收货单位*			贸易方式	征免性质	征税比例*
许可证号		起运国（地区）*	装货港*		境内目的地*
批准文号		成交方式	运费	保费	杂费
合同协议号		件数	包装种类	毛重（公斤）	净重（公斤）
集装箱号		随附单据		用途*	
标记唛码及备注					

项号	商品编号	商品名称、规格型号	数量及单位	原产国(地区)*	单价	总价	币制	征免

税费征收情况

录入员　　　录入单位	兹声明以上申报无讹并承担法律责任	海关审单批注及放行日期（签章）
报关员		审单　　　　审价
单位地址	申报单位（签章）	征税　　　　统计
邮编　　　电话	填制日期	查验　　　　放行

表4—13 出口货物报关单
中华人民共和国海关出口货物报关单

预录入编号：   海关编号：

出口口岸		备案号		出口日期			申报日期
经营单位		运输方式		运输工具名称			提运单号
发货单位		贸易方式		征免性质			结汇方式
许可证号	运抵国（地区）			指运港			境内货源地
批准文号	成交方式			运费	保费		杂费
合同协议号	件数		包装种类		毛重（公斤）		净重（公斤）
集装箱号	随附单据					生产厂家	

标记号码及备注

商品编号	商品名称	数量及单位	最终目的国（地区）	单价	总价	币制	征免

税费征收情况

录入员 录入单位	兹申明以上申报无论并承担法律责任	海关审单批注及放行日期（签章） 审单 审价
报关员 单位地址 申报单位（签章） 邮编 电话 填制日期		征税 统计 查验 放行

（三）美国 24 小时舱单制度和欧盟提前 24 小时舱单申报制度

1. 美国《海关法》专门针对驶往美国卸货的船舶的"自动舱单系统（Automated Manifest System，简称 AMS）"作了规定，任何驶往美国的船舶须在外国港口进行装货前 24 小时向美国海关报备所有相关货物的舱单。"自动舱单系统"适用于所有途径美国的货物，不论该货物是进口货物还是途经货物，要求船公司或者无船承运人在装港装货前 24 小时，将舱单在装船前用电子数据递交给美国海关。

按照"自动舱单系统"的规定，申报的舱单应当包括下述 14 项内容：

（1）船舶前往美国前离开的最后一个港口（即使在该港口船舶只是临时挂靠并没有进行装卸货作业）；

（2）承运人标准代码（Standard Carrier Alpha Code，SCAC）；

（3）船舶航次号；

（4）船舶预计到达美国第一港口的日期；

（5）承运人的提单号和货物数量；

（6）向美国海关申报的提单上显示的交货地点；

（7）准确的货物名称和货物数量；

（8）提单上托运人的准确名称和地址或者识别号码（识别号码是美国海关 2003 年根据《自动

商业环境规定》分配的号码）；

（9）提单上收货人（记名提单）、货主或者作为第一通知方的货主代表（指示提单）的名称和地址或者识别号码；

（10）船名、国籍和 IMO 号码（International Maritime Organization）；

（11）货物装上干线船的装货港；

（12）运输危险品时的国际危险品代码；

（13）准确的箱号；

（14）集装箱铅封号。

2. 欧盟海关提前舱单规则（Entry Summary Declaration，简称 ENS）旨在确保任何进口商品进入欧盟之前进行安全风险评估。此规则于 2011 年 1 月 1 日开始执行，并适用于全部 27 个欧盟成员国。此规则针对所有进入欧盟的货物，要求海运承运商在载货船舶进入欧盟之前，提前 24 小时向集装箱船挂靠的欧盟国家首个停靠港提交入境摘要报关单，即 ENS。根据此规则，托运人应当在出口装货港集装箱堆场截收之前至少 48 小时向承运商提交完整准确的装船须知。装船须知必须包含所有提交 ENS 所需的数据（参见以下列举的元素），随后，承运商负责按时向欧盟海关提交电子版 ENS。

ENS 必须包含如下元素：

（1）发货人（如有 EORI 号，请提供）：需提供完整公司名称、联系方式、详细地址、城市、国家及邮编。（EORI 是英文 Economic Operators Registration and Identification 的缩写，该号码是欧盟国家内凡是有经济活动，尤其是有进出口生意的企业必备的一个登记号。只要在企业所属国海关登记获得该号码，在全欧盟通用。）；

（2）收货人（如有 EORI 号，请提供）：接受"To Order"提单。如不是"To Order"提单，则要求提供完整收货人信息，包括公司名称、联系方式、详细地址、城市、国家及邮编；

（3）通知人（如有 EORI 号，请提供）：收货人为"To Order"时，必须提供完整信息，包括公司名称、联系方式、详细地址、城市、国家及邮编；

（4）集装箱号和封号；

（5）准确清晰的货物描述；

（6）包装数量和类型代码；

（7）货物的毛重；

（8）包装货物唛头；

（9）四—六位的 HS 代码（必须一一对应）；

（10）危险品的 UN 代码（如果是危险品）；

（11）运输费用支付方式代码（例如，现金、信用卡；仅在适用时提供）。如果未能遵守此规则，最严重时可能导致停止装卸货物，以及货流和供应链的中断。另外，海关当局将会向负责提交货物申报单的承运商和其他方强制征收罚款或其他罚金。

重点名词与概念

报检，报关，出入境货物报检单，进出口货物报关单，欧盟海关提前舱单规则

练习与思考题

一、单选题

1. 《入境货物报检单》的"报检日期"一栏应填写( )。
   A. 出境货物检验检疫完毕的日期
   B. 检验检疫机构实际受理报检的日期
   C. 出境货物的发货日期
   D. 报检单的填制日期

2. 某公司与美国某公司签订外贸合同，进口一台原产于日本的炼焦炉（检验检疫类别为 M/），货物自美国运至青岛口岸后再运至郑州使用。报检时，《入境货物报检单》中的贸易国别、原产国、启运国家和目的地应分别填写( )。
   A. 美国、日本、美国、郑州　　　B. 日本、美国、美国、郑州
   C. 日本、美国、日本、青岛　　　D. 美国、日本、日本、青岛

3. 在 H883/EDI 通关系统中，报关单运费栏填报为"502/350/2"，这表示( )。
   A. 每吨货物的运费单价为 350 美元　　B. 运费总价为 502 美元
   C. 运费总价为 350 美元　　　　　　　D. 运费率为 2%

二、多选题

1. 进境报检的方式包括( )。
   A. 一般报检　　B. 特许报检　　C. 流向报检　　D. 异地施检报检

2. 从海关对进出境货物进行监管的全过程看，报关程序按时间先后可以分为三个阶段，这三个阶段为( )。
   A. 前期阶段　　B. 中期阶段　　C. 进出境阶段　　D. 后续阶段

3. 关于报关的申报地点，以下表达正确的是( )。
   A. 进口货物应当在进境地海关申报
   B. 出口货物应当在出境地海关申报
   C. 保税货物转为一般进口时应当在货物原进境地海关申报
   D. 经收货人申请，海关同意，进口货物可以在设有海关的指运地申报
   E. 经发货人申请，海关同意，出口货物的发货人或其代理人可以在设有海关的货物起运地申报

4. 对于履行加工贸易合同中产生的剩余料件、边角料、残次品、副产品等，在海关规定的下列处理方式中需要填制报关单向海关申报的有( )。
   A. 销毁　　　B. 结转　　　C. 退运　　　D. 放弃
   E. 内销

5. 在出口报关单中，下列"成交方式"术语中哪些需要填报"运费"( )。
   A. CIF　　　B. CFR　　　C. FOB　　　D. FCA

6. 根据对外贸易的具体情况，报检时《出境货物报检单》的"合同号"一栏可填写( )。
   A. 对外贸易合同号码　　　　　B. 订单号码
   C. 形式发票号码　　　　　　　D. 成交确认书号码

7. 甲公司委托乙公司进口一批生产原料，由乙公司在入境口岸办理报检手续，货物通关后由丙

加工厂代为加工。关于该批货物的《入境货物报检单》的填制，以下表述正确的有（　　　）。

A. "发货人"应填写甲公司的名称

B. "收货人"应填写乙公司的名称

C. "目的地"应填写丙加工厂所在地名称

D. "报检单位登记号"可填写甲公司或丙加工厂的备案登记号

E. "收货人"应填写丙加工厂的名称

三、判断题

1. 加工贸易的剩余料件可以自由处理。（　　　）

2. 某公司从法国进口一批货物，合同和发票中货值的币种是欧元，填制《入境货物报检单》时应将其换算成美元。（　　　）

3. 《出境货物报检单》的"货物名称"一栏应填写货物 H.S 编码对应的商品名称。（　　　）

4. 报关单上"商品名称、规格型号"一栏，正确地填写内容应有中文商品名称、规格型号，商品的英文名称和品牌，缺一不可。（　　　）

5. 出口报关单"批准文号"一栏，填报出口收汇核销单编号。（　　　）

四、简答与论述题

1. 简述出入境货物报检的基本程序。

2. 简述一般进出口货物的报关程序。

3. 简述出入境货物报检的分类。

4. 试述《入境货物报检单》的填制要求。

5. 试述进出口货物报关单填制的具体规范和要求。

第五章 海上货物运输操作实务

【本章培训的主要内容】

本章培训的主要内容是关于外贸物流海上货物运输的实务操作包括集装箱班轮运输的具体流程，托运单的性质与缮制，提单的业务及缮制，租船运输的特点、分类以及对航次租船合同条款的详细解释，班轮运费的具体计算等海运中的具体流程、具体规则和具体实务操作。

【本章应掌握的主要技能】

通过本章学习，了解国际海运的现状与特点，熟悉集装箱的类型与掌握做箱业务，掌握国际集装箱海运与租船运输的进出口业务操作流程业务，掌握托运单、装箱单、设备交接单、提单等各类单证的制作与流传程序、掌握海运运费的计算、各种国际班轮货物海运的具体操作流程，深刻理解各类海运中的法律法规与合同条款国际惯例，能利用各种法律规定进行案例分析及进行风险规避与争取权利。

第一节 国际集装箱班轮操作实务

一、集装箱种类、容积与载重量

作为国际物流的从业人员，进行集装箱运输中的选箱、配箱、做箱、租箱等工作是最常见的业务，因此，熟悉集装箱的种类、代码、容积、载重量等知识是从事国际海运的基本功。

（一）集装箱 ISO 标准

集装箱标准化历经了一个发展过程。国际标准化组织 ISO/TC104 技术委员会自 1961 年成立以来，对集装箱国际标准作过多次补充、增减和修改，现行的国际标准为第 1 系列共 13 种，其宽度均一样（2 438mm）、长度有四种（12 192mm、9 125mm、6 058mm、2 991mm）、高度有四种（2 896mm、2 591mm、2 438mm、小于2 438mm）。

对于外贸物流从业人员而言，做箱是一件非常常见的基本功，所以了解集装箱的尺码，特别是 ISO 标准箱的内部尺寸非常重要，常见的 ISO 标准集装箱的尺码如表 5—1 所示。

表5—1 常见的 ISO 标准集装箱内部尺码　　　　　（单位：mm）

箱型	外部尺寸			最小内部尺寸			最小箱门开口尺寸	
	H	W	L	H	W	L	W	H
1AAA	2 896		12 192			11 998	2 566	
1AA	2 591		12 192			11 998	2 261	
1A	2 438		12 192			11 998	2 134	
1BBB	2 896		9 125	外部尺寸减241		8 931	2 566	
1BB	2 591	2 438	9 125		2 330	8 931	2 261	2 286
1B	2 438		9 125			8 931	2 134	
1CC	2 896		6 058			5 867	2 261	
1C	2 438		6 058			5 867	2 134	
1D	2 438		2 991			2 802	2 134	

（二）集装箱主要标记

每个集装箱的6个面上有近10种标记，在这些标记中，出现次数最多且意义最重要的主要有以下信息。举例来说：（如图5—1所示）

箱主代码	顺序码	核对码	
COSU	001436	5	

国别代码	尺寸代码	类型代码	
CN	20	G2	

最大总质量与空箱质量		
MAX GROSS	24 000	KG
	52 910	LB
TARE	2 060	KG
	4 550	LB

图5—1　集装箱的代码

1. 箱主代号（owner No. 或 owner's code）

由四个大写拉丁字母组成且最后一个必是 U（它为集装箱这种特殊设备的设备识别码），前三个由公司制定，并经国际集装箱局（BIC）注册（一个公司可申请几个箱主代号）。比如中远的代码为 CBHU，中海的箱主代码为 CCLU，长荣的箱主代码为 EMCU，东方海外的箱主代码为 OCLU。

注：①近十几年来，中远曾使用过的箱主代号有：HTMU、COSU、NCLU、MINU；中远长租惠航公司箱代号：FBZU、CBHU、FRSU。近几年，中远使用的柜子大部分为 FLORENS 柜（FLORENS 为中远控股公司），其箱主代号为 CBHU。②标于柜子上的箱主代号约7成为 Liner（班轮公司），3成为租箱公司（container leasing company，这些公司几乎不涉足班轮运输业，而拥有许多货柜专供出租）。

2. 顺序号（serial No.）

顺序号由公司自定，共6位阿拉伯数字，不足6位以0补之。

3. 核对数字或校验码（check digit）

它仅包含一位数，不由箱主公司制定，而是按规定的计算方法算出，用来检验、核对箱主号、设备识别码与顺序号在数据传输或记录时的正确性与准确性，它与箱主代号、设备识别码和顺序号有直接的关系。

4. 国别代码（country code）

国别代码指的是箱主公司所在国家的代码，非强制性的，为自选代号，现在许多柜上不打此代码。国别代码以两个或三个英文字母表示。比如：以 US 或 USA 表示美国，以 GB 或 GBX 表示英国，以 FR 或 FXX 表示法国，JP 或 JXX 表示日本，CN 或 PRC 表示中国（China，People's Republic of China），TW 或 PCX 表示中国台湾（地区代码），HK 或 HKX 表示中国香港等。

5. 尺寸代码（size code）

尺寸代码中包含了箱子的长度、高度及是否有鹅颈槽三个信息。

（1）尺寸代号由两位阿拉伯数字组成，不管第二位为几，凡第一位为 2 者，其代表的柜子的长度为 20′；凡第一位为 4 者，柜长为 40′。

（2）尺寸代号中第二位数字若为 0，1 则柜高为 8′；为 2，3 柜高 8′6″；为 4，5 柜高 9′6″

（3）尺寸代号为奇数者：有鹅颈槽（goose-neck tunnel）；为偶数者：无鹅颈槽。通常长为 20′的柜无鹅颈槽，而 40′HQ 者，大多有。（goose-neck 鹅颈：拖车板架上的机构，goose-neck tunnel 鹅颈槽：于货柜底部，二者相扣，目的是增大拖车行驶时的安全系数。这里需要说明的是：在发达国家拖车板架上一般有鹅颈，而大部分发展中国家则无，原因是前者对安全很重视。）

（4）全球大多数国家已经不使用 8′与 9′高的柜，因此，几乎见不到尺寸代号为 20，21，40，41 的柜。

（5）高度为 9′6″的柜称为 HQ（High Cube）柜，读作。HQ 柜多见于 40′柜，而 20′柜几乎无 HQ，因此实践中极少见到尺寸代号为 24，25 的柜〔注：有些人用 HC（High Container）表示高柜〕。

实践中最常见的货柜尺寸代码为 22，45，42，44。下表为常见尺寸代码包涵的含义。

表 5-2　常见集装箱尺寸代码含义

尺寸代码	22	42	43	44	45	L5
柜长	20	40	40	40	40	45
柜高	8′6″	8′6″	8′6″	9′6″	9′6″	9′6″
有无鹅颈槽	无	无	有	无	有	有

（三）集装箱类型代码

集装箱的类型代码一般用一位英文字母和一位阿拉伯数字组成，字母表示类型的大类，数字表示大类中的小类，比如，"G"表示杂货集装箱，而"G1"表示"货物上部空间设有透气孔的杂货集装箱"。下表将对集装箱的分类和类型代码进行表述，以供参考。

表 5-3　集装箱的类别及代码

集装箱类别	简写代码	特点说明	类型代码
干货集装箱（Dry Cargo Container or Dry Van）	DC 或 GP	干货集装箱也称为杂货集装箱、通用集装箱，用以装运一般件杂货。其结构常为封闭式，一般在一端或侧面设有箱门，箱内设有一定的固货装置，使用时一般要求清洁、水密性好。占集装箱的 90%	G0—G9
散货集装箱（Bulk Container or Solid Bulk Container）	BU 或 BK	散货集装箱用于装运大豆、大米、麦芽、面粉、玉米、各种饲料及水泥、化学制品等散装粉状或粒状货物。使用这种货柜可以节约不菲的包装费用、减轻粉尘对人体和环境的损害，还可提高装卸效率。散货柜的顶部设有 2~3 个装货口，底部做成漏斗形或设有卸货口	B0—B9
通风集装箱（Ventilated Container）	VH	通风集装箱一般在其侧壁或端壁或箱门上设有 4 至 6 个供通风用的窗口，适用于装运不需要冷藏但需通风、防止汗湿的杂货，如原皮、水果、蔬菜等。如果将通风窗口关闭，可作为杂货集装箱使用。在急需情况下可用设有通风孔的冷藏柜代用	V0—V9

续表 5—3

集装箱类别	简写代码	特点说明	类型代码
冷藏集装箱（Reefer Container）	RF	冷藏集装箱又称冷柜、冻柜或雪柜，是专为在运输中要求保持一定温度的冷冻货或低温货（如鱼、肉、新鲜水果、蔬菜及某些药物）而特殊设计的保温集装箱。可分为两种：一种是箱内设有制冷机组的；另一种箱内未设有制冷机组，而只有隔热结构，即在集装箱端壁上设有冷气吸入孔和排气孔，箱子装在船舱中，由船舶制冷装置及固定管路供应冷气	V0—V9
开顶集装箱（Open Top Container）	OT	开顶集装箱也叫敞顶集装箱，其箱顶可以方便地取下、装上，有硬顶和软顶两种，其他构件与干货柜类似。硬顶是用薄钢板制成的；软顶一般是用帆布、塑料布或涂塑布制成。这种集装箱适于装载高度较高的重大件货，利用吊机从顶部吊入箱内不易损坏，而且也便于在箱内固定。由于箱顶可能进水，开顶柜一般应装于舱内而不是甲板上	U0—U9
罐式集装箱（Tank Container or Liquid Bulk Container）	TK	罐式集装箱适用于装运酒类、油类、液体食品及化学品等液体货物。它由罐体和箱体框架两部分组成，罐体用于装液体货，框架用来支撑和固定罐体。为了降低液体的黏度，罐体下部还设有加热器。罐顶设有装货口，罐底设有排出阀。装货时货物从液罐顶部的装货孔进入；卸货时则由排货孔靠重力自行流出或从顶部装货孔吸出	T0—T9
台架式集装箱（Platform Based Container）	PF或FR	台架式集装箱是没有箱顶板和侧壁板，也没有门，甚至连端壁也去掉而只有厚度比一般干货柜厚许多的箱底板和连接在箱底板上的骨架。这种集装箱可以从前后、左右及上方进行装卸作业，适合装载长大件和重货件，如重型机械、钢管、木材、钢锭、机床等。这种集装箱没有水密性，怕水怕湿的货物不能装运，若用帆布遮盖货物则能部分防水	P0—P9
汽车集装箱（Car Container or Auto Container）	SN	汽车集装箱是专为装运小型汽车而设计制造的，其结构特点是无侧壁，仅设有框架和箱底。为了防止汽车在箱内滑动，箱底专门设有绑扎设备和防滑钢板	S1
动物集装箱（Animal Container or Pen Container or Live Stock Container）	SN	动物集装箱也叫牲畜集装箱。它是一种专门用来装运鸡、鸭、鹅等活家禽及猪、牛、马、羊等活家畜的集装箱。为了遮挡阳光，箱顶和侧壁是用玻璃纤维加强塑料制成的。另外，为使通风良好，侧面和端面都有用铝丝网做成的窗，以求有良好的通风	S0
空/陆水联运集装箱（AAir/Surfacecontainer）	AS		A0

（四）最大总质量与箱体质量

其中集装箱最大总质量指的是集装箱最大允许货箱总重，包括货物与箱体本身。此栏有的柜标为"MAX GROSS"或"G. WT"或"Max Weight"。

箱体质量指的是箱子的自身质量，此栏的表示为"Tare"。最大总质量减去箱体质量为最大允许载重量（NET）。

（五）集装箱的载重量和箱容

集装箱内部的最大长、宽、高尺寸。高度为箱底板面至箱顶板最下面的距离，宽度为两内侧衬板之间的距离，长度为箱门内侧板量至端壁内衬板之间的距离。它决定集装箱内容积和箱内货物的最大尺寸。

集装箱的最大总质量（max gross）和集装箱的箱体质量（tare）决定集装箱的装载质量（net）。按集装箱内尺寸计算的装货容积。同一规格的集装箱，由于结构和制造材料的不同，其内容积略有差异。集装箱内容积是物资部门或其他装箱人必须掌握的重要技术资料。实践中最常见的集装箱主要为20ft或40ft集装箱，现在把一些主要常见的数据列出给读者参考，值得一提的是具体的数据要根据实际的集装箱说明资料。

表5—4　常见的集装箱载重量与内容积

集装箱类别	20尺柜	40尺柜	40尺高柜	20尺开顶柜	40尺开顶柜	20尺平底货柜	40尺平底货柜	45尺高柜
内容积（m³）	5.69×2.13×2.18	11.8×2.13×2.18	11.8×2.13×2.72	5.89×2.32×2.31	12.01×2.33×2.15	5.85×2.23×2.15	12.05×2.12×1.96	13.58×2.34×2.71
配货毛重（吨）	17.5	22	22	20	30.4	23	36	29
配货体积（m³）	24—26	54	68	31.5	65	28	50	86

注：以上数据仅供参考，具体操作要依据实际的集装箱参数和货物特征进行计算配货

二、集装箱整箱货国际海运出口代理业务流程

国际货物运输包括货主通过货代办理运输以及货主自己与实际承运人办理运输两种方式。据不完全统计，我国目前的进出口商品中，空运的90%、海运的80%（其中集装箱的比例高达90%）和陆运的80%，通过国际货代企业不同程度地参与得以顺利完成。

海运出口货物代理业务流程主要包括：签订委托代理合同，备货报验，托运订舱及相关单据，办理保险，出口报关，装箱，集装箱交接集港，换取提单，装船，发装船通知，制单结汇。

（一）签订委托代理合同

按照《中华人民共和国民法通则》的规定，委托人与代理人之间必须签订代理合同。以确定代理的范围以及双方的权利和义务，在授权范围内代理人的行为后果由被代理人承担，因此委托代理合同是检查双方关系的重要依据。

国际货运代理企业作为代理人接受委托办理有关业务，应当与进出口收货人、发货人签订书面委托协议合同，将委托方的要求和被委托方的义务在协议或合同中做出明确的规定。委托人与代理人双方建立的委托代理关系可以是长期的，也可以就一定数量的货物签订或就某批货物签订，还可就某一贸易合同的货物运输签订。

委托代理协议要明确委托代理的范围（例如，运输的形式，委托代理的项目，保险、商检、报关、包装、仓储，等等），各种费率及费用的计算方式（比如，代理保管费、内陆运输费、仓储保管费、佣金等）也应明确双方的责任、义务和权利。作为国际货代企业在签订委托协议时应了解信用证的相关条款（比如，装运期和有效期，可否转船、分批等条款）这样可以及早发现风险，及早规避一定的风险。由于货运代理在委托代理合同中往往处于主动承揽货载的地位，因此，货运代理可以准备一些委托代理合同的范本，作为签订合同的基础，供签约双方讨论修改。

确定委托代理关系后，货主将托运委托书等相关的单证移交货代，包括退税单、外汇核销单、商业发票以及不同商品海关需要缴验的各类单证，比如，托运时间紧迫，亦可先交委托书，随后补交报关单据等。

（二）备货报验

一般来说备货与报检一般由货主完成但是实际业务中，货主出口货物如不在装运港所在地，货运代理人可根据委托代理合同，代办或协助卖方将货物集中到港口所在地，并由货代代理报检。

凡属国家规定法检的商品，或合同规定必须经中国进出口商品检验检疫局检验出证的商品，或需经检疫的动植物及其产品，在货物备齐后，必须在商检机构规定的地点和期限内，填制"出口检验申请单"，持买卖合同等必要的单证向商检机构或国家商检部门、商检机构指定的检验机构报检。只有取得商检局发给的合格的检验证书，海关才准放行。经检验不合格的货物，一般不得出口。

（三）托运订舱及相关的单据

货运代理的海运出口部门可以直接接受货主的委托，也可接受本公司代运部的委托，根据他们的具体要求，及时向船公司或船代办理订舱手续。

1. 办理订舱时应注意以下事项

（1）货、证是否齐全。订舱所需的托运单、装货单、收货单等单证已经缮制完备，货物已经备妥。

（2）根据船期表了解所需要的船舶能否按装船期相应的时间到港，并注意营运船舶的截单期。所谓截单期即是该船该航次接受订舱的最后，日期，超过截单期船舶舱位（集装箱船的箱位）是否尚有多余，若有多余船公司或其代理再次同意订舱，称为"加载"。截单期一般在预定装船期前若干天（一般5—10天但至少3天），以利报关、制单、保险及货物集港、集装箱装箱等工作的进行。

（3）选择合理的航线。一般来说，直达船快于中转船，在直达船中尽可能选择挂靠港少，或选择挂靠的是第一港或第二港，以达到快速运达的要求。

（4）应选择运价较为低廉的船只和转船费低的转口港。转口港必须注意船舶状况和港口的换装能力。

（5）对于杂货船班轮要考虑港口的条件、船舶吃水、泊位长度、吊仟或起重机负荷等，以保证船舶能够安全靠泊和正常装卸。

（6）要考虑特殊商品的运输安全，比如，超大件货物（超长、超宽、超重）能否装运，鲜活商品的冷藏舱条件，冷冻商品的冷冻条件，等等。

2. 订舱托运与单据

订舱首先要制作托运单"场站收据"（dock receipt D/R）联单。托运单可以由货主缮制，也可以由货代缮制，实践中一般都是货代接受货主的订舱委托后，把委托书上的相关资料输入电脑，打印D/R联单。货运代理将缮制好的全套托运单（十联单或集装箱场站收据联单）注明要求配载的船舶、航次，以及《出口集装箱预配清单》在截单期前送交船公司或其代理。

其中《集装箱预配清单》是一份按照卸货港顺序逐票列明装船港口预计载运集装箱货物的详细清单，该清单没有标准的格式，由各个船公司制定，一般都包括：提单号、船名、航次、货名、件数、毛重、尺码、目的港、集装箱类型、尺寸、数量、装箱地点等。货代在订舱时或一批一单，或数批记载于一单，按照订舱内容制作，随订舱单交船代，船公司配载后交堆场以便发放空箱。

集装箱货物托运单被认为是出口的最主要的单据之一，包括十联，也称为"十联单"，其中各联的具体用途如下：第一联：集装箱货物托运单（货主留底）（B/N）。第五联：场站收据（装货

单）（S/O）。第六联：大副联（场站收据副本），收货单，又叫大副收据。第七联：场站收据正本
（D/R），黄底联，也称"黄联"，由该联换取提单，是"十联单"中最主要的单证（具体的流转程
序在托运单的制作中详细讲述）。

3. 船公司受理托运

船公司或其代理人接单后审核托运单，同意接收托运，在第五联即装货单上（S/O）盖签单
章，确认订舱承运货物，并加填船名、航次和提单号，留下第二联至第四联共三联后，将余下的第
五联至第十联共六联退还给货运代理人。

4. 货代与货主交接单证

货运代理人留存第八联货代留底，缮制货物流向单及今后查询；将第九联、第十联退托运人作
配舱回执；如果是货代办理提箱、报关等手续，那么货代还要留下第五联至第七联办理提箱报关等
手续，如果是由货主办理，那么货代将第五联至第七联退给货主，由货主办理提箱、装箱报关等
手续。

（四）办理保险

在我出口中，如选用 FOB 或 CFR 贸易术语，保险由国外买方办理；如选用 CIF 贸易术语，保
险则由我方办理。

出口货物如按 FOB 或 CFR 条件成交，保险是买方的责任，在一般情况下卖方无义务办理投
保。但往往买方会委托卖方或者货代代为办理保险。如按 CIF 条件成交，保险由卖方办理，货主可
以自行或委托货代办理投保手续（保险金额通常是以发票的 CIF 价加成投保（加成数根据买卖双方
约定，如未约定，则一般加 10％投保）。在办理时，应根据出口合同或信用证规定，在备妥货物，
并确定装运期和运输工具后，按规定格式逐笔填制保险单，具体列明被保险人名称，保险货物项
目，数量，包装及标志，保险金额，起止地点，运输工具名称，起止日期和保险险别等送保险公司
投保，缴纳保险费，并向保险公司领取保险单证。

根据有关规定，保险投保日期应在船舶开航或运输工具开行之前。保单上载明的出单日期，也
不能迟于提单上的开航日期。同时也为了避免在办理投保时风险已经发生，以致影响保险合同的订
立，卖方最好在订妥舱位或者在起运地仓库起运之前办妥保险的手续。

（五）提取空箱与设备交接单

在运输实务中，如果使用货主自己的集装箱就称为 SOC（shipper own container），即货主箱，
就是货主自备箱，主要是一些客户为了省去因为使用船公司集装箱带来的箱使费或者因为自己有箱
子而利用自己的箱子装货出口；但是目前 SOC 一般很少使用，船公司在箱使费方面损失不少，船
公司也一般不接受使用货主柜的货物运输。如果使用船公司的集装箱就称为 COC（carrier owner
container），即承运人箱，要空箱回场。需要办理空箱回场。还有一种新的模式叫做 OWC（one
way container），即一次性箱。所谓"一次性箱"是指运输货物用的外包装是集装箱，该集装箱的
费用已作价在货物中，由卖方在贸易合同下连带货物一起卖给买方。所以才运输过程中，该集装箱
不可以 COC 还给船公司。CIF 价下卖方也不可以称其为 SOC 而要求取回。

如果办理 COC 业务，发货人或货运代理应向船公司办理用箱申请。船公司会将相关资料发放
到集装箱代理人（堆场）由其发放空箱。货运代理人将《出口订舱单》、《场站收据》（第五联 S/O）
或《出口集装箱预配清单》交由与集装箱代理人签有协议的集装箱拖车公司，向集装箱代理人办理
提箱手续，集装箱代理人（堆场）向提箱人签发《集装箱设备交接单》（EIR）。提箱人凭 EIR 到指
定地点提取空箱，办理出场集装箱设备交接。

在进行设备交接时，集装箱在装载货物之前，必须经过严格检查。有缺陷的集装箱，轻则导致货损，重则在运输、装卸过程中造成箱毁人亡事故。所以，对集装箱的检查是货物安全运输的基本条件之一。通常，对集装箱的检查应做到：

外部检查。外部检查指对箱子进行六面察看，外部是否有损伤、变形、破口等异样情况，如有，即作出修理部位标志。

内部检查。内部检查是对箱子的内侧进行六面察看，是否漏水、漏光，有无污点、水迹等。

箱门检查。检查箱门是否完好，门的四周是否水密，门锁是否完整，箱门能否重复开启。

清洁检查。清洁检查是指箱子内有无残留物、污染物、锈蚀异味、水湿。如不符合要求，应予以清扫，甚至更换。

附属件的检查。附属件的检查是指对集装箱的加固环接状态，如板架式集装箱的支柱，平板集装箱和敞篷集装箱上部延伸结构的检查。

经检查无误后提箱人在设备交接单上签字，表明集装箱出场时的状态完好。

（六）出口报关

如果由货代办理报关手续，必须先取得货主的《报关委托书》，商业发票等相关单据，制作报关单、并持场站收据（第5～7联装货单、大副联和场站收据正本），至海关办理货物出口报关手续；海关审核有关报关单证后，同意出口，在场站收据第五联 S/O（即装货单）上加盖放行章，并将各联退还货运代理人，完成报关手续。

（七）装箱与装箱单（packing list）

出口整箱货装箱由发货人或货运代理自行负责装箱。装箱时，需有发货人或货运代理所申请的理货人员到场计数验残。装箱完毕，由发货人或货运代理负责施加船公司铅封，在海关监督之下加海关封志。并填制装箱单，内容应包括装卸货港口、提单号码、箱号、封志号、货名、件数、重量和尺码等。

当出口整箱货为危险品时，装箱完毕应由港口港监管理部门所确认资格的专职人员填制危险品装箱证明书，以便出口装船及目的港卸船使用。

不论是由货主装箱。还是由集装箱货运站负责装箱，集装箱装箱单是详细记载每个集装箱内所装货物情况的唯一单据，所以，在以集装箱为单位进行运输时，这是一张极其重要的单据，集装箱装箱单的主要作用有：

（1）在装货地点作为向海关申报货物出口的代用单据；

（2）作为发货人、集装箱货运站与集装箱码头堆场之间货物的交接单；

（3）作为向承运人通知集装箱内所装货物的明细表；

（4）在进口国、途经国家作为办理保税运输手续的单据之一；

（5）单据上所记载的货物与集装箱的总重量是计算船舶吃水差、稳性的基本数据。

因此，装箱单内容记载准确与否，对保证集装箱货物的安全运输有着密切的关系。

（八）集装箱交接集港

根据船期计划安排，出口整箱由发货人或货运代理负责运至集装箱码头堆场。集装箱码头堆场在接收集装箱时，应根据场站收据、装箱单、设备交接单的内容仔细进行核对检查，并代表船公司在场站收据上签字，将签署的场站收据联交还发货人或货运代理。此外，交接双方还必须就集装箱的外表状况进行交接，签发《设备交接单》，并在设备交接单上注明交接状况，以划分相应的责任，签发设备交接单后，将设备交接单中的用箱人联退还运箱人。同一集装箱必须使用同一份设备交接单（即设备交接单的出场联和进场联的流水号必须一致），不可混用。

如果是危险品集装箱时，则另外必须持有海运出口危险货物包装容器。使用鉴定结果单和危险品装箱证明书两份单证，供集装箱码头堆场核对检查并收下后，方可与普通集装箱一样进行交接。

我国《海商法》第四十六条规定："承运人对集装箱装运的货物的责任期间，是指从装货港接收货物时起至卸货港交付货物时止，货物处于承运人掌管之下的全部期间。"《海上国际集装箱运输管理规定》第二十七条规定："由承运人负责装箱的货物，从承运人收到货物后至运达目的地交付收货人之前的期间内，箱内货物损坏或短缺由承运人负责。""由托运人负责装箱的货物，从装箱托运后至交付收货人之前的期间内，如箱体和封志完好，货物损坏或短缺，由托运人负责；如箱体损坏或封志破损，箱内货物损坏或短缺，由承运人负责。场站工作人员接受重箱，并且在场站收据上签字，意味着船公司责任期间的开端。

（九）换取提单

港站集装箱堆场签发场站收据以后，将装货单联留下作结算费用和今后查询，而将大副收据联交理货人员送船上大副留存。货运代理人收到签署后的场站收据正本（第七联，黄联，D/R 正本），到船公司或其代理人处，交付预付运费，要求换取提单。船公司还要确认在场站收据上是否有批注，然后在已编制好的提单上签字。

集装箱提单（combined transport bill of lading）内容上与传统海运提单略有不同，应分别注明收货地点、交货地点、集装箱号和铅封号。因为集装箱运输有其特殊性，那就是货物的交接一般不在船边，故场站收据换来的提单大多是备运（待装）提单。根据《跟单信用证统一惯例》，除信用证另有规定外，备运（待装）提单银行可以接受，若要将备运（待装）提单转化为已装船提单，必须在提单上打上船名及"已装船"批注，并经承运人或其代理人签章和加注日期。因此，目前常见的用于集装箱运输的提单，除正面明确表示"Received in apparent good order and condition..."外，还在正面下端设有"Laden on Board the Vessel"装船备忘录栏，以便根据信用证要求，在必要时将备运提单转化为已装船提单。

（十）装船

集装箱码头堆场根据场站收据和实际接收待装的货箱（或者还有空箱）装箱单以及船舶代理编制的集装箱计划预配船图，编制出装船作业计划和集装箱预配船图，并将场站收据副本（第六联，大副联）交理货核对。待船靠泊后，码头堆场计划人员让船方审核认可集装箱预配船图，即可装船，并由理货在装船完毕后缮制集装箱船舶积载图和编制理货报告单，送交船公司或其代理公司。

当集装箱货物是烈性危险品时，根据有关规定，应按计划从场外拖运至船边直接装船。装船前，由船舶代理向港口港监部门提交船舶危险品监装申请书，以便港监人员监装；装船时，由船方向港监人员出示经港监部门盖章认可的船舶载运危险货物申报单。此单（一式三联）亦由船舶代理在装船数天前向港口港监部门申报，经办妥后，其中两联分别送达船方和集装箱码头堆场。

（十一）向收货人发出装船通知

发货人在其集装箱货物装船完毕后，应及时向国外收货人发出装船通知。装船通知应列明船名、航次、装船开航日期，所装集装箱的箱型箱数、提单号等内容。这样，可使国外收货人早做准备。

特别是当贸易合同价格条件的条款规定，海上运输保险应由收货人负责办理保险手续时，（如

CFR、FOB 贸易术语成立的出口合同）就显得更为重要。发货人应尽早（最好是租船订舱完毕后）将船名、航次、装船日期等通知收货人。否则，就有可能因耽误收货人投保，而影响由于货物灭失或损坏需向有关责任方要求赔偿的时效。

（十二）制单结汇

货物装运后，出口企业或其代理人应立即按照信用证的要求，证确缮制各种单据，并在信用证规定的有效期和交单期内，递交银行办理议付和结汇手续。

所谓议付是指出口地银行购买出口人出具的汇票和装运单据或办理出口押汇手续；

所谓结汇是指出口人所得外汇货款，按照结汇目的外汇牌价的银行买价卖给国家指定的银行。

三、集装箱整箱货进口货代业务流程与单证

集装箱进口的货运代理业务是我国货代业务涉及面最广、线最长、货种量最复杂的货代业务。完整的集装箱进口货代业务流程包括从接受委托开始，订舱、装船、代办保险、进口提货、进口报关报检、内陆运输等流程。常见的进口贸易一般在 FOB、CFR、CIF 三种贸易术语下成交，其中在贸易术语 FOB 下进口需要由进口商（或货代）组织运输订舱与保险业务及后续业务，是最复杂的一种业务流程，这就是所谓的卸货地订舱（home booking），卸货地订舱的货物，也称"指定货"（buyer's nominated cargo）；在贸易术语 CFR 下进口需要由进口商（或货代）组织进口运输保险及后续业务；而在贸易术语 CIF 下进口，国际海运及保险由出口商办理，需要口商（或货代）的进口业务就相对简单，一般包括从码头卸货接货后的业务流程。下面将以 FOB 业务流程为代表进行流程与单证的分析。

（一）委托代理

双方建立的委托关系可以是长期的，也可以就某一数量的货物签订委托协议，或就某批数量较大的货物签订委托协议，也可以一次托运多次装运。在办理委托时，委托人需填写《进口租船订舱联系单》，提出具体的要求。

《进口租船订舱联系单》的内容包括：货名、重量、尺码、合同号、包装种类、装卸港口、交货期、买货条款、发货人名称和地址，发货人电挂或电传号等。填写《进口租船订舱联系单》的注意事项：

（1）货名、包装、件数、重量、尺码要填写中、英文名称；重量需填毛重，长大件要列明长、宽、高的尺寸；重件要列明最大件重量和重件件数。

（2）买货条款的一栏要与贸易合同相一致；对装运条件另有规定者，要在联系单上写明，以便划分责任、风险和费用。

（3）危险货物要注明危险品的性质和国际危规的页码及联合国编号。填写时要填明类别、货物品名不能使用商品俗名，一定要用学名。易燃液体还须注明闪点。

（4）贵重物品要列明售价。

（5）《租船订舱联系单》的内容必须与贸易合同完全一致。比如，租整船，还须附贸易合同副本。

货代企业应严格慎重审查《进口租船订舱联系单》等其他具体要求（比如，装运港条件、班轮条件、是否需要转船、货物品种规格数量尺寸等条件、装运日期、是否需要特种服务、各种费用，等等），并综合评价自己的业务能力，接受货主委托业务。不可盲目接单，而最后造成无力完成就要承受违约的经济赔偿责任。

明确接受委托后，要与货主进行协商并签订书面的《海运进口货物国内代运委托协议书》，以利于在工作中明确双方的责任、权利和保证双方的利益。一般来说委托协议应该包括：委托人（被代理人）及受托人（代理人）的全称、注册地址、代办的范围、委托方应该提供的单证及提供的时间、服务收费标准及支付时间与方法、委托方及受托人特别约定、违约责任条款、有关费用如海洋运费、杂费及关税等支付时间、发生纠纷后，协商不成的解决途径及地点等事项。

（二）卸货地订舱

如果货物以 FOB 或 FCA 价格条件成交，货代接受货主委托后就要办理订舱业务。进口商在接到出口商应提交的预计装运日期通知国内货代。货代在接到通知后，在综合考虑装运要求、承运人的公司规模、服务质量、海外网络、运价、船期等因素后，选择合适的承运人，向选定的承运人提出订舱申请，确定海运运费等费用，同时提交国外供货人的详细资料（公司名称、地址、电话、传真、联系人、货物名称、合同号、重量、件数、规格、出口国、装货港、卸货港等）；承运人接受货代订舱，在配舱回单上加注订舱船名、航次等信息，将配舱回单等单据返还进口商。

（三）办理保险

如果货物以 FOB、CFR 或 FCA 价格条件成交应该由买方自行投保手续，而且必须在装船前办理。如果是进口商安排运输的情况下，应及时办理保险手续；如果是出口商订舱（如 CFR 贸易术语下）出口商应尽早将订舱信息与预计装船信息及时告知进口商，以及时办理保险手续。

进口货物的运输保险一般有两种方式：

1. 预约保险

我国大部分外贸企业都和保险公司签订海运进口货物的预约保险合同，简称"预保合同"（open policy）。这种保险方式，手续简便，对外贸企业进口的货物的投保险别、保险费率、适用的保险条款、保险费及赔偿的支付方法等都作了明确的规定。

根据预约保险合同，保险公司对有关进口货物负自动承保的责任。对于海运货物，进口公司或其货运代理人接到卖方的装船通知后，应按要求填制进口货物《装货通知》，将合同号、起运口岸、船名、起运日期、航线、货物名称和数量、金额等必要内容一一列明，送保险公司，作为投保凭证。货物一经起运，保险公司即自动按预约保单所订的条件承保。

预约保险合同对保险公司承担每艘船舶每一航次的最高保险责任，一般都作了具体规定，如承运货物超过此限额时，应于货物装运前书面通知保险公司，否则，仍按原定限额作为最高赔付金额。

2. 逐笔投保

在没有与保险公司签订预约保险合同的情况下，对进口货物就需逐笔投保。进口公司在接到卖方的发货通知后，必须立即向保险公司办理保险手续。一般情况下，进口公司填制《装货通知》代投保单交保险公司，《装货通知》中必须注明合同号、起运口岸、运输工具、起运日期、目的口岸、估计到达日期、货物名称和数量、保险金额等内容，或填写《运输险投保单》，保险公司承保后，进口公司向保险公司缴纳保险费，然后保险公司给进口公司签发一份正式保险单，进口次数少的企业一般采用逐笔投保的方式。

（四）装船

货运代理人在订妥舱位或租船合同成立后，应及时将船名和船期通知委托方，以便向卖方发出装船通知，同时货运代理人或船方通知装货港的船务代理，及时与卖方或其货运代理人联系，按时将备妥的货物发到装货港口，以便船货衔接，安排及时装船。

进口货物在国外装船后，卖方应按合同规定，向买方及时发出装船通知，以便买方做好接货准备。

（五）接货准备

接货工作要做到及时、迅速。接货前首先要应及时取得货主的全套单据，具体包括：带背书的正本提单或电放副本或保证书、装箱单、贸易合同正本或副本、发票、品质证明与产地证明、进口许可证、保险单、机电产品进口登记表、木箱包装熏蒸证明等。如果要委托货代办理报检报关手续，还要取得报关委托书与报检委托书以及其他相关的单证。这些单证是港口进行卸货、报关、报验、接交和疏运等项工作不可缺少的资料，因此货代收到单证后，应仔细进行核对。

取得相关单证后要提前与船公司或船舶代理部门联系，确定船到港时间、地点，如需转船应确认二程船名；提前与船公司或船舶代理部门确认换单费、押箱费和换单的时间；提前联系好场站确认好提箱费、掏箱费、装车费和回空费等费用。

（六）换单、报检、报关与"交货记录"联单

所谓换单是指凭带背书的正本提单（或是电报放货，可带电报放货的传真件与保函）去船公司或船舶代理部门换取提货单 D/O（delivery order）和设备交接单（EIR）。实践中，在集装箱运输模式下是通过"交货记录"联单进行操作的。

船公司或其代理人向收货人或其代理人交货时，双方共同签署的，证明双方间已进行货物交接和载明其交接状态的单据叫"交货记录"。"交货记录"联单标准格式包括 5 联：①到货通知书；②提货单（D/O）；③费用账单（1）；④费用账单（2）；⑤交货记录。具体流程如下：

（1）船公司发放到货通知书。船公司或船务代理在收到进口货物单证资料后，向收货人（或通知人）发放到货通知书（第一联）。

（2）换取提货单与设备交接单。货主（或货代）凭到货通知书、已经背书的正本提单等单证向船公司（或船代）换取"交货记录"联单的另外四联与设备交接单。船代审核提单形式内容和是否已付清相关费用之后，在提货单上加盖专用章，然后连带其他三联换发给收货人。

（3）进口报检。收货人或其代理人需在规定期限内，持提货单和其他有关单证，到进出口检验检疫局办理商检、卫检、动植物检有关申报手续。经审核同意即在提货单（"交货记录"联单第二联）上盖章放行；如需查验，则开出查验通知另约时间，经查验后，再在提货单上盖章放行。

（4）进口报检。收货人或其代理人在规定期限内，持报关单、提货单和提单副本以及装箱单等其他有关单证，到海关办理申报手续。经海关审核同意后，在提货单上盖章放行；如需查验，则在提货单上盖查验章，另约时间进行查验，经查验后无问题，再在提货单上加盖放行章放行。

（5）堆场提货。收货人将加盖海关放行章的提货单（"交货记录"联单第二联），费用账单（"交货记录"联单第三联、第四联）和交货记录（"交货记录"联单第五联）向场站提货。场站或港区凭交货记录，填制费用账单，第三联（蓝色）留港区、场站制单部门，第四联（红色）作为向收货人收取费用的凭证场站核单并结清费用后，留下提货单联作为放货依据，安排提货作业计划。

从货运代理人与货主交接来划分，交货有两种方式：一是货主自提，即进口货物卸船报关后，经海关验放，并在提货单上加盖海关放行章，货运代理人将该提货单交给货主，即为交货完毕，也称为象征性交货，或单证交货。二是实际性交货，即货运代理人除完成报关手续外，还负责向港口办理提货，并负责将货物运至货主指定地点，交给货主，这种交货方式也称为代运。

交货时，货主（或货代）凭提货单（第二联）、"交货记录"（第五联）以及设备交接单（EIR）

到现场提货。提箱时，双方还要凭设备交接单（EIR）进行交接，必须对箱体进行检查，就箱体状况与码头和堆场办理交接手续，交接过程中若发现破损，请将破损状况记录在设备交接单上注明，双方签字确认。

同时，双方还要签发"交货记录"单。交货记录是集装箱码头堆场和集装箱货运站向收货人或其代理人交货的凭证，是证明船公司责任终止的重要单证。为适应由于各方面因素，收货人或其代理人提货可能分多次进行的需求，因而，它也是日后计算堆存费等费用的依据。

在集装箱运输中，船公司的责任是从接受货物开始到交付货物为止。因此，场站收据是证明船公司责任开始的单据，而交货记录是证明责任终了的单据。

（七）空箱回运

收货人（或货代）在掏箱完毕后，应及时将空箱回运至集装箱码头堆场。延期回运将会要支付一定的滞箱费，所以应尽快回运。集装箱运抵指定地点时，必须对箱体进行检查，就箱体状况与码头和堆场办理交接手续，交接过程中若发现破损，将破损状况记录在设备交接单上，集装箱在收货人控管期间（从码头提取重箱时起到空箱返回指定堆场时止），成集装箱箱体的灭失和损坏，收货人应对此负责并相应赔偿。空箱返回指定堆场后，收货人请及时凭押款凭证到堆场办理集装箱费用的结算手续。

四、无船承运拼箱货业务流程

（一）无船承运人 NVOCC 的定义与法律规定

无船承运人是指按照海运公共承运人的运价本或其与海运公共承运人签订的服务合同支付运费，并根据自己运价本中公布的费率向托运人收取运费，从中赚取运费差价。

美国在无船承运人管理方面有严格的管理制度。根据美国《1998 年航运改革法》（OSRA1998）的规定，国际货运代理人（freight forwarder）和无船承运人（NVOCC）均需向美国联邦海事委员会（FMC）申请取得经营许可证，并缴纳保证金。保证金的数额为：国际货代，50 000美元；无船承运人（法人），75 000美元；非法人分支机构，10 000美元；外国无船承运人，150 000美元。

中国借鉴了美国联邦海事委员会的做法，在新出台的《国际海运条例》第七条中规定："经营无船承运业务，应当向国务院交通主管部门办理提单登记，并缴纳保证金。"第八条规定："无船承运业务经营者应当在向国务院交通主管部门提出办理提单登记申请的同时，附送证明已经按照本条例的规定缴纳保证金的相关材料。前款保证金金额为 80 万元人民币；每设立一个分支机构，增加保证金 20 万元人民币。保证金应当向中国境内的银行开立专门账户交存。"

（二）从事无船承运业务的特点与需要具备的能力

1. 承办集拼业务的无船承运人必须具备下列条件：

2002 年 1 月 1 日，自《中华人民共和国国际海运条例》颁布实施之日起，交通部即开始办理无船承运业务经营人的提单登记手续和缴纳保证金。并提交相关文件〔A 委托书，（直接申请办理可免）；B 企业登记机关签发的企业登记文件影印件；C 提单登记申请书；D 提单样本；E 缴纳保证金的证明〕，经交通部审核并颁发《无船承运业务经营资格证书》，可以开展无船承运业务。对于从事集拼业务的无船承运人一般应该具有以下条件：

（1）具有集装箱货运站（CFS）装箱设施和装箱能力；

（2）与国外卸货港有拆箱分运能力的航运或货运企业建有代理关系；

（3）政府部门批准有权从事集拼业务并有权签发自己的 house B/L。

2. 无船承运人的主要特征

一般而言，从事集拼业务的国际货代签发 house B/L 视为承运人，当只经营海运的集拼业务，签发 B/L 的承运人就是无船承运人（NVOCC），无船承运人的主要特征包括：

（1）不是国际贸易合同的当事人。

（2）在法律上有权订立运输合同。

（3）本人不拥有运输工具。

（4）有权签发提单，并受提单条款的约束。

（5）由于与托运人订立运输合同，所以对货物全程运输负责。

（6）具有双重身份：对货物托运人来说，是承运人或运输经营人；而对实际运输货物的承运人而言，又是货物托运人。

（三）拼箱业务流程与无船承运人提单（house-B/L）

集拼业务先要区别货种，合理组合，待拼成一个 20 尺或 40 尺箱时可以向船公司或其代理人订舱。集拼的每票货物各缮制一套托运单，无船承运人收到各个货主的托运单后，按其货物的名称、数量、包装、重量、尺码等进行拼箱预配，并制作一套汇总的托运单（场站收据）上。货物出运后船公司或其代理人按总单签一份海运提单，托运人是货代公司，收货人是货代公司的卸货港代理人，然后，货代公司根据海运提单，按每票货的托运单（场站收据）内容签发五份仓至仓提单（house B/L），house B/L 的编号按海运提单号，并按照不同的托运人予以区别，其内容则与各该托运单（场站收据）相一致，分别发给托运单位用于银行结汇。

货代公司须将船公司或其代理人签发给他的海洋提单正本连同各自签的各 house B/L 副本快邮寄其卸货港代理人，代理人在船到港时向船方提供海运提单正本，提取该集装箱到自己的货运站拆箱，通知 house B/L 中各个收货人持正本 house B/L 前来提货。

无船承运人与托运人是承托关系，与收货人是提单签发人与持有人的关系。无船承运人接受托运人的订舱，办理货物托运手续，并接管货物，应托运人的要求签发 house B/L，具有契约承运人的法律地位。无船承运人签发的提单构成承运人单据，属于 UCP 接受的运输单据的范畴内。基于贸易和航运惯例的认可，无船承运业务得以进入国际商贸领域。下面就以 house B/L 为媒介分析拼箱货的流转程序。

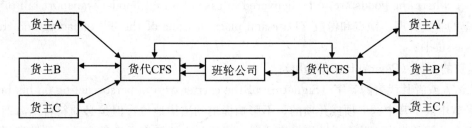

图 5—2　拼箱货流转程序

（1）A、B、C 等不同货主（发货人）将不足一个集装箱的货物（LCL）交集拼经营人；

（2）集拼经营人将拼箱货拼装成整箱后，向班轮公司办理整箱货物运输；

（3）班轮公司签发海运提单给集拼经营人；

（4）集拼经营人签发 house B/L 给货主；

（5）集拼经营人将货物装船及船舶预计抵达卸货港等信息告知其卸货港的机构（代理人），同时，还将班轮公司 B/L 及 house-B/L 的复印件等单据交卸货港代理人，以便向班轮公司提货和向收货人交付货物；

(6) A、B、C 发货人将 house B/L 到银行办理结汇，经银行转收货人；

(7) 集拼经营人在卸货港的代理人凭班轮公司的提单等提取整箱货；

(8) A′、B′、C′等不同货主(收货人)凭 house-B/L 等在 CFS (卸货港代理人) 提取拼箱货。

第二节　国际海运提单与承运人

一、提单正面内容及背面条款

(一) 提单正面的内容

通常情况下提单正面都记载了有关货物和货物运输的事项。这些事项有的是有关提单的国内立法或国际公约规定的，作为运输合同必须记载的事项，如果漏记或错记，就可能影响提单的证明效力；有的则属于为了满足运输业务需要而由承运代自行决定，或经承运人与托运人协议，认定应该在提单正面记载的事项。前者称为必要记载事项，后者称为任意记载事项。

根据我国《海商法》第七十三条规定，提单正面内容，一般包括下列内容：

1. 货物的品名、标志、包数或者件数、重量或体积以及运输危险货物时对危险性质的说明 (Description of the goods, mark, number of packages or piece, weight or quantity, and a statement, if applicable, as to the dangerous nature of the goods)；

2. 承运人的名称和主营业所 (Name and principal place of business of the carrier)；

3. 船舶的名称 (Name of the ship)；

4. 托运人的名称 (Name of the shipper)；

5. 收货人的名称 (Name of the consignee)；

6. 装货港和在装货港接收货物的日期 (Port of loading and the date on Which the good were taken over by the carrier at the port of loading)；

7. 卸货港 (Port of discharge)；

8. 多式联运提单增列接收货物地点和交付货物地点 (Place where the goods were taken over and the place where the goods are to be delivered in case of a multimodal transport bill of lading)；

9. 提单的签发日期、地点和份数 (Date and place of issue of the bill of lading and the number of originals issued)；

10. 运费的支付 (Payment of freight)；

11. 承运人或者其代表的签字 (Signature of the carrier or of a person acting on his behalf)。

上述条款中缺少其中的一项或几项的，不影响提单的法律地位，但是必须符合《海商法》关于提单的定义和功能的规定。除在内陆签发多式联运提单时上述第三项船舶名称；签发海运提单时多式联运提单的接收货地点和交付货物的地点以及运费的支付这 3 项外，其他 8 项内容是必不可少的，目前各船公司制定的提单其内容与此相仿。

(二) 提单背面的条款

提单背面的条款，作为承托双方权利义务的依据，多则 30 余条，少则也有 20 余条，这些条款一般分为强制性条款和任意性条款两类。强制性条款的内容不能违反有关国家的法律和国际公约、港口惯例的规定。我国《海商法》第四章海上货物运输合同的第四十四条规定："海上货物运输合同和作为合同凭证的提单或者其他运输单证中的条款，违反本章规定的，无效。"《海牙规则》第三条第八款规定："运输契约中的任何条款、约定或协议，凡是解除承运人或船舶由于疏忽、过失或未履行本条规定的责任与义务，因而引起货物的或与货物有关的灭失或损害，或以本规则规定以外的方式减轻这种责任的，都应作废并无效。"上述的规定都强制适用提单的强制性条款。

除强制性条款外，提单背面任意性条款，即上述法规、国际公约没有明确规定的，允许承运人自行拟定的条款，和承运人以另条印刷、刻制印章或打字、手写的形式在提单背面加列的条款，这些条款适用于某些特定港口或特种货物，或托运人要求加列的条款。所有这些条款都是表明承运人与托运人、收货人或提单持有人之间承运货物的权利、义务、责任与免责的条款，是解决他们之间争议的依据。虽然各种提单背面条款多少不一，内容不尽相同，但通常都有下列主要条款：

1. 定义条款（definition）

定义条款是提单或有关提单的法规中对与提单有关用语的含义和范围作出明确规定的条款。如中远提单条款第一条规定：货方（merchant）包括托运人（shipper）、受货人（receiver）、发货人（consignor）、收货人（consignee）、提单持有人（holder of B/L）以及货物所有人（owner of the goods）。

在国际贸易的实践中，提单的当事人应该是承运人和托运人是毫无异议的。但是，不论是以FOB 还是 CIF 或 CFR 价格成交的贸易合同，按照惯例，当货物在装货港装船时，货物一旦越过船舷其风险和责任就转移到作为买方的收货人或第三者。如果货物在运输过程中发生灭失或损坏，对承运人提出赔偿要求的就不再是托运人，而是收货人或第三者，在这种情况下，如果仅将托运人看做合同当事人一方，就会出现收货人或第三者不是合同当事人，而无权向承运人索赔。为了解决这一矛盾，英国 1855 年"提单法"第一条规定，当提单经过背书转让给被背书人或收货人后，被背书人或收货人就应该取代作为背书人的托运人的法律地位，而成为合同当事人的一方，由于《海牙规则》的定义条款未涉及"货方"，英国《提单法》弥补了这一不足，各船公司都在提单中将"货方"列为定义条款。

2. 首要条款（paramount clause）

首要条款是承运人按照自己的意志，印刷于提单条款的上方，通常列为提单条款第一条用以明确本提单受某一国际公约制约或适用某国法律的条款。通常规定：提单受《海牙规则》或《海牙——维斯比规则》或者采纳上述规则的某一国内法的制约，比如，英国《1971 年海上货物运输法》，《1936 年美国海上货物运输法》的制约。例如，我国《海商法》实施前的中远提单第三条规定："有关承运人的义务、赔偿责任、权利及豁免应适用《海牙规则》，即 1924 年 8 月 25 日在布鲁塞尔签订的《关于统一提单若干规定的国际公约》。"目前中远提单则规定，该提单受中华人民共和国法律的制约。

提单上出现了首要条款，通过当事人"意思自治"原则，在某种意义上扩大了国际公约或国内法的适用范围。各国法院通常承认首要条款的效力。

3. 管辖权条款（jurisdiction clause）

在诉讼法上，管辖权是指法院受理案件的范围和处理案件的权限。在这里是指该条款规定双方发生争议时由何国行使管辖权，即由何国法院审理，有时还规定法院解决争议适用的法律。提单一般都有此种条款，并且通常规定对提单产生的争议由船东所在国法院行使管辖权。

例如，我国中远公司提单就规定：本提单受中华人民共和国法院管辖。本提单项下或与本提单有关的所有争议应根据中华人民共和国的法律裁定；所有针对承运人的法律诉讼应提交有关公司所在地的海事法院——广州、上海、天津、青岛、大连海事法院受理。

严格地说，该条款是管辖权条款和法律适用条款的结合。

提单管辖权的效力在各国不尽相同，有的国家将其作为协议管辖处理，承认其有效。但更多的国家以诉讼不方便，或该条款减轻承运人责任等为理由，否认其效力，依据本国诉讼法，主张本国法院对提单产生的争议案件的管辖权。也有的国家采取对等的原则，确定其是否有效。

1958 年，《联合国承认与执行外国仲裁裁决的公约》即《纽约公约》已被 90 多个国家承认，我国也是该公约的缔约国。在远洋运输提单中列入"仲裁条款"，以仲裁代替诉讼，其裁决可以在很多公约缔约国得到承认和执行。因此，仲裁不失为解决纠纷的现代途径。

4. 承运人责任条款

一些提单订有承运人责任条款，规定承运人在货物运送中应负的责任和免责事项。一般概括地规定为按什么法律或什么公约为依据，如果提单已订有首要条款，就无须另订承运人的责任条款。在中远提单第三条、中国外运提单第四条、华夏提单第三条均规定，其权利和责任的划分以及豁免应依据或适用《海牙规则》。根据这一规定，并非《海牙规则》所有规定都适用于该提单，而只是有关承运人的义务、权利及豁免的规定适用于该提单。

《海牙规则》中承运人的责任可归纳为承运人保证船舶适航的责任（义务）和管理货物的责任，即承运人应"适当"与"谨慎"地管理货物。

5. 承运人的责任期间

《海牙规则》中没有单独规定承运人的责任期间条款，因而各船公司的提单条款中都列有关于承运人对货物运输承担责任的起止时间条款。

中远提单第四条规定："承运人的责任期间应从货物装上船舶之时起到卸离船舶之时为止。承运人对于货物在装船之前和卸离船舶之后发生的灭失或损坏不负赔偿责任。"

《海牙规则》第一条"定义条款"中对于"货物运输"（Carriage of Goods）的定义规定为"包括自货物装上船舶开始至卸离船舶为止的一段时间"。

上述责任期间的规定，与现行班轮运输"仓库收货、集中装船"和"集中卸货、仓库交付"的货物交接做法不相适应。所以，一些国家的法律，比如，美国的《哈特法》（Harter Act）则规定：承运人的责任期间为自收货之时起，至交货之时为止。《汉堡规则》则规定：承运人的责任期间，包括在装货港，在运输途中以及在卸货港，货物在承运人掌管下的全部期间。我国《海商法》规定的承运人责任期间，集装箱货物同《汉堡规则》，而件杂货则同《海牙规则》。

6. 装货、卸货和交货条款

本条款是指对托运人在装货港提供货物，以及收货人在卸货港提取货物的义务所作的规定。该条款一般规定货方应以船舶所能装卸的最快速度昼夜无间断地提供或提取货物；否则，货方对违反这一规定所引起的一切费用，如装卸工人待时费、船舶的港口使费及滞期费的损失承担赔偿责任，这一条很难实施。因为，没有租船合同及装卸期限，要收取滞期费用比较困难。承运人签发了提单，如果航程很短，货物比单证先到，收货人无法凭单提货，货物卸载存岸仍将由承运人掌管，难以推卸继续履行合同之责。如果收货人不及时提取货物，承运人可以将货物卸入码头或存入仓库，货物卸离船舶之后的一切风险和费用，由收货人承担。

而承运人应被视为已经履行其交付货物的义务。承运人负担货物装卸费用，但货物在装船之前和卸船之后的费用由托运人、收货人负担。但是费用的承担往往与承运人的责任期间的规定有关。如果双方当事人另有约定时，则以约定为准。提单中通常不另订条款规定，当按照港口习惯或受港口条件限制，船舶到达港口时，不能或不准进港靠泊装卸货物，其责任又不在承运人，在港内或港外货物过驳费用由托运人或收货人承担。

7. 运费和其他费用条款

该条款通常规定，托运人或收货人应按提单正面记载的金额、货币名称、计算方法、支付方式和时间支付运费，以及货物装船后至交货期间发生的，并应由货方承担的其他费用，以及运费收取后不再退还等规定。中远提单第六条和中外运提单第八条规定：运费和费用应在装船前预付。到付运费则在货物抵达目的港时，交货前必须付清。无论是预付还是到付，船舶或货物其中之一遭受损坏或灭失都应毫不例外地全部付给承运人，不予退回和不得扣减。一切同货物有关的税捐或任何费用均应由货方支付。

另外，该条款还规定：装运的货物如系易腐货物、低值货物、活动物（活牲畜）、甲板货，以及卸货港承运人无代理人的货物，运费及有关费用应预付。

该条款通常还规定，货方负有支付运费的绝对义务。即使船舶或货物在航行过程中灭失或损害，货方仍应向承运人支付全额运费。比如，货物灭失或损害的责任在于承运人，则货方可将其作为损害的一部分，向承运人索赔。

8. 自由转船条款（transshipment clause）

转运、换船、联运和转船条款（Forwarding，Substitute of Vessel；Through Cargo and Transshipment）或简称自由转船条款。该条款规定，如有需要，承运人为了完成货物运输可以任意采取一切合理措施，任意改变航线，改变港口或将货物交由承运人自有的或属于他人的船舶，或经铁路或以其他运输工具直接或间接地运往目的港，或运到目的港以远、转船、收运、卸岸、在岸上或水面上储存以及重新装船运送，以上费用均由承运人负担，但风险则由货方承担。承运人责任限于其本身经营的船舶所完成的那部分运输，不得视为违反运输合同。

如中远提单第十三条，中外运提单第十四条都作了上述规定。这是保护承运人权益的自由转运条款。在船舶发生故障无法载运，或者目的港港口拥挤一时无法卸载，或者目的港发生罢工等，由承运人使用他船或者通过其他运输方式转运到目的港，或者改港卸货再转运往目的港，费用由承运人负担，但风险由货方负担则欠合理。我国《海商法》第九十一条规定：因不可抗力或者不能归责于承运人的原因，船舶不能在约定的目的港卸货时，船长有权将货物卸在邻近的安全港口，视为已经履行合同；否则，承运人有责任将货物运到目的港，将部分运输转交实际承运人的，承运人也应当对此负责。

9. 选港（option）条款

选港条款亦称选港交货（Optional Delivery）条款。该条款通常规定，只有当承运人与托运人在货物装船前有约定，并在提单上注明时，收货人方可选择卸货港。收货人应在船舶驶抵提单中注明的可选择的港口中第一个港口若干小时之前，将其所选的港口书面通知承运人在上述第一个港口的代理人。否则，承运人有权将货物卸于该港或其他供选择的任一港口，运输合同视为已经履行。也有的提单规定，如收货人未按上述要求选定卸货港，承运人有权将货物运过提单注明的港口选择范围，至船舶最后的目的港，而由托运人、收货人承担风险和费用。当船舶承运选港货物时，一般要求收货人在所选定的卸货港卸下全部货物。

10. 赔偿责任限额条款

承运人的赔偿责任限额是指已明确承运人对货物的灭失和损失负有赔偿责任应支付赔偿金额，承运人对每件或每单位货物支付的最高赔偿金额。

提单应按适用的国内法或国际公约规定承运人对货物的灭失或损坏的赔偿责任限额。但承运人接受货物前托运人书面申报的货物价格高于限额并已填入提单又按规定收取运费时，应按申报价值计算。如果首要条款中规定适用某国际公约或国内法，则按该公约或国内法办理。中远提单第十二条规定：当承运人对货物的灭失或损坏负赔偿责任时，赔偿金额参照货方的净货价加运费及已付的保险费计算；同时还规定，尽管有本提单第三条规定承运人对货物灭失或损坏的赔偿责任应限制在每件或每计费单位不超过700元人民币，但承运人接受货物前托运人以书面申报的货价高于此限额，而又已填入本提单并按规定支付了额外运费者除外。

11. 危险货物条款

此条款规定托运人对危险品的性质必须正确申报并标明危险品标志和标签，托运人如事先未将危险货物性质以书面形式告知承运人，并未在货物包装外表按有关法规予以标明，则不得装运；否则，一经发现，承运人为船货安全有权将其变为无害、抛弃或卸船，或以其他方式予以处置。托运人、收货人应对未按上述要求装运的危险品，使承运人遭受的任何灭失或损害负责，对托运人按要求装运的危险品，当其危及船舶或货物安全时，承运人仍有权将其变为无害、抛弃或卸船，或以其他方式予以处置。

如提单上订明适用《海牙规则》或《海牙——维斯比规则》或相应的国内法，便无须订立此条款。

12. 舱面货条款（deck cargo）

由于《海牙规则》对舱面货和活动物（Live Animal）不视为海上运输的货物，因而提单上一般订明，关于这些货物的收受、装载、运输、保管和卸载均由货方承担风险，承运人对货物灭失或损坏不负赔偿责任。

二、提单的背书

首先，提单的背书不仅仅是针对指示提单而言的，在提取货物的时候，不管是记名、不记名、提示提单都必须在提单的背面盖章、签字（背书不一定要转让）。而在此所说的"背书"指的是背书转让，是针对指示提单而言的。转让人在提示提单的背面写明或不写明受让人，并签名的转让手续。

如果提单收货人处注明："to order"或者"to order of the shipper"，那么托运人为第一背书人。提单的背书转让必须经第一背书人先背书。如果是记名指示提单（to order of ABC CO.，LTD），则第一背书人应是提单中指名的指示人（ABC CO.，LTD）。

按照背书的方法区分，背书分为记名背书、指示背书和不记名背书。

（一）记名背书

记名背书记名背书也称完全背书，是背书人（转让人）在提单背面写明被背书人（受让人）的姓名，并由背书人签名的背书形式。如果受让人写成：to deliver to xyz co.，ltd，则 xyz co.，ltd 不能继续背书转让。经过记名背书的指示提单就具有记名提单性质的指示提单。

（二）指示背书

指示背书是背书人在提单背面写明"指示"或"某某指示"字样，并不写明特定受让人，由背书人签名的背书形式。如果写成：to deliver to the order of xyz co.，ltd，则 xyz co.，ltd 可以继续背书转让。经过指示背书的指示提单，仍然是具有指示提单性质的指示提单。

（三）不记名背书

不记名背书这种背书形式是背书人在提单背面不指定任何受让人的背书的形式。经过不记名背书的提单就具有不记名提单性质的指示提单。

三、提单的签发

（一）提单签发的依据

提单是海运中至关重要的一张单据，是物权凭证。提单签发的正确与否关系到承运人的经济利益和信誉，必须认真核对、审查。对于件杂货物运输，提单的签发是根据大副签署的收货单（M/

R），在与提单记载的各项内容核对无误后才签发的。如果收货单上有批注，则提单签发人就应如实转批在提单上。如果是集装箱货物运输，提单签发的依据是场站收据（D/R）。

（二）提单的签发人

我国《海商法》第七十二条规定："货物由承运人接收或者装船后，应托运人的要求，承运人应当签发提单。提单可以由承运人授权的人签发。提单由载货船舶的船长签发的，视为代表承运人签发"。

提单的签发人包括承运人、承运人的代理人和船长。各国有关海上货物运输的法律，都规定船长是承运人的当然代理人，不需经承运人的特别授权便可签发提单。但如提单由承运人的代理人（船代）签发，则代理人必须经承运人的合法授权委托。未经授权，代理人是无权签发提单的。

承运人（AAA）本人签发提单显示：AAA AS CARRIER。

代理人（BBB）代签提单显示：BBB AS AGENT FOR AAA AS CARRIER。

载货船船长（CCC）签发提单显示：CAPTAIN CCC AS MASTER。

提单上的签字可以手写、印摹、打孔、盖章符号或如不违反提单签发地所在国国家的法律，用任何其他机械的或电子的方法。当然，提单的签发方式也必须按照信用证的要求。

（三）提单签发的地点和日期

提单签发的地点应当是货物的装船港。提单签发的日期应当是货物实际装船完毕的日期，并且与大副签署的收货单签发的日期相一致。

实践中，提单签发的日期非常重要。因为只有将货物装船后，才能辨别所装货物外表状况是否良好，件数是否与申报数字相符；同时由于货物的装运期限都是买卖双方事先约定的，而且信用证也规定了货物的装船期限，把签发提单的日期看做是货物已装船完毕的日期，也就是卖方向买方的交货日期。如果货物装船日期一旦超过规定时间，就可能遇到买方在目的港拒收货物并请求赔偿损失和银行拒付货款的问题。

提单条款如规定 on board B/L，须显示两个日期，一个 on board date（已装船日期），一个签发日期，一般日期都是同一天。而在实际中一般都以船舶开航日期作为提单签发日（sailing date）。

（四）提单的份数

提单有正本提单和副本提单之分。副本提单只用于日常业务，不具有法律效力。正本提单是一式几份，以防提单的遗失、被窃或迟延到达或在传递过程中发生意外事故造成灭失。各国海商法和航运习惯都允许签发数份正本提单，并且各份正本提单都具有同等效力，但以其中一份提货后，其他各份自动失效。

正本提单上有时注明有"original"字样。由于正本提单是一种物权凭证，可以流通和转让，因此，承运人为防止出现利用多份正本提单进行损害提单当事人利益的非法活动，一是要求收货人凭承运人签发的全套正本提单在目的港提货，二是所有正本是在提单上注有"承运人或其代理人已签署本提单一式几份，其中一份经完成提货手续后，其余各份失效"等内容。上述注明的原因如下：

（1）使提单的合法受让人了解全套正本提单的份数，防止流失在外引起纠纷，保护提单持有人的利益。

（2）因信用证通常都规定必须以全套正本提单向银行办理结汇。

（3）在变更卸货港提取货物时，必须提交全套正本提单。

在提单上注明了正本提单的份数后，就可使接受提单结汇的银行和在变更卸货港交付货物的船公司的代理人，了解用以办理结汇和提取货物的提单是否齐全。

标注"copy"字样的是副本提单，副本提单的份数视需要而定。虽然它没有法律效力，不能据以提货，但却是装运港、中转港及目的港的代理人和载货船舶不可缺少的补充货运文件，可以补充舱单上不足的内容和项目。

（五）提单的更改与补发

1. 提单的更改

货运代理人应注意，提单的更正要尽可能在载货船舶开航之前办理，以减少因此而产生的费用和手续。

在实际业务中，提单可能是在托运人办妥托运手续后，货物装船前，在缮制有关货运单证的同时缮制的。在货物装船后，这种事先缮制的提单可能与实际装载情况不符而需要更正或者重新缮制。此外，货物装船后，因托运货物时申报材料有误，或者信用证要求的条件有所变化，或者其他原因，而由托运人提出更正提单内容的要求。在这种情况下，承运人通常会同意托运人提出的更正提单内容的合理要求，重新缮制提单。

如果货物已经装船，而且已经签署了提单后托运人才提出更正的要求，承运人就要考虑各方面关系后，才能决定是否同意更改。如果更改的内容不涉及主要问题时，在不妨碍其他提单利害关系人利益的前提下，承运人就会同意更改。但是，如果更改的内容会涉及其他提单利害关系人的利益，或者影响承运人的交货条件，则承运人要征得有关方的同意后，才能更改并收回原来所签发的提单。

因更改提单内容而引起的损失和费用，都应由提出更改要求的托运人负担。

2. 提单的补发

如果提单签发后遗失，托运人提出补发提单，承运人会根据不同情况进行处理。一般是要求提供担保或者保证金，而且还要依照一定的法定程序将提单声明作废。《中华人民共和国海事诉讼特别程序法》第一百条规定："提单等提货凭证持有人，因提货凭证失控或者灭失，可以向货物所在地海事法院申请公示催告。"

（六）提单的缴还

收货人提货时必须以提单为凭，而承运人交付货物时则必须收回提单并在提单上做作废的批注，这是公认的国际惯例，也是国际公约和各国法律的规定。

有些国家对记名提单无须注销，签发不可流通的提单的承运人因将货物交给记名收货人而解脱责任。收货人不需出示提单，不需缴还提单，甚至不必占有提单，就可以提取货物。写有运输合同的内容的提单本身并无重要意义。但是，在我国即使是记名提单，收货人也应向承运人缴还提单，因为"提单中载明的向记名人交付货物的条款，构成承运人据以交付货物的保证。"但是，签发了可流通的或者指示提单的承运人的地位则完全不同。承运人只有向提单持有人交付货物才能解脱责任。这时提单本身变为不可缺少的单证，货物被"锁"进提单中。

提单的缴还和注销表明承运人已完成交货义务，运输合同已完成，提单下的债权债务也因而得以解除。但是，提单缴还和注销并不必然表明提单可能代表的物权的终止，因为缴还和注销的提单可能是全套提单中未经授权转让的一份。

提单没有缴还给承运人时，承运人就必须继续承担运输合同和提单下的义务。如果承运人无提单放货，他就必须为此而承担赔偿责任，即使是在实际提货的人原本是有权提货的人时也不例外。

四、海运承运人

《海商法》第四十二条规定："承运人是指本人或者委托他人以本人名义与托运人订立海上货物运输合同的人"。目前海运承运人中包括拥有或实际控制船舶的船公司（VOCC）与无船承运人（NVOCC）两种承运人。对于无船承运人又称为契约承运人。其责任的承担、享受的权利基本上与船公司相同。下面以船公司为主对承运人的责任权利和义务进行进一步的研究。

（一）承运人的基本义务和责任期间

承运人的基本义务是：承运人在船舶开航前和开航当时，应当谨慎处理，使船舶处于适航状态，妥善配备船员、装备船舶和配备供应品，并使货舱、冷藏舱、冷气舱和其他载货处所适于并能安全收受、载运和保管货物。

（二）承运人的责任期间

在货运合同中，承运人的责任一般说来主要是保证所运输的货物按时、安全地送达目的地。并应当妥善地、谨慎地装载、搬移、积载、运输、保管、照料和卸载所运货物。因此，承运人应对货物在运输过程中发生的货物灭失、短少、污染、损坏等负责。一旦发生此种情况，应按实际损失给予赔偿。这种损失必须发生在承运人的责任期间内。

就责任期间而言，指的是从货物由托运人交付承运人时起，至货物由承运人交付收货人为止。

承运人对非集装箱装运的货物的责任期间，是指从货物装上船时起至卸下船时止，货物处于承运人掌管之下的全部期间，也即所谓的"舷到舷"或者叫做"钩到钩"。承运人对集装箱装运的货物的责任期间，是指从装货港接收货物时起至卸货港交付货物时止，货物处于承运人掌管之下的全部期间，也即所谓的"场到场"。

在这段责任期间内，承运人应承担货物损失的责任。只有在损失是由于不可抗力、货物本身的自然性质或合理损耗、托运人或收货人的过错等原因，法律有特别规定或当事人有特别约定造成的情况下，承运人才可以免责。

（三）承运人的责任制与免责条款

《海牙规则》与《维斯比规则》的规定都是一种不完全责任制，也就是说在一定的条件下，即使是承运人的过失造成货物的损失承运人也不承担责任。《汉堡规则》则是实行推定过失与举证责任相结合的完全过失责任制：第一条第一款规定："除非承运人证明他本人、其雇佣人或代理人为避免事故的发生及其后果已采取一切所能合理要求的措施，否则承运人应对因货物灭失或损坏或延迟交货造成的损失负赔偿责任。"

《海商法》参照《海牙规则》制定，基本上也是一种不完全责任制。关于承运人免责的规定包括两类：一类是过失免责。第二类是承运人无过失免责。其五十一条第一款规定："船长、船员、引航员或者承运人的其他受雇人在驾驶船舶或者管理船舶中的过失造成货物的损失承运人不负赔偿责任"即是属于过失免责。此外包括的无过失免责条款包括：

1. 火灾，但是由于承运人本人的过失所造成的除外；

2. 天灾，海上或者其他可航水域的危险或者意外事故；

3. 战争或者武装冲突；

4. 政府或者主管部门的行为、检疫限制或者司法扣押；

5. 罢工、停工或者劳动受到限制；

6. 在海上救助或者企图救助人命或者财产；

7. 托运人、货物所有人或者他们的代理人的行为；

8. 货物的自然特性或者固有缺陷；

9. 货物包装不良或者标志欠缺、不清；

10. 经谨慎处理仍未发现的船舶潜在缺陷；

11. 非由于承运人或者承运人的受雇人、代理人的过失造成的其他原因；

12. 因运输活动物的固有的特殊风险造成活动物灭失或者损害的；

13. 承运人在舱面上装载货物，应当同托运人达成协议，或者符合航运惯例，或者符合有关法律、行政法规的规定。承运人依照前款规定将货物装载在舱面上，对由于此种装载的特殊风险造成的货物灭失或者损坏。

以上列明的情形造成货物的灭失与损坏，承运人不承担赔偿责任。但是，除火灾原因造成货物的灭失与损坏外，承运人对其他原因造成的灭失、损坏或者迟延交付应当负举证责任。

（四）承运人的延期交货责任

《海牙规则》与《维斯比规则》没有提出过延迟交货的责任，而《汉堡规则》规定：如果货物未能在协议明确的时间内，或虽无此项协议，但未能在对一个勤勉的承运人所能合理要求的时间内交货。即为延迟交付。如果延迟交付达到 60 天，即可视为货物已经灭失，可以向承运人提出索赔。承运人对延迟交付的赔偿责任，以相当于延迟交付货物应支付运费的 2.5 倍数额为限，但不得超过海上货运合同规定的应付运费总额。

《海商法》第五十条规定：货物未能在明确约定的时间内，在约定的卸货港交付的，为迟延交付。由于承运人的过失，致使货物因迟延交付而灭失或者损坏的，承运人应当负赔偿责任。由于承运人的过失，致使货物因迟延交付而遭受经济损失的，即使货物没有灭失或者损坏，承运人仍然应当负赔偿责任。承运人未能在本条第一款规定的时间届满 60 天内交付货物，有权对货物灭失提出赔偿请求的人可以认为货物已经灭失。

（五）承运人的赔偿限额

货物灭失的赔偿额，按照货物的实际价值计算；货物损坏的赔偿额，按照货物受损前后实际价值的差额或者货物的修复费用计算。但是不得超过赔偿限额的规定。

承运人对货物的灭失或者损坏的赔偿限额，参照《维斯比规则》进行，根据《海商法》第五十六条规定："按照货物件数或者其他货运单位数计算，每件或者每个其他货运单位为 666.67 SDR，或者按照货物毛重计算，每公斤为 2SDR，以二者中赔偿限额较高的为准。但是，托运人在货物装运前已经申报其性质和价值，并在提单中载明的，或者承运人与托运人已经另行约定高于本条规定的赔偿限额的除外。

货物用集装箱、货盘或者类似装运器具集装的，提单中载明装在此类装运器具中的货物件数或者其他货运单位数，视为前款所指的货物件数或者其他货运单位数；未载明的，每一装运器具视为一件或者一个单位。装运器具不属于承运人所有或者非由承运人提供的，装运器具本身应当视为一件或者一个单位。"

《海商法》第五十七条规定："承运人对货物因迟延交付造成经济损失的赔偿限额，为所迟延交付的货物的运费数额。货物的灭失或者损坏和迟延交付同时发生的，承运人的赔偿责任限额适用本法第五十六条第一款规定的限额。"

第三节　大宗货物运输及航次租船运输

一、租船运输业务基本知识

（一）租船业务合同中的当事人与租船市场

1. 租船合同中的当事人

租船业务合同中的当事人包括有：（1）船舶出租人，即船东（ship owner）；二船东（disponent owener）。（2）船舶承租人（charters）即租船人，租家。国际贸易的买方或者卖方；或者是专门从事租船业务的经营人或船公司。（3）租船运输的经纪人（ship broker），经纪人业务知识丰富、信息全面、法律咨询、具有很强的谈判技能，一般并不是租船合同的当事人，他的身份往往是代理人或者中间人，前者作为一方的代理人与另外一方（或另一方的代理人）进行合同协商；或者充当"中间人"的身份，此时经纪人不是任何一方的代理，只是负责解释合同条款，协调洽谈双方的意见，促成合同的达成。

2. 租船合同市场

租船是通过租船市场（chartering market）进行的。在租船市场上，船舶所有人是船舶的供给方，而承租人则是船舶的需求方。狭义的租船市场是需求船舶的承租人和提供船舶的出租人协商洽谈租船业务、订立租船合同的主要场所。广义的租船市场指需求船舶的承租人和提供船运力的出租人的交易关系，交易的对象是作为租赁对象的船舶的运力。在当今通信技术十分发达的时代，双方当事人从事的租船业务，绝大多数是通过电话、电传、电报或传真等现代通信手段洽谈的。目前世界主要的租船市场有：

（1）伦敦市场（第一大市场）：伦敦市场历史悠久，业务最多，有场所"波罗的海海运交易所"（The baltic mercantile and shipping exchange），拥有 750 多家公司会员，2500 多个人会员（经纪人）。

（2）纽约市场（第二大市场）（无专门场所，通信电话、电传等，油轮、谷物、铁矿石、煤炭等）。

（3）汉堡、鹿特丹、奥斯陆市场（地方性市场，船舶所有人汇集）。

（4）东京市场（地方性市场，日本船舶所有人及货主汇集）。

（5）香港市场（地方性市场，东南亚为中心）。

（二）常见的租船合同范本

船公司在经营不定期船时，每一笔交易均需和租方单独订立合同。为了各自的利益，在订立合同时，必然要对租船合同的条款逐项推敲。这样势必造成旷日持久的谈判，不利于迅速成交。为了简化签订租船合同的手续，加快签约的进程和节省为签订租船合同而发生的费用，也为了能通过在合同中列入一些对自己有利的条款，以维护自己一方的利益，在国际航运市场上，一些航运垄断集团、大的船公司、或货主垄断组织，先后编制了供租船双方选用，作为洽商合同条款基础的租船合同范本。这样在洽定租船合同的过程中，只需在函电中列明所选用的范本的代码、指明对第×款第×行的内容增、删、改的意见，就能较快地拟就双方所同意的条款。

1. 定期租船主要合同范本

目前，国际上广泛使用的定期租船合同范本主要有：

"巴尔的摩统一定期租船合同"（BALTIME 1939—Uniform Charter），由波罗的海国际航运公会于 1909 年制定，现在使用的是 1974 年范本，条款偏向于船东。

"纽约土产交易所定期租船合同"（Time Charter—New York Produce Exchange，NYPE），由美国纽约土产交易所于 1913 年制定，后经 1921 年，1931 年，1946 年，1981 年和 1993 年五次修订，并经美国政府批准使用。1993 年格式，代码为"NYPE93"。此范本的条款在维护船舶出租人与承运人双方的权益上，显得比较公正。现普遍使用 1981 年格式，并比"BAKTIME"格式使用得更广泛，也是我国航运公司使用较多的范本之一。

"中租 1980 年定期租船合同"（SINOTIME 1980），是中国租船公司于 1980 年制定专供中国租船公司使用的自备范本。该范本现已为船东熟悉、接受和使用。此范本条款对承租人较有利。

2. 航次租船合同格式

航次租船合同格式很多，目前，实际业务中使用较多的航次租船合同格式有：

（1）"统一杂货租船合同"（Uniform General Charter）。租约代号"金康"（GENCON），它是波罗的海国际航运公会的前身"波罗的海白海航运公会"（The Baltic and White Sea Conference）于 1922 年制定，经英国航运公会采用后作过几次修改，先后于 1976 年和 1994 年又进行两次修订。现在使用较多的是 1994 年格式版本，是目前使用最广泛的航次租船合同范本。

（2）其他格式的航次租船范本。其他格式的航次租船合同范本主要有：① "谷物泊位租船合同"（Berth Grain Charter Party），简称"巴尔的摩 C 式"（BAKTIME FORM C），当前普遍使用的是 1974 年的修订本。② "北美谷物航次租船合同，1989"（North American Grain Charter Party，1973，〈Amended 1989〉）简称"NORGRAIN"。③ "澳大利亚谷物租船合同"（Australian Grain Charter Party）简称"AUSTRAL"。④ "斯堪的纳维亚航次租船合同 1956"（Scandinavian Voyage Charter Party 1956）简称"SCANCON"。⑤ "美国威尔士煤炭合同"（Americanized Walsh Coal Charter Party）。⑥ "普尔煤炭航次租船合同"（Coal Voyage Charter Party）简称"POLCOAL-VOY"。⑦ "北美化肥航次租船合同，1978"（North American Fertilizer Charter Party，1978）简称"FERTIVOY"。⑧ "C（矿石）7 租船合同"（C〈ORE〉7 Mediterranean Iron Ore）等。

3. 光船租船合同范本

目前普遍使用的光船租船合同范本只有一个由波罗的海航运协会（BIMCO）制定的合同范本：（BARECON 2001）

二、航次租船运输合同的相关条款

航次租船运输是国际海运市场上完成运输量最大，最常见，最活跃，且对运费水平的波动最为敏感的一种运输形式。现在以金康为例讲解航次租船运输的合同条款。航次租船合同，又称程租合同，是指出租人就约定港口之间的航程提供船舶或部分舱位，承运约定的货物，而由承租人支付约定运费的合同。

程租合同的主要条款有：合同当事人；船名和船旗；货物；装卸港；受载日和解约日；运费；装卸费用的划分；许可装卸时间；滞期费和速遣费等相关的条款，下面将分别叙述。

（一）合同条款的分类

按照合同的重要程度分为条件条款与保证条款和中间条款，按照合同是否明文规定可以分为明示条款和默示条款。下列简要说明：

1. 条件条款（condition clause），指合同中的重要条款，重要的，有密切关系的，如船名、船级、船籍、受载期等，一方违反条件条款，合同无法完成，受害方有权拒绝履行合同中的义务并可要求损害赔偿。

2. 保证条款（warranty clause），指合同中比较次要的条款，对履行合同可能有些影响，如一方违反了保证条款，另一方可要求损害赔偿，但不能拒绝履行合同。

3. 中间性条款（intermediate clause）重要性位于条件性和保证性条款之间的条款，既不是条件条款也不是保证条款。

4. 明示条款（express clause），指合同中明文规定的条款。

5. 默示条款（implied clause），指一般在法律和实践上已属不言而喻，无须声明的事情。

（二）合同当事人条款

合同当事人及为履行租船合同约定事项并承担责任的人，一般是作为承租人的货主和船舶出租人的船东。租船合同须详细列明当事人的名称、住址或主要营业所地址、通信号码等。签署合同的人，必须是具有合法身份和法人资格的人，或经合法授权的人。

（三）与船舶有关的条款

1. 船名条款

船名属于条件条款，如果出租人不能提供合同约定的船舶，承租人可以解除合同并进行索赔。实务中，合同中应对船舶的船舶名，技术等级等进行约定，常见的约定有以下三种做法：

（1）指定船名（named vessel）。明确特定船舶，船舶所有人应指派的船舶合同规定的船名的船舶。如果指定的船舶意外沉没，合同解除，双方不承担责任，出租方没有义务再指派另一船舶完成合同。

（2）代替船舶（substituted vessel）。"代替船舶"条款有利于出租人，当指定船不能正常投入营运时，船舶所有人应指派替代船履行合同。但是与原定船舶在船级、船型、载重吨、位置方面相符。替代船一经指定，就不能再作更改，不能二次替代，并如同指定船一样。

（3）船舶待指定（vessel to be named）。因某些原因，签约时无法在合同中确定船名，经双方同意采用"船舶待指定"（Vessel to Named）的做法，采用这种条款应在合同中明确船舶的技术条件、性能、规范等。船舶所有人在履行航次租船货运合同前的适当时间，需将已确定的具体船名通知承租人。待指定船舶一旦被指定，就成为指定船，根据指定船的要求实施对船舶所有人和承租人的约束，并且不再适应"代替船条款"。

2. 船籍条款（nationality of vessel）

船籍是合同重要内容之一，也属于条件条款的范畴。国际贸易运输中，船舶船籍和悬挂船旗不同，可能影响到法律适用、货物保险、港口收费等。出租人在合同履约期间，擅自变更船舶国籍或变换船旗，即构成违约，承租人有权解约和提出因此遭受损失的索赔。

3. 船级条款（classification of vessel）

船级是船舶技术与性能状况的反映。合同要求的船级在于保证船舶的适航行和适货性能，若违反有关约定，租船合同就有可能被当事人一方解除。

4. 船舶的载重吨（deadweight tonnage of vessel）与容积（capacity）条款

载货吨和容积，与船舶大小、装载货物的数量有着密切的关系，也与港口费用、运河通行费等有关。合同通常载明船舶实际能装载货物的数字。应注意出租人在指定船舶载货能力时是否已扣除燃料、淡水、备用品等以及船舶常数（constant）。同时，应规定有上下百分之几幅度的选择权。该条款仅是保证条款，如果出现船舶实际载货能力与合同规定不相符，承租人有权索赔因重量或容积差异而造成的损失，但一般不能解除合同。

5. 船舶位置条款 (present postion)

船舶位置，是指签约当时船舶所有人在合同中提供船舶所处的位置或状况说明。船舶所处位置和状况，关系到船舶能否按合同规定的期限到达装货港，关系到承租人备货和货物出运安排。合同中正确地记载船舶当时位置和状况是船舶出租人的一项义务。船舶出租人错误申报船位和船舶状况，使船舶发生延误和不能在合同规定期限内抵达装货港装货，不论是故意或过失行为，承租人有权对船舶出租人的违约行为造成的损失要求赔偿，甚至解除合同。如果船舶进入合同规定的预备航次，那么实际上船舶出租人已经开始履行租船合同。这时，承租人有权要求出租人须对其船舶合理速遣，不得非法绕航，也不得进行无须立即实施的修理等。

（四）装货港与目的港条款

装货港与目的港通常由承租人按确定或选择。承租人可以明确、具体地指定一个装货港和一个卸货港，也可以规定某个特定区域内的一个安全装货港和安全卸货港，或规定某个特定的装卸泊位或地点。如果合同规定装货港或卸货港是两个或两个以上的港口，则合同应明确挂靠的顺序。否则，船长则按地理位置的顺序 (in geographical rotation) 安排船舶挂靠作业。如果合同规定几个港口供卸货选择，承租人负有宣布卸货港的责任，并在合同规定的时间内或船舶驶经某地点时向船舶出租人发出喧港通知。

（五）货物条款

1. 货物的品名、种类和包装

承租人提供规定货物的义务。所谓规定的货物，也称为"契约货物"。货物的提供与合同规定相符的货物是租船人的绝对责任，如果租船人提供的货物与约定不符，船东有权拒装。当出现不可预见因素，或是自然灾害，或出现免责事项等原因造成承租人没有提供"契约货物"也可以免责。如果租船人选定的货物由于其可免责的原因不能装船，除合同中另有规定外，只要在规定的货物种类中有其他货物可以装船，则租船人仍有提供货物并装船的义务，但允许其在合理的时间内作出安排。

货物的包装类型一般也在航次租船合同中订明，因为货物的包装有时会影响船舶能否适航以及装卸平舱，理舱费用和驾驶，管理船舶的费用等问题。

2. 货物的数量

航次租船合同中一般规定租船人应提供满舱满载货物。所谓满舱，是指租船人提供的货物应装满舱容。所谓满载，是指租船人提供的货物数量应达到船舶的货物载重能力，换言之，即货物装船后，应使船舶的吃水达到允许的最大限度。一般来说，如果货物是轻泡货，租船人提供的货物应达到满舱；如果货物是重货，租船人提供的货物应达到满载。

当规定："more or less×‰"，船长应进行"宣载"，承租人有责任提供"宣载"的货物量。即在装船前，船长以书面形式通知租船人具体的装货数量，即俗称的"宣载通知书"。船长宣布的载货量必须在合同规定的范围之内选择，如果超出范围，则租船人可以拒装。而且，宣载量一经确定，就不能够再作修改。如果宣载量小于船舶实际载货量，造成租船人退货短装 (short lift) 损失，则船东须负赔偿责任。如果租船人提供货物的数量达不到宣载量，则违反了其应提供满舱满载货物的义务，须向船东支付亏舱费 (dead freight)，作为船东因此受到的运费损失的赔偿。如果船长没有及时"宣载"，那么出租人就丧失选择载货量的权利，承租人只要能提供合同规定的最低货物量就无须承担亏舱损失。

（六）装卸费用条款

装卸费用条款的内容，不单纯指装卸费用如何划分，而且包括由谁雇佣装卸工人，并承担装卸作业中的风险与责任问题。在航次租船合同中，对货物装卸费用的划分，一般有下列四种规定方法：

1. 班轮条件（liner terms，or gross terms）

本条款参照班轮运输条件，由船东负担货物的装卸费用。

2. 船东不负担装货费用（free in.）

船东不负担装货费用简称"FI"，即表达为船东不负担装货费用。为明确卸货的费用，可以更加明确地表示卸货费用的规定，如表示为："free in. liner out"（或者表示为"FILO"），即表示船东不负责装船费用，但负责卸船费用。

3. 船东不负担卸货费用（free out.）

船东不负担卸货费用简称"FO"，即表达为船东不负担卸船费用。有时为了明确装船的费用，可以更加明确地表示装船费用的规定，如表示为："liner in，free out"（或者表示为"LIFO"），即表示船东负责装船费用，但不负责卸船费用。

4. 船东不负责装卸费用（free in and out）

船东不负责装卸费用简称"FIO"，指由租船人负担货物的装卸费用。为了明确理舱，平舱费用的承担，在 FIO 后面加上 stowed and trimmed（FIOST）表示理舱、平舱费用亦由租船人承担。在运送大件货物的情况下，在 FIOST 的后面加上 lashed and dunnages 表示船东负责捆扎及垫舱费用。

租船人在与船东洽定装卸费用承担时应注意与贸易合同价格条件相衔接。如贸易合同采用 CIF 条件时，航次租船合同中就应订明由船东负责装卸费用（gross terms）或者船东负担卸货费用（FILO）。如果贸易合同规定为 CIF ex-ship's hold（CIF 舱底交货），在航次租船合同里面应该采用不由承租人卸货的条款（FO 条款）。

（七）受载期和解约日条款

受载期（laydays）是指所租船舶到达指定装货港或地点并已做好装货准备，随时接受货物装船的期限。合同受载期可以具体定在某一天，但习惯上规定为一段期限。解约日（cancelling date），通常定在受载期限的最后一天，但也有合同约定解约日为受载期届满后如 10 天至 20 天中的某一天。受载期越长，船东的选择空间就大，因而对其就更有利；相反，则对租船人更为有利一些。

船舶除应在受载期内抵达装货港外，还应使船舶准备就绪装货。否则，即视为船东违约，承租人有解约的权利，并可以向出租人索赔。承租人向船东提出解约不得过晚提出解约，实践中，承租人接受了 NOR 认为不解约；承租人不得提早也无义务提早解约，如果船东明明无法按时赶到装货港，此时承租人也无义务提早解约。为了保障船公司的权利，往往会在合同中订有"质询条款"。

金康 94 下的质询条款规定：如果出租人经谨慎处理仍不能使船舶在解约日前做好装货准备，出租人可以通知承租人预计的做好装卸准备的时间并询问其是否将行使解约权利或同意一个新的解约日。承租人如未在收到通知后的连续 48 小时内作出决定，则该租约的解约日将被认为是出租人通知中所称的预计的做好准备的那一天后的第 7 天，且该款只能使用一次。"这样出租人就可以避免在明知无法在解约日前赶到装货港并做好装货准备却仍要尽速遣航，而结果却很可能是在即将完成该航次时得到承租人的一纸解约通知。

（八）运费条款

收取运费对船东来说是整个租船合同中最重要的内容。运费条款也是合同的条件条款之一。承租人有义务按合同规定支付运费给船舶出租人作为其提供货运服务的报酬。运费一般按承运货物的重量吨或容积吨为基础进行计收。有些重量和容积不易准确测定的货物或货价较低的货物，也有按包干运费（lump sum freight）计收整船、整舱或整批货物的运费。

1. 运费的计算方式

在航次租船合同中，经常使用的有两种计算运费的方法。一种方法是采用班轮运费的计算办法，运费率与计费重量的乘积。合同会规定一个运费费率，例如，每公吨 10 美元（US＄10 per metric ton），用运费费率乘以货物数量就得出运费的数额。

货物数量的计算标准有两个，一种是按装入量（intaken loading quantity）计算，另一种是按卸出量（delivered or out-turn quantity）计算。多数情况下，装入量比卸出量大。这种情况一方面是货物运输途中的自然损耗所致，另一方面是有些散装货残存舱底不易卸出所致。但有些货物的卸出量可能比装入量大，比如，磷灰石和木材等。因此当合同采用此种方式计算运费时，必须明确按哪种标准计算货物数量，以避免争议。

另一种运算计算方式是整船包价运费（lump-sum freight），即合同中不规定运费费率，而仅规定一整额运费，不论实际装货数量多少，租船人都得按包价照付。当合同中采用这种方式计算运费时，通常都要求船东在合同中对船舶载货重量和载货容积作出保证，如果船舶的实际载货重量和载货容积少于船东保证数量，则租船人有权按照比例扣减运费作为补偿。

2. 运费的支付方式

英美普通法下，运费是船东为完成货物运输所得的报酬。换言之，如果合同中没有另文规定运费支付时间的话，租船人只有在船舶抵目的港卸货时才须支付运费。如果船舶在抵达目的港前沉没，即使离目的港近在咫尺，由于船东未完成其运输任务，船东是无权收取运费的。但如果船东在该船发生事故时改用他船将货物运送至目的港，则船东有权收取运费。现实中这种到付运费的支付方式虽已不多见，但普通法的这一基本原则却未改变。

随着国际间单证贸易的盛行，作为"有价证券"的提单是要求"运费预付"的。凡在船舶到达目的港前支付运费，都属于预付运费的范畴。实际上，在航次租船合同中，预付运费已经成为习惯，常见的预付运费的规定方法有以下三种：

（1）签发提单时全部预付；

（2）签发提单时付 90％，10％于目的地卸货时支付；

（3）签发提单 7 天内预付。

签发提单 7 天内支付运费，对船东来说是有一定风险的。因为签发的预付运费的提单相当于一张已收到运费的收据。如果事后租船人不付运费，而提单又已经转让，船东不但收不到运费，而且还必须完成提单项下的义务，将货物运往卸货港。

而预付运费对于租船人而言也是有风险的。因为运费一经付妥，运费损失的风险就转移到租船人身上，即在运费预付后如果船货灭失，租船人就很难能讨回运费。

（九）装卸时间条款

在航次租船合同下，船舶的时间损失是由船东承担的，因此船东总是期望能尽量缩短每个航次的时间，以便提高船舶的营运效率。装卸时间是整个航次时间的重要组成部分，因而涉及当事人双方的利益，需要在合同中订明。所谓装卸时间（lay time），是指合同双方当事人协议的，船东应使船舶并保证船舶适于装卸，租船人在运费之外不支付任何费用的一段时间。

装卸时间一般用若干日或若干小时表示，也可以用装卸率来表示。在航次租船合同中有关装卸时间的规定方法通常有以下几种：

1. 装卸时间的规定方法

装卸时间的规定办法主要有以下三种规定方法：

（1）不规定装卸时间，规定按照港口习惯尽快装货和卸货，称为 CQD 条款。承租人不支付滞期费，也不得要求速遣费，如果由承租人的原因造成装货的延误，承租人承担的损失体现在"延滞损失"。

（2）明确规定装卸时间，如规定为装卸时间为 5WWD，或者规定装船时间为 4WWD，卸货时间为 3WWD。

（3）规定一定的装卸定额，不规定具体的装卸时间，装卸时间按货物量与每日装卸定额计算。如规定：每天装卸多少吨（合同规定每个晴天工作日装卸 5 000 吨共 30 000 吨货物，则装卸时间为 6 个晴天工作日）；每天每舱装卸多少吨［合同规定每日每舱装货 400 吨，共 5 个舱，共 10 000 吨货物，则装卸时间为：10 000/（400×5）＝5 天］；每天每工作舱装卸多少吨，以最大的工作舱为准。（合同规定每日每舱装货 400 吨，船舶共装货 10 000 吨，于 5 个舱内，其中最大的货舱为 2 400 吨，则装卸时间为 2 400/400＝6 天）。

2. 关于装卸时间中对"日"的理解

（1）日（day）从午夜 0 点到午夜 24 点位一日；

（2）连续日（running day）连续的、中间不存在中断，包括所有的日子，包括周日或节假日等；

（3）工作日（working day）指按港口习惯工作时间计算装卸时间，非工作日进行的装卸不计入装卸时间；

（4）晴天工作日 WWD（weather working day）指昼夜连续作业 24 小时算做一日。其间因天气原因不能作业的时间不计入装卸时间。

装卸时间的规定一定要具体、明确，以免会引起一些不必要的纠纷。实践中的规定还有一些具体的规定：比如："WWDSHEX（Weather working days，sundays and holidays excepted）"表示为"晴天工作日，周日节假日除外"；"WWDSHEXUU（Sunday and holiday excepted，unless used）"表示为"晴天工作日，周日节假日除外，除非已使用"；"WWDSHEXEIU（Sundays and holidays excepted，even if used）"表示为"晴天工作日，周日节假日除外，即使已使用"。

3. 关于装卸时间的起算、中断与终止

装卸时间条款中的另一细节是装卸时间的起算，即从哪一时刻开始计算装卸时间。通常的做法是自船长或船东的代理人向租船人或其代理人或交货人递交"准备就绪通知书"（Notice of Readiness-N/R）后经过一个通知时间（notice time），就开始计算装卸时间（laytime）。"金康"合同规定："上午递交 N/R，下午 1：00 起算，下午办公时间内递交 N/R，下一工作日从上午 6：00 起算。"我国港口规定递交（与接受）装卸准备就绪通知书的时间是 10：00—17：00，星期日及节假日前一天是 10：00—12：00。

船舶"准备就绪"必须满足两个条件：

第一，船舶必须到达合同所规定的港口或泊位，即船舶必须是一艘到达船舶。如果租船合同中只规定船舶应到达规定的港口，则船舶一经到达该港口，不论是否靠泊，均视为到达船舶；如果租船合同规定船舶必须到达合同规定的或租船人指定的泊位，则只有在船舶到达该泊位时，才视为到达船舶。

第二，船舶在各方面均已做好装卸货物的准备。此项要求主要指与装卸货物有关的方面。例如，在技术上船舶的吊杆或吊车、起货机及其他装卸工具已处于随时供装卸货物使用的状态，在法律上船舶已完成港口法律要求办理的海关、边防检查、卫生检疫等各项手续并取得相应证书。

此外，关于对 NOR 的递交还有一定的规定：NOR 只能在承租人的办公时间和办公区域递交；

如果承租人在收到 NOR 之前装卸的，按照装卸时开始起算 laytime；如果出租人没有完成前面两个条件递交的 NOR 无效，必须完成再递交；如果递交的 NOR 是在受载期之前，装卸时间必须在受载期开始起算，另外，通知时间 notice time 一样存在。

在普通法里面是没有装卸时间中断的条款的，如果要计算中断事情必须在合同中明确。装卸时间的终止一般以船舶装卸完毕最后一刻终止，但是可以在合约中规定进行适航平衡的时间计入装卸时间。

4. 关于装卸时间的计算

（1）装卸时间的分别计算。对装货港的装货时间和卸货港的卸货时间分别规定一定的时间，单独计算，不能将装货时间和卸货时间加在一起计算，也不能用一个作业中节省的时间抵消另一作业中超用的时间的一种术语。例如，装货时间为 5WWD，卸货时间为 4WWD。如果装船时间为 6 天，卸货时间为 3 天，一方面承租人需要支付 1 天的滞期费，一方面可以得到出租人支付的 1 天速遣费。

（2）装卸时间的统算。关于装货港和卸货港的装卸时间的统算，主要有三种约定方法：

装卸共用时间（all purposes）。装卸共用时间，是一种表明装货港和卸货港的装卸时间统一合起来使用的一种用语。例如：租船合同中规定"装卸时间共用时间为 9WWD"。一般来说无须装货港或卸货港单独计算装卸时间，可以合并在一起计算。只要装/卸两港实际使用的装/卸总时间未超过合同规定的合计时间，只会产生速遣时间而不会产生滞期时间。反之如果装/卸两港实际使用的装/卸总时间超过合同规定的合计时间，则只会产生滞期时间而不会产生速遣时间。但如果在装货港已将装/卸两港合计的允许使用时间用完，则在装货港已进入滞期，按照"一旦滞期，永远滞期"的原则，当船舶抵达卸货港后，不会再有一个通知时间（notice time）立即连续计算滞期时间。

可调剂使用装卸时间（reversible laytime）。可调剂使用装卸时间又称"装卸时间抵算"，是指承租人有权选择将约定的装货时间和卸货时间加在一起计算，它是一种可以用卸货港的允许使用时间调剂，或抵算发生在装货港的速遣或滞期时间的一种装卸时间统算方法。

按照这种约定，承租人可将装货港的速遣时间计入卸货港的允许使用时间，而使卸货港的允许使用时间增加，或将装货港的滞期时间在卸货港的允许使用时间中扣除，而使卸货港的允许使用时间减少。

采用这种方法时，应分别规定装货时间和卸货时间，并单独编制装/卸时间表，而在卸货港卸货完毕后算出装/卸两港总的滞期时间或速遣时间。即将装货港装货所节省的时间或滞期时间，计入卸货港的允许使用时间，然后再用卸货港实际使用的时间，与经过调整后的允许使用时间相比较，从而最终计算出滞期时间或速遣时间。这时，必须将已在装货港用于装货的时间记录于根据租船合同签发的提单上，使收货人能明确知道还有多少允许使用的卸货时间。

如果装货港的实际使用时间超过了包括卸货允许使用时间在内的装/卸的全部允许使用时间，即在装货港已经进入滞期，则船舶抵达卸货港时，并不立即连续计算滞期时间，而是在递交装卸准备就绪通知书后，经过一段通知时间，才开始继续计算滞期时间。即在这种情况下，承租人仍享有将正常的通知时间排除于装卸时间之外的权利。

装卸时间平均计算（right to average laytime）。装卸时间平均计算又称"装卸时间均算"，是指分别计算装货时间和卸货时间，用一个作业中节省的时间抵消另一作业中超用的时间。它与"可调剂使用装卸时间"不同，虽然也分别单独编制装货时间计算表和卸货时间计算表，但并不以装货港地节省时间和滞期时间来调整原规定的卸货港地可用时间，而是单独根据卸货港的时间表，计算出卸货港产生的滞期时间或节省时间，再以装货港地节省时间或滞期时间来抵补卸货港的滞期时间或节省时间。所以，这一方法旨在以装货港节省的时间抵补卸货港的滞期时间，或以卸货港节省的时间抵补装货港的滞期时间，从而减少通常须以速遣费的加倍费率支付滞期费的情况。

在航运实务中，通常使用装卸时间计算表（laytime statement）来具体记录和反映实际使用的装卸时间，它由船长与租船人代理共同签认，是计算装卸时间的原始资料和凭证。

装卸时间事实记录和装/卸时间表。其中，装卸时间事实记录（laytime statement of facts）是一份记录从船舶从到达、等待、被引领入港的地点时起，到船舶装货或卸货完毕时止的时间内所处的状态和各项工作的起止日、时和等待时的起止日、时的书面记录文件。

装/卸时间表（time sheet），又称速遣费/滞期费计算单，它是根据装/卸时间事实记录，具体计算装货港和卸货港实际用于装/卸的时间，以及滞期或速遣时间的表格文件。

（十）滞期费与速遣费的计算

1. 滞期费（demurrage money）

滞期是指非船方责任，承租人未在合同约定时间完成装货或卸货而需要额外增加的时间。船舶滞留在港造成合同另一方的出租人权益损害，承租人依据合同规定须作出相应赔偿或补偿，所支付的款项，称为滞期费。要计算滞期费必须在合同中约定滞期费的费率与规定的装卸时间，否则无法计算滞期费，而体现为"延滞费用"的方式。所以在 CQD 条款下无法计算滞期费，若是由于承租人的原因造成延滞，体现为承租人的责任为"延滞损失"。

只要滞期费发生，船舶就处于滞期状态（on demurrage）。一旦船舶处于滞期状态，在计算滞期费是就不再减去周末这样的除外时间，所以有这样的说法：一旦滞期，永远滞期（Once on demurrage, always on demurrage）。

2. 速遣费（dispatch money）

速遣（dispatch）是指实际完成货物装/卸的时间提前于合同约定装/卸时间，所提前的时间称速遣时间（dispatch time）。船舶提前完成货物装/卸，船东可节省装/卸时间和增加船期机会收入，一次，船东一般会向承租人支付一笔相应费用，即速遣费。

速遣费（dispatch money）：由于装卸所用的时间比允许的少，而由船东向租船人、或发货人或收货人按事先约定的费率支付的款项。如果租船合同有规定，通常速遣费率与滞期费率相等，或为1/2。英文又可以写为 dispatch money。

在航次租船合同中，船东同意装货或卸货在装卸货时间终止前提早完成的情况下所给付的约定数额的款项。速遣费的计算时间有两种：一是"按节省的全部时间（all time saved）"计算，那么承租人在合同规定的装卸期限内完成货物装卸，它所节省的时间不应扣除例外条款规定的时间或节假日；而是"按节省的全部工作时间（all working time saved）"计算，那么承租人在合同规定的装卸期限内完成了货物装卸，其所节省的时间应扣除例外条款中规定的时间或节假日。

第四节　班轮运价与运费

国际海运运价大体可以分为不定期船运价和班轮运价两种类型。其中，前者的费率水平随航运市场的供求关系而波动。在市场繁荣时期，不定期船运费率就会上涨；在市场不景气时，就会随之下跌。后者由班轮公会和班轮经营人确定，它们多与经营成本密切相关，在一定时期内保持相对稳定。

一、班轮运费与运价基本知识

班轮运费（freight），是承运人根据运输契约完成货物运输后从托运人处收取的报酬。班轮运价（freight rate）是指承运单位承运货物而付出的运输劳动的价格。运价指数是反映运价水平变动趋势的相对数量指标。

班轮运价是一种垄断运价，影响运价水平的因素主要有：运输成本；航运市场的结构与竞争；承运的货物；航线及港口条件以及运输合同条款等。按运价的制定者划分，可分为班轮公会运价、班轮公司运价、双边运价和货方运价。按照运价的制定方式可分为单项费率运价、等级运价和航线运价。

运价本（tariff）也称费率本或运价表，是船公司承运货物向托运人据以收取运费的费率表的汇总。主要由条款与规定、商品分类和费率三部分组成。目前，我国海洋班轮运输公司使用的"等级费率本"，即将承运的货物分成若干等级，每个等级的货物有一个基本费率，称为"等级费率表"。

1. 基本费率（basic rate），是指每一计费单位（如一运费吨）货物收取的基本运费。英文也可说成 freight unit price，即航线内基本港之间对每种货物规定的必须收取的费率，也是其他一些百分比收取附加费的计算基础。

2. 附加费（surcharges），为了保持在一定时期内基本费率的稳定，又能正确反映出各港的各种货物的航运成本，班轮公司在基本费率之外，为弥补损失又规定了各种额外加收的费用。主要有：

（1）超重附加费（heavy lift additional）。货物单件重量超过一定限度而加收的费用。

（2）超长附加费（long lenth additional）。单件货物长度超过规定长度而加收的费用。

各班轮对超重或超长货物的规定不一。我国中远公司规定每件货物达到 5 吨或 9 米以上时，加收超重或超长附加费。超重货一般以吨计收，超长货按运费吨计收。无论是超重、超长或超大件，托运时都须注明。如船舶需转船，每转船一次，加收一次附加费。

（3）选卸附加费（optional surcharge）。选卸附加费指装货时尚不能确定卸货港，要求在预先提出的两个或两个以上港口中选择一港卸货，船方因此而加收的附加费。所选港口限定为该航次规定的挂港，并按所选港中收费最高者计算及各种附加费。货主必须在船舶抵达第一选卸港前（一般规定为 24h 或 48h）向船方宣布最后确定的卸货港。

（4）转船附加费（transshipment surcharge）。凡运往非基本港的货物，需转船运往目的港，船舶所收取的附加费，其中包括转船费（包括换装费、仓储费）和二程运费。但有的船公司不收此项附加费，而是分别另收转船费和二程运费，这样收取一、二程运费再加转船费，即通常所谓的"三道价"。

（5）直航附加费（direct additional）。非运往非基本港的货物达到一定的数量，船公司可安排直航该港而不转船时所加收的附加费。一般直航附加费比转船附加费低。

所谓基本港（base port）是运价表现定班轮公司的船一般要定期挂靠的港口。大多数为位于中心的较大口岸，港口设备条件比较好，货载多而稳定。规定为基本港口就不再限制货量。运往基本港口的货物一般均为直达运输，无须中途转船。

（6）港口附加费（port additional or port surcharge）。港口附加费指船舶需要进入港口条件较差、装卸效率较低或港口船舶费用较高的港口及其他原因而向货方增收的附加费。

（7）港口拥挤附加费（port congestion surcharge）。有些港口由于拥挤，致使船舶停泊时间增加而加收的附加费。该项附加费随港口条件改善或恶化而变化。

（8）燃油附加费（bunker surcharge or bunker adjustment factor，BAF）。燃油附加费指因燃油价格上涨而加收一绝对数或按基本运价的一定百分数加收的附加费。

（9）货币贬值附加费（devaluation surcharge or carrency adjustment factor，CAF）。这是由于国际金融市场的汇率发生变动，计收运费的货币贬值，为了弥补船公司在货币兑换过程中的汇兑损失而加收的附加费。一般以基本运费的百分比计收。随着汇率的变动，这项附加费的标准也在不断变化。理论上，在其他附加费中也包括货币贬值的因素，即货币贬值附加费的计算，不仅仅要按照基本运费一定的百分比，还要按照其他附加费的一定百分比计收。如果燃油附加费增收 10%，货币贬值附加费增收 10%，所以两项附加费合起来不是增收 20%，而是 21% [（1+10%）×（1+10%）-1=21%]。

(10) 绕航附加费（deviation surcharge）。指因战争、运河关闭、航道阻塞等原因造成正常航道受阻，必须临时绕航才能将货物送达目的港需增加的附加费。

此外，还存在很多的附加费规定，比如：目前中国各港口所收的 THC 码头作业费，而所谓 THC（terminal handling charge）就是"码头操作费"，也叫"码头处理费"。PSS（peak season surcharge）"旺季附加费"。旺季附加费是在每年运输旺季时，船公司根据运输供求关系状况而加收的附加费，也称高峰附加费，是目前在集装箱班轮运输中出现得较多的附加费用。AMS 附加费，现在所收的 AMS，即自动舱单系统录入费。超额责任附加费（additional for excess of libility）。通常是托运人办理声明价值时，承运人要承担超过赔偿限额而增加的附加费，超额责任附加费一般按照 FOB 价的一定百分比计收。每年 5 月开始，国际海运进入旺季，承运人将所有费率提高一定的百分比，称为整体费率上调（general rate increase GRI）。

由于附加费种类繁多，因此我们在询价时千万要问清楚了基本运价外还有那些附加费用。当货代公司的业务员将海运价报给你的时候，别以为只付个基本运价就行了，没有这样便宜的事。有时附加费要占整体运费的 30% 以上。货代业务员在报价时也务必将每条不同航线所要征收的附加费解释清楚，以免收费时引起争议。

二、班轮运费的计算标准

（一）班轮运费计费标准概述

所谓计费标准，是计算时使用的计算单位，在班轮运输计费标准中，涉及的概念有运费吨、起码运费等。

运费吨 FT（freight ton），是计算运费的一种特定的计费单位，通常取重量吨和体积中较大的为计费标准。重量吨是按毛重计算，用"W"表示。尺码吨是按体积计算，用"M"表示。基准计费吨为：1 质量吨=1 立方米。质量和体积哪个大、按哪个计费？若货物 1 质量吨不足 1 立方米，按一质量吨计费若货物 1 立方米不足 1 质量吨，按一立方米计费 1 立方米和 1 质量吨都叫 1 计费吨。比如，某批货物的重量为 18 吨，体积为 20 立方米，则运费吨为 20FT，另一批货物重量为 15 吨，体积为 10 立方米，则运费吨为 15FT。

起码运费（minimum freight）即每张提单应收的最低运费叫起码运费。按起码运费收费的 B/L 叫起码 B/L。不同承运人规定有不同的起码运费标准，一般以 1 运费吨为起码运费标准，最高不超过 5 运费吨，一般按提单为标准收取起码运费后不再加收其他附加费。

（二）常见的班轮运输的计费标准

在运价表中都规定了不同商品的计算运费标准，以及起码运费的规定。航运界通常的规定有：

(1) 按货物重量（weight）计算，以"W"表示。如 1 公吨（1 000 公斤）、1 长吨（1 016 公斤）或 1 短吨（907.2 公斤）为一个计算单位，也称重量吨。

(2) 按货物尺码或体积（measurement）计算，以"M"表示。如 1 立方米（约合 35.3147 立方英尺）或 40 立方英尺为一个计算单位，也称尺码吨或容积吨。

(3) 按货物重量或尺码，选择其中收取运费较高者计算运费，以"W/M"表示。

（4）按货物 FOB 价收取一定的百分比作为运费，称从价运费，以"AD VALOREM"或"ad. val."表示，这原是拉丁文，英文是按照价值的意思（即 according to value）。

（5）按货物重量或尺码或价值，选择其中一种收费较高者计算运费，用"W/M or ad. val."表示。

（6）按货物重量或尺码选择其高者，再加上从价运费计算，以"W/M plus ad. val."表示。

（7）按每件为一单位计收，比如，活牲畜和活动物，按"每头"（per head）计收；车辆有时按"每辆"（per unit）计收；起码运费按"每提单"（per B/L）计收。

（8）临时议定的价格（open rate）。由承、托运双方临时议定的价格收取运费。一般多用于低价货物。

三、班轮运费的计算方法

（一）杂货班轮运输的计算

1. 杂货班轮运输的计算流程

（1）核实托运人提供的货物名称、译名、包装、重量、R 码、装卸港口、是否需要转船及卸货港的选择等信息。

（2）根据货物的名称，从货物分级表中查出该货物的运价等级和计费标准。

（3）查找所需航线的等级费率表，根据货物的等级找出相应的基本费率。

（4）查找有无附加费，如有附加费，找出计算方法和费率。

（5）根据查到的相关信息，带入班轮运费计算公式计算。

2. 杂货班轮运输的计算公式

班轮运费的计算公式为

$$F = Fb + \sum s$$

上式中，F 表示运费总额；Fb 表示基本运费，基本运费是所运输货物的数量（重量或体积）与规定的基本费率的乘积；$\sum s$ 表示所有的附加费。

［例 5—1］：出口斧头一批，计 500 箱，每箱重 70 公斤，体积为 $60cm \times 40cm \times 30cm$，由天津装船去伦敦/鹿特丹/汉堡港口。求该批货物的运费？

解：

（1）首先确认斧头的英文为"Hatchei"；

（2）从有关运价本的"货物分级表"中查找相应的货名，再从相应的运价表中查到该货运费计收标准为 W/M，运价该货等级为 8 级；计费标准为 W/M，基本费率为 60USD/FT，另有燃油附加费 20%，港口附加费为每运费吨 2USD。

（3）计算：

解：$M = 500 \times 0.6 \times 0.4 \times 0.3 = 36m^3$

$W = 500 \times 0.07 = 35t$

所以按体积作为计算运费的标准，即 FT=36 运费吨。

F=基本运费＋附加运费＝$36 \times 60 \times (1 + 20\%) + 2 \times 36$

　　＝2664USD

即该批货物的运费为 2 304 美元。

（二）集装箱班轮运费计算

1. 集装箱班轮运费的分类

目前，各船公司对集装箱运输的拼箱货运费的计算，基本上是依据件杂货运费的计算标准，按所托运货物的实际运费吨计费，即尺码大的按尺码吨计费，重量大的按重量吨计费；另外，在拼箱货海运运费中还要加收与集装箱有关的费用，如拼箱服务费等。

对于整箱托运的集装箱货物运费的计收：一种方法是同拼箱货一样，按实际运费吨计费。另一种方法，也是目前采用较为普遍的方法是，根据集装箱的类型按箱计收运费。

2. 集装箱的包箱费率

集装箱的包箱费率（box rate）：这种费率以每个集装箱为计费单位，常用于集装箱交货的情况，即 CFS—CY 或 CY—CY 条款，常见的包箱费率有以下三种表现形式：

（1）FAK　包箱费率（freight for all kinds）——即对每一集装箱不细分箱内货类，不计货量（在重要限额之内）统一收取的运价。

（2）FCS　包箱费率（freight for class）按不同货物等级制定的包箱费率，集装箱普通货物的等级划分与杂货运输分法一样，仍是 1-20 级，但是集装箱货物的费率差级大大小于杂货费率级差，一般低级的集装箱收费高于传统运输，高价货集装箱低于传统运输；同一等级的货物，重货集装箱运价高于体积货运价。可见，船公司鼓励人们把高价货和体积货装箱运输。

（3）FCB　包箱费率（freight for class 或 basis）这是按不同货物等级或货类以及计算标准制定的费率。

集装箱班轮运输中的附加费也与杂货班轮运输中的情况相似。但实践中有时会将基本运费和附加费合并在一起，以包干费（all in freight）的形式计收运费。此时的运价称为包干费率，又称"全包价""all in rate"。

［例 5—2］：我国某公司出口委托国际货运代理人出运一票货物，共装 10 个 20 英尺集装箱（TEU）。假设从国内某港口到国外某港口的基本费率是 USD1600/20'TEU，附加费 BAF（燃油附加费）是 USD200/20'TEU，EBS（应急燃油附加费）是 USD80/20'TEU，PSS（旺季附加费）是 USD150/20'TEU，CAF（货币贬值附加费）是 USD100/20'TEU. 请问：

（1）如果该出口商要求货运代理人报"all in rate"，那么"all in rate"是多少？

（2）如果该出口商要求货运代理人报"all in freight"，那么托运人应支付多少运费？

解：（1）"all in rate"为包干费率，包干费率为：$1\ 600 + 200 + 80 + 150 + 100 = 2\ 130$ USD/TEU

（2）"all in freight"为包干费，即将基本运费和附加费合并在一起，以包干费的形式计收运费。包干费为：数量×包干费率$=10 \times 2\ 130 = 21\ 300$ 美元。

3. 集装箱运输中的滞期费与集装箱超期使用费

集装箱运输的"滞期费"与租船运输中的"滞期费"完全是两个不同的概念。

在集装箱运输中，货物运抵目的地后，承运人通常给予箱内货物一定的免费堆存期（free time），但如果货主未在规定的免费期内前往承运人的堆场提取货箱，或去货运站提取货物，承运人则对超出的时间向货主收取滞期费（demurrage）。货物的免费堆存期通常系从货箱卸下船时起算，其中不包括双休日和节假日。但一旦进入滞期时间，便连续计算，即在滞期时间内若有双休日或节假日，该双休日及节假日也应计入滞期时间。

根据班轮公司的规定，在货物超过免费堆存期后，承运人有权将箱货另行处理。对于使用承运人的集装箱装运的货物，承运人有权将货物从箱内卸出，存放于仓储公司仓库，由此产生的转运费、仓储费以及搬运过程中造成的事故损失费与责任均由货主承担。

而货主未能在免费使用期届满后将集装箱或有关设备归还给承运人，或送交承运人指定地点，承运人则按规定对超出时间向货主收取集装箱期使用费，叫做"集装箱超期使用费"。

第五节　海运托运单与提单制作实务

一、出口货物托运单及缮制

托运单（booking note of export cargo/shipping order）是出口商（发货人/货代）在报关前向船方或其代理人（船代）申请租船订舱的单据，它是缮制提单的主要背景资料，是船公司制作提单的依据，如果托运单缮制有岔错、延误等，就会影响到其他单证的流转。因此，正确、快速制单，从而保证安全收汇。

（一）杂货班轮运输托运单及其缮制

1. 杂货班轮运输托运单概述

杂货班轮运输出口托运单没有标准的格式，不同的船公式有不同的格式。主要内容有：托运人、目的港、标记及号码、件数、货名、毛净重、尺码、可否转运、可否分批和配货要求等。一般来说主要包括：托运单（booking note B/N）及其留底（counterfoil），装货单（shipping order S/O）称为"下货纸"或"关单"，收货单（mate' receipt M/R）货物装船完毕，理货长在装货单（S/O）上签字，把收货单一起交给大副，大副在收货单上签字，留下装货单，并把收货单交理货长转交托运人（或货运代理）。常见的完整的托运单包括10联，具体为：

第一联由船务代理公司留存。

第二、三联是运输通知。其中一联向出口单位收取运费，另一联外代（或外运）留底。

第四联装货单（Shipping order S/O）亦称关单，须经船代理盖章有效。海关完成验关手续后，在装货单上加盖海关放行章，船方方能收货装船，并在收货后留存。

第五联收货单（Mates receipt）亦称大副收据。在货运单证流转过程中，它与装货单内容相同，形影不离，直到装货完毕后才告分离。收货单经船方大副签收后交货方，凭以向船代理换取装船提单。如果大副在此单上批注货物包装不良有残损等事项，这些批注将全部转移到提单上，使之成为不清洁提单。不清洁提单将不被银行接受。据此按惯例货方只能出具保函请船代理签发清洁提单而承担其可能产生一切争议的后果。

第六联外运留底。

第七联配舱回单。外运公司订好舱，将船名、关单号填入后退回出口公司。出口公司凭此制作船卡、缮制提单预送外代（外运）公司。等候货装上船，大副收据签发后，外代（外运）即签发正本提单，供结汇用。

第八联缴纳出口货物港务费申请书。在货进栈时作码头存仓记录，货上船后即凭以收取港务费用。此外再附空白格式的两联，由码头作桩脚标记和码头仓库存查之用。以上共为一式十联。

2. 杂货海运出口托运单的缮制（见表5—5）

在外贸运输中，托运单的内容应与信用证的内容一致。现行法律对托运单未作规定，一般认为，填发托运单是托运人的义务，若承运人要求托运人填发托运单，托运人即有填发的义务。实践中，可由托运人委托货代代为填制托运单。具体栏目为：

（1）托运人，即shipper。一般情况下，填写出口公司的名称和地址。

（2）托运单编号（number）。每个有进出口权的托运人都有一个托运代号，以便财务结算和业务查核，一般填写商业发票的号码。

表 5—5　杂货班轮运输托运单范本

海运出口托运单

托运人　　　(1)　　　
SHIPPER　　　　　　　

编号　　　　　　　　　　船名．．．．．．．．．．．．．．．．．．．．．
NO.　　(2)　　　　　　S/S　　(4)　　　　　
目的地（PORT OF DELIVERY）
FOR　　(3)　　　　　　

标记及号码 MARKS&. NOS.	数量 QUANTITY	货名 DESCRIPTION OF GOODS	重量（KG） WEIGHT KILOS	
(5)	(6)	(7)	净重 NET	毛重 GROSS
			(8)	(8)
			运费付款方式	
共计件数（大写）TOTAL NUMBER OF PACKAGES IN WAITING：(6)			(9)	

运费 计算	(10)		尺码 MEASUREMENT	(11)	
备注	1. 海关报关文件包括：发票、装箱单、报关单及出口报关委托书。 2. 付款方式：核销单在出口后 4 周内退回。 3. 提单电放，请速开票。				
通知 人	(12)	可否 转船	(13)	可否 分批	(14)
收 货 人	(15)	装运日	(16)	有效期	(17)
		金额	(18)	提单 份数	(19)
配货 要求	(20)	信用 证号	(22)	委托单位印章 (23)	
银行 编号	(21)	制单人：	(22)	制单 日期	(22)

（3）目的地（port of delivery）。此栏目按信用证的目的港填写，填写时注意重名港口的现象，一般将目的港所在国家名称填写在这一栏目中。如果目的地是一内陆城市，这一栏目填写卸下最后一艘海轮时的港口名称。在计算运费时，是根据托运单的本项内容计算航程的。

（4）船名（ss）由船方或其代理人填写。

（5）运输标志（shipping marks），标记及号码。俗称唛头（marks & numbers），为了便于识别货物，防止错发错运，每一票货物都得有一个标记及号码。它通常由型号、图形或收货单位简称、目的港、件数或批号等组成。内容可以包括原产地、收款人、信用证号、合同号等，当件数不连续，有缺号时，在件数号前加上"E×"字样。

（6）数量（quantity）如唛头里的件号是连续的，件数应与最大件号数一致。包装应列明具体名称，如：袋装 bags，箱装 case、c/s，包装 bales、b/s，纸箱 carton、ctn，木箱 wooden cases、板条、柳条箱 crates、crts，托盘 pattets 等。托盘货除了要托盘数外，还应有每托件数或总件数。

（7）货物名称（description of goods）应根据货物的实际名称，用中英文两种文字填写，英文要与信用证货名相符。危险品注明"国际危规"IMDGCode，（PAGE）、联合国号码（UNNO.）、危险品等级（class no.）、并附"船舶装载危险品清单"、危险品包装说明书和危险品说明书等。冷藏货物、保温货物则需标明温度（℃）。

（8）重量（goss weight/net weight）重量应分别计算毛重和净重。

（9）运费付款方式，运费预付（freight prepaid）和运费到付（freight collect），有的转运货物一程预付，二程到付，要注明。

（10）运费计算（freight）一般不要填写，由船代或承运人填写。

（11）尺码（measurement），该栏目填写一批货的尺码总数，一般单位为立方米。并应提供每一件货物的详细的尺码（长、宽、高）以及每一件的重量，以便货代和船公司计算货物积载因素及大件费用。

（12）被通知人 notify party，此栏填写信用证中规定的被通知人。被通知人的职责是及时接受船方发出的到货通知并将该通知转告真实收货人，被通知人无权提货。

（13）转船（transshipment），填要求与分批一致，只能在"允许"或"不允许"两者取一。

（14）分批（partial shipment），按照合同或信用证条款填写。只能限在"允许"或"不允许"两者中取一。

（15）收货人，即 consignee。在信用证支付的条件下，对收货人的规定常有二种表示方法：A.记名收货人；B. 指示收货人；C. 不记名收货人（已经在提单里面提到，在此不再讲述。）

（16）装运日（time of shipment），此栏不填写，在装船时填写。

（17）期满日（expiry date），该栏目的填写一般按信用证的规定填写。

（18）要写上贸易术语如：CIF，注明的金额为信用证或合同金额。

（19）提单正本份数，一般一式三份，三份正本提单同时有效（three original bill of lading 或者 original bill of lading in three）full set of bill of lading，指全套正本提单。按照习惯，一般是指两份以上正本提单。

（20）配货、信用证号码、银行编号、出单人、出单日期按照信用证和实际情况填制。经办人签字，出口企业盖章。完成托运单的填制。

（二）集装箱班轮运输托运单及其缮制

1. 集装箱班轮运输托运单概述

集装箱班轮货运托运单又叫做"场站收据"（dock receipt D/R）联单，托运单可以由货主缮制，也可以由货代缮制，实践中一般都是货代接受货主的订舱委托后，把委托书上的相关资料输入电脑，打印 D/R 联单。不同的港口、货运站使用的也不一样。其联数有十联、十二联或七联不等。这里以十联格式为例，说明场站收据的组成情况。包括十联，也称为"十联单"，其中各联的具体用途如下：

第一联：集装箱货物托运单（货主留底）（B/N）。

第二联：集装箱货物托运单（船代留底）。

第三联：运费通知（1）与第四联的其中一联向出口单位收取运费，另一联货代自己留底。

第四联：运费通知（2）。

第五联：场站收据（装货单）（S/O），也叫关单或下货纸，经船代盖章有效，海关完成验关手续后，在装货单上加盖海关放行章，船方收货装船，并在收货后留底。

第五联副本：缴纳出口货物港务费申请书。

第六联：大副联（场站收据副本），收货单，又叫大副收据。

第七联：场站收据正本（D/R），黄底联，也称"黄联"，由该联换取提单。

第八、九联：配舱回单。货代订好舱，将船名、关单号填入后把配舱回单返给出口公司。

第十联：缴纳出口货物港务费申请书。货上船后凭以收取港务费用。

2. 集装箱班轮货运托运单的作用

集装箱货运托运单（十联单）被认为是出口的最主要的单据之一，其主要作用为：

（1）船公司或船代确认订舱，并在场站收据上加盖有报关资格的单证章后，将场站收据交给托运人或其代理人，意味着运输合同开始执行。

（2）集装箱货运托运单是出口货物报关的凭证之一。

（3）集装箱货运托运单是承运人已收到托运货物并开始对其负责的证明。

（4）集装箱货运托运单是换取海运提单或联运提单的凭证。

（5）集装箱货运托运单是船公司、港口组织装卸、理货和配载的凭证。

（6）集装箱货运托运单是运费结算的依据。

（7）如信用证中有规定，可作为向银行结汇的单证。

3. 集装箱班轮货运托运单的流转（见图5-3）

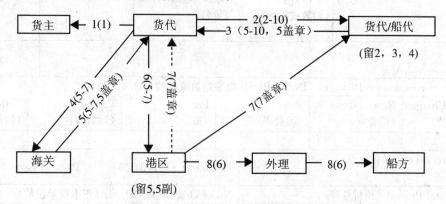

图5-3　集装箱场站收据流转程序

场站收据流转的过程及程序为：

（1）托运人（或货代）填制后，留下货方留底联（第一联）；

（2）货代将二至十联送船代（签单）编号；

（3）船代编号后，留下二至四联，并在第五联上加盖确认订舱及报关章，然后将第五至十联退给货代，货代留下第八联并把九、十联送给托运人做配舱回单；

（4）托运人（或货代）凭第五至七联到海关报关；

（5）海关审核认可后，在第五联装货单上加盖放行章；

（6）货代负责将箱号、封志号、件数等内容填入第五至七联，并将集装箱货物与这些联在规定的时间送到堆场。场站业务员在集装箱货物进场、验收完毕后，在第五至七联上填入实收箱数、进场完毕日期，并在第七联上签收和加盖场站公章；

（7）场站把第已经签收并盖章的七联返还货代；

（8）场站把第五联副本由场站留底，第六联送理货员，理货员在装船时将该联交大副；

（9）货代凭第七联（场站收据正本）向船代换取提单。

4. 场站收据的缮制（见表5-6）

集装箱货物托运单的缮制与海运出口托运单的缮制制基本相同。只是增加了托运货物的交接方式，如 CY——CY、CFS——CFS 等和集装箱货物的种类，比如，普通、冷藏、液体等。

表5—6　集装箱班轮运输托运单（场站收据）范本

Shipper（发货人）						D/R No.（编号）
Consignee（受货人）						第
Notify Party（通知人）						联
Pre-carriage by（前程运输）Place of Receipt（收货地点）						场站收据
Ocean Vessel（船名）Voy No.（航次）Port of Loading（装货港）						
Port of Discharge（卸货港）			Place of Delivery（交货地点）		Final Destination（目的地）	
Container No（集装箱号）	Seal No.（封志号）Marks & No.（标记与号码）	No. of containers Or P'kgs，（箱数或件数）	Kind of Packages；Description of Goods（包装种类与货名）	Gross Weight（毛重/公斤）		Measurement（尺码/立方米）
Total Number of containers orPackages（IN WORDS）集装箱数或件数合计（大写）						

Freight & Charges（运费与附加费）	RevenueTons（运费吨）	Rate（运费率）	Per（每）	Prepaid（运费预付）	Collect（到付）

Ex Tate（兑换率）	Prepaid at（预付地点）		Payable at（到付地点）	Place of Issue（签发地点）	
	Total Prepaid（预付总额）		No. of Original B（S）/L（正本提单份数）		
Service Type on Receiving □—CY □—CFS □—DOOR	Service Type on Delivery □—CY □—CFS □—DOOR		Reefer-Temperature Required（冷藏温度）	F	C

Type of Goods（种类）	□Ordinary，□Reefer，□Dangerous□Auto.（普通）（冷藏）（危险品）（裸装车辆）	危险品	Class（种类）：Property（性能）：IMDG Code Page（海运危规页码）：UN No（橙皮书代码）.
	□Liquid，□Live Animal，□Bulk（液体）（活动物）（散货）		

Transsshipment permitted（可否转船）	Partial shipment：prohibited（可否分批）	
Date of shipment（装船日期）	period of validity（有效期）	
Amount（usd）（金额）		
制单日期：		

二、出口货物提单及缮制

海运提单一般就是指港至港已装船提单 Port to port shipped on board marine bill of lading，习惯简称为海运提单。海运提单的格式，每家船公司都有自己不同的格式，但各项栏目、内容基本一致。鉴于提单是物权凭证，也是信用证的结汇单据，所以提单的缮制一定要慎重。出口商（或者货代）缮制提单和银行审核提单的基本要求是"单证相符"。下面介绍海运提单的缮制及审核中注意事项。

1. 托运人 (shipper)

托运人也称发货人 consignor，是指委托运输的当事人。如信用证无特殊规定，应以受益人为托运人。如果受益人是中间商，货物是从产地直接装运的，这时也可以实际卖方为发货人，因为按信用证相关规定，银行将接受以第三者为发货人的提单。不过此时必须考虑各方面是否可行的问题。案例：某年 A 进出口公司接到国外开来信用证规定："... Hongkong Shun Tai Feeds Development Co. as shipper on Bill of Lading."……以香港顺泰饲料发展公司作为提单发货人。A 进出口公司在装运时即按信用证上述规定以转口商香港顺泰饲料发展公司作为提单的发货人。但在向银行交单时单证人员才发现：该提单系空白抬头，须发货人背书。提单既以香港顺泰饲料发展公司作为发货人，则应以香港该公司盖章进行背书。但该公司在本地既并无代表，结果只好往返联系，拖延了三个星期香港才派人来背书。后因信用证过期无法议付，造成损失。

2. 收货人 (Consignee)

收货人是提单的抬头，是银行审核的重点项目。应与托运单中"收货人"的填写完全一致，并符合信用证的规定。收货人栏的填写必须与信用证要求完全一致。任何粗心大意和贪图省事的填法都可能是单证不符点。由于此栏目的填写可以区分为：记名提单 straight B/L（如：Deliver to A Co. Ltd）；不记名提单 open B/L（如：to Bearer）和指示提单 order B/L（如：to the order of shipper）。

3. 被通知人 (Notify party)

被通知人即买方的代理人，货到目的港时由承运人通知其办理报关提货等手续。

(1) 如果信用证中有规定，应严格按信用证规定填写，如详细地址、电话、电传、传真号码等，以使通知顺利。

(2) 如果来证中没有具体说明被通知人，那么就应将开证申请人名称、地址填入提单副本的这一栏中，而正本的这一栏保持空白或填写买方亦可。副本提单必须填写被通知人，是为了方便目的港代理通知联系收货人提货。

(3) 如果来证中规定 Notify... only，意指仅通知某某，则 Only 一词不能漏掉。

(4) 如果信用证没有规定被通知人地址，而托运人在提单被通知人后面加注详细地址，银行可以接受，但无须审核。

4. 前段运输 (Pre-carriage by)

转船港 (Port of transhipment)，如果货物需转运，则在此两栏分别填写第一程船的船名和中转港口名称。

5. 船名 (Vessel)

如果货物需转运，则在这栏填写第二程的船名；如果货物不需转运，则在这栏填写第一程船的船名。是否填写第二程船名，主要是根据信用证的要求，如果信用证并无要求，即使需转船，也不必填写第二程船名。

6. 装运港 (port of lading)

(1) 应严格按信用证规定填写，装运港之前或之后有行政区的，如 Xingang/Tianjin，应照加。

(2) 一些国外开来的信用证笼统规定装运港名称，仅规定为"中国港口"Chinese ports, Shipment from China to...，这种规定对受益人来说比较灵活，如果需要由附近其他港口装运时，可以由受益人自行选择。制单时应根据实际情况填写具体港口名称。若信用证规定"Your port"，受益人只能在本市港口装运，若本市没有港口，则事先须由开证人改证。

(3) 如信用证同时列明几个装运港地，提单只填写实际装运的那一个港口名称。

(4) 托收方式中的提单，本栏可按合同的买方名称填入。

7. 卸货港目的港（port of discharge），最终目的地（final destination）

填写目的港或目的地应注意下列问题：如果货物的目的地就是目的港，空白"最终目的地（Final destination）"这一栏。

（1）除 FOB 价格条件外，目的港不能是笼统的名称，必须列出具体的港口名称。如国际上有重名港口，还应加国名。

（2）如果来证目的港后有"In transit to..."，在 CIF 或 CFR 价格条件，则不能照加，只能在其他空白处或唛头内加注此段文字以表示转入内陆运输的费用由买方自理。美国一些信用证规定目的港后有 OCP 字样，应照加。有些信用证规定目的港后有 Free port 自由港，Free zone 自由区，提单也可照加，买方可凭此享受减免关税的优惠。

（3）如信用证规定目的港为 Kobe/Negoga/Yokohama，此种表示为卖方选港，提单只打一个即可。如来证规定 Option Kobe/ Negoga/Yokohama，此种表示为买方选港，提单应按次序全部照打。

（4）如信用证规定某港口，同时又规定具体的卸货码头，提单应照打。如到槟城目的港有三种表示："Penang"、"Penang/Butterworth"、"Penang/Georgetown"。后两种表示并不是选港，Butterworth 和 Georgetown 都是槟城港中的一个具体的卸货码头，如果信用证中规定了具体的卸货码头，提单则要照填。

8. 正本提单的份数（No. of original B/L）

只有正本提单可流通，交单，议付，副本则不行。提单可以是一套单独一份的正本单据，但如果签发给发货人的正本超过一份，则应该包括全套正本。出口商应按信用证规定来要求承运人签发正副本提单份数。并在交单议付时，应提交信用证要求的份数。单据上忘记打上正本份数或某份提单没有"正本"字样，都是不符点。下列对信用证的规定进行说明：

9. 全套提单"Full set of B/L"

是指全套提单，按习惯作两份正本解释；" Full set 3/3 plus 2 N/N copies of original forwarded through bills of lading"，是指要制作 3 份正本，提交 3 份正本；" 2/3 original clean on board ocean bills of lading"，指制作三份正本提单，其中两份向议付行提交。

10. 标志和号码（Mark & No.）

标志和号码俗称唛头。为了装卸、运输及存储过程中便于识别而刷在外包装上的装运标记，是提单的一项重要内容，是提单与货物的主要联系要素，也是收货人提货的重要依据。提单上的唛头应与发票等其他单据以及实际货物保持一致，否则会给提货和结算带来困难。

（1）如信用证上有具体规定，缮制唛头应以信用证规定的唛头为准。如果信用证上没有具体规定，则以合同为准。如果合同上也没有规定，可按买卖双方私下商订的方案或受益人自定。

（2）唛头内的每一个字母、数字、图形、排列位置等应与信用证规定完全一致，保持原形状，不得随便错位、增减等。

（3）散装货物没有唛头，可以表示"No mark"或"N/M"。裸装货物能常以不同的颜色区别，例如，钢材、钢条等刷上红色标志，提单上可以"Red stripe"表示。

11. 件数和包装种类（Number and kind of packages）

本栏填写包装数量和包装单位。如果散装货物无件数时，可表示为"In bulk "散装。包装应列明具体名称如："Packed in gunny bags"，并且包装种类一定要与信用证完全一致。

12. 商品名称（Description of goods）

商品名称应按信用证规定的品名以及其他单据如发票品名来填写，应注意避免不必要的描述，更不能画蛇添足地增加内容。如果品名繁多、复杂，则银行接受品名描述用统称表示，但不得与信用证中货物的描述有抵触。如果信用证规定以法语或其他语种表示品名时，亦应按其语种表示。

13. 毛重公斤（Gross weight kgs）

毛重应与发票或包装单相符。如裸装货物没有毛重只有净重，应先加 Net weight 或 N. W.，再注具体的净重数量。

14. 尺码（Measurement）

尺码即货物的体积。以立方米为计量单位，小数点以下保留三位。FOB 价格条件下可免填尺码。

15. 运费条款（Freight clause）

运费条款应按信用证规定注明。如信用证未明确，可根据价格条件是否包含运费决定如何批注。主要有以下几种情况：

一般来说，如果是 CIF、CFR 等价格条件，运费在提单签发之前支付者，提单应注"Freight paid"运费已付或 Freight prepaid 运费预付。而采用 FOB、FAS 等价格条件，运费在目的港支付者，提单应注明"Freight collect、Freight to collect、Freight to be collected"运费到付或运费待收，或注 Freight payable at destination 运费目的港支付。

对于货物的装船费和装卸费等负担问题，经常船方要求在提单上注明有关条款，如"FI"Free In：船方不负担装船费；"FO"Free out：船方不负担卸船费（可参照租船运输中的装卸条款）。

16. 特殊条款（Special condition in B/L）

特殊条款是信用证的特别要求，如："Terms as intended in relation to name of vessel, port of loading and port of arrival are not acceptable."是指不允许在有关船名、装运港、目的港表达中出现"预计"字样的条款，在具体制作提单过程中应遵照办理。

17. 提单签发地点和日期（Place and date of issue）

签单地址通常是承运人收受货物或装船的地址，但也有时不一致，例如，收受或装运货物在新港 Xingang 而签单在天津。也有的甚至不在同一国家。提单签发的日期不得晚于信用证规定的装运期，这对出口商能否安全收汇至关重要。惯例上认为提单的签发日就是"装船完毕日"。

表 5—7　提单范本

(Shipper)	B/L NO
收货人（Consignee）	
被通知人（Notify party）	
前段运输 收货地点（Pre-carriage by）　Place of receipt	**中国远洋运输（集团）总公司** CHINA OCEAN SHIPPING (GROUP) CO. Combined Transport BILL OF LADING
船名（Ocean Vessel）航线（Voy No.）装货港（Port of Loading）	

卸货港（Port of Discharge）　卸货地点（Place of Delivery）　最终目的地（Final Destination）				
标志与唛头、集装箱封志号码（Marks & nos container Seal no.）	集装箱箱主代码（No. of Containers or P'kgs）	包装的类型（Kind of Packages）；商品的名称（Description of Goods）	毛重（Gross Weight）	尺码（Measurement）
集装箱总数量（TOTAL NUMBER OF CONTAINERS）或货物的总件数（OR PACKAGES (IN WORDS)）				

运费 （FREIGHT & CHARGES）	运费吨 (Revenue Tons)	运价 (Rate)	每 (Per)	预付 (Prepaid)	到付 (Collect)
Ex Rate	预付地点 (Prepaid at)	到付地点 (Payable at)		签发的时间与地点 (Place and date of Issue)	
	预付总额 (Total Prepaid)	正本提单的份数 (No. Of Original B (S) /L)		承运人签章 (Signed for the Carrier)	
已经装船批注（LADEN ON BOARD THE VESSEL） 日期（DATE）＿＿＿＿＿＿＿＿ BY　(TERMS PLEASE FIND ON BACK OF ORIGINAL B/L) (COSCO STANDARD FORM 11)					

18. 已装船批注（laden on board the vessel）

有些提单正面没有预先印就的类似已装上船的条款，这种提单便称为备运提单。备运提单转化为已装船提单的方式有两种：

（1）在提单的空白处加"已装船"批注或加盖类似内容的图章。例如"shipped on board"，有的只加"on board"，然后加装船日期并加提单签发的签字或简签。

（2）在备运提单下端印有专供填写装船条款的栏目：laden on board the vessel，已装船标注。有人称之为"装船备忘录"。装船后，在此栏处加注必要内容，如船名等，并填写装船日并由签字人签字或简签。

19. 提单签发人签字（signed for the carrier）

按照 UCP600 规定，有权签发提单的是承运人或作为承运人的具名代理或代表，或船长或作为船长的具名代理或代表。如果是代理人签字，代理人的名称和身份与被代理人的名称和身份都应该列明。

重点名词与概念

场站收据　大幅收据　提单　无船承运人　航次租船合同

练习与思考题

一、单选题

1. 下列属于集装箱出口货运特有的单证是（　　）。

A. 交货记录　　　B. 场站收据　　　C. 舱单　　　D. 提货单

2. 提单收货人栏记载："TO THE HOLDER."这表明（　　）。

A. 该提单是记名提单　　　　　　B. 该提单是不记名提单

C. 收货人是"TO THE HOLDER."公司　　D. A 和 C

3. 在国际海上货物运输中，若按照货物重量或体积或价值三者中较高的一种计收海运运费，则船公司运价表内以（　　）表示。

    A. W/M
                      B. W/M plus Ad Val

    C. W/M or Ad Val
                    D. Ad Val

    4. 如果签订的国际贸易合同为 "CIF ex-ship's hold"，那么在订舱的时候最好签订的装卸条款是（　　）。

    A. FI
              B. FIO
                C. Liner Terms   D. FO

    5. 合同中数量条款为 "1000/MT 5% MORE OR LESS"，船长宣载9 800吨，而租方实际提供9 500吨货物。问租方应付给船方的亏舱费为（　　）：

    A. 300 吨
            B. 500 吨
            C. 无亏舱费   D. 100 吨

    6. 航次租船合同下，下列（　　）术语表明即使在星期天、节假日内进行装卸作业，也不计入装卸时间（　　）。

    A. WWDSSHEX
                    B. WWDSHEX

    C. WWDSHEXEIU
                  D. WWDSHEXUU

    7. 统一杂货租船合同（uniform general charter），简称"金康（GENCON）"，是国际上标准的（　　）合同范本。

    A. 包运租船
        B. 航次租船
        C. 定期租船
        D. 光船租船

二、多选题

1. 符合 FCL-FCL 交接方式的交接地点包括（　　）。

    A. CY-CY
                      B. DOOR-DOOR

    C. DOOR-CFS
                    D. CFS-CFS

    E. CFS-CPS

2. 集装箱运输中，在装、卸两港都有使用的单证主要包括（　　）。

    A. D/R
            B. EIR
            C. CLP
            D. M/F

    E. B/L

3. 在航次租船下，（　　）表明船舶出租人需负责货物装船费用。

    A. FILO
            B. FIOST
            C. LIFO
            D. LINER TERM

    E. LLTO

4. B/L 是（　　）。

    A. 运输合同证明
    B. 货物收据
        C. 运输合同
        D. 物权凭证

    E. 有价证券

5. 无船承运人是（　　）。

    A. 有权签自己的提单
              B. 有权订运输合同

    C. 有权收差价
                D. 对程运输承担责任

    E. 国际贸易合同的当事人

6. （　　）是使用广泛的标准定期租船合同。

    A. NYPE
                      B. GENCON

    C. SINOTIME1980
                D. BALTIME

    E. CONTRACT

三、判断题

1. 在集装箱运输中，"TEU" 和 "FEU" 二者在集装箱船的载箱量、港口集装箱吞吐量、允许装载的货物重量和体积等方面都按照两倍关系来进行计算。（　　）

2. 买卖双方按 CIF Liner Terms 成交卖方发运的货物必须采用班轮运输。（　　）

3. 航次期租船运输，含有航次租船和定期租船的特点，运费的计算参照航次租船，也称为"日租船"。（　　）

4. 受载期是船舶在租船合同规定的日期内到达约定的装货港，并装货完毕的最后期限。（　　）

5. 不清洁提单是提单本身在表面污损严重的提单。（　　）

四、实务与操作题

1. 请查询我国沿海基本港的代码、吞吐量地理位置、主要挂靠航线等相关资料。

2. 请查询我国主要船公司的代码、主要业务以及相关资料。

3. 简述海运提单的作用。

4. 简述提单的分类与背书。

5. 简述集装箱班轮货运的流程。

第六章 外贸物流铁路联运与
多式联运实务

【本章培训的主要内容】

本章培训的主要内容是关于外贸物流铁路联运与多式联运实务，外贸物流铁路联运操作实务，外贸物流多式联运实务，大陆桥运输实务，国际多式联运单证制作实务，外贸物流铁路联运和多式联运的运费计算与核收。

【本章应掌握的主要技能】

通过本章的学习，掌握外贸物流铁路联运业务的定义和操作流程，外贸物流多式联运的定义和进出口业务流程，多式联运单证的内容和联运提单的填写，国际铁路货物联运运费的计算与核收，了解国际多式联运的组织构成及国际多式联运的运送费用。

第一节 外贸物流铁路联运操作实务

一、运输组织概述

（一）外贸物流铁路联运货物发运组织是一个系统工作

外贸物流铁路联运货物的发运，是一个需严密策划组织的系统工作，它涉及铁路运输的住址安排、货物包装装载、海关商检文件准备和报检报验、境外运输、口岸交接及货物的运期、集散等多种类、多专业工作的综合安排。

国际铁路联运货物发运组织涉及铁路运输的环节，包括敞车、棚车、长大货车、其他特种车辆各种车型，也包括普通货物、危险货物、超限超长超重集重货物及其他特种运输条件货物。由于其运输工具只是铁路车辆一种，所以对铁路货运的专业素质要求很高。并且需要多种专业工作的配合，比如，海关、商检、口岸交接等。

（二）外贸物流铁路货物运输的种类和运输条件

外贸物流铁路运输的货物按其组织方法可分为整车、零担和集装箱三个运输种类。按货物种类规格可分为普通货物和特种货物（危险货物、阔大货物、鲜活货物及其他特种运输条件货物）等。以下分别介绍。

1. 按运输组织方法分两类

（1）整车运输。一批货物的重量、体积、形状和性质需要以一辆或一辆以上的货车装运的货物应按整车方式办理运输。一批货物无论是总重或总体积能装足一辆货车标记载重量或充满一辆货车的容积都应办理整车；一件货物的形状不适合进入棚车或敞车与其他货物拼装，或货物的性质决定，有特殊运输要求或者不能清点件数的货物也应按整车办理。

整车货物运输是国际铁路货物运输量最大的运输种类，尤其在与周边国家的大宗货物运输时。

（2）集装箱运输。集装箱运输，是利用具有标准规格尺寸和便于装卸、拴固的容器——集装箱装载货物，通过一种或几种交通工具，进行货物转移的一种先进运输方式。集装箱运输简化了货运手续，使装卸、交接、堆放、搬运等过程变得更简单方便，特别适合于利用电子计算机采集信息、自动配装，实现现代化管理。

符合集装箱运输条件的适箱货物，可按集装箱方式办理。例如，贵重、怕湿和易碎货物特别适合采取集装箱运输。

2. 按货物品类区分

（1）普通货物。按我国铁路运输条件，没有特殊的包装要求、没有超过正常铁路运输限界条件、没有特殊的理化性质变化、符合铁路普通运输条件，可以装运普通通用车辆运输的货物。

（2）特种货物运输。在铁路货物运输中，按照运输条件的不同分为按普通运输条件办理的货物运输和按照特种运输条件办理的货物运输。按照特种条件运输有：铁路危险货物运输、铁路阔大货物（超限、超长、超重、集重货物）运输、铁路鲜活货物运输和其他特定运输条件货物运输，以上在我国铁路统称为"特种货物运输"。

3. 按运输组织形式

我国的国际货物运输有铁海联运、供港运输、国际铁路货物联运、过境铁路运输四种主要形式。其中铁海联运、供港运输执行国内铁路运输规则，使用国内铁路运输单证。而国际铁路货物联运和过境铁路运输，执行我国铁路运输规则和《国际货协》规则，使用《国际货协》运输单证。

二、外贸物流铁路货物联运计划和组织发运程序

（一）运输计划和组织

外贸物流铁路运输组织准备工作是外贸物流运输的重要环节，必须用专业、恰当、准确的语言，把全部运输操作过程制定出有效的运输方案，其具体细节如下：

根据客户提出的货物发运批次、发运地、运输时间要求，运输商或货运代理人要制订运输组织方案和设计货物装载技术方案，要提前向客户预报上述工作的准备时间。

要求货场主提前提供货物清单，包括货物名称、规格、数量、包装、采购地点、运输批次、运输时间，以便提前做好货物配载、装载加固方案制订、国际联运计划申报、超限超长集重货物国联查定、境外及第三国过境运输、口岸交接换装等准备工作。审核货主提供的运输资料，是否符合我国铁路运输限制，符合所通过国境口岸、所到达和过境运输的国家限制。

按照货物品类，如果是超限、超长、超重、危险品货物，需提出装载加固或包装方案。在铁路规定的时间内在始发站提报国际联运计划，待铁道部与国外铁路商定批准后执行。一般情况下，普通货物约有 10 日，超限、超长、超重、危险品货物应提前 1 个月。如有特殊要求或工程急需货物运输，需向铁道部提报临时加急特批计划的时间，以及各发运地运抵到达站的运输时间，最好列出明确的时间表。比如，大型成套工程设备，请业主提供工程方案或进度表，以便根据现场工程进度和供货地距离设计组织最佳方案。

根据客户提出的货物清单制定车辆配载方案，确定各发运地发运车数量和批次，供货商供货时间，各发运地发运组织安排，做出各批次货物装车清单和相应报关单证（报关单、装箱单、商务发票等）的准备安排。各发运地申报国际联运计划和货物装载技术方案申报的准备安排和明确负责人员。

国际铁路货物运输计划，按《国际货协》规定：所有使用"国际货协运单"一票到站运输的货物，发运国铁路和参与运输的国家铁路（包括到达国铁路和过境国铁路）要提前办理商定。发送路将要发运的货物名称、数量、到站通知到达路和过境路，到达路和过境路根据本国铁路运输和车辆调度安排接收运量，回商定函给发送路，发送路接函后批复发运计划。

我国国际铁路货物运输计划有规定的申报程序：发货人（具有国际货代资质或进出口外贸资质的企业法人）在发运车站申报国际联运计划，发运车站接受申请后，将计划输入微机终端到铁道部运输局。在国际联运商定确定后，发货人即可办理发货。

根据业主提供的货物明细规格和生产厂家，制订出相应的装载加固、包装方案，列出应在发车站准备的装载加固、包装材料，了解发车站和专用线厂家的装卸能力，装车地的短途运输能力和道路情况，需要供货商和专用线厂家配合。

向业主提出准备运输及报关单证所需要文件资料，主要是缮制国际联运运单和箱单、发票的注意事项。比如，发往越南、朝鲜的货物只需填写中文即可，发往俄罗斯、蒙古或中亚地区的国家的货物需填写中、俄两种文字，且必须用打印机扫印等。协助货主缮制报关单证，即报关单、装箱单、商务发票等以及按规定应由生产厂家去做的机械设备出口商检。

缮制"国际货协运单"（即国际联运运单）准备，要求货主提供对运输委托事项的明确表示，比如：收货人、收货人地址、联系方法、OK 码、货名、规格、包装、数量、到站、到站编码、出口合同号码等缮制运单必要指示，用中、俄两种文字写明。

协助货主审核准备出口报关报检单证和需返运回国设备的临时出口手续，并提前协办报请商检。

提前调查发运站、集散站的装卸、储运能力，提前与货主商定零散货物集中发运的集散车站和储运工作，做好前期准备。

（二）发运准备工作

国际铁路联运计划批下后即按约定发出时间，准备货物短运、上站、报关报检工作以及需返运设备的暂时出口货物手续。

货物报关后，凭编制好的国际货协运单向车站请报日装车计划。车站货运室根据货物情况请上级货运调度批准后，即可配车发运。

装车时，已报关货物，需在国际货协运单加盖海关监管戳记。如不在发车站报关而在边境口岸站报关，则只需按规则填写运单后，即可发送。由国境站海关报关查验后在国际货协运单加盖海关监管戳记交接出境（货物出口后，边境口岸海关返回发车站海关货物出境回执）。

按报请批准的装载加固方案进行装车和加固工作。

需押运的货物准备押运人员，办理押运手续。押运规定每组两人，需穿着规定押运服装，持押运证（一般押运费为每人公里 1 元）。

装车后交纳运费。车辆应于当日 18 时前开出，车站货运室在第二日将加盖车站戳记的国际货协运单第三联发还。发车站海关在收到边境口岸海关返回出境回执后，返回核销单等报关单证。

三、出口货物在口岸车站的交接及境外运输

（一）口岸车站的交接

1. 确定稳妥可靠的口岸代理公司，负责办理口岸交接手续，内容如下：

（1）到达车辆的车站交接手续；

（2）海关需随机查验的货物的卸货、拆箱检验；

（3）出口车、箱的检疫和检疫费用交纳；

（4）需口岸报关货物的报关、报检；

（5）代理运输变更申请、进口货物的发运；

（6）通知国外段代理接货：提前通知签有代理协议的境外铁路运输代理公司做好接货的准备，需要换装铁路车辆的货物，安排在接运国口岸站的换装场换装作业。

2. 对于特殊货物的交接，比如，鲜活商品、易腐、超重、超限、危险品等货物，则按合同和有关协议的规定，负责具体的交接方法和手续。

3. 代理办理报关、报验。如果货主委托在国境站办理出口货物的报关，要在货物发运前，把内容准确、详细，并与货物、运单及其他单证记载相符的报关委托书交付给口岸代理。

4. 需办理商品检验的货物，要向产地商品检验局办理商品检验手续，以确定品质、规格、重量和体积，并取得商品检验证书或工厂出具的检验证书或商检换证凭条。

5. 对于出境货物包装，应注意木制包装材料和托架，尽量不使用或少使用。否则都要有商检部门的熏蒸证明和熏蒸戳记。上述检验和检疫证书，须在发站托运货物时，同运单、报关单一并随车同行，并在国境站由海关凭有关检验部门签发的证书执行监管，查证放行。如在国境站办理商检熏蒸，则要花费更多时间和费用。

6. 货运事故的处理。国际联运出口货物在运输途中的事故，应有专职人员负责跟踪和处理，国际联运出口货物在国境站换装交接时，如发现货物短少、残损、污染、湿损、被盗等事故，国境站的货运代理人应会同铁路查明原因，分清责任，分别加以处理。提请铁路编制商务记录，并由国境站货运代理人负责协调。

国际联运出口货物在到达站交付时，如发现货物短少、残损、污染、湿损、被盗等事故，应提请收货人立即向车站申报查明原因，编制商务记录（商务记录是在国际铁路联运中事故处理和保险索赔的法律文件）。

（二）境外运输

1. 根据货物品种、规格和到达国家地区，选择合适的境外运输。在《国际货协》参加国家，必须是在国家主管部门和铁路当局注册的运输公司才能从事外贸和过境运输业务。

2. 负责口岸接货、换装、单证交接等问题的办理工作。

3. 负责境外各过境国、到达国铁路运费交付。

4. 负责各过境国边境口岸交接及问题协调工作。

5. 境外运输的交货条款应是到达车站车板交货，境外运输不负责卸货事宜，也可以委托代理负责卸货，但代理费用太高。

（三）运输期限

国际铁路货物联运的运到期限，根据货物发站至到站的实际运送全程确定。国际铁路货物联运

的运输时间规定为：每日 200 公里（目前，我国铁路货物运输时间已提高到每日 350 公里。但在国际运输中是按 200 公里/日计算运输时间）。

1. 发送时间：接货报关 2 日。装车发运 1 日；

2. 运送期间：每 200 运价公里为 1 日（不足 1 日按 1 日算）；

3. 国境口岸：交接时间 2 日；

4. 运送超限货物时，运到期限（算出整天数后）延长 100%；

5. 实际运到期间从承运货物的次日零时起算（不足一天按一天算），到铁路通知收货人货物到达和可以将货物交给收货人处理时止。如承运的货物在发送前需预先保管，则运到期间应从指定装车的次日零时起算。货物装车日期，以运单中加盖的发站日期戳为准。

6. 下列时间应延长运到期限（《国际货协》十四条六项）：

（1）在国境站上将货物换装到其他轨距的车辆，更换车辆轮对和用轮渡渡送车辆时，运到期限延长 2 昼夜。运送超限货物时，运到期限延长 100%。

（2）为履行海关和其他规章所需的滞留时间。

（3）在发运或继续运送中非因铁路的过失而造成的暂时中断运输的时间；因变更运送合同而发生的滞留时间；因检查货物而发生的滞留时间；因牲畜饮水、遇放或兽医检查而造成的站内滞留时间；由于发货人的过失，造成货物装载的整理所需的滞留时间。

（四）货物到达交付

根据《国际货协》第三章"运输合同履行"第十七条"货物的交付、货物的查询"第一项的规定："货物到达到站，收货人向铁路付清运单所载的一切应付的运送费用后，铁路必须将货物、运单正本和货物到达通知单（运单第 1 联和第 5 联）交付收货人；收货人必须支付运送费用并领取货物"。

在《国际货协运单》第 5 栏（收货人栏）中，收货人是收货国家的法人或自然人，在货物运抵到达站，到达车站通知收货人后，国际货协运单的记载收货人在确认收货人身份、在向车站交付到达国铁路车站的一切费用后，即可领取货物和相应单证，并据此报关。

货物在到达目的车站后，国际货协运单的记载收货人在付清到站费用后，即可把货物提走。货主、发货人、运输代理人都无权对货物的交付做出指示和控制货权。

（五）有关联运出口货物交接中的几个问题

1. 联运出口货物单证资料的审核

审核出口货物单证是国境站的一项重要工作，它对正确核放货物，纠正单证差错和错发错运事故，保证出口货物顺利交接具有重要的意义。

出口货物运抵国境站后，交接所应将全部货运单证送外运分公司进行审核，外运分公司作为国境站的货运代理公司，在审核单证时，要以运单内容为依据，审查出口货物报关单、装箱单、商检证书等记载的内容和项目是否正确、齐全。如正确无误，则可核放货物，做到差错事故不出国。例如，出口货物报关单项目有遗漏或记载错误，或份数不足，应按运单记载内容进行订正或补制；运单、出口货物报关单、商检证书三者所列项目如有不符，有关运单项目的订正或更改，由国境站联系发站并按发站通知办理；需要更改或订正商检证书、品质证明书或动植物检疫证书时，应由出证单位通知国境站出入境检验检疫所办理；海关查验实货，如发现货物与单证不符，需根据合同和有关资料进行订正，必要时应联系发货人解决。总之，国境站外运分公司在订正、补制单据时，只限于代发货人缮制单证，而对运单内容和项目，以及商检证书、品质证明书、检疫证、兽医证等国家行政管理机关出具的证件，均不代办订正或补制。

出口货物单证经复核无误后，应将出口货物报关单、运单及其他随附单证送海关，作为向海关申报和海关审核放行的依据。

2. 报关、报验等法定手续的办理

铁路联运出口货物报关，由发货人委托铁路在国境站办理。发货人在货物发运前，应填制出口货物报关单，作为向海关申报的主要依据。

出口货物报关单格式由我国海关总署统一制定。发货人或其代理人需按海关规定逐项填写，要求内容准确、详细，并与货物、运单及其他单证记载相符。字迹要端正、清晰，不可任意省略或简化。对于填报不清楚或不齐全的报关单，以及未按海关法的有关规定交验进出口许可证等相关单证者，海关将不接受申报。对于申报不实者，海关将按违章案件处理。

铁路发站在承运货物后，即在货物报关单上加盖站戳，并与运单一起随货同行，以便国境车站向海关办理申报。

需办理检验检疫的货物，要向当地出入境检验检疫部门办理检验检疫手续，取得证书。

上述各种证书在发站托运货物时需连同运单、报关单一起随车同行，在国境站由海关执行监管，查证放行。

3. 联运出口货物的交接方式

货物交接可分为凭铅封交接和按实物交接两种情况。

凭铅封交接的货物，双方铁路根据铅封的站名、号码或发货人简称进行交接。交接时应检查封印是否有效或丢失，印文内容、字迹是否清晰可辨，同交接单记载是否相符，车辆左、右侧铅封是否一致等，然后由双方铁路凭完整铅封办理货物交接手续。

按实物交接可分为按货物重量交接、按货物件数交接和按货物现状交接三种方式。按货物重量交接的，如中朝两国铁路间使用敞车、平车和砂石车散装煤、石膏、焦炭、矿石、熟矾土等货物；按货物件数交接的，如中越两国铁路间用敞车类货车装载每批不超过 100 件的整车货物；按货物现状交接的，一般是难以查点件数的货物。

在办理货物交接时交付方必须编制货物交接单。没有编制交接单的货物，在国境站不得办理交接。

4. 联运出口货运事故的处理

货物发生短少、残损、污染、湿损、被盗等事故，国境站外运分公司应会同铁路查明原因，分清责任，分别加以处理。由于铁路原因造成的货物残损、短缺，要提请铁路编制商务记录，并由铁路负责整修。整修所需包装物料由国境站外运分公司根据需要与可能协助解决，但费用由铁路承担；由于发货人原因造成的事故，在国境站条件允许的情况下，由国境站外运分公司组织加工整修，但需由发货人提供包装物料，负担所有的费用和损失。因技术条件限制，无法在国境站加工整修的货物，应由发货人到国境站指导，或将货物返回发货人处理。

5. 国际铁路货物联运出口货物的交付

国际联运出口货物抵达到站后，铁路应通知运单中所记载的收货人领取货物。在收货人付清运单中所记载的一切应付运送费用后，铁路必须将货物连同运单交付给收货人。收货人必须支付运送费用并领取货物。收货人只有在货物因毁损或腐坏而使质量发生变化，以致部分货物或全部货物不能按原用途使用时，才可以拒绝领取货物。收货人领取货物时，应在运行报单上填记货物领取日期，并加盖收货戳记。

四、进口货物运输和运送工具、空容器的返回

（一）国际铁路联运进口货物运输与出口货物运输货物与单证的流程

国际铁路联运进口货物运输与出口货物运输在货物与单证的流转程序上基本相同，只是在流转方向上相反。国际联运进口货物运输与出口货物运输相同的部分不再重述，这里仅就不同的部分和需要特别说明的情况进行阐述。

国际铁路联运进口运输计划申报和运单填制时，应注意，到站应是中国境内实际到站（如北京东站、上海西站等）而不能填写中国的国境站（如满洲里站、二连站等），否则，按国际货协运单到站满洲里，则认为一票运输结止，应在满洲里车站卸货、清关后，再申请国内运输计划装车发往国内实际到站，接收国铁路原则上不允许在国境站接受货物，而国境站发往国内运输计划十分难申请，会增加很多环节和费用。

（二）进口货物发运前的准备工作

1. 运输标志又称唛头（Mark）

运输标志的作用是为承运人运送货物提供方硬，便于识别货物，便于装卸，便于收货人提货。唛头必须绘制清楚醒目，印制在货物外包装显著位置。运单填制需在"收货人"栏内准确填制收货人名称、地址、合同号及联系方法。

2. 在签订国际联运进口贸易合同运输条款应注意的问题

（1）货物数量要注意，一张运单的重量和件数应符合《国际货协》的规定，必要时还应订明溢短装条款。

（2）审核货物到达路局和车站的名称，货物数量和品种要符合到站的办理种别。

（3）合同中明确注明经由国境站。

（4）对于需要押运的货物，要在合同中具体订明。

（5）对于超限、超长、超重货物，合同中应规定发货人向发送铁路提供必要的资料，商定有关国家铁路同意后发运。

（6）各进口单位对外签订合同后，要及时将合同资料寄给货物进口口岸的货运代理人一份这些合同资料包括：合同的中文副本及其附件、补充书、协议书、变更申请书和有关函电等。其内容有：合同号、品质、规格、数量、单价、经由口岸、到达路局、到达车站、完整的收货人唛头、包装和运输条件等。如果是口岸报关，口岸代理单位应事先为进口公司在口岸海关注册备案。如改变货物的经由口岸时，有关进口公司须将改正后的有关合同资料，寄给新的经由口岸的货运代理机构一份，并通知原经由口岸注销合同资料。

（三）外贸物流联运进口货物发运工作，是由国外发货人根据合同规定，向该国铁路办理办理发运的手续有三种

1. 参加《国际货协》或采用《国际货协》规定的国家铁路向我国发运进口货物时，国外发货人向该国铁路办理发运的一切手续，均按《国际货协》和该国国内铁路规章办理。

2. 从未参加《国际货协》并且不采用《国际货协》规定的国家的铁路向我国发运进口货物时，通常由发货人通过发送国铁路将货物办理至《国际货协》第一个过境路（或采用《国际货协》规定的铁路）的进口国境站，然后委托该国境站的代理人再把货物发往我国最终到站。

3. 海运货物通过参加《国际货协》的过境铁路港口向我国发送时，可委托港口站的收转人办理

转发送，并从该港口站起，用《国际货协运单》完成全程运送。

（四）进口货物在国境站的交接与分拨

1. 进口货物的交接

进口货物的交接程序与出口货物的交接程序基本相同

进口货物的交接程序与出口货物的交接程序具体做法是：进口国境站有关单位根据货车预报和确保做好检查准备工作，货车到达后铁路会同海关接车，然后两国国境站交接所根据交接单，办理货物和车辆的现场交接，我国进口国境站交接所通过内部联合办公做好单据核放、货物报关验关工作，然后由铁路负责将货物调往换装线，进行换装作业，并按流向编组向国内发运。

2. 进口货物的核放

进口合同资料是核放货物的依据，也是纠正货运错乱的重要资料。口岸货运代理机构在收到合同资料后，如发现内容不齐全，有错误，字迹不清，应迅速联系有关单位修改更正。进口货物抵达国境站时，根据合同资料对各种运输单证进行审核，只有单、证、票、货完全相符，才可核放货物。

3. 口岸货运代理人的工作

口岸货运代理人的工作除负责上述工作外，还要负责进口货物的报关、报检，发运、缴纳运费和换装费，并负责进口货物的关税、增值税缴纳。

（五）运送工具和空容器的返回

发货人在发运国际联运货物时，在发运站使用发运路的运送工具（篷布、粮谷挡板、运送牲畜或水果用的车门栅栏、钢丝绳、炉子、铁制拴马棒等）随同货物运往到站或换装站时，发站应按车辆使用规则格式编制运送工具寄送单随同运送工具直至返还所属路，寄送单号码应在运单"货物名称"栏注明。

如发货人希望将不属于铁路的运送用具或空容器从到站返还发站时，应在运单"对铁路无约束效力的记载"栏内注明运送用具或空容器应予返还进口国境站海关填发运送用具或空容器返还运送证明书，证明书附在运单上交给收货人。收货人凭该证明书有权从货物到达站之日起三个月内返还。返还时应经原经由的国境站，运送费用照收。

（六）联运进口货物交接中的几个问题

1. 进口货物的审核

进口合同资料是国境站核放货物的唯一依据，也是纠正并处理进口货物在运输中出现错乱的重要资料。口岸外运分公司在收到合同资料后，如发现内容不齐全、有错误、字迹不清，应迅速联系有关进出口公司修改更正。

联运进口货物抵达国境站时，口岸外运分公司根据合同资料对各种货运单证进行审核，只有单、证、票、货完全相符，才可核放货物。通常联运进口货物货运事故有以下几类：合同资料与随车单证不符；单证与货物不符，包括有票无货，有货无票；货物错经国境口岸；货物混装、短装或超过合同规定的数量；货物不符《国际货协》规定，铁路拒收等。

对上述情况，口岸外运分公司应本着以下原则处理：因铁路过失造成的，联系铁路处理；因发货人过失造成的，根据合同资料和有关规定认真细致地查验货物，确有可靠依据的可予以纠正，否则联系有关公司处理。

2. 联运进口货物变更到站和变更收货人的工作

国际铁路联运货物，根据发货人和收货人的需要，可以提出运输变更。运输变更申请应由发货人或收货人提出。

联运进口货物变更到站、变更收货人时，首先应通过有关进出口公司向国外发货人提出。在国外发货人不同意办理变更时，可向国境站外贸运输机构申请，在国境站办理变更。联运进口货物变更的受理，应在货物到达国境站前。如由收货人申请变更到站和收货人，则只可在货车开至进口国境站且货物尚未从该站发出时提出变更。

3. 联运进口货物的分拨与分运

对于小额订货（具有零星分散的特点）、合装货物和混装货物，通常以口岸外运分公司作为收货人。因此，在双方国境站办妥货物交接手续后，口岸外运分公司应及时向铁路提取货物，进行开箱分拨，并按照合同编制有关货运单证，向铁路重新办理托运手续。在分运货物时，必须做到货物包装牢固，单证与货物相符，并办清海关申报手续。

如发现货损、货差，属于铁路责任的，必须由铁路出具商务记录。如属发货人责任，由各有关进出口公司向发货人提出赔偿。

五、运输合同的变更

（一）运输合同的变更权

国际联运货物在发站承运后或运送途中，由于贸易合同的改变或其他原因，可以提出变更运输合同。运输合同的变更权属于发货人以及收货人。发货人和收货人可以各自变更一次运输合同。

（二）运输合同的变更范围

1. 发货人对运输合同可做下列变更：在发站将货物领回；变更到站，此时，在必要的情况下应注明变更运输合同后货物应通过的国境站；变更收货人；将货物返回发站。

2. 收货人对运输合同可做下列变更：在到达国范围内变更货物的到站；变更收货。

（三）运输合同的变更时限

发货人的运输合同变更权，从收货人收到运单时起，或从货物到达到达路进口国境站时起，即告终止。收货人申请变更运输合同时，应将申请书提交给到达路的进口国境站，可不提交运单副本。

收货人只可在到达国进口国境站、且在货物尚未从该站发出时，根据《国际货协》办理运输合同的变更。如货物已通过到达的进口国境站，则收货人只能按到达路现行的国内规章办理运输合同的变更。我国铁路规定：在我国发运国际铁路联运货物，发货人的变更只能在货物列车未从我国国境站发出前。

（四）运输合同变更的规定和手续

1. 变更运输合同时，不准将一批货物分开办理。

2. 发货人申请变更运输合同时，应对每批货物单独填写一份申请书，同时将申请事项记入运单副本的"货物名称"栏内，并将运单副本和申请书一并提交给发站。而收货人则提交到达国进口国境站。接收申请站应在运单副本发货人申请事项下加盖日期戳记，并由受理申请书的车站工作人员签字，然后将运单副本退还申请人。

3. 发货人应根据《国际货协》的规定，填写运输合同变更申请书。

4. 发站或货物已通过的国境站，根据发货人关于变更运输合同的申请事项，用电报通知中途站以及到站，电报费用由发货人负担。在这种情况下，对于电报中发货人申请事项的一切谬误之处，铁路概不负责。

（五）铁路只有在下列情况下，才有权拒绝变更运输合同或延缓执行这一变更

1. 应变更运输合同的到达路车站，接到申请书或到站的电报通知后无法执行时；

2. 可能违反铁路运营管理时；

3. 与参加运送铁路国家的国内法令或规章有抵触时；

4. 变更到站后，货物的价值不能抵偿运到新到站的一切预期费用时，但能立即交付或能保证这种费用款额时除外。在以上所载明的情况下，铁路应将不能变更运输合同的阻碍事项，尽可能立即通知发货人或收货人。

（六）变更运输合同时，运送费用的计算和核收

1. 对变更运输合同，应核收费用，费用应按变更运输合同的铁路现行国内规章计算，并根据规定核收。包括不是由于铁路的过失而由于变更运输合同造成的货物运送或交付延迟，则延迟时间的杂费、罚款和其他费用。

2. 如货物应在中途站交付，则运送费用只计算和核收到该站为止。但如货物已通过了新到站的返运费、货物应发往原到站以外的新到站所增加的运送费用、货物返还发站的返运费，应分别计算，并向发货人核收。

六、外贸物流铁路货物联运的商务记录

在国际铁路货物联运中，运输途中货物发生的货丢、货损、单据丢失、包装损坏、货物变质等，由事故发现车站填制的"商务记录"是具体分析事故原因、责任和请求赔偿的基本文件，是铁路责任事故赔偿和保险索赔的有效律文件。可以说，是在国际铁路货物联运这种单一运输形式、长距离运输过程中，对于货物运输损失和判定责任的唯一合法文件。因为只有承担"连带责任"的铁路车站才是唯一有能力、有责任判定事故货损失和责任的机构。

有些货主和代理人往往不知道或忽视这一点，造成事故处理时的麻烦和被动。现就国际铁路货物联运中商务记录的提出、制作和注意事项做简要说明。

（一）《国际货协》关于"商务记录"的规定 《国际货协》第十八条规定：在货物运送中或交付时，铁路对货物状态、重量、件数，以及是否有运单进行检查，遇有下列情况之一者，均应写商务记录

1. 货物全部或部分灭失、重量不足、腐坏或因其他原因降低质量；

2. 运单中所记载的货物名称、重量、件数和其他事项同实际货物不符；

3. 有票无货、有货物票或运单缺页；

4. 运单中所记载的发货人运送用具没有或短少；

5. 在国境站换装时发现货物容器或包装不良；

6. 遇有国内《铁路货运事故处理规则》第八条第二、三款规定的情况和事故货物在国内段回送时。

（二）商务记录是运输事故、逾期和提出赔偿及商务条款的法定文件

运输途中，各车站、国境交接站和到达站在发现运输货物异常时，都必须填写商务记录，在到

达站收货人在发现货物有不良现象时，也应向到达站提出编制商务记录。

在提取货物后，发现不良现象，比如，到达路现行的国内规章允许在货物交付收货人后编制商务记录，则在货物交付后收货人也可有权向到站提出；对于在货物交付时通过外部检查不能发现的，属于第一项所载的某种不良现象编制商务记录。收货人在其查明货物不良现象后应立即向到站提出，和不迟于货物交付后的三昼夜向到站提出。在编制商务记录前，除必须防止不良现象扩大外，收货人不应改变货物状态。在将车辆、集装箱、汽车、拖拉机和其他自轮运转运行机器交付收货人之后，收货人应将取下的封印交给到站。

（三）到站在下列情况下可以拒绝编制商务记录

1. 到达国铁路现行的国内规章不允许在货物交付后编制商务记录时；
2. 收货人在其查明不良现象后未立即和未在货物交付后三昼夜内向到站提出时；
3. 收货人不是为了必须防止货物不良现象扩大而改变了货物状态时；
4. 所述不良现象不在国际铁路货物联运过程中发生的；
5. 货物重量短少未超过《国际货协》所指的标准时；
6. 收货人未将从车辆、集装箱、汽车、拖拉机和其他自轮运行机器上取下的封印交给到站时；
7. 商务记录应由铁路在运送途中或在到站发现运送状态不良后立即编制，商务记录应由铁路按每批货物单独编制。

（四）商务记录的填写

商务记录由车站（途中站、国境站、到达站）认真按照"国际客协/国际货协商务记录填写说明"编制。编制商务记录的车站必须在运单"商务记录"栏内填写该栏规定的所有事项，并由车站工作人员签字和加盖车站日期戳证明。

商务记录由车站负责人签字，在到站编制商务记录时，还应由收货人或其授权领取货物的人员签字。如收货人不同意商务记录中的记载，则在到达路现行的国内规章允许时，可将对该记载的意见记人商务记录。

（五）商务记录的文字

1. 商务记录用纸，用编制记录国家的语文及铁组正式语文（中、俄文）中的一种或两种印刷。
2. 商务记录用编制记录国家的语文填写。由出口国境站负责将商务记录中记载的事项译成铁组两种正式语言（中文、俄文）中的一种。
3. 在贸易条款和保险条款签订时注意，国际铁路联运商务记录只用编制车站所在国家语文和《国际货协》工作语文（中文、俄文）编制。承运铁路无义务用英文或其他文字填写商务记录，所以，在贸易和保险条款中应说明这一点。

七、铁路责任的赔偿

（一）《国际货协》铁路责任

1. 不论铁路负有何种责任，其赔偿损失的款额，在任何情况下，均不得超过货物全部灭失时的款额。
2. 铁路的免责情况
（1）由于铁路不能预防或不能消除的情况。

（2）由于货物质量不符合要求，或由于货物的特殊自燃性质，以致引起自燃、损坏、生锈、内部腐坏和类似的后果；由于货物的自然特性致使的自然减量。

（3）由于发货人或收货人的过失或由于其要求和由于发货人或收货人装车或卸车的原因所造成的损失。

（4）由于使用不适于运输的车辆或集装箱、在承运货物时无法从其外表发现货物容器或包装的缺陷；由于货物没按规章要求的容器或包装，发货人用不正确、不确切或不完全的名称托运不准托运物品和托运应按特定条件承运的货物，以致在运输途中无法保证货物的完整性。

（5）对有包装的货物，件数完全和容器或包扎完整而重量短少时；对无包装、无容器的货物，交付时件数齐全，无触及货物的外部痕迹而重量短少时；对于装入车辆或集装箱货物，交付时封印完好而货物件数或重量短少；对于加封的汽车、拖拉机和其他自轮运行的机器向收货人交付时，如发货人的铅封完整而上述加封的机器中能拆下零件和备用零件短少时，则铁路概不负责。

（6）发生雪（沙）害、水灾、崩陷和其他自然灾害，按照有关国家铁路中央机关的指示，期限在 15 天内；对延迟时间不负责任。发生其他致使行车中断或限制的情况，按照有关国家政府的指示。

3. 货物重量不足的责任范围关于货物在运送中，因其本身的特殊性质发生自然减量时，不限货物的行径里程，铁路只对超过自然减量标准的减量部分负责。

（二）铁路责任的赔偿

1. 货物全部或部分灭失的赔偿额

（1）如根据协定的规定，对全部或部分灭失的货物铁路应予赔偿时，这项赔偿额应按外国供货者账单或按这项账单摘录所列的价格计算。所凭账单摘录需按赔偿请求国规定的办法进行签认。如不能按上述办法确定全部或部分灭失的货物价格时，则货物的价格应由国家鉴定机关确定。

当声明价格的货物全部或部分灭失时，铁路应按声明价格，或相当于货物灭失部分的声明价格的款额给予赔偿。未声明价格的家庭用品全部或部分灭失时，铁路应按每公斤 6 瑞士法郎给予赔偿。

（2）除本条第一款规定的赔偿外，灭失货物或灭失部分货物的运送费用、海关费用和因运送发生的其他费用，如未算人货物价格内时，均应予以偿还。

（3）货物毁损时，铁路应支付相当于货物价格减低额的款额，不赔偿其他损失。本条赔偿额不应超过下列款额：如因毁损以致全批货物减低价格时，不应超过全部灭失赔偿额；如因毁损仅使该批货物的一部分减低价格时，不应超过减低价格部分的灭失赔偿额。

2. 货物运到逾期时的赔偿额

（1）铁路应按造成逾期铁路的运费，向收货人支付按逾期时间比例数额的罚款，最多不超过运费的 30%。逾期罚款的数额，应根据货物总运到期限所算出的逾期时间确定。

（2）对货物全部灭失予以赔偿时，不得要求运输逾期规定的罚款。

（3）如运到逾期的货物部分灭失时，应对货物的未灭失部分，支付逾期罚款。如运到逾期的货物毁损时，除规定的赔款额外，还应加上运到逾期罚款。

（4）货损规定的款额，不应超过货物全部灭失所应赔偿的总款额。

（5）自铁路通知货物到达和可以将货物移交给收货人处理时起，一昼夜内如收货人未将货物领出，即失去领取货物运到逾期罚款的权利。

（三）赔偿请求和诉讼时效

1. 赔偿请求

（1）发货人和收货人有权根据运送合同提出赔偿请求，赔偿请求应附有相应根据并注明款额，以书面方式由发货人向发送路，收货人向到达路提出赔偿请求应按每批货物分别提出。

（2）关于退还按运送合同所付款额的赔偿请求，只限这项款额的支付人向核收这项款额的铁路提出。

（3）如一张运单的赔偿请求额少于 23 瑞士法郎，则不得提出赔偿请求，也不予满足。如提出的赔偿请求额等于或超过 23 瑞士法郎，而经审查后承认的应赔款额少于 23 瑞士法郎，则这项赔款也不付给赔偿请求人。

（4）向铁路提出赔偿请求时，应按下列规定办理：

货物全部灭失或货物部分灭失、毁损或腐坏时：由发货人或由收货人提出，同时须提出国际货协运单副本运单和铁路在到站交给收货人的商务记录。

货物运到逾期时：由收货人提出赔偿请求，同时还须提出国际货协运单。

多收运送费用时：由发货人按其已交付的款额提出，同时还须提出国际货协运单副本或发送路国内规章规定的其他文件；或由收货人按其所交付的运费提出，同时需提出国际货协运单。

在赔偿请求书上，除运单或运单副本外，还须添附商务记录、能证明灭失或毁损的货物价格的文件，以及能作为赔偿请求依据的其他文件。

2. 赔偿请求的时限

（1）铁路自提出赔偿请求之日（此日应以发信邮局戳记或铁路在收到直接提出的请求书时出具的收据为凭）起，必须在 180 天内审查这项请求，并答复赔偿请求人，在全部或部分承认赔偿请求时，支付应付的款额。

（2）根据运输合同向铁路提出的赔偿请求和诉讼，以及铁路对发货人或收货人关于支付运送费用、罚款和赔偿损失的要求和诉讼，可在九个月内提出；但货物运到逾期的赔偿请求和诉讼，应在两个月内提出。

3. 赔偿请求与诉讼

凡有权向铁路提出赔偿请求的人，即有权根据运送合同提起诉讼。只有提出赔偿请求后，才可提起诉讼。如铁路未遵守规定的赔偿请求审查期限，或铁路在上述期间内通知请求人全部或部分拒绝赔偿请求时，则有起诉权的人才可对受理赔偿请求的铁路提起诉讼。

诉讼只可向受理赔偿请求铁路的国家适当法院提出，我国《铁高法 86-2 号文件》和《最高法院法（交）发（1990）8 号通知》规定：有关"国际铁路联运合同纠纷案件"是铁路运输法院的管辖范围。起诉法院应为该批货物进出境国境车站所在地的铁路中级法院。

第二节　外贸物流多式联运实务

一、外贸物流多式联运基础

（一）外贸物流多式联运概述

1. 外贸物流多式联运概念

外贸物流多式联运，即国际货物多式联运（以下称国际多式联运），根据 1980 年《联合国国际货物多式联运公约》的规定：国际货物多式联运是指按照多式联运合同，以至少两种不同的运输方式，由多式联运经营人将货物从一国境内接管货物的地点运至另一国境内指定交付货物的地点。为履行单一方式运输合同而进行的该合同所规定的货物接送业务，不应视为国际多式联运。

根据以上定义，可知国际多式联运必须满足以下基本条件：

（1）至少采用两种运输方式国际多式联运必须是以至少两种不同的运输方式连续进行的运输。严格来讲，这里所称的运输方式是指铁路、公路、水路、航空、管道五种运输方式。

（2）至少涉及两个国家。国际多式联运是国家（地区）之间的货物运输，即国际多式联运的接管货物地点和交付货物的地点应位于不同的国家（地区）。

（3）具有一个多式联运合同。多式联运合同是多式联运经营人与托运人/收货人之间权利、义务、责任与豁免的合同关系和运输性质的确定。实践中经常出现一份多式联运单据。

（4）多式联运经营人负责货物全程运输。多式联运经营人（multimodal transport operator，MTO）是订立合同的当事人，也是多式联运单证的签发人。他是"本人"，而非托运人或实际承运人的代理人。多式联运经营人对货物的全程运输承担责任。

2. 外贸物流多式联运的运营条件

（1）人力资源。从事国际多式联运业务的人员，应掌握国际货运代理、国际多式联运、国际物流管理等基本专业知识，并根据岗位不同，具备相应的能满足岗位需要的专业技能和经验。

（2）经营网络。国际多式联运经营人拥有能覆盖其业务范围、满足客户需要的经营线路和经营网络。

（3）设施设备。国际多式联运经营人应拥有必要的运输设备，尤其是场站设施和短途运输工具，同时更应与有关的实际承运人、场站经营人建立长期合作关系，以通过整合其运输资源，设计出满足客户需要的多式联运方案。

（4）管理制度。多式联运经营人应具有多式联运服务管理制度，包括多式联运合同、多式联运单据、多式联运费用制订与结算、服务质量跟踪与考核、服务作业流程控制等管理规定和管理方法。

（5）信息系统。国际多式联运经营人应拥有稳定、可靠，适应多式联运业务要求的信息系统，并能为客户提供及时、准确、可靠的信息服务。

（二）外贸物流多式联运的发展趋势

综观当今世界多式联运的发展，主要呈现以下趋势：

其一，多式联运经营人向多元化方向发展。作为多式联运经营人，其前身大多是大型国际货运代理企业或大型船公司，为了扩大服务范围，提高服务质量，已开始从单一的货运代理业务或海运业务向多元化方向发展。例如，一些国际货运代理企业除经营传统的货运代理业务外，还以贸易商的身份从事国际贸易业务，以无船承运人身份承接运输业务和多式联运业务，成为多种业务的联合体。又如，一些船公司在传统的海运业务的基础上，不断向陆上业务拓展，参与代理业、陆运服务业的经营，并组织多式联运，呈现了多元化发展的趋势。

其二，多式联运的业务范围不断扩大。为了开展多式联运的需要，多式联运经营人不断把业务向海外扩张，在世界各地物资集散地建立分支机构或代理网点，扩充并完善其服务网络，为货主提供更大的服务空间。在当今经济全球化的形式下，尤其是跨国公司在世界范围内资源优化配置的需求下，多式联运已从发达国家向发展中国家渗透，其业务范围呈现不断扩大的趋势。

其三，多式联运向现代物流领域拓展。以集装箱运输为基础的多式联运，在现代物流中已越来越呈现其独特的优势，不仅是现代物流不可缺少多式联运，而且许多多式联运经营人已充分认识到现代物流的重要性，纷纷加入或经营现代物流业，从而成为现代物流的一支重要力量。

二、外贸物流多式联运组织模式

外贸物流多式联运主要组织模式概述

外贸物流多式联运必须是两种或两种以上不同运输方式组成的连贯运输。从运输方式的组成看，理论上多式联运的组织形式包括但不限于海—铁；海—空；海—公；铁—公；铁—空；公—空；海—铁—海；公—海—空类型（如图6—1所示）。目前，大多数多式联运仍需在不同运输方式之间进行换装作业，但也出现了货物中途无换装作业的多式联运组合形式，比如，驼背运输、滚装运输、火车轮渡等。

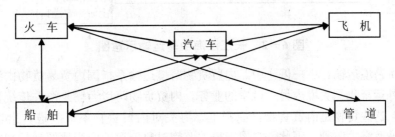

图6—1　外贸物流多式联运服务可能的组合方式

各种运输方式因技术经济特征不同而导致其业务流程独具特色，因而，多式联运组合形式不同，其业务流程也会有所不同。

1. 以海运为核心的多式联运

以海运为核心的多式联运主要包括公海联运、海铁联运、火车轮渡、滚装运输等。由于内河与海运在航行条件、船舶吨位、适用法规上有所不同，因此，江海联运、载驳运输/子母船运输往往也视为多式联运。

（1）海铁联运。海铁联运具有快速、安全、运能大、成本低等突出优势，成为当今国际上多式联运的重要模式。目前，加拿大、澳大利亚集装箱海铁联运量一般占总量的30%以上。但我国海铁联运发展缓慢，在我国集装箱多式联运中，海铁联运的比重很低，仅占约1.5%。

（2）江海联运与载驳运输。由于江海联运在经济上不仅可以减少费用，降低损耗，而且可以扩张港口腹地，吸引众多货源；在操作中也可以减少运输环节，驳船次数，节省重复且无意义的卸货载货人力物力。因而，伴随着近年来我国水路运输的强劲发展，无论是在政府层面，还是在企业层面，发展江海联运都已经成为一种共识，并且，长江、珠江等国内几大内河水系纷纷探求对策，寻找方案。

①长江江海联运与载驳运输。目前长江江海货物运输的方式，大体有三种：

第一种是江海直达运输，即使用江海两用船，运送途中无须中转换装，称为直达运输。第二种是使用载驳运输/子母船运输。在海上航行时，将专用子驳积载在母船上，到河口将载货子驳卸入内河，然后由推船或拖船牵引子驳，将货物运到内河港口或货主指定的卸货地点。江海直达驳运输，就是海段和江段都用的是顶推船或拖船带动驳船进行货物的运输，在下游的某一个港口进行重新编组。第三种江海联运，也称江海中转运输。即使用河船和海轮分段运输。由海船和内河船分段完成海上和内河运输任务，货物在河口港进行海船与内河船之间的换装作业。由于水深及港口码头接卸能力等因素的限制，一般大吨位的海轮难以直接进入长江中游，必须经中转。以近洋航线的进口运输为例：几十万吨级的海轮航行至宁波北仑港时换成万吨级的小型海船，然后航行至长江下游港口，诸如：上海、南通、江阴、镇江等，再将货物卸至中转港的堆场等待装货的内河船舶，货物装入内河船或长江大型分节驳顶推船队后再运送至长江沿线中、上游指定港口（参见图6—2）。此种运输方式即为人们所熟知的传统的江海三程中转运输,俗称江海联运。

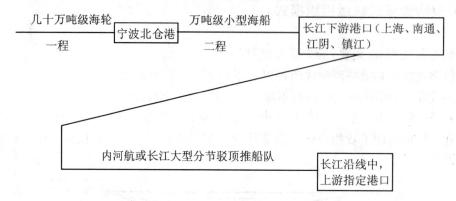

图6-2 长江江海中转运输示意图

②黑龙江内贸跨境运输:中—俄—中。内贸货物跨境运输系指国内贸易货物由我国关境内一口岸启运,通过境外运至我国关境内另一口岸的业务。内贸货物跨境运输是海关传统监管业务的新发展。从本质上看,这些货物是内贸货物,原则上,海关对内贸货物不征收进、出口关税及其他税费。但其进出境涉及海关监管,因此,它属于海关监管对象,海关应当比照现行规定予以监管。内贸货物跨境运输具有以下特点:限口岸和运输路线、限参与企业、限货物范围及运输方式、接受海关监管并实行专项管理、人民币结算。

据测算,牡丹江经绥芬河、海参崴到上海的陆路运输缩短820公里,比牡丹江经大连中转到上海缩短90公里。牡丹江经绥芬河、海参崴到广州比牡丹江直接到广州的陆路运输缩短1 100公里,比牡丹江经大连中转到广州缩短900公里。

(3)火车轮渡与滚装运输。火车轮渡与滚装运输均是一种特殊的海铁联运与公海联运方式。

①火车轮渡。火车轮渡是指以装载旅客或货物的火车作为一个运输单元,由火车司乘人员驾驶直接驶上、驶离船舶进行的运输。借助于火车轮渡可实现"铁路—海运—铁路"多式联运,因而,这种模式既可因节省大量货物在装卸港的上装下卸而缩短了货物的在途时间,又在很大程度上弥补了传统水路运输的不足,当然,火车轮渡仍然没有摆脱水运的特点,仍然要受轮船航速和装卸时间的限制。

②滚装运输。滚装运输是指以一台不论是否装载旅客或货物的机动车辆或移动机械作为一个运输单元,由托运人或其雇佣人员驾驶直接驶上、驶离船舶进行的运输。

通常所称的"浮动公路"运输方式,即借助于滚装运输实现公路—海运—公路多式联运的范例。所谓"浮动公路"运输方式,是指利用一段水运衔接两段陆运,衔接方式采用将车辆开上船舶,以整车货载完成这一段水运,到达另一港口后,车辆开下继续利用陆运的联合运输形式。这种联合运输的特点是在陆运与水运之间,不需将货物从一种运输工具上卸下再转换到另一种运输工具上,而仍利用原来的车辆作为货物载体。其优点是两种运输之间有效衔接,运输方式转换速度快,而且在转换时,不触碰货物,因而有利于减少或防止货损,也是一种现代运输方式。

2. 以陆运为核心的多式联运

以陆运为核心的多式联运主要包括驮背运输、公铁联运和大陆桥运输等。

(1)驮背运输。驮背运输(piggyback transport)是一种特殊的公铁联运方式,由北美国家最先采用,最初是指将载运货物的公路拖车置于铁路平车上输送,因而也被称为平板车载运拖车(trailer on flatcar, TOFC)系统。尽管TOFC方式有助于铁路货运与汽车货运之间的直接转移,但仍然存在着一些技术上的限制,例如,在铁路车上放置具有车轮的拖车会导致风阻力、损坏和重量问题。因而,在TOFC方式的应用实践中也产生拖车或集装箱与铁路平板列车相结合的组织方式,比如，COFC（container on flatcar）和公铁两用车（road railer）。COFC 是指省去拖车而直接将集装箱置于铁路平车上输送；公铁两用车是指一种卡车拖车底盘，既能适合于橡胶轮又能适合于钢轨卡车的系统。目前，北美铁路运输系统仍然采用 TOFC 和 COFC 两种方式并存的设备模式。

（2）公铁联运。有效的公铁联运集公路、铁路为一体，不仅可以最大地满足现代物流发展的需要，同时可以有效地结合公路、铁路各自的优势，发挥铁路运输的准时、安全、费用低以及公路运输快速、灵活、服务到门的优势；同时抛去了铁路运输速度慢、网点少、服务差，公路运输安全系数低、费用高和交通拥挤等缺点。因而，公铁联运已成为为客户提供快速准时、安全高效、费用相对较低的"门到门"的物流服务体系。

3．以空运为核心的多式联运

以空运为核心的多式联运包括海空联运、陆空联运等。

（1）海空联运。所谓海空联运就是把空运货物先经由船舶运至拟中转的国际机场所在港口，然后安排拖车将货物拖至拟中转的国际机场进行分拨、装板、配载后，再空运至目的地的国际多式联运形式。海空联运方式始于 20 世纪 60 年代，到 80 年代才得以较大的发展。目前，国际海空联运线主要有：

①远东——欧洲：远东与欧洲间的航线有以温哥华、西雅图、洛杉矶为中转地；也有以香港、仁川、曼谷、海参崴为中转地；还有以旧金山、新加坡为中转地。

②远东——中南美：近年来，远东至中南美的海空联运发展较快，因为此处港口和内陆运输不稳定，所以对海空运输的需求很大。该联运线以迈阿密、洛杉矶、温哥华为中转地。

③远东——中近东、非洲、澳洲：这是以香港、曼谷、仁川为中转地至中近东、非洲的运输服务。在特殊晴况下，还有经马赛至非洲、经曼谷至印度、经香港至澳洲等联运线，但这些线路货运量较小。

海空联运具有以下特点：

一是安全、准确。海空联运是以航空运输为核心的多式联运，通常由航空公司或航空运输转运人，或者专门从事海空联运的多式联运经营人来制订计划，以便满足货主对于海运联运货物的抵达时间要求与一般空运一样能精确到"×号×时×分"。由于空运在运输能力、运输方法上有其特点，而且，绝大多数飞机是无法实现海空货箱互换的，货物通常要在航空港换人航空集装箱。海空货物的目的地是机场，货物运抵后是以航空货物处理的，因此，如何在中转时快速、安全的处理货物，以及如一般空运那样按时抵达目的地已成为海空联运的关键。

二是迅速、经济。运输时间比全程海运少，运输费用比全程空运便宜。表 6-1 列出了各类运输模式的运输时间，空运运费和海空联运运费则按全海运运费做比例计算。总的来讲，运输距离越远，采用海空联运的优越性就越大，因为同完全采用海运相比，其运输时间更短。同直接采用空运相比，其费率更低。因此，从远东出发将欧洲、中南美以及非洲作为海空联运的主要市场是合适的。此外，目前，国际上对海空联运还没有相应的规定和法律，因而，运价可自由制定。

表 6-1　海空联运与其他运输模式的比较

（单位：日　%）

运输路线	海运	成本	海空联运	成本	空运	成本
香港/西欧主要港口	23	100	13—14	650	2—3	1 400
香港/东欧	30	100	13—14	400	2—3	950
香港/地中海东部	21	100	13—14	450	2—3	850
香港/地中海西部	28	100	13—14	600	2—3	1 300
香港/中美	35	100	24—25	500	7—8	5 400
香港/南美	35	100	24—25	750	7—8	7 600

三是可以解决旺季时直飞空运舱位不足的问题。

四是货物通常要在航空港换入航空集装箱。随着世界商品技术含量的不断提高，并向轻、小、精、薄方向发展以及跨国公司对及时运输的需求，发达国家已出现采用大型飞机进行国际标准集装箱（空水陆联运集装箱）的海空多式联运方式。

五是托运货物的限制。基于海空运输规则及设施限制，有些货物暂不受运，比如，危险物品、贵重物品、活动物以及需要冷藏及冷冻的物品等。长度超过 235 英寸（595 公分）、或宽度超过 96 英寸（240 公分）、或高度超过 118 英寸（295 公分）的货物，以及每公斤申报价超过 20 美元的货物，一般均不接受订舱。

由此可见，海空多式联运结合海运运量大、成本低和空运速度快、时间要求紧的特点，能对不同运量和不同运输时间要求的货物进行有机结合。

（2）陆空联运。陆空联运较之海空联运而言，更普遍地被世界各国所采用，尤其是工业发达国家、高速公路较多的国家，这种方式更显其效能。陆空货物联运具有到货迅速、运费适中、安全保质、手续简便和可以提前结汇等优点。

国际陆空联运主要有空陆空联运（Ait-Train/Truck-Air，ATA）、陆空陆联运（Train-Air-Truck，TAT）和陆空联运（Train-Air or Truck-Air，TA）等形式。目前，接受这种联运方式的国家遍及欧洲、美洲和澳大利亚。

陆空联运广泛采用"卡车航班"运输形式，即空运进出境航班与卡车内陆运输相结合。由于航空公司对其编制固定的航班号，确定班期和时刻，并对外公布，作为飞机航班运输的一种补充方式，完成飞机运输的功能，因此也称为"卡车航班"。

①卡车航班弥补了空运固定航班在机型、航线以及航班时间等方面的弱点，同时有效发挥陆运卡车装载能力大、运输路线灵活的优势，又发挥了联程运输实行"一次报关、一次查验、一次放行"的直通式通关服务，大大节省了通关时间，降低了运输成本。

②通过卡车航班建立非枢纽机场与枢纽机场之间的联系。卡车航班完全是为了向枢纽机场汇集货物，或者为枢纽机场发散货物而开通的。

在采用陆空联运时应注意以下四点：

①应妥善选择运输方式。飞机航班在时间和安全性上都有卡车航班无法比拟的优势，飞机航班是固定的、现有的运力。所以，对于批量小、单件货物重量、尺寸适合的货物，以及特种货物，诸如鲜活易腐货物、贵重物品、危险物品，应当使用飞机航班运输。

②应处理好货物在两种运输方式之间的衔接，即要根据货物运输的续程航班时间来确定使用飞机航班或者卡车航班。为确保航班收益最大化，所有货物在到达枢纽机场之前必须预定续程航班，可以根据续程航班的时间来确定运输方式。例如，在青岛至北京的航班选择上，如果续程航班于次日 15 时以前自北京起飞，就只能安排飞机航班运输货物，使用卡车航班运输很难保证有足够的操作时间将货物安排在续程航班上。而只有续程航班于次日 15 时以后自北京起飞时，才考虑安排卡车航班运输货物。

③卡车航班的运营环境在某种意义上比空中航线更为复杂，因为运输时间和路程都要比飞机航班长。所以，对于全程的道路状况和天气状况必须进行充分的调查，才能确保卡车航班安全、准时地到达枢纽机场，衔接续程航班。并且在发生任何异常情况时，予以妥善处理，将延误的时间减到最小，将可能的损失降到最低。

④卡车航班是对飞机航线的延伸。卡车航班在形式上是卡车，但在概念上却是航班，卡车实际上是航空器的代替品，完全由航空公司按照固定的时间以及航线进行操作。按照国际惯例，货物从起运点到止运点都须设立机场，运单才可以直通。因此，如整个全程采取国际航空货运单"一票到底"的形式，就要求货运的始发站或目的地必须有国际航空组织公认的航空代码。由于此时仅使用

航空货运单，因此"卡车航班"不是多式联运，要按照航空货物运输来处理有关事宜。

三、外贸物流多式联运进出口业务流程概述

多式联运是一种现代化的综合运输，涉及面广、环节众多、环境繁杂，因此其业务流程也十分复杂。下面简要介绍多式联运的一般业务流程。

（一）多式联运合同的订立

多式联运必须订立合同，合同是规范承托双方权利、义务以及解决争议的基本法律文件。多式联运合同的主要内容有托运人，收货人，多式联运经营人，货物的名称、包装、件数、重量、尺寸等情况，接货的地点和时间，交货的地点和约定的时间，不同运输方式的组成和运输线路，货物交接方式以及承托双方的责任和义务，解决争议的途径和方法等。

（二）多式联运计划的编制

多式联运计划总的要求是：合理性要求运输线路短、各区段运输工具安全可靠、运输时间能保证、不同运输方式之间良好衔接，从而保证货物从一国境内接货地安全及时地运到另一国境内的交货地。经济性在保证货运质量的前提下，尽可能节省总成本费用，以提高经济效益。不可变性在计划中应充分考虑各种因素，留有必要的余地，除不可抗力外，计划一般不能随意改变。在完成多式联运计划编制后，多式联运经营人还应及时将计划发给沿线各环节的代理人，使之提前做好接货、运输、转关或交货等准备工作。

（三）接货装运

按照多式联运合同，在约定的时间、地点，由多式联运经营人或其代理人从发货人手中接管货物，并按合同要求装上第一程运输工具发运。按双方议定的交接方式，凡在 DOOR 或 CY 交接的，由发货人负责装箱计数施封和办理出口清关手续，在箱体外表状况良好、封装完整状态下，将货物整箱交多式联运经营人或其代理人；凡在 CFS 交接的，由发货人负责办理出口清关手续，将货物散件交多式联运经营人或其代理人，由后者负责拼箱计数施封后装运发送。

（四）多式联运单证的签发

多式联运经营人接管货物和在运费预付情况下收取全程运费后，即签发多式联运单据，表明多式联运对全程联运负有责任。对多式联运合同当事人来说，多式联运单据是多式联运经营人收到货物的证据，是合同的证明，也是货物的物权凭证，多式联运经营人按多式联运单据指明的收货人或被指示的收货人交付货物，收货人凭多式联运单据提领货物。在货物装运发送后，多式联运经营人还应将多式联运单据副本及一程运输的有关运输单证及时寄往第一程的目的地（港）的代理人，以便其做好接货、转关和转运的准备。

（五）运输保险

由于多式联运运距长、环节多、风险大，为避免可能发生的货运事故，多式联运经营人还可以向保险公司投保。尽管多式联运经营人有责任限额保护条款，但因多式联运经营人的疏忽、过失、侵权，将使其丧失责任限额保护的权利，并有承担很大的赔偿金额的风险。为避免造成较大的损失，多式联运经营人通常向保险公司投保货物责任险和集装箱险，以防范巨额赔偿风险。

（六）转关手续

多式联运若在全程运输中经由第三国，应由多式联运经营人或其代理人负责办理过境转关手续，对"国际集装箱海关公约"缔约方之间，转关手续已相当简化，通常只提交相应的转关文件，如过境货物申报单、多式联运单据、过境国运输区段单证等，并提交必要的担保和费用，过境国海关可不开箱检查，只作记录而予以放行。

（七）全程运输的协调管理

不同运输方式之间的转运国际多式联运是以至少两种不同运输方式组成的连续运输，不同运输方式之间的转运衔接，是保证运输连续性、准时性的关键。由于运输工具不同、装卸设备设施不同、转运点的选择不同以及各国的规定和标准不同，因此多式联运经营人或其代理人事前应对其有充分的了解，以便根据各种具体情况和要求实现快速的转运。

各运输区段的单证传递多式联运经营人作为全程运输的总负责人，通常要与各运输区段实际承运人订立分运输合同，在运输区段发送地以托运人的身份托运货物，在运输区段的目的地又以收货人的身份提领货物。为了保证各运输区段货物运输的顺利进行，多式联运经营人或其代理人在托运货物后要将有关运输单证及时寄给区段目的地代理人。同时，如该实际运输区段不是最后一程运输，多式联运经营人的代理人在做好接货准备的同时，还要做好下一程运输的托运准备。

货物的跟踪为了保证货物在多式联运全程运输中的安全，多式联运经营人要及时跟踪货物的运输状况，如通过电报、电传、EDI、因特网在各节点的代理人之间传递货物信息，必要时还可通过GPS进行实时监控。

（八）交付货物

按多式联运合同规定，货物到达指定交货地后，由多式联运经营人或其代理人将货物交多式联运单据指明的收货人或按指示交指定的收货人，即告完成全程运输任务。交货地代理人应在货物到达前向收货人发出到货通知，以便收货人及时做好提货准备。对于FCL交付的，如CY条款，货物卸船、收货人办妥进口清关手续后，委托集装箱码头整箱交货；如DOOR交货的，则由公路运输至收货人的工厂或仓库交货，交接双方以箱体外表状况良好、封志完整为条件。

（九）运输过程中的海关业务

按照国际多式联运的全程运输（包括进口国内陆段运输）均应视为国际货物运输。因此该环节工作主要包括货物及集装箱进口目的地通关手续，进口国内陆段保税（海关监管）运输手续及结关等内容。如果陆上运输要通过其他国家海关和内陆运输线路时，还应包括这些海关的通关及保税运输手续。这些涉及海关的手续一般由多式联运经营人的派出机构或代理人办理，也可由各区段的实际承运人作为多式联运经营人的代表代为办理。由此产生的全部费用，应由发货人或收货人负担。如果货物在目的港交付，则结关应在港口所在地海关进行。如在内陆地交货，则应在口岸办理保税（海关监管）运输手续，海关加封后方可运往内陆目的地，然后在内陆海关办理结关手续。

（十）货运事故处理

如果全程运输中发生了货物灭失、损害和运输延误，无论是否能确定损害发生的区段，发（收）货人均可向多式联运经营人提出索赔。多式联运经营人根据提单条款及双方协议确定责任并做出赔偿。如果确知事故发生的区段和实际责任者时，可向其进一步进行索赔。如不能确定事故发生的区段时，一般按在海运段发生处理。如果已对货物及责任投保，则存在要求保险公司赔偿和向保险公司进一步追索问题。如果受损人和责任人之间不能取得一致，则需通过在诉讼时效内提起诉讼或仲裁来解决。

第三节　大陆桥运输实务

一、大陆桥运输的定义

大陆桥运输（land bridge transport）是指利用横贯大陆的铁路（公路）运输系统，作为中间桥梁，把大陆两端的海洋连接起来的集装箱连贯运输方式。简单地说，就是两边是海运，中间是陆运，大陆把海洋连接起来，形成"海—陆"联运，而大陆起到了"桥"的作用，所以称之为"陆桥"。而"海—陆"联运中的大陆运输部分就称之为"大陆桥运输"。

二、大陆桥运输产生的历史背景

大陆桥运输是集装箱运输开展以后的产物，出现于1967年，当时苏伊士运河封闭、航运中断，而巴拿马运河又堵塞，远东与欧洲之间的海上货运船舶，不得不改道绕航非洲好望角或南美致使航程距离和运输时间倍增，加上油价上涨航运成本猛增，而当时正值集装箱运输兴起。在这种历史背景下，大陆桥运输应运而生。从远东港口至欧洲的货运，于1967年年底首次开辟了使用美国大陆桥运输路线，把原来全程海运，改为"海—陆—海"运输方式，试办结果取得了较好的经济效果，达到了缩短运输里程、降低运输成本、加速货物运输的目的。

三、运输线路

（一）北美大陆桥

北美大陆桥是指利用北美的大铁路从远东到欧洲的"海—陆—海"联运。该陆桥运输包括美国大陆桥运输和加拿大大陆桥运输。美国大陆桥有两条运输线路：一条是从西部太平洋沿岸至东部大西洋沿岸的铁路和公路运输线；另一条是从西部太平洋沿岸至东南部墨西哥湾沿岸的铁路和公路运输线。

美国大陆桥于1971年年底由经营远东/欧洲航线的船公司和铁路承运人联合开办"海—陆—海"多式联运线，后来美国几家班轮公司也投入运营。目前，主要有四个集团经营远东经美国大陆桥至欧洲的国际多式联运业务。这些集团均以经营人的身份，签发多式联运单证，对全程运输负责加拿大大陆桥与美国大陆桥相似，由船公司把货物海运至温哥华，经铁路运到蒙特利尔或哈利法克斯，再与大西洋海运相接。

北美大陆桥是世界上历史最悠久、影响最大、服务范围最广的陆桥运输线。据统计，从远东到北美东海岸的货物约50％以上是采用双层列车进行运输的，因为采用这种陆桥运输方式比采用全程水运方式通常要快1～2周时间。例如，集装箱货从日本东京到欧洲鹿特丹港，采用全程水运（经巴拿马运河或苏伊士运河）通常需5～6周时间，而采用北美路桥运输仅需3周左右的时间（见图6—3）。

随着美国和加拿大大陆桥运输的成功运营，北美其他地区也开展了大陆桥运输。墨西哥大陆桥就是其中之一。该大陆桥横跨特万特佩克地峡，连接太平洋沿岸的萨利纳克鲁斯港和墨西哥湾沿岸的夸察夸尔科斯港，墨西哥大陆桥于1982年开始营运，目前其服务范围还很有限，对其他港口和大陆桥运输的影响还很小。在北美大陆桥强大的竞争面前，巴拿马运河可以说是最大的输家之一。

随着北美西海岸陆桥运输服务的开展，众多承运人开始建造不受巴拿马运河限制的超巴拿马型船，从而放弃使用巴拿马运河。可见，随着陆桥运输的效率与经济性的不断提高，巴拿马运河将处于更为不利的地位。

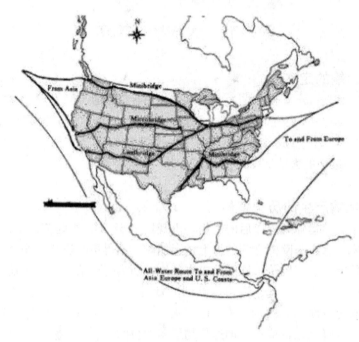

图6—3　北美陆桥运输系统示意图

（二）西伯利亚大陆桥

西伯利亚大陆桥是利用俄罗斯西伯利亚铁路作为陆地桥梁，把太平洋远东地区与波罗的海和黑海沿岸以及西欧大西洋口岸连起来。此条大陆桥运输线东自海参崴的纳霍特卡港口起，横贯欧亚大陆，至莫斯科，然后分三路。一路自莫斯科至波罗的海沿岸的圣彼得堡港，转船往西欧、北欧港口；一路从莫斯科至俄罗斯西部国境站，转欧洲其他国家铁路（公路）直运欧洲各国；另一路从莫斯科至黑海沿岸，转船往中东、地中海沿岸。所以，从远东地区至欧洲，通过西伯利亚大陆桥有"海—铁—海""海—铁"公路和"海—铁—铁"三种运送方式。从20世纪70年代初以来，西伯利亚大陆桥运输发展很快。目前，它已成为远东地区往返西欧的一条重要运输路线。日本是利用此条大陆桥的最大顾主。80年代，其利用此大陆桥运输的货物数量每年都在10万个集装箱以上。为了缓解运力紧张情况，前苏联又建成了第二条西伯利亚铁路。但是，西伯利亚大陆桥也存在三个主要问题：

一是运输能力易受冬季严寒影响，港口有数月冰封期；二是货运量西向大于东向约二倍，来回运量不平衡，集装箱回空成本较高，影响了运输效益；三是运力仍很紧张，铁路设备陈旧。随着新亚欧大陆桥的正式营运，这条大陆桥的地位正在下降。

我国通过西伯利亚铁路可进行陆桥运输的路线有三条：

"铁—铁"路线；"铁—海"路线；"铁—公"路线。

（三）新亚欧大陆桥

1. 新亚欧大陆桥

亚欧第二大陆桥，也称新亚欧大陆桥。该大陆桥东起中国的连云港，西至荷兰鹿特丹港，全长

10 837km，其中在中国境内长4 143km，途经中国、哈萨克斯坦、俄罗斯、白俄罗斯、波兰、德国和荷兰7个国家，可辐射30多个国家和地区。1990年9月，中国铁路与哈萨克铁路在德鲁日巴站正式接轨，标志着该大陆桥的贯通。1991年7月20日开办了新疆—哈萨克斯坦的临时边贸货物运输。1992年12月1日由连云港发出首列国际集装箱联运"东方特别快车"，经陇海、兰新铁路，西出边境站阿拉山口，分别运送至阿拉木图、莫斯科、圣彼得堡等地，标志着该大陆桥运输的正式开办。近年来，该大陆桥运量逐年增长，并具有巨大的发展潜力（见图6—4）。

图6—4　亚欧大陆桥

2. 与西伯利亚大陆桥相比，新亚欧大陆桥具有的优势

（1）地理位置和气候条件优越。整个陆桥避开了高寒地区，港口无封冻期，自然条件好，吞吐能力大，可常年作业。

（2）运输距离短。新亚欧大陆桥比西伯利亚大陆桥缩短陆上运距约2 500公里，到中亚、西亚各国，优势更为突出。一般情况下，陆桥运输比海上运输运费节省20%～25%，而时间可缩短一个月左右。

（3）辐射面广。新亚欧大陆桥辐射亚欧大陆30多个国家和地区，总面积达5 071万平方公里，居住人口占世界总人口的75%左右。

（4）对亚太地区吸引力大。

（四）其他运输形式

北美地区的陆桥运输不仅包括上述大陆桥运输，而且还包括小陆桥运输（Mini-bridge）和微桥运输（Micro-bridge）等运输组织形式。

1. 小陆桥运输

所谓小陆桥运输（MLB, Mini Land Bridge），也就是比大陆桥的"海—陆—海"形式缩短一段海上运输，成为"海—陆"或"陆—海"形式。目前，北美小陆桥运送的主要是远东、日本经美西海岸（W/C），尤其是美太平洋岸西南向（PSM）港口、墨西哥海岸（G/C）到美东海岸（E/C）的集装箱货物。

该小陆桥路线是在1972年由美国的船公司和铁路公司联合创办的。避免了绕道巴拿马运河，可以享受铁路集装箱专用列车优惠运价，从而降低了成本，缩短了路径。以日本/美东航线为例，从大阪至纽约全程水运（经巴拿马运河）航线距离9 700海里，运输时间21—24天。而采用小陆桥运输，运输距离仅7 400海里，运输时间16天，可省去7天左右的时间。

2. 微桥运输

所谓微型陆桥运输，也就是比小陆桥更短一段。由于没有通过整条陆桥，而只利用了部分陆桥，故又称半陆桥运输，微桥运输是指海运加一段从海港到内陆城乡的陆上运输或相反方向的运输形式。

北美微桥运输是指经北美东、西海岸及墨西哥湾沿岸港口到美国、加拿大内陆地区的联运服务。随着北美小陆桥运输的发展，出现了新的矛盾，主要反映在：如货物由靠近东海岸的内地城市运往远东地区（或反向），首先要通过中国运输，以中国提单运至东海岸交船公司，然后由船公司另外签发由东海岸出口的国际货运单证，再通过中国运输运至西海岸港口，然后海运至远东。货主认为，这种运输不能从内地直接以国际货运单证运至西海岸港口转运，不仅增加费用，而且耽误运输时间。为解决这一问题，微桥运输应运而生。进出美国、加拿大内陆城市的货物采用微桥运输既可节省运输时间，也可避免双重港口收费，从而节省费用。例如，往来于日本和美东内陆城市匹兹堡的集装箱货，可从日本海运至美国西海岸港口，如奥克兰，然后通过铁路直接联运至匹兹堡，这样可完全避免进入美东的费城港，从而节省了在该港的港口费支出。

3. 微桥运输与小陆桥运输的区别

（1）目的地：微桥运输是指定的内陆点，小陆桥运输时美西（W/C）、墨西哥湾口岸（G/C）之港口；

（2）内陆运输方式：微桥运输可以采用火车或拖车，小陆桥运输不可用拖车——公路运输。

第四节　国际多式联运单证制作实务

一、国际多式联运单证概述

《联合国国际货物多式联运公约》对多式联运单证的定义："多式联运单是指证明多式联运合同以及证明多式联运经营人接管货物并负责按照合同条款交付货物的单据。"

（一）多式联运单证定义的解释

该定义说明：

1. 多式联运单证不是运输合同，而是运输合同的证明。

2. 多式联运单证是多式联运经营人收到货物的收据和凭其交货的凭证。

所以，在国际多式联运中，真正的运输合同系由多式联运经营人与发货人订立的多式联运合同。

（二）多式联运合同及其必备条件

《联合国国际货物多式联运公约》对多式联运合同的定义："多式联运合同是指多式联运经营人凭以收取运费、负责完成或组织完成国际多式联运的合同。"

该合同的成立必须具备下列条件：

1. 必须至少使用两种以上的运输方式。

2. 必须是对货物的运输。

3. 接受货物托运，因有合同而对货物负有进行运输和保管的责任。

4. 该合同必须是一种承揽、有偿、不要式合同。

（三）国际多式联运单证系统的构成

国际多式联运单证系统由以下两部分组成。

1. 在国际多式联运经营人与货主（托运人、收货人）之间流转的单证。这部分单证中最重要的是国际多式联运单证（据）。由于没有可适用的国际公约，世界上并不存在国际上认可的、统一的多式联运单证。实务中使用的多式联运单证在商业上是通过订立合同产生的，它既可以是可转让的，也可以是不可转让的，但目前以使用可转让的多式联运提单最为常见。

2. 国际多式联运经营人与各区段实际承运人之间流转的单证。这部分单证采用该区段运输方式所使用的运输单证。

（四）多式联运单证的种类

在没有可适用的国际公约的情况下，并不存在国际上认可的作为多式联运单证的合法单证。现在多式联运中使用的单证在商业上是通过合同产生的。目前，国际多式联运单证可分为以下四类。

1. 波罗的海国际海事协会（BIMCO）制定的 Combidoc。此单证已得到国际商会（ICC）的认可，通常为拥有船舶的多式联运经营所使用。

2. FIATA 联运提单（FBL）。FIAIA 联运提单是由 FIATA 制定的，供多式联运经营的货运代理所使用，得到了国际商会的认可。

3. UNCTAD 制定的 Multidoc。UNCTAD 制定的 Multidoc 是便于《联合国国际货物多式联运公约》得以实施而制定的。由于该公约尚未生效，因而该多式联运单证尚无任何多式联运经营人选用。

4. 多式联运经营人自行制订的多式联运单证。目前几乎所有的多式联运经营人都制订自己的多式联运单证。但考虑到适用性，与 Combidoc、FBL 单证一样，绝大多数单证都并入或采用"ICC 联运单证统一规则"，即采用网状责任制，从而使现有的多式联运单证趋于标准化。

二、多式联运提单的制作

（一）多式联运提单的签发

1. 多式联运提单的签发人根据《联合国国际货物多式联运公约》的规定，多式联运经营人在接管货物时，应签发一项多式联运单据，该单据应依发货人的选择，或为可转让的单据或为不可转让的单据。多式联运单据应由多式联运经营人或经他授权的人签字。

多式联运经营人是指其本人或通过其代表订立多式联运合同的任何人，他是事主，而不是发货人的代理人或代表或参加多式联运的承运人的代理人或代表，并且负有履行合同的责任。在国际多式联运中，系由不同的承运人使用不同的运输工具共同完成全程运输，一旦在运输过程中发生赔偿行为，由谁对该损害行为负有赔偿责任；而且，在多式联运下，出现了两种类型的承运人，一种是契约承运人（与货物托运人订立运输合同的人），另外一种是实际承运人（即契约承运人委托的完成货物运输的人）。这种规定不会影响到契约承运人与实际承运人之间的任何追偿权利，对多式联运经营人的规定，是说明在国际多式联运过程中一旦发生损害赔偿行为，多式联运经营人以本人的身份直接进行赔偿。他在联运业务中作为总承运人对货物负有履行合同的责任，并承担自接管货物时起至交付货物时止的全程运输责任，并且对货物在运输路途中因灭失、损坏或延迟交付所造成的损失负赔偿责任。

2. 多式联运提单的签发多式联运提单一般是在多式联运经营人收到货物后签发的。由于联运货物主要是集装箱货物，因此，经营人接收货物的地点可能是集装箱码头或内陆堆场（CY）、集装箱货运站（CFS）和发货人的工厂或仓库。由于接收货物的地点不同，提单签发的时间、地点及联运经营人承担的责任也不同。而且根据多式联运的特点，托运人一交出货物，即使货物没有装上船，也可以凭场站收据要求多式联运经营人签发提单。这种提单通常是待装船提单，在结汇上是有困难的。

为适应信用证规定下的集装箱运输，以及多式联运下结汇的需要，《跟单信用证统一惯例》1993 年修订本阐述了关于"联合运输单据的规定"。如果信用证需要联合运输单证或规定的联合运输，但未指定所需要的单证形式或该页单证的开户人，银行当对该项单证予以接受。同时规定，如联合运输包括海运，即使单证中未表明货物已装上指名船舶，或即使单证上订有集装箱运输，货物可能载于舱面的条文，但未特别表明该货物已装于舱面者，该项单证银行均予以接受。

多式联运经营人凭收到货物的收据签发多式联运提单时，可以根据发货人的要求签发可转让与不可转让的提单。签发提单前应向发货人收取合同规定和由其负担的全部费用。多式联运经营人在签发多式联运提单时，应注意以下事项：

（1）如签发可转让的多式联运提单，应在收货人栏列明按指示交付或向持票人交付。如签发不可转让的提单，应列明收货人名称。

（2）提单上的通知人一般是在目的港或最终交货地点，由收货人指定代理人。

（3）对签发正本提单的数量一般没有规定，如应发货人的要求签发一份以上的正本提单时，则应在每份正本提单上注明正本份数。

（4）如签发任何副本，每份副本均应注明"不可转让副本"字样。副本不具有提单的法律效力。如签发一套一份以上的正本可转让提单时，各正本提单具有同样的法律效力的，多式联运经营人或其代表如已按其中的一份正本交货便已经履行交货责任，其他提单自动失效。

（5）多式联运提单应有多式联运经营人或经他授权人的签字。如不违背所在国法律，签字可以使用手签、手签笔迹的印章、符号或用任何其他机械或电子仪器印章。

（6）如果多式联运经营人或其代表在接收货物时，对货物的实际情况和提单中未注明的货物的种类、标志、数量或重量、包数或件数有怀疑，但又无适当的方法进行核对、检查时，可以在提单上作出保留，注明不符之处和怀疑的根据。为保证提单的清洁，也可以按习惯处理。

（7）经发货人同意，可以用任何机械或其他方式保存公约规定的多式联运提单列明的事项，签发不可转让的提单。在这种情况下多式联运经营人在接管货物后，应交给发货人一份可以阅读的单据，该单据应载有此种运输方式记录的所有事项。根据公约规定这份单据应视为多式联运单据。多式联运公约中的这项规定，主要是为适应电子单证的使用而设置的。

（8）如该提单中记名的收货人以书面的形式通知多式联运经营人，要求将提单记载的货物交给书面通知中指定的其他收货人时，而且，在事实上多式联运经营人也这样做了，也认为多式联运经营人已履行了其交货的责任。

（二）多式联运单证填制

1. 多式联运单证的主要内容

多式联运单证是多式联运经营人、承运人、发货人、收货人、港方和其他有关方进行业务活动的凭证，主要是起货物交接时的证明作用，证明其外表状况、数量、品质等情况。单据的内容必须正确、清楚、完整，以保证货物正常安全地运输。多式联运单证的主要内容有：

（1）货物的外表状况。

（2）多式联运经营人的名称和主要营业所。

（3）发货人、收货人名称。

（4）多式联运经营人接管货物的地点和日期。

（5）交付货物的地点。

（6）经双方明确协议，交付货物的时间、期限。

（7）表示多式联运单证为可转让或不可转让的声明。

（8）多式联运单证签发地点、时间。

（9）多式联运经营人或经其授权的人的签字。

（10）有关运费支付的说明。

（11）有关运输方式和运输路线的说明。

（12）有关声明。

多式联运单证一般都应注明上述各项内容，缺少其中一项或两项没有关系，只要所缺少的内容不影响货物运输和各当事人之间的利益。

同时，除按规定的内容填制外，还可根据双方的实际需要和要求，在不违背单证签发国的法律时，可加注其他项目。

多式联运单证所记载的内容，通常由托运人填写，或由多式联运经营人或其代表根据托运人所提供的有关托运文件制成。但在多式联运经营人接管货物时，发货人应视为他已向多式联运经营人保证，他在多式联运单证中所提供的货物品类、标志、件数、重量、数量概为准确无误，如果是危险货物，还应说明其危险特性。如货物的损害是由于发货人提供的内容不准确或不当所造成，发货人应对多式联运经营人负责，即使发货人已将多式联运单证转让于他人也不例外；而且，多式联运经营人取得这种赔偿的权利，也并不限制他按照多式联运合同对发货人以外的其他任何人应负的赔偿责任。当然，如货物的灭失、损害是由于多式联运经营人意图诈骗，在单证上列入有关货物的不实资料或漏列有关内容，该多式联运经营人则无权享受多式联运公约规定的赔偿责任限制，而应按实际损害赔偿。

2. 多式联运提单特有的条款

多式联运经营人在某种情况下充当的是契约承运人的角色，他所承担的责任期间自接收货物时起至交付货物时止。因此在他所签发的提单中对承运人的义务要加以扩展，同时对他所要承担的责任要予以明确。多式联运提单中特有的条款有：

（1）联合运输。如果是联合运输，并已就联合运输支付运费，本提单便是联合运输提单。承运人负责安排或组织落实联合运输中的前一程运输以及（或）续程运输。所以由于联合运输而引起的索赔必须在交付货物之日或在交付货物之日之后9个月内向承运人提出，否则承运人便应被解除其关于货物的任何责任。如果承运人已就因联合运输而引起的任何索赔向货方支付任何款项，承运人便应自然地以代位关系而取得或被赋予货方针对所有其他人包括前一程承运人或续承运人或分立契约人就此项灭失或损害而享有的权利。

本款所载任何规定都不得视为承运人针对前一程承运人或续程承运人或分立契约人就赔偿或其他事项所享有的任何权利的放弃。

（2）灭失与损害如果能对联合运输过程中发生灭失或损害所属阶段加以判明，承运人的责任应适用该阶段的国内法或国际公约。如果在联合运输过程中发生灭失或损害的阶段无法判明，则货方与承运人商定，应将此项灭失或损害视为发生在承运人的船上。

（3）运价本。该条款包含在 Combiconbill，Multidoc 等样本中，其为有关当事人在发生单据中的运价和所适用的运价本之间不相一致时提供有用的实际的解决方案。如 Multidoc95 第三条规定，发运时的多式联运经营人所适用的运价本并入在内，在本单据与应适用的运价本之间不相一致时，本单据优先适用。

3. 联运提单及其填写方法

对承运人来说，提单是向托运人收取运费的主要依据。因此，提单是运输和贸易的重要文件，在缮制提单时绝对不容许有任何疏忽，必须严格和慎重地缮制和签发，否则将使承运人遭受重大损失。提单各项内容的含义及填写：

（1）发货人：即委托方，在大陆桥运输中，一般是外贸单位，填写其完整名称。

（2）收货人或指示：即提单的抬头人，记名收货人或不记名收货人。由发货人提供具体名称和地址。但在以信用证为支付方的条件下，多为空白抬头（to order）。总之按发货人的规定填写，以备在目的地由代理联系收货人提取货物。

（3）通知地址：根据发货人提供的通知方及地址填写，当收货人栏内用不记名式（to order）时，则此栏内必须有被通知方的名称及地址，以备承运人通知其运输信息和提单持有人准备提货。否则，因无法与提单持有人联系，会造成无人提货，而在仓储费或贸易上发生纠纷事件。

（4）前段运输工具：填 by train，即火车。

（5）海运船只：不填写。

（6）卸货港：不填写。

（7）收货地点：按实际收货地点填写。

（8）装货港：一般不填写。

（9）交货地点：即集装箱国外最终到站，在到岸价条件下，一般交货地点及最终到站应与买卖合同中规定的目的站一致。

（10）运费支付地：到岸价即 CIF 出口，运费预付时填发站所在地，离岸价即 FOB 出口，运费到付时不填写。

（11）正本提单份数：由买卖合同规定，按委托人的要求确定填写份数，份数 one/two/three，不得用阿拉伯数字 1/2/3 填写。

（12）标志和号码：应按发货人提供的标志唛头以及号码如实填写，不能简化、遗漏或填错。另外还须填上铅封号码。

（13）件数和包装种类：必须按发货人提供的细节认真填写，为避免件数被篡改，需要用英文大写字母注出总数。如一张提单上分别有几种包装种类，总数必须用英文说明。另外还要填上集装箱箱号。

（14）货名：要用英文大写字母填上货物的确切名称，不得用其他文字。

（15）总重量（千克），容积（立方米）：对于货物的重量和容积，要求每票货物都要以公制计算的千克和立方米表示。

（16）运费和费用：大陆桥出口运输的一般做法是在离岸价条件下，注明运费到付（freight collected），在到岸价条件下，注明运费预付（freight prepaid）。为划清费用，对于边境交货要注明交货条款。

（17）说明：提单正本签发的份数，其中一份办理提取货物后，其余各份则作无效处理。

（18）提单签发地点及日期：签发地点一般与发货地点一致，提单签发日期应为承运人接管货物并把货物装入集装箱的日期。绝不能预借或倒签提单，因为这将使承运人违背提单条款而承担收货人可能提出的责任。具体填写应为 20TH JULY 2007 AT BEIJING，以防止被篡改。

（19）代表承运人签字：只有承运人和经承运人委任并授权的代理有权签署，例如，大陆桥集装箱运输的联运提单由中外运或铁外服签发并加盖公章。只对正本提单签字，副本不必签字。

（20）提单编号：每份提单都应有编号，以便查询和记录。编号的方法可用发货人托运单的号码，也可根据情况自行决定，但号码不要超过 4 位数字。

4. 对香港地区出口货物运输单证

对香港地区出口货物运输单证，有几个需要特别提示：

（1）货物运输委托书（见表 6—2）。货物运输委托书（简称"委托书"）是委托和接受委托的依据，也是向发货人核收运送费用的凭证，是对香港铁路运输最基本的单据之一。委托书一式三份，其中深圳外运或铁外服一份、港中旅一份（由深圳外运或铁外服转交）、运输过程结束后退发货人一份。

　　委托书可以采取发运前预寄、发运后以快递方式邮寄、发运时附在铁路运单上代交等方式，以货物到达深圳前（或到达深圳时）交深圳外运或铁外服。

　　委托书一般应为委托人填写、盖章，但承运人要审单，避免出差错。委托书所填制的内容与其他单证填制的内容要相符，如果货物内容复杂难以在委托书里说明，可以附单说明。委托书如有小的修改，应用书面形式及时传真通知深圳外运或铁外服，以便更改。委托书发站承运人也应留底存档备查，其内容应按批填制，并为同一货主所属的货物。

表6－2　联运出口货物委托书

中国对外贸易运输（集团）总公司深圳分公司
联运出口货物委托书

运编号_____
发票号_____
合约号_____

制单日期：　　年　月　日

委托单位（全程）		香港过户银行	
地址		香港收货（代理）人	
电挂		地址	
电话		电话	

下列货物装火车由_____站发往深圳/香港，委托深圳外运公司/香港中旅货运有限公司参照本委托书。各项内容办理接运和卸交，并请随时以动态见告。

本票货物到深圳后请办理_____（选填"原车过轨"、"卸车存仓"。"装集装箱"中的一项）。

本票货物运输所发生的一切费用由下述公司支付：

深圳段费用请向_____公司（全称）托收，

香港段费用请向_____公司（全称）托收。

发站装车日期：　　年　月　日，　　车　　　号：（整车填，零担货切勿填）

铁路运单号：（零担货填，整车切勿填）

唛头标记	件数及种类包装	货名及规格	尺码（立方米）	毛重（千克）	净重（千克）	信用证条款		
						信用证号		
						装车截止日期	年　月	日
						结汇截止日期	年　月	日
						可否分批装运	年　月	日
						CIP　HK RMB ￥		
备注	1. 过轨车载陆海联运货在此栏加盖"陆海联运"印章 2. 超重或超大件物料、危险品物料及特约事项记注在本栏					委托单位盖章：		

　　（2）承运货物收据（见表6－3）。由于内地铁路与香港铁路目前尚未直通，各地发运到香港的货物不能一票直达。因此，铁路提供的货物运输单证，国内银行不同意将其作为对外结汇的凭证。根据香港运输的特点，中外运或铁外服及其所属机构，以货运代理的身份向各外贸单位签发承运货物收据，它相当于海运提单或国际联运运单副本，既可负责发站至香港的全程运输，又是向银行结汇的凭证。

表6-3　承运货物收据

中国铁路对外服务总公司承运货物收据

注意
本承据自制发之日起
满足三个月，无人持
凭提货，即告作废

总编

运编　　　　号

年　月　日

委托人：		发货人：	
地址：		通知：	
运输线路　自　　　至　　　经由		车号	票号
标记	货物名称	包装	件数	重量或尺码	附记
许可证/明细单号：	信用证号：		起运日期：		
有效承运货物收据共发　　　纸，凭壹纸提货，其余作废					
特约事项：		提货地点：			
押汇银行签认：　　收货人签认：		承运人签章：			

填写和签发承运货物收据的注意事项：

①承运货物收据是一份重要的单证，也是一份有价证券，填写时务必严肃认真、慎重、准确，其填制内容的依据是信用证条款，银行要根据信用证条款审查，故填制还必须达到银行的要求。信用证结汇的出口货物，承运货物收据一般须用英文书写。其他结汇方式（如"D/A"、"D/P"、"T/T"）根据委托人的要求可用中文书写；

②签发单位必须在发运货物并取回铁路领货凭证后，按实际发运的数量签发，其内容要严格审核，并与委托书保持一致；

③签发日期、货物数量必须与铁路运单相同，尚未发运的货物，不能提前签发结汇；

④承运货物收据为一正三副，各签发单位可按实际需要增减，签发数量与信用证规定相符，如果根据信用证规定份数增加，每份的总编号、运编号必须一致，防止同一份单证使用不同编号；

⑤承运货物收据内容填写要求清楚、整洁、齐全，字迹要清晰，要使用国家规定简化字，不得使用自造字；

⑥承运货物收据原则上不得修改，特殊情况下，修改不得超过三处，修改处承运人要盖修改章证明；

⑦禁止将空白承运货物收据交委托人代为签发，因为签发承运货物收据者要对该批货物负责。

（3）货物起运通知货物起运通知可使深圳口岸和驻港机构提前做好接运准备，以及在运输单证迟到或丢失时作为补作单证的依据。各发运单位必须在货物装车后24小时内传真至深圳外运或铁外服。

第五节　运费的计算与核收

一、国际铁路货物联运运送费用

（一）国际铁路货物运送费用的形式

在我国的铁路国际货物运输，主要四种运输种类，其运输费用的结算和交付可分为两种方式。

一种是海运与内地铁路衔接的海铁联运和内地供港（港澳）货物运输（现在暂停）；使用国内铁路运输规则和单据，按国内铁路运费交付。

另一种是与周边国家的国际铁路货物联运和通过我国到第三国的过境铁路运输；执行《国际货协》运输规则和单据，按《国际货协》规定交付运费。

在对外经济贸易交往的国际货运代理操作中，一定要对上述各种铁路运输方式的运输成本有准确、全面地了解，才能计算出运输全过程各环节的准确成本，完成投标报价和财务核算工作。我国的国际铁路货物联运费用，由国内段费用（包括运费、装卸费、口岸费、进口货物换装费等）和国外段费用（包括出口货物换装费、到达国和过境国运费等）组成。国内运费按我国铁道部《铁路货物运价规则》计算核收，国外到达国运费按到达国铁路收费标准计算核收，过境国运费按《统一运价》计算核收。

（二）现在我国执行的国际铁路货物联运运费交付方式

根据我国铁路国际运输的形式，国际铁路运输费用可分为以下三种：

1. 国际铁路货物联运

出口货物运输：我国境内铁路发生的费用一律由我国核收。包括：铁路运费、装卸费、运杂费等，包括在发运车站到边境口岸车站的运价里程外，从边境口岸车站到国境线（零公里）的铁路运输费用，全部在发运车站交付。在货物跨越国境线（零公里）后的铁路运费、换装费则由境外运输代理人或收货人交付。

进口货物运输：境外铁路运输费用由发货人或运输代理人交付，在边境口岸交接后［即货物跨越国境线（零公里）后］发生的所有费用（包括到收货站的国内运费），一律由我国国境口岸车站核收。

参加《国际货协》各邻国铁路间运送费用的计收：

发送路运送费用，按承运当日发送国国内规章规定计费，以发送国货币在发站向发货人核收。

到达路运送费用，按承运当日到达路国内规章规定，以到达国货币，在到站向收货人核收（我国进口货物国内段运费、杂费及换装费用已改为在国境站向收货人或托运人或其在国境站的代理人核收）。

2. 过境货物铁路运输

过境我国货物铁路运输，执行《国际货协》规章程序和单据，过境运送费用的主要依据是《国际货协》《统一货价》和国内的《铁路货物运价规则》及其附件。其运输形式为：从国境口岸车站或海运港口接受入境货物，监管运输到另外的国境口岸车站或海运港口出境。

境外过境路运送费用，按承运当日《统一货价》计费，以瑞士法郎算出的款额按支付当日规定的兑换率折成核收运送国家的货币，由收货人、发货人或代理人与过境路清算，通过几个过境铁路运送时，应由各过境国的代理人向过境铁路支付运费，到达铁路的运送费用，可由代理人或实际收货人支付。由于《统一运价》规定的过境运输费率较高，各国铁路对过境运输都有相应的优惠，我国铁路 2000 年 3 月颁布了《关于过境中国铁路国际联运货物运送费用核收暂行规定》，规定中对《统一运价》实行提供了减成优惠政策。过境我国货物铁路运费一律由我国进口国境口岸车站和海运港口车站核收。

计算汇率为固定汇率：1 瑞士法郎＝5.2 元人民币。

3. 国际铁路货物联运的运费交付方式

在国际铁路联运货物运输中，发运人运费的交付方式主要有以下三种：

（1）货主或发货人在托运货物时，交纳全程运费，包括发运国从发站到边境的发运国铁路运费、边境口岸的交接换装、委托代理交付到达国和过境国的铁路运费，直到到达站的车板交货。

（2）货主或发货人在托运时，只交纳发运国从发站到边境的发运国铁路运费和在货物出境前的所有杂费，而出境后的换装费、到达国的铁路运费和到达站的所有杂费则由收货人在提取货物时，向到达车站交付。

（3）货主或发货人在托运发往第三国货物时，交纳从发站到边境口岸站的发运国铁路运杂费，而过境国的铁路运杂费可以由发货人或收货人在过境国的代理交付，到达国的铁路运杂费，则由收货人在提取货物时，向到达车站交付。

二、我国国际铁路货物运费计算

（一）我国国际铁路货物运费的基本条件

我国的铁路货物运输费用是对铁路运输企业所提供的各项生产服务消耗的补偿，包括车站费用、运行费用、服务费用和额外占用铁路设备的费用等。铁路货物运输费用由铁路运输企业使用货票和运费杂费收据核收。

国际铁路联运货物在我国境内的运输费用，按我国国内铁路运输费用计算。我国铁路运费核收的基本文件是《铁路货物运价规则》及其附属规章，计算国际联运货物运送费用的基本条件如下：

1. 计费重量单位

（1）在我国铁路运输，货物的运输重量是按照车辆的标记载重计算。

（2）以一辆或数辆车接运一批进口整车货物以及数量车套装接运数批货物（包括换装剩余的整车补送货物），按接运车辆标记载重量计费。

（3）以一辆接运数批进口货物，每批按 30 吨计费，超过 30 吨按货物重量计费。

2. 运杂费尾数的处理

每项运杂费的尾数不足 0.1 元时，按四舍五入处理。各项杂费凡不满一个计算单位，均按一个计算单位计算（另定者除外）。

3. 20 英尺、40 英尺集装箱空箱运费按其适用重箱费率 50% 计算。

4. 按一批办理的整车货物，运价率不同时，按其中高的运价率计算。

5. 一级超限货物，运价率加 50%。二级超限货物，运价率加 100%；超级超限货物，运价率加 150%。需要限速运行的货物，均按超级超限货物办理，运价率加 150%。需要限速运行的超限货物，只收取限速运价率加成。

6. 出口货物按发站承运当日实行的运价率计算；进口货物按进口国境站在运单上加盖日期戳当日实行的运价率计算。杂费按发生当日实行的费率计算。

7. 我国铁路运输按自然时 18 时计算工作日：按"公历日"，起止是当日零时至 24 时。而铁路运输的工作日为昨日 18 时至今日 18 时，对当日 18 时后至 24 时之间承运的货物，发站应在运单上注明"翌"字，仍按承运当日实行的费率计算运费，但允许在次日收款。

（二）计算货物的铁路运输费用的程序

在计算货物的铁路运输费用时，应按照以下程序：

第一，确定货物的运费计算等级（运价号）；

第二，确定铁路货物运价率；

第三，确定货物的运价里程；

第四，查明在货物运输里程中是否有特殊运价路段；

第五，运费计算。

1. 查定运价号

铁路货物的运费是根据货物的性质和运输要求，分成不同的运费计算等级，运费计算等级称为运价号。《铁路货物运价规则》中的"铁路货物运输品名分类与代码表"中的货物共分为 26 类 115 项，同时也规定了各种货物的整车运价号、零担运价号和集装箱运价号。

整车货物有 7 个运价号，为 1-7 号。

集装箱货物按箱型分为 2 个运价号，20 英尺箱、40 英尺箱。

2. 确定货物的运价率

我们现行货物运价率是由货物的发到基价和运行基价两部分构成的。在运输成本中，基价 1 是与运送里程远近无关的始发和终到作业费，这一部分费用是固定的。基价 2 是车辆运行途中运行作业费，与运送里程成正比例。

3. 确定铁路货物运价里程的原则

运价里程根据《货物运价里程表》按照发站至到站间国铁正式营业线最短路径计算。但《货物运价里程表》内或铁道部规定有计费路径的，按规定的计费路径计算运价里程。水陆联运的货物，运价里程不包括专用线、货运支线的里程。专用线的使用费、机车顶送车费、货车租费等。通过轮渡时，应将换装站至码头线的里程，加入运价里程内计算。海铁联运货物应将换装站至码头线的里程加入运价里程内。国际铁路联运货物，应将国境站至国境线的里程加入到运价里程内。例如，货物经由满洲里站出口，应加算满洲里站至中俄国境线（又称"零公里"）的 9.8 公里。

下列情况发站在货物运单内注明，运价里程按实际路径计算：

（1）因货物性质（如鲜活货物、超限货物等）必须绕路运输时。

（2）因自然灾害或其他非铁路责任，托运人要求绕路运输时。

（3）属于"五定"班列运输的货物，按班列路径运输时。

（4）因最短路径运输能力不足，经政府指示或铁路和托运人共同商定的整车货物运输时。承运后的货物由于铁路原因发生绕路运输时，仍按货物运单内记载的路径计算运费。实行统一运价的营业铁路与特价营业铁路直通运输，运价里程分别计算。

4. 铁路特殊路段运价

对于一些由地方投资、外商投资、地方铁路、临时营业线和特殊线路，在加入国家铁路网运输后，国家和铁道部制定了特殊运价。在计算全程运费时，如运输路程中含有"特殊运价路段"，在按国家运价标准计算运费时，应先扣除"特殊运价路段"里程，计算出结果后，再加上"特殊路段运价率"乘以"特殊运价路段里程"的"特殊运价路段运费"得出全程运费。

5. 铁路《价规》规定的运费计算中，还含有几项附加费用

（1）铁路电气化附加费。征收范围：凡经过电气化铁路区段运输的货物（包括军运、水陆联运铁路段和国际联运国内段），不分办理种别（包括整车、零担、集装箱）和货物品类，均征收铁路电气化附加费。

（2）铁路建设基金。征收范围：凡经过国家铁路正式营业线和铁路局管辖按《价规》统一运价计费的运营临管线（不包括实行特殊运价计费的临管铁路和地方铁路）运输货物（包括军运、水陆联运铁路段和国际联运国内段铁路运费），不分办理种别（包括整车、零担、集装箱），均按经过的运价里程核收铁路建设基金（但免收运费的货物、站界内搬运货物的费用及化肥、黄磷、棉花、粮食免收）。

（三）国际铁路联运货物的运杂费规定

1. 进口货物国内段运费、国际铁路联运进出口货物在国境站上发生的杂费和国际铁路联运过境货物在国境站的换装费，均在国境站向收货人（托运人）或其在国境站的代理人核收。

2. 汽车按接运铁路车辆标重计费。发送路用双层平车装运的小轿车，换轮直达到站时，每车计费重量为 90 吨。

3. 出口整车货物在国境站过秤发现超载时，对卸下超载部分货物，从发站至国境站止的里程，按整车运价率核收运费、卸费和暂存费，并按《国际铁路货物联运协定》的规定加收上述运费五倍的罚款。

4. 国际联运运单（每份五张）以及供托运人报销运费用的补充运行报单均按规定的费率单独计

算核收。

5. 进、出口货物在国境站的验关手续费，整车和集装箱每批 33 元，零担每批 16 元。

6. 进口货物在国境站的换装费，整车普通货物每吨 16 元，其中炭黑、沥青、焦油及按危险货物运送条件运送的货物每吨 32 元。集装箱按国内标准规定计算。笨重危险货物按上述标准加 50％ 计算。发送路用专用货车装运的小轿车，换装费按每吨 24 元计算。换装需要加固时，核收加固材料费，按所用材料成本价加 30％ 计算。

7. 进、出口货物声明价格费，按运单记载的声明价格的 3‰ 计算（铁路国际联运保价费）。

8. 进、出口货物由于托运人或收货人原因，造成在国境站上发生的整车换装整理费、搬运费、杂作业人工费等按《铁路货物装卸作业计费办法》和铁道部规定的费率核收。

9. 进口货物在国境站或中途站办理运输变更时，按铁路《价规》第四十七条规定的费率，以发送路原使用的车辆数核收变更手续费。由于收货人代号改变而变更收货人时，也应核收变更手续费。从朝鲜进口整车煤炭，在国境站办理变更到站，按上述费率减半核收。

10. 进、出口货物由于托运人、收货人原因，造成货车在国境站上滞留时，应按货车滞留日数（不包括铁路正常办理手续的时间），从货车到达次日起：不足一日按一日，核收货车滞留费，每车每日 120 元。超过 5 日，从第 6 日起，每车每日核收滞留费 240 元。超过 10 日，从第 11 日起，每车每日核收滞留费 480 元。危险货物货车滞留费在上述标准基础上每车每日另加 10％。

11. 出口朝鲜的整车散装的煤、石膏、焦炭、矿石、矿粉、熟矾土、黄土、碗土和向越南出口整车散装货物，均在国境站用轨道衡复查重量，核收过秤费。进口所有货物如在国境站过秤复查重量，应记载并核收过秤费。

（四）国际铁路联运货物在我国境内的运输费用计算

1. 运费计算：货物适用的发到基价，加上运行基价与货物的运价里程相乘之积，再与计费重量（集装箱为箱数）相乘，算出运费。国际联运货物运价里程还应加上国境车站到国境线零公里处的里程。

$$运费＝（发到基价＋运行基价×运价里程〈国境〉）×计费重量$$

2. 铁路建设基金＝铁路建设基金费率×计费重量×运价里程

3. 电气化附加费＝电气化附加费费率×计费重量×通过铁路电气化区段里程

4. 印花税：以每张货票计算，按运费的 5‰ 核收，不足 0.1 元免收，超过 0.1 元实收。

5. 特殊运价区段运费

在按国家运价标准计算运费时，应先扣除"特殊运价路段"里程，计算出结果后，再加上"特殊路段运价率"乘以"特殊运价路段里程"的"特殊运价路段运费"，得出全程运费。

6. 铁路营运杂费：包括运单表格费、长大货车使用费、篷布使用费、集装箱使用费、机车作业费等。按规定项目和标准，计算出发生的杂费。

7. 国际联运杂费

以上各项费用相加，即为全部运输费用。

运费计算算例：

上海某外贸公司向俄罗斯出口一批家用电器，共 250 件，100 立方米，装运一辆 P62 型铁路棚车，使用国际铁路联运方式运往俄罗斯莫斯科巴威列斯卡雅货站。发运站：上海铁路局杨浦站。境外运输代理是俄罗斯 TSES 货运公司。现将上海杨浦到满洲里运费计算如下：

路程：杨浦——满洲里（境）全程——磁窑——南仓——秦皇岛——锦州——通辽——三间房——满洲里。其中电气化路段 1 627 公里；

国境里程：10 公里（满洲里车站至国境线零公里）。

使用车型：P62 型铁路棚车，标记载重 60 吨。

货名：家用电器，运价号：6 号。

运价率，基价Ⅰ，14.60 元/吨；基价Ⅱ，0.0784 元/吨公里；电气化附加费：0.012 元/吨公里；铁建基金：0.033 元/吨公里。

运费计算：

①基本运费：14.60 元/吨×60＋0.0784 元/吨公里×60×3 343公里＝16 601.5元

②铁建基金：0.033 元/吨公里×60×3 343公里＝6 619.1元

③电气化附加费：0.012 元/吨公里×60×1 627公里＝1 171.4元

④特殊路段运费：

⑤印花税：8.3 元

费用合计：24 400.3元

三、过境运送费用和境外铁路运送费用的计算和核收

（一）《国际货协》关于过境铁路运输费用的规定

1. 我国铁路的过境铁路货物运输执行《统一货价》。参加《统一货价》的国家铁路有中国、白俄罗斯、保加利亚、越南、哈萨克、朝鲜、拉脱维亚、立陶宛、摩尔多瓦、蒙古、俄罗斯、乌克兰、爱沙尼亚 13 国。现在，吉尔吉斯、乌兹别克、塔吉克加入《统一货价》，立陶宛退出，《统一货价》参加国铁路共 15 国。

2.《统一货价》规程内容包括

（1）关于办理货物运送手续的规定

（2）关于运费和杂费计算办法的规定

（3）运费

（4）办理过境货物运送手续的各运输径路国过境里程表

（5）货物品名分类表（国际铁路货物联运通用货物品名表）

（6）运费计算表

3. 计算过境运送费用的程序和公式国际铁路联运货物运杂费按照《统一货价》计算，计算程序如下：

（1）在《统一货价》"过境里程表"中分别查找运送货物所通过各个国家铁路的过境里程。

（2）在《国际铁路货物联运通用货物品名表》中，确定所运货物适用的运价等级和计费重量标准。

（3）在《统一货价》"通过参加统一货价铁路慢运货物运费计算表"中，根据运价等级和各过境运送里程，找出相应的运价率。在此表中，1 等、2 等货物是指每 100 公斤的运费；3 等为自轮运转货物，是指每轴的运费。货币以分为单位，每 100 分合 1 瑞士法郎。

整车运输货物过境运费计算公式：

运费＝货物运价率×计费重量（或实际重量）×过境里程×减成率

（4）过境我国货物一律按车辆标重计算运费。

4. 过境运输费用计算和核收注意的问题

（1）整车货物按照货物实际重量计算，但不得少于规定的计费重量：1 等货物不得少于 20 吨，2 等货物不得少于 30 吨。例如，焦炭在货物品名表中属于第 27 类 4 项，过境运价等级为 2 级；如果实际装载货物 35 吨，则计算重量为 35 吨；如果实际装载货物 15 吨，则计算重量为 30 吨（过境

我国货物一律按车辆标重计算运费）。

（2）如果在货物品名分等表中"计费重量标准"栏内记载为"标重"时，核收按货物。

实际运费时，不得少于发送路车站所拨给的车辆标准载重量。

（3）如果所拨给的车辆的载重量小于货物品名分等表所载的计费重量标准时，运费按实际重量（但不得少于所拨给的车辆标准载重量）计收。

（4）俄罗斯、东欧一些国家的货币是与欧元挂钩，而我国运费习惯按美元计算，在运费的计算与核收时要考虑到国际汇率变化因素。

（二）过境中国铁路货物运输费用的计算和核收

1. 过境中国铁路国际联运货物（以下简称"过境货物运输"、也称"大陆桥运输"）是指由境外启运过境中国铁路继续运往境外的国际联运货物。包括：

（1）经中国铁路国境站接人，通过中国铁路运送并经另一国境站出境运往其他国家的货物；

（2）经中国铁路国境站接人，通过中国铁路运送并经一港口站转运到其他国家的货物；

（3）经中国港口站接人，通过中国铁路运送并经一国境站运往其他国家的货物。

我国相关法规规定，过境货物的运输，必须由国家商务部备案的具有国际货物运输代理经营资格并有过境货物运输代理业务范围的企业办理。凡是以过境货物报关单向海关申报并在国际货协运单上加盖"海关监管货物"戳记的均视为过境货物。我国过境货物铁路运输执行《国际货协》规则、以《统一货价》第八条"中华人民共和国铁路过境里程表"计算过境里程、按《统一货价》计费。过境货物运送费用一律由接入国境站或港口站（由港口接入时）向发货人或代理人核收。

2. 为进一步吸引过境中国铁路国际联运货物运量，中国铁道部 2000 年 3 月颁布了《关于过境中国铁路国际联运货物运送费用核收暂行规定》，该规定还对实行《统一货价》提供了减成优惠政策。具体内容如下：

（1）过境货物运费，按《统一货价》规定的费率并与"过境货物运费计算系数表"规定的系数相乘计算。

经由阿拉山口国境站办理货物运送时，港口站或国境站至乌鲁木齐西站的运费按《统一货价》规定的费率并与"过境货物运费计算系数表"规定的系数相乘计算。过境货物的运价等级，根据《国际铁路货物联运通用货物品名表》的规定计算。

（2）过境货物在国境站或港口站发生杂费，按照国内规定计费，国内规章未规定而《统一货价》规定的费率，按《统一货价》的规定计算。

3. 根据《统一货价》计算的以瑞士法郎表示的过境货物运费和杂费，均计算到分（1 瑞士法郎＝100 分），0.01 元以下四舍五入。

4. 过境货物的运费和杂费，均使用国内运费杂费收据核收，并按运输收入报缴。车站在运费杂费收据"附记"栏内注明"过境中铁运送费用"。

5. 通过北疆铁路等地方或合资铁路管内的运送费用（特殊运输区段），按照国内现行规定计算和清算。

过境运费计算案例：

连云港——阿拉山口运输里程4 071公里。

①货物名称：40 英尺过境集装箱。

②统一货价运价号：2 号。

③运行径路：连云港——徐州北——虞城县——郑州北——西安西——安口窑——干塘——武威南——嘉峪关——安北——乌西——阿拉山口。

④统一货价运价：40 英尺集装箱4 071公里过境统一运价5 668瑞士法郎/40×1。

⑤换装费：68 瑞士法郎，验关费：4 瑞士法郎。

⑥按铁道部"铁国际（2000）37 号文件"规定，在国际铁路货物联运中，瑞士法郎与人民币汇率定为 1 瑞士法郎＝5.2 元人民币。

⑦合计以上运费：5 668＋68＋4＝5 740瑞士法郎（合：29 848元人民币）。

⑧按我国过境货物运费计算系数，过境中国大吨位集装箱减成系数为 0.3。

29 848元人民币×0.3＝8 954.4元人民币。

⑨以上费用仅为铁路过境运费，未包括港口作业费、车站杂费及装卸费、关检费、口岸建设费以及其他代理费或相关费用。

（三）境外铁路运输费用

在早期的国际铁路货物联运中，过境运送费用的核收是由发送国铁路在发站向发货人核收，再由各国家铁路收取的过境运费通过铁路间清算。以后由于历史的变更，在 20 世纪 90 年代陆续由各国铁路通过双边或多边国境铁路协定，规定过境运费改由货运代理人直接交付过境铁路。该货运代理人必须是在该国铁路注册的有资质的货运代理企业。所以，选择一个好的过境运输代理人，是保证货物安全运输和合理支付运费的前提。

四、国际多式联运运送费用

（一）运输总费用

运输总费用的构成与大小与多种因素有关，其中影响最大的是集装箱交接方式与运输方式的构成。表 6－4 是指由海上运输方式组成的国际多式联运运输总费用的结构。

表 6－4　集装箱多式联运总成本的结构

交接方式		发货地				海上运输	收货地				费用组成
		A	B	C	D	E	D	C	B	A	
LCL/LCL	CFS/CFS	√	√	√		√		√	√		B+C+E+C+B
FCL/FCL	DR/DR	√		√		√		√		√	A+C+E+C+A
	DR/CY	√		√	√	√	√	√			A+C+E+C+D
	CY/CY			√	√	√	√	√			C+D+E+C+D
	CY/DR			√	√	√	√	√		√	C+D+E+C+A
LCL/FCL	CFS/CY		√	√	√	√	√	√			B+C+E+C+D
	CFS/DR		√	√		√		√		√	B+C+E+C+A
FCL/LCL	DR/CFS	√		√		√		√	√		A+C+E+C+B
	CY/CFS			√	√	√	√	√	√		C+D+E+C+B

字母 A，B，C，D，E 所代表的含义如下：

（1）A 代表内陆运输费（Inland Transportation Charge），包括铁路、公路、航空、内河、沿海支线运输所发生的运输费用。

（2）B 代表拆拼箱服务费（LCL Service Char），包括取箱、装箱、送箱、拆箱及理货、免费期间的堆存、签单、制单等各种作业所发生的费用。

（3）C 代表码头/堆场服务费（Terminal Handle Charge），包括船与堆场间搬运、免费期间的堆存及单证制作等费用。

（4）D 代表装/卸车费（Transfer Charge），包括在堆场、货运站等地点使用港区机械从货方接运的汽车/火车上卸下或装上箱子时的费用。

（5）E 代表海运费（Ocean Freight），与传统班轮杂货的费用承担范围相同。

（二）计费方式

随着国际多式联运市场竞争日趋激烈，不少国家多式联运企业采取灵活的费用计收方法，比如，分项计收法、分项加总计收法、包干计收法、部分包干计收法、照实计收法，等等。这些计收方法，归纳起来主要是单一制、分段制和混合制三种。

单一制。单一制是指集装箱从托运到交付，所有运输区段均按照一个相同的运费率计算全程运费。比如，在西伯利亚大陆桥（SLB）运输中采用的就是这种计费方式。苏联从 1986 年期修订了原来的七级费率，采用了部分货种的以箱为计费单位的 FAK 统一费率。陆桥运输开办初期，从日本人和一个港口到布列斯特（苏联西部边境站）的费率为：385 卢布/TEU，陆桥运输的运费比班轮公会的海运运费低 20%～30%。

分段制。分段制是指按照组成多式联运的各运输区段，分别计算海运、陆运（铁路、汽车）、空运及港站等各项费用，然后合计为多式联运的全程运费，由多式联运经营人向货主一次计收，最后再由多式联运经营人与各区段的实际承运人分别结算。目前大部分多式联运的全程费用均采用这种计费方式，例如，欧洲到澳大利亚的国际集装箱多式联运和日本到欧洲内陆货北美内陆的国际集装箱多式联运等。

混合制。理论上讲，国际多式联运企业应制定全程运价表，且应采用单一运费率制。然而，由于制定单一运费率是一件较为复杂多的问题。因此，作为过渡方法，目前有的多式联运经营人尝试采取混合计收方办法：从国内接收货物地点到达国口岸采取单一费率，向发货人收取（预付运费）；从到达国口岸到内陆目的地的费用按实际成本确定，另向收货人收取（到付运费）。当然，也有采取分段累加计收，或者根据分段累加的总费用换算出单一运费率计收。

重点名词与概念

外贸物流多式联运，大陆桥运输，国际多式联运单证

练习与思考

一、多选题

1. 国际铁路货物运输在货物托运后，可变更（　　）。

A. 收货人 　　　　　　　B. 将货物返回发站

C. 增加货物 　　　　　　D. 改变包装

E. 发货人

2. 国际多式联运的基本条件，以下理解正确的是（　　）。

A. 至少采用两种运输方式 　　B. 至少涉及两个国家

C. 签发一份多式联运单证

D. 一个多式联运经营人对货物运输的全程负责

E. 具有一个多式联运合同

3. 目前，国际海空联运线主要有（　　）。

A. 远东——欧洲 　　　　　B. 远东——中南美

C. 远东——中近东 　　　　D. 远东——非洲

E. 远东——澳洲

4. 多式联运单证分为（　　）。

A. 承运人代理　　　B. 发货人　　　C. 承运人　　　D. 报关行

E. 货运代理

5. 国际多式联运单证可分为（　　）。

A. 波罗的海国际海事协会（BIMCO）制定的 Combidoc

B. FIATA 联运提单（FBL）

C. UNCTAD 制定的 Multidoc

D. 多式联运经营人自行制定的多式联运单证

E. 其他

二、判断题

1. 我国的国际铁路货物联运费用，由国内段费用、国境口岸费和国外段费用组成。（　　）

2. 由于发货人或收货人的过失或由于其要求和由于发货人或收货人装车或卸车的原因所造成的损失属于铁路的免责情况之一。（　　）

3. 在国际多式联运方式下，运输途中货物经过转换，运输事项由多式联运经营人负责办理。（　　）

4. 集装箱货物按箱型只有一个 20 英尺箱的运价号。（　　）

三、简答与论述题

1. 外贸物流多式联运的定义。

2. 外贸物流多式联运进出口业务流程。

3. 我国铁路运费的构成和计算方法。

4. 大陆桥运输的运输线路。

四、计算题

1. 某人从石家庄南站发往包头站一车煤，总 35 吨，经调度以 40 吨敞车装运。试计算其运费。（注：从石家庄南站到包头站的运价里程为 1 091km。其他数据见表一至表三。）

2. 某人从石家庄南站发往包头站一车钢锭，总 35 吨，经调度以 40 吨敞车装运。托运人提出保价运输，申明其钢材价值175 000元，试计算其运费。（注：从石家庄南站到包头站的运价里程为 1 091km。其他数据见表一至表三。）

表一　常用铁路运输货物整车运价号码

货物品名	运价号
煤	4
化肥	2
钢材	5
……	……

表二　铁路货物运价率表

单位：元/吨；元/吨公里

办理类别	运价号	发到基价 标准	运价基价 标准
整 车	1	4.60	0.0210
	2	5.20	0.0239
	3	6.00	0.0273
	4	6.80	0.0311
	5	7.60	0.0348

表三　货物保价费率表

货物品名	保价费率‰
煤	1
石油	4
钢铁及有色金属	2
……	……

第七章 外贸物流航空货物
运输操作实务

【本章培训的主要内容】

本章培训的主要内容是关于外贸物流航空货物运输操作方面的基础知识，包括外贸物流航空货运作业流程，外贸物流航空快运的主要环节，外贸物流航空货运的主要单证及制作，外贸物流航空货运运价与运费。

【本章应掌握的主要技能】

通过本章学习，掌握国际航空进口及出口货物运输代理业务，国际航空快件的含义及主要形式，航空货运单的定义、一般规定与作用，航空货运单的缮制，国际航空货物运价计算方法，深刻理解国际航空快件的特点及作用，国际航空快件的主要环节，了解国际航空快件的产生于发展，进口业务单证及出口业务单证，国际航空货物运价细类介绍等。

第一节 外贸物流航空货运作业流程

一、国际航空进口货物运输代理业务

航空货物进口程序，是指空运货物从入境到提取或转运的整个流程所需通过的环节、所需办理的手续以及必备的单证。"环节、手续和单证"，是指同一过程中的三个方面。航空货物入境后，要通过各个环节才能提出海关监管仓库或场所，而每经过一道环节都要办理一定的手续，而办理手续不能单凭口头阐述，必须出具有关的单证，比如，商业单据、运输单据及所需的各种批文和证明等。

进口业务环节。在入境地海关清关的进口货物，大致要经过以下几个环节：接单接货→货物驳运进仓→单据录入和分类→发到货通知或查询单→制报关单并预录入→检验检疫→进口报关→送货或转运。

1. 接单接货

航空货物入境时，与货物有关的单据（运单、发票和装箱单等）也随机到达。运输工具及货物处于海关监管之下。航空公司的地面代理公司（即机场货运站）从飞机卸货后，将货物存入其海关监管库（一级海关监管仓库）内，同时根据运单上的收货人及地址寄发提货通知。若运单上的收货人或通知方为海关及民航总局共同认可的一级航空货运代理公司，则把运输单据及与之相关的货物交给该一级航空货运代理公司（一级航空货运代理公司的海关监管仓库为二级海关监管仓库）。

一级航空货运代理公司在与机场货运站办理交接手续时，应根据总运单核对实际货物。若存在有单无货或有货无单的现象，应及时告知机场货运站，并要求其在国际货物交接清单上注明，同时在舱单数据中做相应说明。若发现货物短少、破损或有其他异常情况，应向机场货运站索要商务事故记录，作为实际收货人交涉索赔事宜的根据。

2. 货物驳运进仓

一级航空公司代理公司与机场货运站单货交接手续办理完毕后，即根据货量安排运输工具，驳运至该一级货运代理公司自行使用的海关监管仓库内。

3. 单据录入和分类

为便于用户查询和统计货量的需要，一级航空货运代理公司或海关授权的数据录入公司，负责将每票空运运单的货物信息及实际入库的相关信息，通过终端，输入到海关监管系统内。

一般按集中托运货物和单票直单货物。按照不同发货代理、不同实际收货人、收货人所在的特殊监管区域（比如，出口加工区、保税区等）进行单证分类。

集中托运货物需要对总运单项下的货物进行分拨，对每一份分运单对应的货物分别处理。单票直单货物则无须分拨。

4. 发到货通知单

据录入后，根据运单或合同上的发货人名称及地址寄发到货通知单。到货通知单一般发给实际收货人，告知其货物已到空港，催促其速办报关、提货手续。到货通知单需要填写的项目有：公司名称、运单号、到货日期、应到件数及重量、实到件数及重量、合同号、货物名称、是否为特种货物、货运代理公司业务联系人及其电话等。

5. 制报关单并预录入

《中华人民共和国海关进口货物报关单》（格式见本篇中的附件一）。制单的依据是运单、发票及证明货物合法进口的有关批准文件。因此，制单一般在收到客户的回复及确认、并获得必备的批文和证明之后方可进行。不需批文和证明的，可直接制单。

报关单上需由申报单位填报的项目有：进口口岸、经营单位、收货单位、合同号、批准机关及文号、运输工具名称及号码、贸易性质（方式）、贸易国别（地区）、原产国别（地区）、进口日期、提单或运单号、运杂费、件数、毛重、海关统计商品编码、货名规格及货号、数量、成交价格、价格条件、货币名称、申报单位、申报日期，等等。

在手工完成制单后，将报关单的各项内容通过终端输入到海关报关系统内，并打制出报关单一式多联（具体份数按不同贸易性质而定）。完成电脑预录入后，在报关单右下角加盖申报单位的"报关专用章"。然后将报关单连同有关的运单、发票、装箱单、合同，并随附批准货物进口的证明和批文，由经海关认可、并持有海关签发的报关员证件的报关员，正式向海关申报。

6. 进行商品的相关检验检疫

根据进口商品的种类和性质，按照进口国家的有关规定，对其进行商品检验、卫生检验、动植物检验等。上述检验前要填制"中华人民共和国出入境检验检疫入境货物报检单"，并到当地的出入境检验检疫局进行报检报验。

报检报验一般发生在报关前，即"先报检报验、后报关"。报检报验时，一般需由经出入境检验检疫局认可、并持有出入境检验检疫局签发的报验员证件的报验员，凭报关单、发票、装箱单（正本或复印件），向当地的出入境检验检疫局进行报检报验。出入境检验检疫局核查无误后，或当即盖章放行，或加盖"待检章"。如是前者，则单证货物可转入报关程序，且在海关放行后，可直接从监管仓库提货；如是后者，则单证货物可先办理报关手续，海关放行后，必须由出入境检验检疫局对货物进行查验无误后，方能提货。

7. 进口报关

进口报关，就是向海关申报办理货物进口手续的过程。报关是进口程序中最关键的环节，任何货物都必须在向海关申报并经海关放行后才能提出海关监管仓库或场所。把报关称为一个过程，是因为其本身还包含许多环节，大致可分为初审、审单、征税、验放四个阶段。

8. 送货或转运

货物无论送到进境地当地还是转运到进境地以外的地区，收货人或其货运代理公司、报关行都必须首先完成清关或转关手续，然后才能从海关监管仓库或场所提取货物。提取货物的凭证是海关及出入境检验检疫局盖有放行章的正本运单。未经海关放行的货物处于海关的监管之下，不能擅自提出监管仓库或场所。

货主或其货运代理公司、报关行在提取货物时须结清各种费用，如国际段到付运费、报关费、仓储费、劳务费等。货物出库时，提货人应与仓库保管员仔细检查和核对货物外包装上的合同号、运单号、唛头及件数、重量等与运输单据所列是否完全一致。若出现单货不符或货物短少、残缺或外包装异形，航空货运代理公司应将机场货运站出具的商务事故记录交给货主，以便后者办理必要的索赔事宜。

航空货运代理公司可以接受货主的委托送货上门或办理转运。航空货运代理公司在将货物移交货主时，办理货物交接手续，并向其收取货物进口过程中所发生的一切费用。

二、国际航空出口货物运输代理业务

航空货物出口程序，是指航空货运代理公司从发货人手中接货直到将货物交给机场货运站这一过程所需通过的环节、所需办理的手续以及必备的单证。

出口程序的起点是从发货人手中接货，终点是货交航空公司或代航空公司在机场进行地面操作业务的机场货运站。进口程序的起点是从航空公司或机场货运站接货，终点是货交收货人。这两套程序所构成的流程图正好表明了航空货运代理公司的货运业务范围。由此也可以看出，航空公司只负责从一个机场至另一个机场的空中运输。

出口业务环节。空运出口业务大致包括以下几个环节：销售→订舱→接单接货→制单→检验检疫、报关→交接→发运→费用结算→信息传递。

1. 销售

销售是指航空货运代理公司为争取更多的出口货源，而到各进出口公司和有出口经营权的企业进行推销的活动。

销售时一般需向出口单位介绍本公司的代理业务范围、服务项目以及各项收费标准等。航空货运代理公司与出口单位（发货人）就出口货物运输事宜达成协议后，可以向发货人提供国际货物托运书作为委托书。委托书由发货人填写并加盖公章，作为委托和接受委托的依据。对于长期出口或出口货量大的单位，航空货运代理公司一般都与之签订长期的代理协议。

2. 订舱

订舱，就是向航空公司申请运输并预订舱位的行为。货物订舱需要根据发货人的要求和货物本身的特点进行。一般来说，紧急物资、鲜活易腐物品、危险物品、贵重物品等，应尽量预订直达航班的舱位（运费相对昂贵）；非紧急的货物，可以预订转运航班的舱位（运费相对低廉）。

订舱时，应在订舱单上写明货物的名称、体积、重量、件数、包装种类、目的港及要求出运的时间等。航空公司根据实际情况安排航班和舱位。目前已有多家航空公司实行网上订舱业务，如汉莎航空等。

航空货运代理公司订舱时，可按照发货人的要求选择最佳航线和最理想的承运人（即航空公司），同时为其争取最合理的运价。

订妥舱位后，航空货运代理公司应及时通知发货人备单、备货。

3. 接单接货

接单是航空货运代理公司在订妥舱位后，从发货人手中接过货物以及出口所需的一切单证。其中主要是国际货物托运书和报关单证。

接货是指航空货运代理公司与货主进行空运出口货物的交接，并将货物储存于海关监管仓库或场所。

接货一般与接单同时进行。对于通过空运或铁路从内地运往出境地的出口货物，航空货运代理公司可按照发货人提供的运单号、航班号及接货地点、接货日期，代其提取货物。如果货物已在启运地办理了出口海关手续，发货人应同时提供启运地海关的关封。

接货时，仓库保管员应根据《送货单》或发票和装箱单清点所收货物，核对货物的数量、品名、合同号或唛头、送货单位名称及委托代理、客户名称等是否与货运单据上所列一致，同时会同客户检查货物当时的装载情况，检查货物外包装是否符合运输要求、有无残损等，并对货物进行称重量，量尺寸等操作。在确认货物无不正常现象时，方可收下该票货物。若发现货物有倒置，倾斜，渗漏，变形，短缺，受潮等不正常现象时，可拒收该货。若送货人坚持要求收货时，仓库保管员应以电子邮件、电话等方式及时通知相关人员，在取得确认或根据事先约定处理的情况下，应如实在收货记录上详细填写收货时间，地点，送货车号，送货单位，货物破损程度等，原始记录须经送货人和相关人员当场签名确认，并对货物拍照留档后方可收货。在装卸货时，应严格按货物包装上的指示标志进行操作。

货物可先入货运代理公司的海关监管仓库，或者直接进入航空公司或为其提供地面服务的机场货运站的海关监管仓库。

4. 制单

制单是缮制航空货运单，包括总运单和分运单。缮制航空货运单是空运出口业务中最重要的环节。运单填写地正确与否，直接关系到货物能否及时、准确地运达目的地。因此必须详细、准确地填写各项内容。

填写航空货运单的主要依据是发货人提供的国际货物托运书。托运书上的各项内容都应体现在航空货运单上，如发货人和收货人的全称、详细地址、电话、传真、联系人、电子信箱；出口货物的名称、件数、重量、体积、包装方式；承运人和代理人的名称；城市名称；始发港和目的港等。

如果是直接发给国外收货人的单票托运货物，缮制航空公司的运单即可；如果是以国外代理为总运单收货人的集中托运货物，必须在缮制航空公司总运单的同时，缮制由航空货运代理公司出具的以实际海外客户为收货人的分运单，以便国外代理对总运单下的各票货物进行分拨。

航空货运单是空运出口业务中最重要的单据，有关它的详细内容和重要作用及各分运单的主要用途，将在出口单据中另作介绍。

5. 出口商品的相关检验检疫

根据出口商品的种类和性质，按照进、出口国家的有关规定，对其进行商品检验、卫生检验、动植物检验检疫等。上述检验检疫前要准备齐相关单证，填制"中华人民共和国出入境检验检疫出境货物报检单"，并到当地的出入境检验检疫局进行报检报验。

出口报检报验一般在报关前进行。

6. 报关

出口报关是指发货人或代理人在发运货物之前，向出境地海关办理出口清关手续的过程。出口报关的基本程序是：

（1）进行海关预录入，即将发货人提供的出口货物报关单各项内容输入海关预录入终端。

（2）在打印出的出口货物报关单上加盖报关单位的报关专用章和报关员章，并将报关单与发票、装箱单、航空运单及根据贸易性质或货物种类所需的其他证明文件，一起由持有报关员证的报关员递交给海关，办理申报手续。

（3）向海关申报。由报关员持报关单证至海关，根据免税、征税整理单证分别办理电子派号（目前上海海关已实施）。

免税单证：报关员将全套单证及海关专用清单，按电子派号的顺序至海关制定窗口申报，并取回海关已盖有放行章的单证（运单上加盖放行章、核销单上加盖验讫章）。

征税单证：报关员需将全套单证及海关专用清单，按电子派号的顺序至海关指定窗口申报。当海关打印出税单后，即可办理付税手续；报关员凭付讫税单到海关办理税费核销及放行手续。

（4）海关查验。当海关要求查验时，报关员（报验员）应凭海关开具的货物查验单（关封）和需查验的货物至海关接受查验。

（5）海关放行。海关审单无误后，海关关员即在总运单正本上加盖放行章，同时在出口收汇核销单上加盖海关验讫章。

（6）出口转关报关。外关区转关到发运地海关申报出口的货物，报关员应凭关封并附上该票货的总运单，在审核无误后正式向海关申报。

7. 出口核销

（1）EDI 空运舱单录入。完成出口报关后，报关员应在 EDI 空运舱单预录入系统中逐票输入分单的舱单电子数据；总运单数据由航空公司的地面代理在航班起飞后向海关发送；总运单毛重与该总单下所有分单的毛重之和一致（误差不超过 3%）则舱单成功。

（2）核销。为加强对进出口货物的实际监管，海关在出境运输工具实际离境后，应及时收取出口舱单电子数据，出口报关单与出口舱单核销后，海关方予办理出口退税证明联的签发手续。

8. 发运

发运就是向已事先预订好舱位的航空公司交单交货，由航空公司安排航空运输。

其分为以下三个过程：

（1）出库。出库就是根据海关放行信息和出库指令，把已贴有货物标签的货物进行发货出库的过程。

（2）装载板箱。装载板箱就是根据航空公司和其机型的不同，领取相应的集装器，按航空公司规定的要求把货物装载在集装器内。集装器分为集装板和集装箱。

（3）安检。安检就是为保证飞行安全，出运货物在装机前进行安全检查或其他的安全检查措施的过程。按民航总局有关规定，必须经过安全检查或其他的安全检查措施，货运站确认货运单上的安检章接受货物入库；对于整板箱等无法安检的出港货物，保证其交入库区存放时间 24 小时后装机。

9. 交接

交接是货运代理公司按预定舱位的航班时间，根据航空公司规定，在飞机起飞规定时间前，向航空公司或机场货运站交单交货。

交单就是将随机单据和应由承运人留存的出口货物单证给航空公司。航空公司审核这些出口货物的单证是否规范、安全，以确保出口所运货物符合航空运输要求；随机单据包括第三联航空运单正本、分运单（如有）、发票、装箱单、产地证明、品质鉴定书、出口商品配额，等等。

交货就是与航空公司或机场货运站办理与单据相符的货物的交接手续。交货之前必须粘贴或拴挂货物标签，核对清点货物，缮制货物交接清单，机场货运站审单验货后，在交接清单上签收。

航空公司或机场货运站接单接货后，将货物存入其出口仓库内，同时将单据交航空公司吨控部门，以平衡配载。

10. 出运

货物按预定航班出运。货物交接出运后，应及时跟踪货物运输过程中的信息，若有二程航班的还需跟踪二程空运货物的到达时间、地点和货物安全等情况，并及时将查询信息传递给发货人。

11. 费用结算

费用结算主要涉及发货人、承运人和国外代理人三个方面的结算。

与发货人结算费用，即向发货人收取航空运费（在运费预付的情况下），同时收取地面操作费以及各种服务费和手续费。

与承运人结算费用，就是向承运人支付航空运费，同时向其收取代理佣金。

与国外代理结算主要涉及付运费和手续费。到付运费实际上是由发货方的航空货运代理公司为收货人所垫付的，因此收货方的航空货运代理在将货物移交收货人时，应收回到付运费并退还发货方的代理人。同时发货方的航空货运代理公司应向目的地的货运代理公司支付一定的手续费及产生的其他相关费用。

由于航空货运代理公司之间存在长期的互为代理协议，因此与国外代理结算不采取一票一结的办法，而采取抵消账单、一月一结的办法。按照惯例，每月初由发货方的代理公司缮制并出示账单，交收货方的代理公司确认。

12. 信息传递

航空货运代理公司在发运货物后，及时将发运信息传递给发货人，向其提供航班号、运单号和出运日期等，并随时提供货物在运输过程中的准确信息。与此同时，将盖有海关验讫章的出口货物报关单、出口收汇核销单、海关核发的加工贸易手册、出口商品配额等单据，寄送发货人。

对于集中托运货物，还应将发运信息预报收货人所在地的国外代理，以便其及时接货，及时查询，及时分拨处理。

第二节　外贸物流航空快运的主要环节

一、国际航空快件的含义及主要形式

国际航空快件业务，是指从事国际快件运输的专业速递公司与航空公司合作，以最快的速度在发件人→机场→收件人之间递送急件。

由此可见，国际航空快件的业务性质和运输方式与普通航空货运基本上是一致的。实际上，大多数航空货运代理公司都经营快件业务，即所谓的空运普货门到门服务。许多专门从事快件业务的公司也是从航空货运代理公司派生出来的。

国际航空快件的运作形式主要有以下三种：

（一）门/桌到门/桌（Door/Desk to Door/Desk）

门/桌到门/桌的服务形式是航空快件公司最常用的一种服务形式。

首先由发件人在需要时电话通知快件公司，快件公司接到通知后派人上门取件，然后将所有收到的快件集中到一起，根据其目的地分拣、整理、制单、报关、发往世界各地，到达目的地后，再由当地的分公司办理清关、提货手续，并送至收件人手中。在这期间，客户还可依靠快件公司的电脑网络随时对快件（主要指包裹）的位置进行查询，快件送达之后，也可以及时通过电脑网络将消息反馈给发件人。

（二）门/桌到机场（Door/Desk to Airport）

与前一种服务方式相比，门/桌到机场的服务指快件到达目的地机场后不是由快件公司去办理清关、提货手续并送达收件人的手中，而是由快件公司通知收件人自己去办理相关手续。采用这种方式的多是海关当局有特殊规定的货物或物品。

（三）专人派送（Courier on board）

所谓专人派送是指由快件公司指派专人携带快件在最短时间内将快件直接送到收件人手中，这是一种特殊服务，一般很少采用。

就以上三种服务形式来讲，门/桌到机场形式对客户来讲比较麻烦，专人派送最可靠，最安全，同时费用也最高，而门/桌到门/桌的服务介于上述两者之间，适合绝大多数快件的运送。

随着市场要求的不断提高，国际航空快件的运输方式逐渐趋于立体模式，可以是航空、铁路、公路、水路运输，货物流通派送区域广泛，通过二级、三级分拨中心的中转、分拨，货物派送可以抵达乡村。

二、国际航空快件的产生和发展

国际航空快件业务是 1969 年在美国开创的，迄今已有 30 多年历史。航空快件业务以其安全、迅捷的运输特点备受工商界、金融界、贸易界、运输界及政府部门的青睐，因而在世界范围内迅速发展起来。目前，快件业务已能到达世界五大洲的 95％ 以上的国家和地区。在美国、西欧、日本等发达国家，其发展更为迅速，仅美国就有 50 余家专门从事速递业务的公司。

20 世纪 70 年代末期以来，航空快运业务在我国也得到迅速的发展。中国对外贸易运输总公司是我国第一家从事航空快件业务的公司。1979 年以来，该公司先后与 DHL、OCS、UPS 等国际航空快运公司建立了快运业务合作关系，并成立了包括中外运——敦豪公司在内的一批中外合资企业专门从事快件业务。

中外运与境外速递公司在中国大陆的业务合作与发展，带动并刺激了中国速递业的发展。20 世纪 90 年代中期台湾速递公司在我国广东珠江三角洲的发展，带动了江苏、浙江两省国内快件的发展。尤其是 1996 年后，速递公司由南往北，由东往西的发展，国内速递公司渐渐形成了区域性快件派送网络，对我国的贸易和科技交流起到了积极的作用，并为电子商务物流配送的发展，奠定了一定的基础。目前国内速递公司的运作还处于发展的初期阶段。

三、国际航空快件的特点和作用

航空快件在很多方面与传统的航空货运业务、邮政运送业务有相似之处，其基本程序和需要办理的手续是一样的，所需的运输单据和报关单证也基本相同，即都要向航空公司办理托运，都要与收、发件（货）人及承运人办理单货交接手续；都要向海关办理进出口报关手续并提供相应的报关单证。作为一项专门的业务，它又有独到之处，与邮政业务相比，其特点主要表现在：

（一）收件的范围不同

航空快件的收件范围主要有文件和包裹两大类。其中文件主要是指商业文件和各种印刷品。文件包括银行票据、贸易合同、商务信函、装船单据、小件资料等。包裹包括机器上的零件、小件样品、录像带和小件行李等。对于包裹一般要求毛重不超过 32 公斤（含 32 公斤）或外包装单边不超过 102 厘米，三边相加（长、宽、高）不超过 175 厘米。随着航空运输行业竞争更加激烈，快件公司为吸引更多的客户，对包裹大小的要求趋于放松。而且，随着电子商务的开展，门到门服务的航空快件服务极大地满足了 B2B（Business to Business）、B2C（Business to Customer）的服务要求，因此，近年来，大宗成品货物也在航空快件业务中逐渐出现，并且呈快速上升势头。传统的航空货运业务以贸易货物为主，规定每件货物体积不得小于5cm × 10cm ×20cm；邮政业务则以私人信函为主要业务对象，对包裹要求每件重量不超过 20 公斤，长度不超过 1 米。

（二）经营者不同

经营国际航空快件的大多为跨国公司，这些公司以独资或合资的形式将业务深入世界各地，建立起全球网络。航空快件的传送基本都是在跨国公司内部完成。国际邮政业务则通过万国邮政联盟的形式在世界上大多数国家的邮政机构之间取得合作，邮件通过两个以上国家邮政当局的合作完成传送。国际航空货物运输则主要采用集中托运的形式，或直接由发货人委托航空货运代理人进行，货物到达目的地后再通过发货地航空货运代理的关系人代为转交货物到收货人的手中。业务中除涉及航空公司外，还要依赖航空货运代理人的协助。

（三）经营者内部的组织形式不同

邮政运输的传统操作理论是接力式传送。航空快件公司则大多都采用中心分拨理论或称转盘分拨理论组织起全球的网络。简单来讲就是快件公司根据自己业务的实际情况在中心地区设立分拨中心（HUB）。各地收集起来的快件，按所到地区分拨完毕，装上飞机。当晚各地飞机飞到分拨中心，各自交换快件后飞回。第二天清晨，快件再由各地分公司用汽车送到收件人办公桌上。这种方式看上去似乎不太合理，但由于中心分拨理论减少了中间环节，快件的流向简单清楚，减少了错误，提高了操作效率，缩短了运送时间，被事实证明是经济、有效的。

（四）使用的单据不同

航空货运使用的是航空运单，邮政使用的是包裹单，航空快件企业也有自己的独特的运输单据"快件运单"。快件运单一般一式四份。第一联留在始发地并用于出口报关；第二联贴附在货物表面，随货同行，收件人可以在此联签字表示收到货物（交付凭证由此得名），但通常快件的收件人在快件公司提供的送货记录上签字，而将此联保留；第三联作为快件公司内部结算的依据；第四联作为发件凭证留存发件人处，同时该联印有背面条款，一旦产生争议时可作为判定当事各方权益，解决争议的依据。随着科学技术的不断进步与发展，快件公司的快件运单也在发生着变化，联数在不断减少，更多地依靠电子技术来传递运作中所需要的数据和信息。以美国联合包裹运送服务公司（UPS）为例，其快件运单一式三份，收件人在签收快件时，可利用 UPS 独有的数据采集器（DIAD BOARD）进行签收，签收真迹会通过 UPS 的信息网络被发件人及时查询。

（五）服务质量高

服务质量高主要体现在以下三方面：

1. 速度快

航空快件自诞生之日起就强调快速的服务，速度又被称为整个行业生存之本。一般洲际快件运送在 1—5 天内完成；地区内部运送只要 1—3 天。这样的传送速度无论是传统的航空货运业还是邮政运输都是很难达到的。

2. 安全、可靠

因为在航空快件形式下，快件运送自始至终是在同一公司内部完成，各分公司操作规程相同，服务标准也基本相同，而且同一公司内部信息交流更加方便，对客户的高价值易破损货物的保护也会更加妥帖，所以运输的安全性可靠性也更好。与此相反，邮政运输和航空货物运输因为都涉及不止一位经营者，各方服务水平参差不齐，容易出现货损货差的现象。

3. 方便

确切地说航空快件不止涉及航空运输一种运输形式，它更像是陆空联运，通过将服务由机场延伸至客户的仓库、办公桌，航空快件真正实现了门到门服务，方便了客户。此外，航空快件公司对一般包裹代为清关，针对不断发展的电子网络技术又率先采用了 EDI（电子数据交换）报关系统，为客户提供了更为便捷的网上服务，快件公司特有的全球性电脑跟踪查询系统也为有特殊需求的客户带来了极大的便利。

航空快件同样有自己的局限性，快件服务所覆盖的范围就不如邮政运输广泛。国际邮政运输综合了各国的力量，可以说只要有人烟的地方就有邮政运输的足迹，但航空快件毕竟是靠某个跨国公司的一己之力，所以各快件公司的运送网络只能包括那些商业发达、对外交流多的地区。

四、国际航空快件的主要环节

国际航空快件运作可简单地分为进口操作和出口操作。进口操作的起点是从航空公司手中接货，终点是派送到收件人（Consignee/receiver）手中。出口操作的起点是从发件人（Shipper/sender）手中取件，终点是货交航空公司。这两套相向的操作程序所构成的流程图正好是国际航空快件公司的业务范围，而航空公司只负责从一个机场到另一个机场的空中运输。

（一）进口业务环节

国际航空快件进口业务大致包括以下几个环节：接收预报→EDI 申报→提取货物→分拣操作→客户联系→正式申报→出库→派送。

1. 接收预报（Pre-Alert）

始发站通过传真、电子邮件或内部信息网络等方式将进口快件的有关信息通知目的站，这些信息称为预报。预报的内容包括：航空运单号、航班号、件数、重量等。目的站在接收预报后安排货物提取、申报等后续操作。

2. EDI 申报（EDI Declaration）

目的站通过内部信息网络、传真、电子邮件等方式获取进口快件的详细信息，包括：分运单号、件数、重量、品名、申报价值等，这些信息通过 EDI 系统向海关申报。海关在进行审阅之后，返回一个回执，回执内容中包含每票快件的状态：这些状态主要有放行、查验、正式申报。海关放行的快件即可进入后续的派送操作，而需要查验、正式申报的快件则要进行查验、入库等后续操作。

3. 提取货物（Pick-up）

目的站根据预报的信息安排人员、车辆到航空公司或机场货运站提取进口快件，与航空公司或机场货运站的工作人员当面核对航空运单、清点数量、检查外包装，确认无误后，办理签收交接手续。

4. 分拣操作（Sorting）

提取的进口快件在操作中心进行分拣操作。所有进入操作中心的进口快件都经过扫描，根据 EDI 回执将已放行的快件与需要查验、正式申报的快件进行分离，需要查验、正式申报的快件分别进入监管仓库的相应库位，并在仓库管理系统中记录；已放行的快件则根据派送区域的不同进行再次分拣，并打印清单交派送部门进行派送。

5. 客户联系（Customer Service）

正式申报的快件需要收件人提供相关的文件并确认有关税费的缴付，这些工作是由客户服务人员来完成。客户服务人员从电脑中查询快件的有关信息，通过电话、传真、电子邮件等方式与收件人取得联系，通知收件人其进口快件的申报情况，要求其准备和提供申报所需的文件、证明以及涉及的税费。整个客户联系过程的主要内容将及时地准确地被记录下来，并通过信息网络供发件人、收件人以及始发站等查询。

6. 正式申报（Formal Entry）

进口报关员在获得申报所需的文件、证明等完整资料后，向海关正式申报，申报过程与国际航空普货进口申报过程相同。海关在审阅报关单等后予以放行。

7. 出库（Outbound Operation）

监管仓库人员根据放行信息从仓库中提取已放行的快件，并在系统中标注相关信息。已放行的快件交由派送部门进行派送。

8. 派送（Delivery）

派送部门安排取件派送人员根据进口快件的地址上门派送进口快件，与收件人当面验收进口快件，并在派送路单上签字确认。派送路单上的签收信息将被输入电脑系统，以供发件人、始发站及客户服务人员查询。签收信息包括：签收日期与时间、签收人的姓名或印章及其他信息。

（二）出口业务环节

国际航空快件出口业务大致包括以下几个环节：销售→调度→取件→操作→数据输入→报关→航空交接→结算。

1. 销售（Sales）

销售是指快件公司为争取更多的货源，而到进出口公司、贸易公司、制造企业等企事业单位推销国际航空快件服务的活动。

在拜访客户进行销售时，一般需要介绍公司的业务范围、服务项目以及相应的各项收费标准等。同时，需要向客户介绍快件的大致运作流程以及主要贸易往来国家的海关规定、进出口贸易规定等，这便于客户了解其出口快件的运作过程和注意事项。

在客户同意使用快件服务时，一般地，快件公司与发件人就出口快件服务事宜达成书面协议（赊销协议），协议将规定该客户在快件公司系统中的客户编号或称账号、服务项目、各项收费标准及相应期限、账款赊销周期等事项。此协议书作为委托和被委托的依据之一，并作为双方结算运费的依据。

2. 调度（Dispatch）

调度员在接到客户取件指令后，利用系统数据库核对客户编号、地址、联系方式等，核对无误后将取件指令输入系统。按照取件地址所在的区域，通过寻呼机、对讲机等通信手段将取件指令通知取件派送员。现在，已有快件公司利用先进的移动通信网络技术，将取件指令传递到取件派送员随身携带的数据采集器，速度更快、更及时，信息也更准确、更完整。

3. 取件（Pick-up）

取件派送员在接到调度员发出的取件指令（Order）后，选择最合理的路线、用最短的时间来到客户所在地，核对客户所填快递运单的内容及所需单证是否完整、清晰、准确，包装是否符合运输要求，数量是否与运单填写的一致，然后在签字栏签字并将发件人联交客户保存，其他快递运单及单证随货一并收取。

为便于识别及后续操作，取件派送员会对一票多件货物进行分标签操作，或在每一件上放置复印的快递运单一份。中外运—敦豪等著名快件公司会为每一件货物分配一个跟踪条码（Tracking number)，这样，每一件经过扫描后将在系统的全程跟踪之下，直至被派送为止。取件完毕后，取件派送员通过对讲机将取件情况回复调度员，调度员将取件时间等信息输入系统。

4. 操作（Sorting）

取件派送员将取回的出口快件送至操作中心，由操作员进行操作。操作员再次审核快递运单上的内容，并检查所运物品是否符合航空安全规定；根据出口快件的目的地、航班等，对快件进行分拣，并将随货发票取出，与快递运单一份交报关员进行报关。同一目的地、同一航班的快件将被扫描以便跟踪，并被装在航空集装器中。

5. 数据输入（Key-entry）

数据录入员将每票出口快件的详细信息输入系统，包括发件人、收件人、物品名称及数量、品质、用途、申报金额等，这些信息将被进口国的报关员下载用于进口报关，因此，信息的输入准确与否将直接影响该快件能否及时被派送。同时，这些信息也为运费结算提供依据和方便。

6. 报关（Customs Clearance）

出口快件一般可按申报价值分为两类：低价值（Low value）出口快件和高价值（High value）出口快件。

高价值出口快件的申报方式与国际出口空运普货的申报方式基本一样。报关员收到快递运单及随货发票，首先将发件人提供的出口货物报关单的各项内容输入电脑，即电脑预录入。其次，在通过电脑缮制的报关单上加盖报关专用章；然后，将报关单与有关发票、手册、核销单等合在一起，由持有报关员证的报关员正式向海关申报。

而低价值出口快件的申报方式则相对简单，采用清单集中申报的方式，即快件公司将低价值出口快件的运单号、发件人名称、物品名称、数量/重量、申报价值等罗列成三免清单，填写一份报关单向海关申报。

7. 航空交接（Delivery to Airlines）

加盖海关放行章的航空运单及其他随机文件如发票（Invoice）、装箱单（Packing list）、许可证（VISA）等，与航空集装器内的国际航空快件一起与航空公司的货站进行交接。各航空公司对货物交接时间都有严格的规定，一般至少在航班起飞前的2~3小时交接完毕。

8. 预报（Pre-Alert）

为方便目的站及时了解和掌握快件的情况，始发站将出口快件的航班信息通过传真、电子邮件和内部信息网络等方式通知目的站。

9. 结算（Billing）

结算人员从系统中打印出不同客户的账单，核对无误后出具发票，并根据客户要求随附快递运单结算联（或称财务联），在协议规定的时间内由取件派送员送至客户。客户在核对无误后，在协议规定的时间内将运费通过银行汇付、支票、现金等形式与快递公司结算。一般来讲，大多数快件公司会给予客户一个月的赊销期，即每月与客户结算一次运费。但是，为了争取客户，快件公司有的时候也会对部分客户尤其是大客户延长赊销期，赊销期的延长客观上会增加快件公司的应收账款风险，因此，在结算功能中，不少快件公司增加了信用控制这一职能，其用意也在于在扩大市场份额的同时，有效地控制和规避风险。

以上是出口业务的主要环节。事实上，进口业务与出口业务从货物的流向看是相反的，但实际操作中，各种资源是协同使用的，并没有完全地割裂开来。比如，取件派送员正如这一岗位的名称，在取件的同时，也在执行派送的工作；同样的扫描设备被运用在进口快件操作的同时，也被使用在出口快件的操作中。快件业务流程图非常直观和形象地表示进口操作与出口操作的管理。

第三节　外贸物流航空货运的主要单证及制作

一、进口报关单证

报关单证是报关的依据和凭证。进口报关单证大体上可分为两大类：基本单证和按海关法必须提供的单证。

（一）基本单证

基本单证包括进口货物报关单、航空运单、发票和装箱单。这四者是任何货物进口报关所必需的，缺一不可。有些货物只需这四种单证即可通关，比如，小量的资料、单一品名且单一规格的货物和合同项下不属于国家政策限制的进口产品。

一般进口货物应向海关交验进口报关单一式多份（具体份数视贸易性质决定），运单两份（正本及副联或复印件各一份），发票和装箱单正本（盖有随机确认章）各一份。

（二）法定单证

法定单证，即证明货物合法进口的各种批准文件。这类单证主要有：进口许可证、商检证、机电产品进口审批表、无线电管委会证明、海关核发的加工贸易登记手册、减免税证明、重工业产品证明、音像制品许可证等。这类单证并非所有货物进口报关都需要，是否需要和需要哪一种，基本上取决于商品的类别及贸易性质。

1. 由商品类别决定的法定单证

（1）进口许可证。凡进口国家限制进口的商品，均需申领进口许可证。随着国家对外政策的逐步开放以及加入世界贸易组织，属于进口许可证管理的商品逐步减少。具体可参阅海关总署公布的海关税则归类目录。进口许可证由进口单位向对外经济贸易管理部门申领。

（2）商检证明。凡进口属于法定商检的商品，均需向海关交验国家商检机构及有关检验部门出具的检验证书。

（3）机电产品进口审批表。凡进口机电产品和仪器、仪表类商品，均需向海关交验机电产品进口审批表。该类商品的范围十分广泛，进口量大，尤其在空运进口货物中占有很大比例。

机电产品进口审批表一般表现为在进口订货卡片上加盖部委级机电审查办公室或当地机电办公室审查专用章；特殊的机电仪产品，需加盖国务院机电审查办公室专用章。

（4）无线电管委会证明。凡进口无线电器材、通信设备，比如，对讲机、无线寻呼机、无线电话、电报发送和接收设备等，均应向海关交验无线电管理委员会的批准文件。凡中央系统的单位进口无线电设备，需出具国家无线电设备审查委员会的批准文件；地方单位和中央驻地方单位，需出具省、自治区、直辖市无线电委员会的批准文件。

2. 由贸易性质决定的法定单证

（1）登记手册。《登记手册》一般适用于以来料加工、进料加工和补偿贸易等方式进口的物品。进料加工和来料加工项下进口的料、件和补偿贸易项下进口的机器设备及用于加工返销产品的料、件，海关凭《登记手册》办理免税和验放手续。每次进口报关时，海关在《登记手册》上核销进口的数量和金额。进口辅料时，可以不办理《登记手册》，海关凭签约单位盖章并经海关备案的合同副本办理免税、验放手续。

（2）减免税证明。外商独资企业、中外合资企业和中外合作企业，进口属于减免税范围内的物品，均应向海关交验"减免税证明"。每次报关时，海关凭"减免税证明"办理免税、验放手续。

以一般贸易方式进口的货物，按国家规定可以给予减免税者，如科研用品和改良品种用产品，进口报关时也应向海关交验"减免税证明"，以办理免税、验放手续。

（3）商检证书、索赔协议和税款缴纳证明。凡以无代价抵偿形式进口的货物，包括索赔、更换和补发的货物，均应在进口报关单的贸易性质一栏内填报"无代价抵偿"。报关时应随附商检证书、有国外发货人签字的索赔协议（或补发协议、换货协议）以及原进口货物的税款缴纳证明（如当时为征税进口）。对于金额较小的无代价抵偿货物，可以不提供商检证书。

上述单证齐备的无代价抵偿货物，海关予以免税放行。

（4）保证函。凡申请担保进口的货物，包括暂时进口货物、因故不能及时提供已领取的进口许可证的货物、不能在报关时交验有关单证的货物、正在申办减免税手续而要求海关缓办纳税手续的货物、经海关同意将未放行的货物暂时存放于海关监管区之外的货物等，进口报关时均应向海关交验进口单位主管部门（司、局级以上）出具的保证函。

保证函必须是按照海关要求填写的、订有明确确立权利义务的一种担保文件。担保进口，除提供保证函外，一般还需向海关缴纳相当于进口税费之和的保证金，保证金于销保时退还。

（5）赠送函和接收函。外商免费提供的物品进口报关时，应向海关交验发货人出具的赠送函和收货人出具的接收函。

（6）海关关封。海关关封（非海关转关关封）是指外国企业常驻机构进口办公用品或常驻机构代表的私人安家物品时，向海关申办的一种批准证明。进口办公用品向海关递交办公用品申请表，详细列出货物的品名、数量和金额，并随附一份进口发票；进口安家物品填写私人物品申请表，并随附发票和到货清单。

海关对申请进行审核，如确是外企常驻机构公用或常驻代表自用，且数量和金额在合理范围内，即在申请表上签字、盖章，以示批准。然后将申请表装入海关关封，由收货人带交口岸海关办理报关手续。

二、出口业务单证

出口货物所需的单证主要是指报关单证。它大致可分为两类：基本单证和证明货物合法出口的各种批准文件。前者为所有货物出口所必需，后者取决于出口货物的类别及其贸易方式。

下面将分别介绍货物出口所需的主要单证及其使用范围。

（一）基本单证

1. 中华人民共和国海关出口货物报关单（格式见本章中的附件二）

出口报关单一般由发货人自己填写，并加盖经营单位公章。一般出口货物需填写报关单一式一份，出口转关货物需要备案清单一式二份。

2. 国际空运货物托运书（格式见本章中的附件三）

国际货物托运书由发货人填写。主要项目有：托运人名称、地址及账号，收货人名称、地址及账号，代理人名称及城市名称，货物的始发站、到达站、件数、重量及包装方式等。托运书应有发货人签字、盖章。

3. 发票与装箱单

发票上应注明发货人和收货人的名称和地址，货物的品名、原产国别、声明价值、价格条件、货币名称等。发票需由发货人签字盖章。装箱单上应有每箱货物的箱号、重量、体积及唛头标志，每箱内装的件数及其品名。

4. 合同副本

合同副本即发货人与国外进口商签订的贸易合同的复印件或影印件。

5. 航空运单

航空运单（Airway Bill 或 Master Airway Bill）是航空运输中最重要的单据，它是承运人出具的一种运输合同，但它不能作为物权凭证，因而是一种不可仪付的单据。

航空运单有3联正本和6份以上的副本。第1联正本交发货人，是承运人收到货物后出具的收据；第2联由承运人留存作为记账凭证；第3联作为随机单据与货同行，到目的地后交收货人作为核收货物的依据。

空运出口货物若采取集中托运的方式发运，除航空公司将出具并签发空运总运单外，航空货运代理公司还将为每票货物的收货人出具航空分运单。

航空分运单共有正本3联，副本12联。第1联正本交发货人；第2联正本由货运代理公司留存；第3联正本随货同行交收货人；其余副本分别作为报关、财务结算和国外代理办理中转分拨等之用。

（二）法定单证

1. 商检证明

出口货物的商检证明在两种情况下需要：一种情况是国家为维护出口商品质量，而规定某些商品出口必须经过商检机构检验并出具检验证书，此为法定商检，具体可参阅海关总署公布的海关税则归类目录；另一种是进口商为保证商品质量而要求出口方出具的商检证书，即合同商检。商检证书是出口业务中十分重要的单证，使用范围非常广泛。

2. 出口许可证

凡出口国家限制出口的商品，均应向出境地海关交验出口许可证。实行出口许可证管理的商品主要有：珍贵稀有野生动植物及其制品、文物、金银制品、精神药物、音像制品、重要的原材料、贵重金属等。某些属于进口许可管理的商品也需要出口许可证。具体可参阅海关总署公布的海关税则归类目录。出口许可证的申领办法和审批部门与进口许可证相同。

3. 出口收汇核销单

出口收汇管理办法是保证出口外汇收缴国家而采取的一种行政管理手段。出口收汇核销单由出口单位向当地外汇管理部门申领，出口报关时交出境地海关审核。核销单上必须加盖外汇管理部门印章和出口单位的公章。

4. 配额许可证

一些进口国对从我国进口的某种商品进行数量和品种的限制，如纺织品等。因此，向上述国家出口实行配额管理的商品时，必须向商务部申领出口配额许可证。

5. 登记手册

凡以来料加工、进料加工、补偿贸易等方式出口的货物，均需向海关交验《登记手册》。

三、航空货运单

（一）航空货运单概述

1. 航空货运单的定义

航空货运单（Air Waybill），是指托运人和承运人间订立的运输合同的证明，同时也是货物运输的凭证。

航空货运单由航空承运人备制，托运人或其代理人在托运货物时按照栏目要求如实填制，经航空承运人确认后，承托双方的货物国际航空运输合同形成。每一货运单都有各航空公司（承运人）的标识部分，用以区分不同航空公司的货运单。该部分包括：承运人名称、承运人总部地址、承运人的图案标志、承运人的票证代号（三位数字）以及包括检查位在内的货运单序号。

2. 航空货运单的一般规定

（1）航空货运单不得转让；

（2）每一批货物（或集合运输的货物——称为集中托运货物）填开一份货运单，对于集合运输货物的分运单应由集运人自行备制，不得使用承运人的货运单；

（3）货运单的有效期。

货运单填开后，托运人（或其代理人）和承运人（或其代理人）签字后即开始生效。当货物运至目的地，收货人提取货物并在货运单的交付联上签字，此时，货运单作为运输凭证，其有效期即告结束，但作为运输合同，其法律依据的有效期应延至运输停止之日起两年内有效。

3. 航空货运单的作用

（1）承运人与托运人缔结运输契约合同的书面证明文件；

（2）货物交付后的收据；

（3）运费单据和结算凭证；

（4）保险证明，若航空承运人承办保险或发货人要求承运人代办保险，货运单上相关记载作承保依据；

（5）供向海关申报用，即在其他文件一起作为交付海关查验和货物进出口清关的基本单证；

（6）承运人发运、交付和联运的凭证。航空货运单与货物同行，在该货运单项下，承运人根据运单上所记载内容和指示办理货运业务，包括装载、运输、交付及计收费用等事宜。

4. 航空货运单的主要内容

航空货运单正面以填制内容为主，包括托运人填开栏和承运人填开栏，托运人托运货物的说明、货物价值声明、交付批示等事项，合同双方商定的内容，以及托运人和承运的签字（盖章）等。一般地，航空货运单应包括以下内容：

（1）货物品名、性质，重量、体积、包装、件数及标志或号数，货物说明与价值声明；

（2）托运人姓名、公司名称、地址及通信号码，收货人的名称、地址及通信号码；

（3）航空承运人及名称、地址，以及代理人的 IATA 代号；

（4）起运地、出运时间、机号及航班。如果联运方式，则经停和换装转运地，第一承运人的名称和地址。目的港及预计抵达时间、收货人及其地址、通信号码；

（5）计费重量、运费及其支付方式；

（6）货运保险及其费用负担；

（7）货运单的填写地点、日期，航空货运单的份数，以及随附文件；

（8）声明运输期间适用的规定或公约；

（9）双方当事人商定的其他事宜与运输条件。

5. 航空货运单的组成及其各联的用途

货运单一般由三份正本（Original）、六份副本（Copy）和三份额外副本（Extra Copy）共十二联组成。各联的顺序及用途如下：

（1）正本 3（蓝色）为托运人联，其作用：

Ⅰ 作为承运人收到货物的证明；

Ⅱ 作为托运人和承运人签订运输契约的证明文件。

（2）副本 9（白色）为代理人联，其作用是代理人存查使用。

（3）正本 1（绿色）为填开货运单承运人联（即货运单所属空运企业联），其作用：

Ⅰ 交财务部门使用；

Ⅱ 作为托运人和承运人签订运输契约的证明文件。

（4）正本 2（粉红）为收货人联，其作用：

Ⅰ 收货人存留；

Ⅱ 运输牵扯的三方当事人各执一份正本。

（5）副本 4（黄色）为交货收据联，其作用：

在目的站，收货人在此联上签收。证明货物完好无损地被提取。

（6）副本 5（白色）为目的地站机场联——供目的站地有关部门使用。

（7）副本 6（白色）为第三承运人联——供航空公司结算用。

（8）副本 7（白色）为第二承运人联——供航空公司结算用。

（9）副本 8（白色）为第一承运人联——供航空公司结算用。

（10）三份额外副本（白色）。

货运单一式十二份，三份正本（Originai），六份副本（Copy），三份额外副本（Extra Copy）。各自用途如表 7－1 所示。

表 7－1　航空货运单

顺序	名称	颜色	用途	顺序	名称	颜色	用途
1	正本 3	蓝	交托运人	7	副本 6	白	交第三承运人
2	正本 1	绿	承运人	8	副本 7	白	交第二承运人
3	副本 9	白	交代理人	9	副本 8	白	交第一承运人
4	正本 2	粉红	交收货人	10	额外副本	白	
5	副本 4	黄	交货单据	11	额外副本	白	
6	副本 5	白	交目的站机场	12	额外副本	白	

注：根据需要可增加额外副本。

（二）航空货运单的缮制

1. 货运单的填制要求（见本章附件四——国际航空货运单）

（1）一般要求用英文打字机打印，各项内容要准确、清楚、齐全，不得涂改；

（2）货运单已填内容在运输过程中需要修改时，在修改项目的近处注明修改货运单的空运企业名称、日期和地点，修改货运单应将所剩余的各联同时修改；

（3）每批货物必须全部收齐后方可填开货运单，每一批货物或集合运输的货物应填写一份货运单。

2. 货运单各栏的填写及说明

（1）始发站机场（Airport of Departure）。（1）

填写 IATA 机场三字代码（如不知道，可填写 IATA 城市三字代码）本栏所填内容应与 9. 中一致。

（2）货运单号码（The Air Waybill Number）

填写填开货运单航空公司的 IATA 票证代号，如：999（中国国际航空公司）、131（日航）。（1A）

货运单号码由 8 位数字组成，第 8 位为检查位，用以识别货运单的真假，该位数值为前 7 位数字除以 7 的余数。（1B）

货运单承运人名称及地址（Issuing Carrier's Name and Address）。填入填开货运单承运人的名

称及总部所在地。（1C）

正本连说明，本栏不填。（1D）

契约条件，一般情况下无须填写，除非承运人需要。（1E）

（3）托运人栏

托运人姓名及地址（Shipper's Name and Address）（2），填写托运人的姓名、地址、国家（或国家两字代码）以及电话号码、电传号或传真号。

托运人账号（Shipper's Account Number）（3），本栏一般不填，除非填开货运单承运人需要。

（4）收货人栏

收货人姓名及地址（Consignee' Name and Address）（4），填写收货人姓名、地址和国家（或国家两字代码）以及电话号码、电传号或传真号。

收货人账号（Consignee's Account Number）（5），本栏一般不填，除非最后承运人需要。

（5）填开货运单的承运人的代理人栏

Ⅰ货运单承运人的代理人姓名及城市（Issuing Carrier's Agent Name and City）。（6）

填写承运人的收取佣金的国际航协代理人的名称和所在地（城市或机场）。

根据货物代理机构管理规则，该佣金必须支付给目的地国家的一个国际航协代理人，则该国际航协代理人的名称和所在地（城市或机场）必须填入本栏，冠以"收取佣金代理人"（Commissionable Agent）字样。

Ⅱ代理人国际航协代号（Agent's IATA Code）。（7）

在非货账结算区（NON—CASS）填写IATA7位数字代号。例如：81—41234

在货账结算区（CASS），填写IATA7位数字代号，后接货账结算区三位数字代号。

例如：81—41234/026

Ⅲ账号（Account Number）（8），本栏不填，除非填开货运承运人需要。

（6）运输路线

Ⅰ始发站机场（第一承运人地址）和所需求的路线（Airport of Departure Address of First Carrier and Requested Routing）。（9）此栏填写始发站机场（被认为是第一承运人地址）的全称及所要求的任意路线。

Ⅱ运输路线和目的站

至（to）填目的站机场或第一个中转点机场的IATA三字代码（当该城市有一个以上机场，不知道机场名称时，可填城市名称的三字代码）。（11A）

由第一承运人（by First Carrier）填第一承运人的名称（全称或IATA两字代码）。（11B）

至（to）填目的站或第二个中转点的IATA三字代码（机场或城市）。（11C）

由（by）填第二个承运人的IATA两字代码。（11D）

至（to）填目的站或第三中转点的IATA三字代码（机场或城市）。（11E）

由（by）填第三个承运人的IATA两字代码。（11F）

Ⅲ目的站机场。（18）

填写到达站机场（当不知道机场时填写城市）的全称。

Ⅳ航班日期。（19A）（19B）

本栏一般不填，除非参加运输各有关承运人需要。

（7）财务事项（Accounting Information）。（10）

填写适用的付款方式，如：现金（cash）、支票（check）等；

使用旅费证（MCD）付款时，只接受作为货物运输的行李。本栏内应填入MCO号和兑换成货运单中货币的换取联价值，按需要也可以是从旅费证联中所减去的金额数，此外还应填入旅客的客票号、路线、航班号及日期。

货物由于无法交付退运时，应将原始货运单号码填入为退运货物所填的新货运单的此栏内。

（8）货币（Currency）。（12）

填写适用于始发国的国际标准组织（ISO）货币三字代号。

货运单上所列明的金额均为始发国货币。

（9）费用代号（Charge Code）本栏一般不填写。（13）

预付　如果航空运费和声明价值附加费全部预付时，此栏填"×"。（14A）

到付　如果航空运费和声明价值附加费全部到付时，此栏填"×"。（14B）

预付　如果其他费用预付时此栏填"×"。（15A）

到付　如果其他费用到付时此栏填"×"。（15B）

（10）供运输用声明价值（Declared Value for Carriage）。（16）

填写托运人向承运人申报的供运输用声明价值；

如果没有声明价值，应在本栏填写 NVD（No Value Declared）

（11）供海关用声明价值（Declared Value for Customs）。（17）

本栏填写托运人或其代理人所声明的供海关用的价值，也可填写 NVD 即无声明价值。

（12）保险金额（Amount of Insurance）。（20）

当本栏内无阴影，且该填开货运单承运人提供此项服务时，可将保险数额填入本栏；

当本栏内无阴影，且该填开货运单承运人不提供此项服务，或托运人不要求保险时，应在本栏内填入"×××"符号。

（13）处理事项（Handling Information）本栏内只填写参与运输承运人所要求的处理事项，要求填写得尽量清楚、简明，使涉及该批货物的所有人员能够一目了然。（21）

如果有危险货物必须首先填写，有两种情况：①需要附托运人危险货物申报单的，则本栏内应填写"DANGEROUS GOODS AS PER ATTACHED SHIPPER'S DECLARATION"字样，对于要求装货机上的危险货物，还应加上"CARGO AIRCRAFT ONLY"字样；②不需要附托运人危险货物申报单的，则应在本栏内填入"SHIPPER'S DECLARATION NOT REQUIRED"字样。

其他处理事项尽可能使用"货物交换电报程序"（CARGO—IMP）中的代号和简语。如：①货物上的标志及包装方法；②除收货人外的另请通知人姓名，地址全称（国家可用 IATA 两字代码），以及电话、电传、传真号；③货运单所附文件数量、名称等，比如：活体动物证明书"Shipper's Certification for Live Animals 等。关于各国对文件的要求可参看 TACT、Rules 文件要求。

所要求的特别处理事项。

（14）货物运价细目（Consignment Rating Details）。一批货物中含两种或两种以上不同运价类别计费的货物应分别填写，每填一项另起一行，如有危险货物，则该货物应列在第一项。（22A）至（22B）

Ⅰ货物件数/运价组成点（No. of Pieces/RCP）。（22A）

填写使用相同运价计算运费的货物件数；

若 22G 中所填运价/运费为组成运价/运费；则在另起一行的本栏内填该运价组成点的 IATA 城市三字代码。

Ⅱ毛重（Gross Weight）填该适用运价项货物的毛重。（22B）

Ⅲ 重量单位（Kg/Lb）将所使用的重量单位（K 或 L）填入该栏。（22C）

Ⅳ运价类别（Rate class）根据具体情况填入下列代号：（22D）

M：最低运费 N：普通货物一般运价（45kg 以下）

Q：普通货物折扣运价（45kg）　　　B：基本运费

K：每公斤收取的运费　　　　　　C：指定商品运价

R：等级货物附减运价　　　　　　S：等级货物附加运价

U：集装设备基准运费或运价　　　E：集装化设备附加运价

X：集装设备附加项　　　　　　　Y：集装设备折扣

Ⅴ货物品名代号（Commodity Item No.）。（22E）

如果某一指定商品运价适用，该品名代号应填入有"C"或"U"代号同一行的本栏内；

如果某一等级运价适用，则附加或折扣的百分比连同运费或运价类别代号，应填入与标有"S"或"R"同一行的本栏内；

如果某一集装设备运价/运费适用于指定商品，则该指定商品的品名代号应填入与标有"U"同一行的本栏内；

对于集装设备运输，还应在集装设备附加项代号 66×99 同一行的本栏内填入集装设备的类型代号（1—9）。

Ⅵ计费重量（Chargeable Weight）填写按运价规则计算出的所适用的计费重量。（22F）

Ⅶ运价/运费（Rate/Charge）。（22G）

如果某一最低运费适用，该运费应填入在标有"M"代号同一行的本栏内；

填写适用各种运价情况下的相应运价的数值；

如果基本运费适用，则在标有"B"代号的同一行将基本运费填入；

对集装设备，可填入①基准运价；②超基准运价；③基准运费；④集装设备折扣运价等。

Ⅷ总计（Total）将每项货物所计得的运费填入本栏。（22H）

Ⅸ货物品名和数量（包括尺寸或体积）Nature and Quantity of Goods。（22I）

填写组成本批货物的种类；

当一批货物中有危险货物和非危险货物时，必须分列，危险货物应列在第一项；

运输动物应按 IATA 活体动物规则的有关规定办理；

对于集中托运货物，本栏应填 "Consolidation as per Attached List"（集中托运货物，按所附的每一票据办理）；

如果体积重量为计费重量时，将其尺寸填入本栏；

Ⅹ件数（No. of Pieces）如果（22A）中所填件数超过一组时，应将总件数填入本栏。（22J）

Ⅺ毛重（Gross Weight）当（22B）中所填毛重超过一组时，应将总毛重填入本栏。（22K）

总计（Total）当 22h 中所填费用超过一组时，应将费用总计填入本栏。（22L）

服务代号（Service Code）本栏一般不填，除非填开货运单承运人需要。（22Z）

B. 公务货物　　　　C. 公司物资　　　　D. 门到门服务

J. 优先服务　　　　P. 小件货服务　　　　T. 包机

（15）其他费用（Other Changes）。（23）

Ⅰ发站、途中、到站发生的相关费用。

填始发站发生的费用，全部预付或全部到付。

填中途发生的费用，全部预付或全部到付。

作为到付的其他费用，应视为"代垫付款"（Disbursements），按代垫付款规定办理。

未列在本栏中在中途或目的站发生的其他费用只能到付，填入 33C 栏。

Ⅱ填除税收外的其他费用种类和金额，其代号为：

AC：动物容器租费（Animal Container）

AS：集中货物服务费（Assembly Service Fee）

AT：押运服务费（Attendant）

AW：货运单费（Air Waybill Fee）

BL：拆箱检盔费（Blacklist Certificate）

BR：银行放行费（Bank Release）

CD：目的站报关费（Clearance and Handling-Destination）

CH：始发站报关费（Clearance and Handling-Origin）

DB：代垫付款手续费（Disbursement Fee）

DF：分发服务费（Distribution Service Fee）

FC：运费到付手续费（Charge Collect Fee）

GT：政府捐税（Government Tax）

HR：尸体、骨灰附加费（Human Remains）

IN：代保险服务费（Insurance Premium）

MA：代理人收取的杂项费用（如无其他代号可用）（Miscellaneous Charge-Due Agent）

MB：未确定由谁收取的杂项费用（Miscellaneous Charge-Unassigned）

MC：承运人收取的杂项费用（如无其他代号可用）（Misceuaneous Charge-Due Carrier）

MD—MN：最后一个承运人收取的杂项费用（Miscellaneous Charge-Due last Carrier）

MO—MZ：货运单承运人收取的杂费（Miscellaneous Charge-Due Issuing Carrier）

PK：包装服务费（Packaging）

PU：取货费（Pick up）

RA：危险品处理费（Dangerous Goods Fee）

RC：分摊费（Referral of Charge）

RF：到付费用移交费（Remit Following Collection Fee）

SD：目的站的地面运输费（Surface Charge-Destination）

SI：中途停运费（Stop in Transit）

SO：始发站保管费（Storage-Origin）

SP：分批发运费（Separate Early Release）

SR：目的站保管费（Storage-Destination）

SS：代签字服务费（Signature Service）

ST：地区销售税（State Sales Tax）

SU：地面运输费（Surface Charge）

TR：中转费（Transit）

TX：税（Taxes）

TH：集装设备操作费（ULD Handling）

Ⅲ 承运人收取的其他费用用"C"表示；代理人收取的其他费用用"A"表示。

上述各项费用代号后加 A 或 C，分别表示应归属代理人或承运人。如：AWC、SUA 等。

（16）预付 Prepaid

Ⅰ Weight Charge 预付运费（24A），与（22H）或（22L）中的金额一致。

Ⅱ Valuation Charge（prepaid）预付声明价值附加费。（25A）

Ⅲ（prepaid）Tax 预付税款。（26A）

Ⅳ Total Other Charges Due Agent—Prepaid，预付的其他费用总额。

Total（Prepaid）Charges Due Agent—预付由代理人收取的其他费用总额。（27A）

Total（Prepaid）Charges Due Carrier—预付由承运人收取的其他费用。（28A）

Ⅴ 无名称阴影栏目。（29A）

Ⅵ Total Prepaid 预付总额。(30A)

(17) 到付 Collect

Ⅰ Weight Charge 到付运费 (24B)，与 (22H) 或 (22L) 中的金额一致。

Ⅱ (prepaid) Valuation Charge 到付声明价值附加费。(25B)

Ⅲ (prepaid) Tax 到付税款。(26B)

Ⅳ Total Other Charges Due Agent—Prepaid，预付的其他费用总额。

Total (Prepaid) Charges Due Agent—到付由代理人收取的其他费用总额。(27B)

Total (Prepaid) Charges Due Carrier—到付由承运人收取的其他费用。(28B)

Ⅴ 无名称阴影栏目。(29B)

Ⅵ Total Collect 到付总额。(30B)

(18) 托运人证明栏 (Shipper's Certification Box)。(31)

托运人或其代理人在本栏的 "Signature of shipper or his Agent" 处签字 (打印或盖章均可)，如根据托运人已经签了字的托运书填制货运单，承运人或其代理人可代表托运人签字。

(19) 承运人填写栏 Carrier's Execution Box

Ⅰ 日期 (Executed on Date)。(32A)

按日、月、年的顺序将货运单的填开日期填入本处，月份可缩写或全称。

Ⅱ 地点 (At Place) 填入填开货运单的地点 (机场或城市)。(32B)

Ⅲ 货运单承运人或其代理人签字 (Signature Of Issuing Carrier or its Agent) 填开货运单的承运人或其代理人签字。(32C)

(20) 仅供承运人在目的地站使用 (For Carrier's Use Only at Destination)。(33)

(21) 用目的国家货币付费 (仅供承运人使用)。

Ⅰ 货币兑换比价 (Currency Conversion Rate)。(33A)

填目的地国家货币代号及换算比价。

Ⅱ 用目的地货币付费 (CC Charges in Dest Currency)。(33B)

Ⅲ 在目的站的费用 (Charges at Destination)。(33C)

最后承运人将目的站发生的费用金额包括利息等 (自然增长的) 填入本栏。

Ⅳ 总的到付费用 (Total Collect Charges)。(33D)

第四节　外贸物流航空货运运价与运费

一、外贸物流航空运费与运价的概念

(一) 外贸物流航空运费的概念

货物的航空运费是指将一票货物自始发地机场运输到目的地机场所应收取的航空运输费用。该费用根据每票货物所适用的运价和货物的计费重量计算而得。每票货物是指使用同一份航空货运单的货物。由于货物的运价是指货物运输起讫地点间的航空运价，所以航空运费就是指运输始发地机场至目的地机场间的运输货物的航空费用，不包括其他费用。其他费用是指由承运人、代理人或其他部门收取的与航空货物运输有关的费用。在组织一票货物自始发地至目的地运输的全过程中，除了航空运输外，还包括地面运输、仓储、制单、国际货物的清关等环节，提供这些服务的部门所收取的费用即为其他费用。

一般来说，货物的航空运费主要由两个因素组成，即货物适用的运价与货物的计费重量。由于航空运输货物的种类繁多，货物运输的起讫地点所在航空区域不同，每种货物所适用的运价亦不同。换言之，运输的货物种类和运输起讫地点的 IATA 区域使航空货物运价乃至运费计算分门别类。同时，由于飞机业务载运能力受飞机最大起飞全重和货舱本身体积的限制，所以货物的计费重量需要同时考虑其体积重量和实际重量两个因素。又因为航空货物运价的"递远递减"的原则，产生了一系列重量等级运价，而重量等级运价的起码重量也影响着货物运费的计算。

（二）外贸物流航空运价的概念

运价又称费率，是指承运人对所运输的每一重量单位货物［千克（kg）或磅）（lb）］所收取的自始发地机场至目的地机场的航空运输费用。

1. 航空货物运价所使用的货币

运输始发地货币是指用以公布航空货物运价的货币。货物的航空运价一般以运输始发地的本国货币公布，有的国家以美元代替其本国货币公布。以美元公布货物运价的国家视美元为当地货币。运输始发地销售的航空货运单的任何运价、运费值均应为运输始发地货币，即当地货币。以美元公布货物运价的国家的当地货币为美元。

2. 货物有效运价

销售航空货运单所使用的运价应为填制货运单之日的有效运价，即在航空货物运价有效期内适用的运价。

二、外贸物流航空计费重量（Chargeable Weight）

计费重量是指用以计算货物航空运费的重量。货物的计费重量或者是货物的实际毛重，或者是货物的体积重量，或者是较高重量分界点的重量。

（一）实际毛重（Actual Gross Weight）

货物的实际毛重是指包括货物包装在内的货物重量。由于飞机最大起飞重量及货舱可用货载的限制，一般情况下，对于高密度货物（High Densi ty Ca rgo），其货物实际毛重可能会成为计费重量。

（二）体积重量（Volume Weight）

定义。体积重量是指按照国际航协规则，将货物的体积按一定的比例折合成的重量。由于货舱空间体积的限制，一般对于低密度的货物（Low Density Cargo），即轻泡货物，应考虑其体积重量可能会成为计费重量。

计算规则。不论货的形状是否为规则的长方体或正方体，计算货物体积时，均应以最长、最宽、最高的三边的厘米长度计算。长、宽、高的小数部分按四舍五入取整，体积重量的折算，换算标准为每 6 000 立方厘米折合 1 千克。即

体积重量（千克）＝货物体积（立方厘米）÷6 000 立方厘米/千克

（三）较高重量分界点的重量（Chargeable Weight）

一般地，采用货物的实际毛重与货物的体积重量中的较高者；但当货物按较高重量分界点的较低运价计算的航空运费较低时，则将此较高重量分界点的货物起始重量作为货物的计费重量。

国际航协规定，国际货物的计费重量以 0.5 千克为最小单位。重量尾数不足 0.5 千克的，按

0.5 千克计算；0.5 千克以上不足 1 千克的，按 1 千克计算。例如，107.001 千克重的货物按 107.5 千克计算，107.501 千克重的货物按 108.0 千克计算。

当使用同一份运单收运两件或两件以上可以采用同样种类运价计算运费的货物时，其计费重量规定如下：计费重量为货物总的实际毛重与总的体积重量两者较高者。同上所述，较高重量分界点重量也可能成为货物的计费重量。

三、重货和轻货

在空运实务中，根据以上规则可以把货物分为重货、轻货。

（一）重货

重货是指那些每 6 000 立方厘米或每 366 立方英寸重量超过 1 千克或者每 166 立方英寸重量超过 1 磅的货物。重货的计费重量就是它的毛重。如果货物的毛重以千克表示，计费重量的最小单位是 0.5 千克。当重量不足 0.5 千克时，按 0.5 千克计算；超过 0.5 千克不足 1 千克时，按 1 千克计算。如果货物的毛重以磅表示，当货物不足 1 磅时，按 1 磅计算。

（二）轻货

轻货是指那些每 6 000 立方厘米或每 366 立方英寸重量不足 1 千克或者每 166 立方英寸重量不足 1 磅的货物，也称轻泡货物。轻物以它的体积重量作为计费重量，计算方法是：

①不考虑货物的几何形状，分别量出货物的最长、最宽、最高的部分，单位为厘米或英寸，测量数值的尾数四舍五入。

②将货物的长、宽、高相乘得出货物的体积。

③将体积折合成千克或磅，即根据所使用不同的度量单位分别用体积值除以 6 000 立方厘米或 366 立方英寸或 166 立方英寸。体积重量尾数的处理方法与毛重尾数的处理方法相同。

（三）多件货物

在集中托运的情况下，同一运单项下会有多件货物，其中有重货也有轻货，此时货物的计费重量就按照该批货物的总毛重或总体积重量中较高的一个计算。首先，计算这一整批货物总的实际毛重；其次，计算该批货物的总体积，并求出体积重量；最后，比较两个数值，并以高的作为该批货物的计费重量。

四、起码运费

起码运费（Minimum Charge，简称 M）是航空公司办理一批货物所能接受的最低运费。如果承运人收取的运费低于起码运费，就不能弥补运送成本，因此，航空公司规定无论所运送的货物适用哪一种航空运价，所计算出来的运费总额都不得低于起码运费。若计算出的运费数值低于起码运费，则以起码运费计收，另有规定的除外。不同地区有不同的起码运费。

五、货物航空运价、运费的货币进整

货物航空运价及运费的货币进整，因货币的币种不同而不同。TACT 将各国货币的进整单位的规则公布在 TACT Rules 中。详细规则可参考 TACT Rules 5.7.1 中的"CURRENCY TABLE"。

运费进整时，需将航空运价或运费计算到进整单位的下一位，然后按半数进位法进位，计算所得的航空运价或运费，达到进位单位一半则入，否则舍去。

对于以"0.1"、"0.01"、"1"、"10"等为进位单位的货币，其货币进位就是常说的四舍五入。我国货币——人民币（CNY）的进位规定为：最低航空运费进位单位为"5"，除此之外的运价及航空运费等的进位单位均为"0.01"。

对于以"0.05"、"0.5"、"5"等为进整单位的货币，计算中应特别注意其进整问题。由于世界很多国家采用此类进位单位，在实际运输工作中，在处理境外运至我国的到付货物时，对航空货运单（AWB）的审核及费用的收取，需注意此项规则。

采用进整单位的规定，主要用于填制 AWB。销售 AWB 时，所使用的运输始发地货币，按照进整单位的规定计算航空运价及运费。

六、外贸物流航空货物运价的种类

按运价制定的途径划分，外贸物流航空货物运价可以分为协议运价和国际航协运价。

（一）协议运价

协议运价是指通航的双方或几方航空公司通过磋商达成协议，并且报请各国政府获得批准后共同使用和遵守的运价。

（二）国际航协运价

国际航协运价是指 IATA 在 TACT 运价资料上公布的运价。国际货物运价使用 IATA 的运价手册——TACT Rates Book，结合并遵守国际货物运输规则——TACT Rules 共同使用。

按照 IATA 货物运价公布的形式划分，国际货物运价可分为公布直达运价和非公布直达运价。

公布直达运价是指承运人直接在运价资料中公布的从运输始发地至运输目的地的航空运价。运价的公布形式有 N、Q 运价结构，还有 B、K 运价结构。

N 为标准的普通货物运价（Normal General Cargo Rate）；Q 则为重量等级运价（Quantity Rate）。

B、K 运价结构为欧洲特有的运价结构。B 为基础运费（BasicCharge），K 为每千克费率（Per kilogram Rate）。

指定商品运价与普通货物运价同时公布在 TACT Rates Books 中。等级货物运价计算规则在 TACT Rules 中公布，需结合 TACT Rates Books 一起使用。

国际货物运价的使用原则为：

(1) 优先使用协议运价。

(2) IATA 运价严格按运价规则执行（TACT Rules）。

(3) 使用运价应为填制 AWB 之日的有效运价。

(4) 使用运价时要注意运输路线的方向性，不得反方向使用运价。

（三）普通货物运价

普通货物运价（General Cargo Rate，简称 GCR）是适用最为广泛的一种运价。当一批货物不能适用特种货物运价，也不适用等级货物运价时，就应该适用普通货物运价。通常，各航空公司公布的普通货物运价针对所承运货物数量的不同规定几个计费重量分界点（Break Points）。最常见的是 45 千克分界点，将货物分为 45 千克以下的货物和 45 千克以上（含 45 千克）的货物。同时，普通货物运价还公布有"Q45"、"Q100"、"Q300"等不同重量等级分界点的运价。这里"Q45"表示 45 千克以上（包括 45 千克）普通货物的运价，以此类推。对于 45 千克以上的不同重量分界点的普通货物运价均用"Q"表示。

用货物的计费重量和其适用的普通货物运价计算而得的航空运费不得低于运价资料上公布的航空运费的起码运费（M）。这里，代号"N"、"Q"、"M"主要用于填制货运单运费计算栏中"Rate Class"一栏。

运费计算如下：

1. 术语解释

Volume：体积

Volume Weight：体积重量

Chargeable Weight：计费重量

Applicable Rate：适用运价

Weight Cha rge：航空运费

2. 例题

【例7—1】由北京运往东京一箱服装，毛重28.4千克，体积尺寸为82cm×48cm×32cm，计算该票货物的航空运费。

公布运价如下：

BEIJING		CN	BJS
Y. RENMINBI		CNY	KGS
TOKYO	JP	M	200.00
		N	38.67
		45	29.04

〔解〕

Volume： 82cm×48cm×32cm＝125 952cm³

Volume Weight：125 952cm³÷6 000cm³/ kg ＝ 20.99kgs＝ 21.0kgs

Gross Weight：28.4kgs

Chargeable Weight：28.5kgs

Applicable Rate：GCR N 38.67CNY/ kg

Weight Charge：28.5×38.67 ＝ CNY1 102.10

（四）指定商品运价

指定商品运价（Specific Commodity Rate，简称 SCR）通常是承运人根据在某一航线上经常运输某一种类货物的托运人的请求或为促进某地区间某一种类货物的运输，经国际航空运输协会同意所提供的优惠运价。通常情况下，指定商品运价低于相应的普通货物运价。就其性质而言，该运价是一种优惠性质的运价。鉴于此，指定商品运价在使用时，对于货物的起讫地点、运价使用期限、货物运价的最低重量起点等均有特定的条件。

使用指定商品运价的原因可归纳为以下两方面：其一，在某特定航线上，一些较为稳定的货主经常地或者是定期地托运特定品名的货物，托运人要求承运人提供一个较低的优惠运价；其二，航空公司为了有效地利用其运力，争取货源并保证飞机有较高的载运率，向市场推出一个有竞争力的优惠运价。有些指定商品运价也公布了不同的重量等级分界点，旨在鼓励货主托运大宗货物，使其意识到选择空运的经济性及可行性。

1. 指定商品运价传统的分组和编号

国际航空运输协会公布特种货物运价时，根据货物的性质、属性以及特点等对货物进行分类，共分为十个大组，每一组又分为十个小组。同时，对其分组形式用四位阿拉伯数字进行编号，该编号即为指定商品货物的品名编号。

指定商品货物的分组及品名编号如下：

(1) 0001～0999 Edible animal and vegetable products，可食用的动物和植物产品。

(2) 1000～1999 Live animals and inedible animal and vegetable products，活动物和非食用动物及植物产品。

(3) 2000～2999 Textiles, fibers and manufactures，纺织品、纤维及其制品。

(4) 3000～3999 Metals and manufactures, excluding machinery, vehicles and electrical equipment，金属及其制品，但不包括机械、车辆和电器设备。

(5) 4000～4999 Machinery, vehicles and electrical equipment，机械、车辆和电器设备。

(6) 5000～5999 Non-metallic minerals and manufactures，非金属矿物质及其制品。

(7) 6000～6999 Chemicals and related products，化工材料及其相关产品。

(8) 7000～7999 Paper, reed, rubber and wood manufactures，纸张、芦苇、橡胶和木材制品。

(9) 8000～8999 Scientific, professional and precision instrument, apparatus and supplies，科学仪器、专业仪器、精密仪器、器械及配件。

(10) 9000～9999 Miscellaneous，其他货物。

其中每一组又细分为十个小组，每个小组再细分，这样几乎所有的商品都有一个对应的组号，公布特种货物运价时只要指出本运价适用于哪一组货物就可以了。

2. 指定商品运价的使用规则

在使用指定商品运价时，只要所运输的货物满足下述三个条件，则运输始发地和运输目的地就可以直接使用指定商品运价。

(1) 运输始发地至目的地之间有公布的指定商品运价；

(2) 托运人所交运的货物，其品名与有关指定商品运价的货物品名相吻合；

(3) 货物的计费重量满足指定商品运价使用时的最低重量要求。

使用指定商品运价计算航空运费的货物，其航空货运单的"Rate Class"一栏，用字母"C"表示。

3. 运费计算

(1) 计算步骤

①先查询运价表，如有指定商品代号，则考虑使用指定商品运价；

②查找 TACT Rates Books 的品名表，找出与运输货物品名相对应的指定商品代号；

③如果货物的计费重量超过指定商品运价的最低重量，则优先使用指定商品运价；

④如果货物的计费重量没有达到指定商品运价的最低重量，则需要比较计算。

(2) 计算题

【例7-2】北京运往大阪三箱蘑菇共 150.0 千克，每件体积尺寸为102cm×44cm×25cm，计算航空运费。

公布运价如下：

BEIJING		CN			BJS
Y. RENMINBI		CNY			KGS
OSAKA	JP			M	200.00
				N	25.61
				45	19.23
		0300		100	12.41

续表

BEIJING	CN		BJS
	0300	500	11.53
	0859	100	14.89
	1093	100	11.09
	2195	100	11.32

［解］

查找 TACT Rates Books 的品名表，品名编号"0850"所对应的货物名称为"MUSHROOM"（蘑菇）。货主交运的货物重量符合"0850"指定商品运价使用时的最低重量要求。运费计算如下：

Volume： $102cm \times 44cm \times 25cm \times 3 = 336\ 600cm^3$

Volume Weight： $336\ 600cm^3 \div 6\ 000cm^3 / kgs = 56.1kgs = 56.5kgs$

Chargeable Weight：150.0kgs

Applicable Rate：SCR 0850/ Q10 014.89CNY/ kg

Weight Charge：$150.0 \times 14.89 = CNY2\ 233.50$

在使用指定商品运价计算运费时，如果其指定商品运价直接使用的条件不能完全满足（例如，货物的计费重量没有达到指定商品运价使用的最低重量要求），使得按指定商品运价计得的运费高于按普通货物运价计得的运费时，则按低者收取航空运费。

（五）等级货物运价

等级货物运价（Commodity Classification Rate，简称 CCR）适用于指定地区内部或地区之间的少数货物运输。通常表示为在普通货物运价的基础上增加或减少一定的百分比。

适用等级货物运价的货物通常有：①活动物、活动物的集装箱和笼子；②贵重物品；③尸体或骨灰；④报纸、杂志、期刊、书籍、商品目录、盲人和聋哑人专用设备和书籍等出版物；⑤作为货物托运的行李。

其中，①、②、③项通常在普通货物运价的基础上增加一定百分比，④、⑤项在普通货物运价的基础上减少一定百分比。

等级货物运价是在普通货物运价基础上附加或附减一定百分比的形式构成的，附加或附减规则公布在 TACT Rules 中，运价的使用须结合 TACT Rates Books 一同使用。通常附加或不附加也不附减的等级货物用代号 S 表示（S—Surcharged Class Rate），附减的等级货物用代号 R 表示（R—Reduced Class Rate）。

IATA 规定，对于等级货物运输，如果属于国际联运，并且参加联运的某一承运人对其承运的航段有特殊的等级货物百分比，即使运输起讫地点间有公布的直达运价，也不可以直接使用。此时，应采用分段相加的办法计算运输始发地至运输目的地的航空运费。

（六）国际货物运输的其他费用

国际航空货物运输中，航空运费是指自运输始发地至运输目的地之间的航空运输费用。在实际工作中，对于航空公司或其代理人将收运的货物自始发地（或从托运人手中）运至目的地（或提取货物后交给提货人）的整个运输组织过程，除发生航空运费外，在运输始发站、中转站、目的站经常发生与航空运输有关的其他费用。

1. 货运单费

货运单费（Documentation Charges）又称为航空货运单工本费，此项费用为填制航空货运单之费用。航空公司或其代理人填制货运单时，该费用包括逐项逐笔填制货运单的成本。对于航空货运单工本费，各国的收费水平不尽相同，依 TACT Rules 4.4 及各航空公司的具体规定来操作。货运单费应填制在货运单的"其他费用"一栏中，用两字代码"AW"表示（AW—Air Waybill Fee）。

按国际航协规定：若航空货运单由航空公司来填制，则表示为 AWC，表示此项收费归出票航空公司（Is suing Carrier）所有；若航空货运单由航空公司的代理人填制，则表示为 AWA，表示此项收费归销售代理人所有。

中国民航各航空公司一般规定：无论货运单是由航空公司销售还是由代理人销售，填制 AWB 时，货运单中"OT HER CH ARGES"一栏中用 AWC 表示，意为此项收费归出票航空公司所有。

2. 垫付款和垫付费

（1）垫付款

垫付款（Disbur Sements）是指在始发地机场运输一票货物时发生的部分其他费用。这部分费用仅限于货物地面运输费、清关处理费和货运单工本费。此项费用需按不同其他费用的种类代号、费用归属代号（A 或 C）及费用金额一并填入货运单的"其他费用"一栏。例如："AWA"表示代理人填制的货运单；"CHA"表示代理人代替办理始发地清关处理费；"SUA"表示代理人将货物运输到始发地机场的地面运输费。

（2）垫付费

垫付费（Disbursements Fees）是根据垫付款的数额而确定的费用。垫付费的费用代码为"DB"，按 TACT Rules 规定，该费用归出票航空公司所有。在货运单的其他费用栏中，此项费用应表示为"DBC"。

垫付费的计算公式为：垫付费 ＝ 垫付款×10％

但每一票货物的垫付费不得低于 20 美元或等值货币。TACT 规则中规定，对于一些固定美元值的货币换算，某些国家公布有固定的货币换算值。如在瑞士，USD20 ＝ CHF45.00，对于 TACT Rules 中没有公布货币固定换算值的国家，其货币换算采用"Construction Exchange Rate"。

3. 危险品处理费

国际航空货物运输中，对于收运的危险品货物，除按危险品规则收运并收取航空运费外，还应收取危险货物收运手续费，该费用必须填制在货运单"其他费用"栏内，用"RA"表示费用种类。TACT Rules 规定，危险品处理费归出票航空公司所有。在货运单中，危险品处理费表示为"RAC"。自中国至 IATA 业务一区、二区、三区，每票货物的最低收费标准。

4. 运费到付货物手续费

国际货物运输中，当货物的航空运费及其他费用到付时，在目的地的收货人，除支付货物的航空运费和其他费用外，还应支付到付货物手续费（Charges Collect Fee，简称 CC Fee）。此项费用由最后一个承运航空公司收取，并归其所有。一般 CC Fee 的收取，采用目的站开具专门发票的方式，但也可以使用货运单（在交付航空公司无专门发票，并将 AWB 作为发票使用的情况下使用）。

对于运至中国的运费到付货物，到付运费手续费的计算公式为：

到付运费手续费 ＝（货物的航空运费 ＋ 声明价值附加费）×2％

各个国家 CC Fee 的收费标准不同。在中国，CC Fee 最低收费标准为 100 人民币元。

七、运价计算

关于运价的计算，本文只对 GCR，即普通货物运费计算方法作一介绍，对于指定商品运价、等级货物运价、比例运价等运费计算则不再赘述。运价如表 7-2 所示。

（一）运价表

表 7—2　运价

date/ type（8）	note（9）	item（10）	min. wght	local curr. （11）
BEIJING (1)		CN (2)		BJS (3)
Y. RENMINBI (4)		CNY		KGS (5)
TOYKO (6)		JP (7)	M (12)	230.00
			N (13)	37.51
			45	28.13
		0008	300	18.80
		0300	500	20.61
		1 093	100	18.43
		2 195	500	18.80

注释：
(1) —始发国城市全称
(2) —始发站国家的二字代码
(3) —始发站城市三字代码
(4) —始发站国家的当地货币
(5) —重量单位
(6) —目的站城市全称
(7) —目的站国家的二字代码
(8) —运价的生效或截止日期/集装器种类代号
(9) —备注
(10) —适用的指定商品品名编号
(11) —以当地货币表示的每公斤的运价数额
(12) —最低运价
(13) —低于45kg的运价

（二）确定货物的计费重量

1. 确定实际重量（毛重），Gross Weight

单位：0.1kg

2. 确定体积重量，Volume Weight

单位：0.5kg

1.0kg＝6 000cm³　1m³＝166.67kg

每公斤货物的体积超过 6 000cm³ 时，称为轻泡货物。

进位方法：

例：100.001kg→100.5kg

100.501kg→101.0kg

货物的尺寸：46cm×51cm×72cm

体积重量＝46cm×51cm×72cm÷6 000cm³/kg＝28.15kg→28.5kg

3. 确定计费重量，Chargeable Weight

单位：0.5kg

体积重量、实际重量二者比较，取高者作为计费重量。

（三）计算案例

1. 案例 1——一般运费计算

Routing：PEK-TYO

COMMODITY：Bamboo Basket

PC/WT：2/23.5kg

DIMS：39.6cm×40.2cm×50.4cm

（1）运价

M：230.00   CNY

N：37.51

45：28.13

（2）体积重量

40cm×40cm×50cm×2÷6 000cm³/kg＝26.66kg→27.0kg

（3）计算运费

27.0kg×CNY37.51＝CNY1 012.77

（4）填开货运单

2. 案例 2（适用较高的计费重量分界点运费计算）

Routing：PEK-TYO

Commodity：Bamboo Basket

PC/WT：2/40.0kg

DIMS：39.6cm×40.2cm×50.4cm

（1）运价

M：230.00   CNY

N：37.51

45：28.13

（2）体积重量

40cm×40cm×50cm×2÷6 000cm³/kg＝26.66kg→27.0kg

（3）计算运费

40.0kg×CNY37.51＝CNY1 500.00

45.0kg×CNY28.13＝CNY1 265.85

两种计费方法比较，取低者。

（4）填开货运单

3. 案例 3（适用限额点运费计算）

Routing：PEK-TYO

Commodity：New Tape

PC/WT：1/0.4kg

（1）运价

M：230.00   CNY

N：37.51

45：28.13

（2）运费

0.5kg×CNY37.51＝CNY18.755

因为低于起码运费，所以应按起码运费计收。

（3）填开货运单

重点名词与概念

进口报关、单证、航空快运、航空货物运价、重货、轻货

练习与思考

一、单选题

1. 进口程序中最关键的环节是（　　）。

A. 报关　　　　　　B. 审单　　　　　　C. 征税　　　　　　D. 验放

2. 报关的中心环节是（　　）。

A. 初审　　　　　　B. 审单　　　　　　C. 征税　　　　　　D. 验放

3. 海关规定的进口货物报关期限为自运输工具申报进境之日起（　　）内。

A. 半年　　　　　　B. 60 天　　　　　　C. 30 天　　　　　　D. 14 天

4. 国际航空货物出口程序的起点是（　　）。

A. 从航空公司或机场货运站接货　　　　　B. 货交收货人

C. 从发货人手中接货　　　　　　　　　　D. 货交航空公司

5. 国际航空货物运输的凭证是（　　）。

A 运输合同　　　　　B. 航空货运单　　　C. 定舱单　　　　　D. 货物托运书

二、多选题

1. 进口报关包括（　　）环节。

A. 初审　　　　　　B. 审单　　　　　　C. 征税　　　　　　D. 验放

E. 放行

2. 国际航空快件的运作形式主要有（　　）。

A. 机场到机场　　　　　　　　　　B. 门/桌到门/桌

C. 门/桌到机场　　　　　　　　　　D. 专人派送

E. 自提

3. 出口报关的法定单证包括（　　）。

A. 商检证明　　　　　　　　　　　B. 出口许可证

C. 配额许可证　　　　　　　　　　D. 登记手册

E. 发票

三、判断题

1. 航空货运单是托运人和承运人之间订立的运输合同的证明，同时也是货物运输的凭

证。（   ）

　　2. 航空货运单可以转让。（   ）

　　3. 报关是进口程序中最关键的环节。（   ）

四、计算题

Routing：PEK-TYO

COMMODITY：wood Basket

PC/WT：2/25.5kg

DIMS：39.9cm×40.6cm×49.9cm

运价表：

M：260.00　　　　　CNY

N：37.51

45：28.13

运费应该为多少？

五、简答与论述题

1. 国际航空快件的运作形式有哪些？

2. 国际航空快件的特点是什么？

3. 简述国际航空进口货物运输代理业务的流程？

4. 简述航空货运单的定义、一般规定与作用。

附件一：中华人民共和国海关进口货物报关单

预录入编号：　　　　　　　　　　　　　　　　　　　　　　　　　　　　海关编号：

进口口岸	备案号	进口日期	申报日期		
经营单位	运输方式	运输工具名称	提运单号		
收货单位	贸易方式	征免性质	征税比例		
许可证号	起运国（地区）	装货港	境内目的地		
批准文号	成交方式	运费	保费	杂费	
合同协议号	件数	包装种类	毛重（公斤）	净重（公斤）	
集装箱号	随附单据		用途		
标记唛码及备注					
项号　商品编号　商品名称、　数量及单位　原产国　　总价　币制　征免 　　　　　　　　规格型号　　　　　　　（地区）单价					
税费征收情况					
录入员　录入单位	兹声明以上申报无讹并承担法律责任	海关审单批注及放行日期（签章）			
报关员		审单　审价			
单位地址	申报单位（签章）	征税　统计			
邮编　电话	填制日期	查验　放行			

附件二：中华人民共和国海关出口货物报关单

预录入编号：　　　　　　　海关编号：

进口口岸	备案号	进口日期	申报日期		
经营单位	运输方式	运输工具名称	提运单号		
收货单位	贸易方式	征免性质	结汇方式		
许可证号	运抵国（地区）	指运港	境内货源地		
批准文号	成交方式	运费	保费	杂费	
合同协议号	件数	包装种类	毛重（公斤）	净重（公斤）	
集装箱号	随附单据		生产厂家		
标记唛码及备注					
项号　商品编号　商品名称、　数量及单位　最终目的国　总价　币制　征免 　　　　　　　　规格型号　　　　　　　（地区）单价					
税费征收情况					
录入员　录入单位	兹声明以上申报无讹并承担法律责任	海关审单批注及放行日期（签章）			
报关员		审单　审价			
单位地址	申报单位（签章）	征税　统计			
邮编　电话	填制日期	查验　放行			

附件三：国际航空公司

AIR CHINA

国 际 货 物 托 运 书

托运人账号 SHIPPER'S ACCOUNT NUMBER		供承运人用 FOR CARRIER USE ONLY	
托运人姓名及地址 SHIPPER'S NAME AND ADDRESS		班期/日期 FLIGHT/DAY	航班/日期 FLIGHT/DAY
收货人账号 CONSIGNEE'S ACCOUNT NUMBER		已预留吨位 BOOKED	
收货人姓名及地址 CONSIGNEE'S NAME AND ADDRESS		运费 CHARGES	
代理人的名称和城市 ISSUING CARRIER'S AGENT NAME AND CITY		ALSO NOTIFY	
始发站 AIRPORT OF DEPARTURE			
到达站 AIRPORT OF DESTINATION			
托运人声明价值 SHIPPER'S DECLARED VALUE	保险金额 AMOUNT OF INSURANCE	所附文件 DOCUMENT TO ACCOMPANY AIR WAYBILL	
供运输用 FOR CARRIAGE / 供海关用 FOR CUSTOMS			

处理情况（包括包装方式、货物标志及号码）
HANDING INFORMATION （INCL. METHOD OF PACKING IDENTIFYING AND NUMBERS. ETC. ）

件数 No. OF PACKAGES	实际毛重 ACTUAL GROSS WEIGHT (KG)	运价种类 RATE CLASS	收费重量 CHARGEABLE WEIGHT	费率 RATE CHARGE	货物品名及数量（包括体积或尺寸） NATURE AND QUANTITY OF GOODS (INCL. DIMENSIONS OR VOLUME)

托运人证实表中所填全部属实并愿遵守承运人的一切载运章程
THE SHIPPER CERTIFIES THAT THE PARTCULARS ON THE FACE HEREOF ARE CORRECT AND AGR EES TO THE CONDITIONS OF CARRIAGE OF THE CARRIER

托运人签字   日期   经手人   日期
SIGNATURE OF SHIPPER   DATE   AGENT   DATE

附件四：中国国际航空公司

AIR CHINA

国 际 航 空 货 运 单

Shipper's Nameand Address	Shipper'sAccount Number	**NOT Negotiable** **Air Waybill** **ISSUED BY**
		Copies 1,2and3 of this Air Waybill are originals and have the same validity.
Consignee's Name and Address	Consignee's Account Number	It is agreed that the goods described herein are accepted in apparent good order and condition (except as noted) for carriage **SUBJECT TO THE CONDITIONS OF CONTRACT ON THE REVERSE HEREOF.ALL GOODS MAY BE CARRIED BY ANY OTHER MEANS INCLUDING ROAD OR ANY OTHER CARRIER UNLESS SPECIFIC CINTRARY INSTRUCITONS ARE GIVEN HEREON BY THE SHIPPER,AND SHIPPER AGREES THAT THE SHIPMENT BAY BE CARRIED VIA INTERMEDIATE STIPPING PLACES WHICH THE CARRIER DEEMS APPROPRIATE.THE SHIPPER,S ATTENTION IS DRAWN TO THE NOTICE CONCERNING CARRIER,S LIMITATION OF LIABILITY.** Shipper may increase such limitation of liability by declaring a higher value for carriage and paying a supplemental charge if required.

Issuing Carrier's Agent Name and City		Accounting Information
Agent's IATA Code	Account No.	

Airport of Departure (Addr.of First Carrier) and Requested Routing	Reference Number　Optional Shipping Information

TO	Routing and Destination By First Carrier	to	by	to	by	Currency	CHGS	WT/VAL Other		Declared Value For Carriage	Declared Value for Customs
								PPD	COLL PPD COLL		

Airport of Destination	Flight/Date	For Carrier Use Only	Flight/Date	Amount of Insurance	INSURANCE-If carrier offers Insurance, and such insurance is requested in accordance with the conditions thereof, indicate amount to be insured in figures in box marked "Amount of Insurance".

Handling Information

No. of Pieces RCP	Gross Weight	Kg Lb	Rate Class Commodity Item No.	Chargeable Weight	Rate / Charge	Total	Nature and Quantity of Goods (incl .Dimensions or Volume)

Prepaid　Weight Charge ｜ Collect	Other Charges
Valuation Charge	
Tax	
Total Other Charges Due Agent	
Total Other Charges Due Carrier	Shipper certifies that the particulars on the face hereof are correct
Total Other Charges Due Carrier	Shipper certifies that the particulars on the face hereof are correct and that insofar as any part of the consignment contains dangerous goods, such part is properly described by name and is in proper condition for carriage by air according to the applicable Dangerous Goods Regulations. 　Signature of Shipper or his Agent
Total Prepaid　Total Collect	
Currency Conversion Rates　CC Charges in Dest.Currency	Executed on (date)　at (place)　Signature of Issuing Carrier or its Agent
For Carriers use only at Destination	Charges at Destination　Total Collect Charges

ORIGINAL　3　（FOR SHIPPER）

第八章　外贸物流危险品货物运输实务

【本章培训的主要内容】

本章培训主要内容包括外贸物流危险品货物基础知识，外贸物流危险品的分类与识别，外贸物流危险品运输标志与标签，外贸物流危险品运输单证操作实务四部分。

【本章应掌握的主要技能】

通过本章学习，掌握外贸物流危险品的定义、特点，危险品的包装和仓储装载应注意的问题，危险品的分类以及各类的特点，危险品的识别和危险品的标志标签，危险品运输的单证操作，了解危险品运输的措施和相关危险品单证的填写。

第一节　外贸物流危险品货物基础知识

一、危险品与外贸物流危险品的定义

（一）危险品的定义

国家标准 GB6944—86《危险货物分类和品名编号》规定：凡具有爆炸、易燃、腐蚀性等性质，在运输、储存和保管过程中，容易造成人身伤亡和财产损毁而特别防护的货物，均属于危险货物，即危险品。其中燃爆危险品占相当大的比例。

（二）外贸物流危险品的定义

外贸物流危险物品是指在外贸物流中，即在进出口贸易物流中，具有爆炸、燃烧、毒害、腐蚀、放射等性质，可能危害人身健康、安全或对财产造成损害而特别防护的物品或物质。

二、外贸物流危险品的特性

危险货物按其主要特性和运输要求分成 9 类：第 1 类，爆炸品；第 2 类，压缩、液化或加压溶解的气体；第 3 类，易燃液体；第 4 类，易燃固体、易自燃或遇湿易燃物品；第 5 类，氧化剂和有机过氧化物；第 6 类，毒害和感染性物品；第 7 类，放射性物品；第 8 类，腐蚀品；第 9 类，杂类危险物质和物品。

危险品物流不同于一般物流，它具有以下特性：

（一）危险货物化学性质特殊

《危险货物品名表》（GB12268 2005）中在册的为 2 763 个品名，由于不同危险品的物理性质不同，化学性质差别较大。因此，在包装材料、包装方式、运输货物的积载、装卸及仓储甚至消防方法上也都要求不同。

（二）危险性及危害性大

各种危险货物在包装、运输、装卸、仓储等物流的各个环节中都具有很大的危险性和很强的危害性，容易造成人员伤亡和财产损失。氯是具有刺激性气味的黄绿色气体，需要高压液化后才能进行运输。

（三）专业性和技术性强

危险货物一般是工业原料或产品，因为其物理、化学性质的特殊，物流各个环节技术性和专业性要求高，在物流过程中必须遵守相应的规则，以免发生事故，造成危害。因此，从事危险品物流要求业务专营、车辆专用和人员专业。

三、外贸物流危险品的包装要求

（一）单一包装

在运输过程中，不需要任何内包装来完成其盛放功能的包装，一般由单一材料支撑，比如，塑料桶、钢桶等。

（二）复合包装

由内包装和外包装组合而成的包装，一般由木材、纤维板、金属、塑料支撑。装有金属、塑料、玻璃、陶瓷支撑的内包装，根据不同的要求，包装内还需装入衬垫和吸附材料。

（三）合成包装

合成包装是指为了运输和装载的方便，同一托运人将若干个符合危险物品包装、标记、标签的包装件合成一个作业单元。

（四）联合国规格包装

联合国规格包装，即包装按照国家主管当局认可的质量保障程序进行的，经过了跌落测试、堆码测试、防渗漏测试、内压测试，并保证安全达到联合国标准，且包装上有联合国试验合格标志的包装。联合国规格包装可以是复合包装，也可以是单一包装。

（五）限量包装

限量包装是指用于危险货物，数量在一定限量内的包装，没有经过联合国性能测试，其外表上没有 UN 标志，但必须满足足够强度的要求。

四、外贸物流危险品的存储与装载

危险品按其危险性不同的类别、项别分别放置在不同的仓库中或不同的区域。

（一）对仓库的要求

1. 仓库及其附近区域严禁使用明火，严禁吸烟；
2. 危险品仓库内外明显位置应明示应急电话号码；
3. 消防设备完善，消防器材齐全。

（二）危险品仓库的管理

1. 货物入库

仓库保管员应对货物按交通部颁发的《危险品运输规则》要求进行抽查，做好相应的记录；并在货物入库后两天内对其验收完。货物存放应按其性质分区、分类、分库储存。对不符合危险品报关要求的应与货主联系拒收。

在入库验收方法上，主要是采用感官验收为主，仪器和理化验收为辅。在验收程序上，可按以下步骤进行：

（1）检验货物的在途运输情况，检查是否发生过混装；

（2）检查货物的外包装上是否沾有异物；

（3）对货物包装、封口和衬垫物进行验查，看包装标志与运单是否一致，容器封口是否严密，衬垫是否符合该危险品运输、包装的要求；

（4）货物本身质量的检查，看是否有变质、挥发、变色或成分不符等问题；

（5）提出对问题的处理意见，属于当地的货物，以书面形式提出问题和改进措施，并退货；如为外地货物，又无法退回的，又是一般问题，不会造成危险的，可向货主提出整改意见，对于会影响仓库安全的货物，则应置于安全地点进行观察，待问题解决后方可入库。

2. 货物保管

对危险品货物应实行分类分堆存放，堆垛不宜过高，堆垛间应留有一定的间距，货堆与库壁间距要大于 0.7 米。对怕热、怕潮、怕冻物品应按气候变化及时采取密封、通风、降温和吸潮等措施。

应对危险品仓库实行定期检查制度，检查间隔不宜超过 5 天；特别是要加强对温湿度的检查和控制。表 8—1 是各类危险品储存最佳温湿度控制的参考值。仓库保管员需保持仓库内的整洁，特别是对残余化学物品应随时清扫。对于残损、质次，储存过久的货物应及时向有关单位联系催调。

表 8—1　各类危险品的温湿度数据

危险品名称	最高温度（℃）	适宜相对湿度（％）	最高相对湿度（％）
爆炸品	30	75 以下	80
氧化剂	35	80 以下	85
压缩气体/液体	32	80 以下	
自燃品（一级）	28	80 以下	
自燃品（二级）	32	85 以下	
遇水燃烧品		75 以下	80
易燃液体	26	沸点 50℃、闪点 0℃	
	30	沸点 501℃、闪点 1℃	
易燃固体（一级）	30	80 以下	
易燃固体（二级）	35	80 以下	
毒害品	32	80 以下	
腐蚀品	30（低沸点及易燃品） 1—15（怕冻品）	85 以下 70 以下（吸湿性强）	
放射性物品	对库内温湿度无特殊要求，但防止温湿度过大损坏包装		

3. 货物出库

对于一次提货量超过 500 千克时，要发出场证，交运输员陪送出场。仓库保管员应按"先进先出"原则组织货物出库，并认真做好出库清点工作。

4. 送货

车辆运送时，应严格按危险品分类要求分批装运，对怕热、怕冻的货物要按有关规定办理。

（三）装载原则

1. 预先检查原则

危险物品的包装件在组装集装器或装船、装机之前，必须认真检查，包装件在完全符合要求的情况下，才可继续进行作业。

检查的内容包括：外包装无漏洞、无破损，包装件无气味，无任何泄漏及损坏的迹象；

包装件上的危险性标签和操作标签正确无误、粘贴牢固，包装件的文字标记（包括运输专用名称、UN 或 ID 编号、托运人和收货人的姓名及地址）书写正确，字迹清楚。

2. 方向性原则

装有液体危险物品的包装件均按要求贴有向上标签，在搬运、装卸、装集装板或集装箱以及装机的全过程中，必须按该标签的指向使包装件始终保持直立向上。

3. 轻拿轻放原则

在搬运或装卸危险物品包装件时，无论是采用人工操作还是机械操作，都必须轻拿轻放，切忌磕、碰、摔、撞。

4. 固定货物、防止滑动原则

在航空运输中，危险物品包装件装入飞机货舱后，装载人员应把货物固定。防止危险物品在飞机飞行中倾倒或翻滚，造成损坏。

五、外贸物流危险品安全运输的措施

（一）加强对驾驶员的培训是避免事故发生的最主要预防措施

有学者认为，驾驶员的培训是避免事故发生的最主要预防措施。2002 年，他们比较了瑞典、荷兰、美国及加拿大驾驶员培训在规章制度、职业责任心、许可证及国家权威考试机构 4 个项目的不同之处，发现这 4 个国家所有从事危险品运输的人员必须参加规章制度与职业责任心的培训和考试。在荷兰，从事危险品运输的驾驶员必须获得国家权威考试机构的许可证。

（二）危险品运输监管及处罚

有些国家规定，从事危险品运输的企业必须在银行存入相当金额的违章保证金，由银行冻结。违章保证金随着企业危险货物运输车辆的增加而增加，采用经济手段监管危险货物运输。在德国，危险货物运输的公路监管是由警察来执行，这些警察都经过专门的培训，具有一定的专业知识，负责在路上监督运输车辆。当危险货物驾驶员违章行为较轻时，警察对违章人进行处罚；如果违章较严重，可将违章司机告上法庭，判决处罚；如当事人不接受处罚，将会被判处监禁。

（三）危险品运输设施的管理

在德国，所有危险货物运输的车辆都必须安装行车记录仪和卫星定位系统。行车记录仪详细记载了车辆出发时间、行驶时间和停顿时间，且记录保持 2 年。从事危险货物运输企业必须取得危险货物运输特许证，该特许证有效期为 5 年。从事危险品运输的驾驶员在运输危险货物时，必须佩戴安全帽、防护镜，并装备铁锹、灭火器等。

第二节　外贸物流危险品的分类与识别

根据危险性类别将危险品分为九类，物品如达到其中一类或若干类的标准，改物品则定义为危险物品。危险物品的类别与危险性的种类有关，而包装等级与该类的危险性程度有关。

一、按危险品的性质分类

根据中华人民共和国 GB6944《危险货物分类和品名编号》和中华人民共和国 GB12268《危险货物品名表》等有关国家标准，将危险货物划分为以下 9 类：第 1 类，爆炸品；第 2 类，压缩、液化或加压溶解的气体；第 3 类，易燃液体；第 4 类，易燃固体、易自燃或遇湿易燃物品；第 5 类，氧化剂和有机过氧化物；第 6 类，毒害和感染性物品；第 7 类，放射性物品；第 8 类，腐蚀品；第 9 类，杂类危险物质和物品。

（一）第 1 类　爆炸品

1. 定义

第 1 类爆炸品包括：爆炸性物质和爆炸性物品

此类货物系指在外界作用下（如受热、撞击等），能发生剧烈的化学反应，瞬时产生大量的气体和热量，使周围压力急骤上升，发生爆炸，对周围环境造成破坏的物品，也包括无整体爆炸危险，但具有燃烧、抛射及较小爆炸危险，或仅产生热、光、音响或烟雾等一种或几种作用的烟火物品。

2. 项别

此类货物按危险性分为六项，如表 8—2 所示。

表 8—2　爆炸品按危险性分类

类别	项别	定义/描述	常见危险品
第 1 类爆炸品	1.1 项	具有整体危险性的物质和物品	梯恩梯炸药、黑索进炸药、电雷管、导火索、遇险信号弹、油井射孔弹、手枪子弹、信号弹、烟花爆竹等
	1.2 项	具有喷射危险性而无整体爆炸危险性的物质和物品	
	1.3 项	具有起火危险性、较小的爆炸和（或）较小的抛射危险性而无整体爆炸危险性的物品和物质	
	1.4 项	在运输中被引燃或引发时无显著危险性（仅有轻微危险性）的物品和物质	
	1.5 项	具有整体爆炸危险性而敏感度极低的物质	
	1.6 项	无整体爆炸危险性且敏感度极低的物品	

3. 配装组

配装组是指出于运输经济或其他需要，在安全的前提下，不同项的爆炸品可以混装的组别。第 1 类危险物品中不同项之间可组成十三个配装组。每一项内爆炸品在 13 个配装组对应其中一个。在表 8—3 中列出了关于每一个配装组的说明及其所属物品或/和物质的危险等级。

表8-3　爆炸品配装组的划分

分类物品或物质描述	配装组	分类编码
初级爆炸性物质	A	1.1A
含有初级爆炸爆炸性物质且未安装两个或两个以上有效保险装置的物品。某些物品，例如，雷管、雷管组件、底火以及火帽，即使不含初级爆炸性物质亦包括在其中	B	1.1B 1.2B 1.4B
发射药或爆炸性物质或其他含有这种爆炸性物质的物品	C	1.1C 1.2C 1.3C 1.4C
次级爆轰炸药或黑火药，或含次级爆轰炸药的物品，它们均无引发装置和发射药或包括含初级炸药并配置两个或两个以上有效保险装置的物品	D	1.1D 1.2D 1.4D 1.5D
含有初级爆轰炸药，无引发装置，含发射药的物品（装有易燃液体或凝胶或自然液体的物品除外）	E	1.1E 1.2E 1.4E
含有初级爆轰炸药，配有自身引发装置，含发射药（装有易燃液体或凝胶或自然液体的物品除外）或不含发射药的物品	F	1.1F 1.2F 1.3F 1.4F
烟火药或烟火物品，或装有炸药和照明剂，燃烧剂，催泪剂或烟雾剂的制品（遇水活化制品或含白磷、磷化物、自燃物质、易燃液体或凝胶或自燃液体的物品除外）	G	1.1G 1.2G 1.3G 1.4G
含炸药和白磷的物品	H	1.2H 1.3H
含炸药和易燃液体或凝胶的物品	J	1.1J 1.2J 1.3J
含炸药和化学毒剂的物品	K	1.2K 1.3K
炸药或含炸药并具有特殊危险性（例如遇水活化制品，或自燃液体、磷化物或自燃物质）且各类型需隔离的爆炸性物质或物品	L	1.1L 1.2L 1.3L
仅含极不敏感的爆轰炸药的物品	N	1.6N
物质或物品的包装与设计在偶然引发时，只要包装件未被烧坏就可以把任何危险都限制在包装内，其爆炸与喷射的影响范围很小，不会严重妨碍在附近取消或其他应急措施	S	1.4S

4. 运输限制

绝大多数的爆炸品，例如1.1项、1.2项、1.3项（少数例外）、1.4F项、1.5项和1.6项的爆炸品，通常禁止航空运输。

新型爆炸性物质或制品在运输之前，其分类、配装组及运输专用名称必须经过制造国的主管当局批准。

"新型爆炸性制品或物质"指下列中任一情况：

（1）与已批准的爆炸性物质或混合物有重大区别的新的爆炸性物质、组合物或混合物；

（2）新设计的爆炸性制品，或含新的爆炸性物质、组合物或混合物的制品；

（3）为爆炸制品或物质而新设计的包装件（包括新型的内包装）。

5. 爆炸品储存的安全要求

（1）爆炸品仓库必须远离居民、工厂、建筑物、交通线，库房应为单层建筑，库房之间应有殉爆距离的安全间距。爆炸品应储放于阴凉、通风、干燥的库房，要远离热源和火源；库温以 5℃～30℃为宜；易吸湿的爆炸品库房的相对湿度不得超过 65％。爆炸品仓库地面应铺垫 20 厘米左右的木板。

（2）储存爆炸品，必须按其性质分类储存、运输，严格执行双人管理规定。

（3）一切爆炸品绝对禁止与氧化物、酸类、盐类以及易燃物、金属粉末等物质同储共运。

（4）装卸和搬运爆炸品时，要严格做到轻拿轻放，禁止背负、摔碰、冲击、拖拉与滚动。操作人员严禁穿有铁钉的鞋，服装应防止产生静电。

（5）盛放或携带零星爆炸品要用木、竹、藤制的筐或箱，绝对不能使用金属容器。

（6）发生火灾可用水和各式灭火器扑救。

（二）第 2 类　气体（Gases）

1. 定义

本类危险物质是指在 50℃下，蒸气压高于 300kPa；或在 20℃标准大气压为 101.3kPa 下，完全处于气态的物质。

蒸气压是指液体与其蒸汽处于平衡状态时，饱和蒸汽的压力。在温度一定时，不同物质的饱和蒸汽压是不同的。在一般情况下，物质的饱和蒸汽压会随温度的升高而增大。第 2 类危险物品包括压缩气体、液化气体、溶解气体、冷冻液化气体、气体混合物、一种或几种气体与一种或几种其他类别物质的蒸气混合物、充气制品、六氟化碲和气溶胶。

2. 项别

根据运输中气体的主要危险性，将属于第 2 类的物质分为三项。如表8-4所示。

表 8-4　第 2 类气体项别

类别	项别	定义/描述	常见危险品
第 2 类气体	2.1 项易燃气体	在 20℃标准大气压为 101.3kPa 下与空气混合，含量不超过 13％时可燃烧；或与空气混合，燃烧的上限与下限之差不小于 12 个百分点（无论下限是多少）的气体	丁烷（打火机燃料、氢气、甲烷（天然气）、丙烷、乙炔等
	2.2 项非易燃无毒气体	在 20℃下，压力不低于 280kPa 运输的气体、冷冻液化气体以及具有窒息性或氧化性的气体	二氧化碳、氧气、氖气、液氮、液氩等
	2.3 项有毒气体	已知其毒性或腐蚀性可危害人体健康的气体；或根据试验，LC_{50} 的数值小于或等于 5 000mL/m³（ppm），其毒性或腐蚀性可能危害人类的气体	氯气、硫化氢气体、一氧化碳气体、氯化氢气体等

3. 气体混合物项别的确定

气体混合物（包括其他类危险性物质的蒸气）项别是根据下列原则确定的：

（1）易燃性

易燃性试验同 2.1 项的分类标准是一致的。具体方法必须使用国际标准化组织采用的试验方法或计算方法来确定。如果缺少这些方法的有关资料，必须采用国家主管当局所承认的等效方法进行试验。

（2）毒性

毒性大小通过第 6 类毒害品"吸入毒性"试验测定，也可采用下列公式进行计算得出：

$$LC_{50}毒性（混合物）=\frac{1}{\sum_{i=1}^{n}\frac{f_i}{T_i}}$$

其中：

f_i 为该混合物中某种分 i^{th} 的摩尔分数；

T_i 为该混合物中这种组分 i^{th} 的毒性指数。

当某种成分的 LC_{50} 未知时，其毒性指数可以用相同生物化学效应物质的 LC_{50} 最低值来代替，如有可能，也可以通过试验测定。

（3）凭借经验已知某气体混合物对人的皮肤、眼睛或黏膜有损伤时，或气体混合物的腐蚀性组分的 LC_{50} 小于或等于 5 000mL/m³（ppm）时，这种气体混合物的次要危险性应定为腐蚀性；其 LC_{50} 通过下列公式计算

$$LC_{50}腐蚀性（混合物）=\frac{1}{\sum_{i=1}^{n}\frac{f_{c_i}}{T_{c_i}}}$$

其中：

f_{c_i} 为该混合物中某种腐蚀性组分 i^{th} 的摩尔分数；

T_{c_i} 为该混合物中某腐蚀性组分 i^{th} 的毒性指数。

气体及气体混合物的危险性涉及一项以上时，其主要危险性的确定方法如下：

2.3 项对 2.1 项和 2.2 项来说，为主要危险性。

2.1 项对 2.2 项来说，为主要危险性。

主要危险性确定的顺序为：2.3 项→2.1 项→2.2 项

4. 气溶胶（Aerosols）

气溶胶是第 2 类危险物品中的一种，是指装有压缩气体、液化气体或加压溶解气体的一次性使用的金属、玻璃或塑料制成的带有严密闸阀的容器。当闸阀开启时，可以喷出悬浮着固体或液体小颗粒的气体，或喷出泡沫、糊状物、粉末、液体或气体。

如气溶胶符合下列两组标准之一，则为易燃气溶胶，属 2.1 项：

测试气溶胶，产生下列任一结果：

（1）将阀门全开，在距阀门喷口 150mm 处，在 5 秒之内用明火将喷出物质点燃，产生的火焰在水平方向的长度超过 450mm；或者在阀门不全开时，火舌闪回；在喷口处燃烧；

（2）将阀门全开，使喷出物通入一个内部按有点火装置的导管，火焰可以在导管另一端燃烧；

（3）将阀门全开，使喷出物通入一个内部按有点火装置的密闭容器，可以发生爆炸或速燃；

气溶胶所含的易燃成分在 45%（重量）以上或超过 250 克。易燃成分在常压空气中是易燃气体，或是闪点不超过 100℃ 的液态物质或制剂。

5. 压缩气体和液化气体储存的安全要求

（1）压缩气体和液化气体宜专库专存，远离建筑物，库内严禁明火，库房周围不能堆放任何可燃材料。储存易燃易爆气体的库房，应有避雷装置。库温宜保持在 25℃ 以下。

（2）气瓶仓库的最大容量不应超过 3 000 瓶，并隔成若干个小间。应把气瓶放在特设框架式的栅栏围护内，亦可平放，但应将瓶向上堆放一边，并用三角木垫卡牢。气瓶不得随便混放，以防泄出的气体互相作用发生燃烧爆炸。气瓶应避免沾染油脂。

（3）各种气瓶应涂有规定的颜色和标志。

（4）装卸作业时，应用抬架式搬运车。

（5）钢瓶漏气时，应迅速打开库门通风，立即移到安全场所，钢瓶失火时，应将钢瓶尽快移出火场，若搬运不及，可用雾状水浇钢瓶降温。

（三）第 3 类　易燃液体（Flammable Liquids）

1. 定义

易燃液体是指在闭杯闪点试验中温度不超过 60.5℃，或者在开杯闪点试验中温度不超过 65.6℃时，放出易燃蒸气的液体、液体混合物、固体的溶液或悬浊液（例如，油漆、清漆、磁漆等）。

有些情况虽然符合易燃液体定义，但是由于其具体情况对航空安全影响较小，也可以不划为易燃液体。以下几种情况须特别注意：

（1）当闪点高于 35℃时，如符合下列任何一个条件，可不划为易燃液体：

①按照第 3 类物质燃烧性测试方法，进行可燃性试验，经验证，不持续燃烧；

②燃点高于 100℃；

③如果它们是水溶液，水的含量高于 90%（重量）。

（2）即使液体的闪点高于易燃液体标准，如果交运时温度达到或超过其闪点，这种液体也被视为易燃液体。

（3）以液态形式在高温中运输或交运，并且在低于或达到运输的极限温度（即该物质在运输中可能遇到的最高温度）时放出易燃蒸气的物质也被视为易燃液体。

2. 包装等级

易燃液体的包装等级依其闪点和沸点来划分，见表 8—5。

表 8—5　易燃液体的包装等级划分

包装等级	闪点（闭杯）	初始沸点
Ⅰ	—	低于或等于 35℃
Ⅱ	低于 23℃	高于 35℃
Ⅲ	高于或等于 23℃但低于或等于 60.5℃	

易燃液体的危险性与其流动性成正比，当易燃液体的黏度较大时，其危险性相应的就较小。因此，当易燃液体的黏度达到一定程度时，其包装等级可以相应地降低。具体包装标准如下：

闪点低于 23℃的油漆、清漆、磁漆、大漆、黏合剂、擦亮油及其他易燃黏稠物质（黏稠液体的闪点应按照国际标准化组织适用于油漆和清漆的 ISO1523：1983 方法测定闭杯闪点）一般划为Ⅱ级包装，但如符合以下标准之一，可使用Ⅲ级包装：

（1）黏度和闪点与表 8—6 中的数据一致。

表 8—6　黏稠物质可以使用Ⅲ级包装的标准

流动时间 t（秒）	流出杯口直径 d（毫米）	闭杯闪点 T（℃）
20<t≤60	4	T>17
60<t≤100	4	T>10
20<t≤32	6	T>5
32<t≤44	6	T>−1
44<t≤100	6	T>−5
100<t	6	T≤−5

黏度试验方法：测定流动时间（秒）须在 23℃下进行，使用流出口直径为 4mm 的 ISO 标准杯。如果流动时间超过 100 秒，改用流出口直径为 6mm 的 ISO 标准杯作第二次试验。

（2）在溶剂分离试验中，清澈的溶剂分离层的高度百分比在 3%以下。

溶剂分离试验方法：试验须在 23℃下进行，使用 100mL 带塞子的量筒，量筒的总高度为 250mm 左右，刻度以上部分的内径均为 30mm 左右。将油漆搅拌均匀后倒入量筒，使液面与 100mL 的刻度相齐。将塞子盖好，静置 24 小时。然后测量上部溶剂层的高度，与样品的总高度相比即为溶剂层所占的百分比。

（3）所用容器的容积不超过 30 升。

（4）混合物中不包括任何具有 6.1 项或第 8 类的主要或次要危险的物质。

3. 易燃液体储存的安全要求

（1）储存库房宜冬暖夏凉，库房内和周围严禁烟火，作业时禁止使用发火工具及穿钉子鞋。库房下部应设通风洞。

（2）装卸和搬运中，要轻拿轻放，严禁滚动、摩擦、拖拉等。在运输和串通时要有良好的接地装置。部分有毒、易燃液体，作业时应保持通风良好，并佩戴个人防护用品。

（3）严禁与氧化剂、氧化性酸类、自燃物品、遇水易燃烧品等混放。包装应完好，若有泄漏，应紧急修补堵漏。

（4）失火时，一般都可以用沙土、泡沫灭火器和二氧化碳灭火器灭火。

（四）第 4 类　易燃固体；自燃物质；遇水释放易燃气体的物质（Flammable solids；Substances liable to spontaneous combustion；Substances which，in contact with water，emit flammable gases）

第 4 类分为下列三项：4.1 项易燃固体；4.2 项自燃物质；4.3 项遇水释放易燃气体的物质。

1. 易燃固体

（1）定义

易燃固体既容易燃烧又容易摩擦起火。当它们处于粉末状、颗粒状或膏状时，则更为危险。因为，一旦被明火（如燃着的火柴）瞬时点燃，则火势能迅速蔓延，甚至发生爆炸。易燃固体的危险性不仅来自火焰而且还来自于燃烧生成的有毒产物。金属粉末的起火尤为危险，原因是灭火困难，像二氧化碳和水这样的普通灭火剂只能助长火势。

（2）自身反应及相关的物质

4.1 项的自身反应物质的热稳定性较差，甚至在无氧（空气）情况下，它们仍易发生强烈的热分解反应。但是其如满足下列条件之一，则不再作为 4.1 项的自身反应物质：

①符合第 1 类标准的爆炸品；

②符合 5.1 项标准的氧化剂；

③符合 5.2 项标准的有机过氧化物；

④分解热低于 300J/g 的物质；或

⑤在一个 50 公斤的包装件内，自身加速分解的温度高于 75℃的物质。

热量、摩擦、碰撞或与催化性的杂质（如酸、碱及重金属化合物）接触可以引起自身反应物质的分解。分解的速度因物质的不同而异，并随温度升高而加快。分解可能产生有毒气体或蒸气，尤其在无明火的情况下，这种可能性更大。对于某些自身反应物质，必须控制温度。有些自身反应物质在被封闭的条件下，可能以爆炸方式进行分解。这些特性可以通过加入稀释物质或采用合适的包装来改变。

自身反应物质主要包括下列类型的化合物：

①脂族偶氮化合物

②有机重氮化合物

③重氮盐

④N—亚硝基化合物

⑤芳族硫酰肼

自身反应物质是根据其危险程度来分类的。它们必须按照危险物品表中相应的自身反应物质的泛指名称条目（UN3221 至 UN3240）进行运输。

（3）减敏的爆炸品

减敏爆炸品是被水或醇浸湿或被其他物质稀释而抑制其爆炸性的物质。

反应物质的减敏处理：为保证运输安全，可以使用稀释剂将自身反应物质作减敏处理。使用某种稀释剂时，必须采用与实际运输中含量与状态完全相同的稀释剂进行自身反应物质的试验。

2. 自燃物质

（1）定义

自燃物质是指在正常运输条件下能自发放热，或接触空气能够放热，并随后起火的物质。

自发放热物质发生自燃现象，是由于与氧（空气中的）发生反应并且热量不能及时散发的缘故。当放热速度大于散热速度而达到自燃温度时，就会发生自燃。本项的两种类型物质可根据其自燃性加以区别。

（2）项别

自燃物质。自燃物质包括混合物和溶液在内的物质（固态或液态），即使在数量极少时，如与空气接触仍可在五分钟内起火。这些物质最容易自动燃烧。

自发放热物质。无外部能量供应的情况下，与空气接触可以放热的固体物质，称为自发放热物质，它们只有在数量大（数公斤）且时间长（数小时或数天）的情况下才能被点燃。

3. 遇水释放易燃气体的物质

遇水释放易燃气体的物质是指与水接触放出易燃气体（遇湿危险）的物质，这种物质与水反应易自燃或产生足以构成危险数量的易燃气体。

某些物质与水接触可以放出易燃气体，这些气体与空气可以形成爆炸性的混合物。这样的混合物极易被一般的火源引燃，例如没罩的灯，发火花的手工工具或未加保险装置的灯泡。产生的爆炸冲击波和火焰既会危及人的生命又会破坏环境。

4. 易燃固体储存的安全要求

（1）库房注意温度控制，通风散热，不可接触水，库房内及其周围严禁勿烟火。

（2）易燃固体严禁和氧化剂、酸类等物质同库混存。应密闭包装，勿使散落。

（3）装卸和搬运时，要轻拿轻放、严禁滚动、摩擦、拖拉。

（4）严禁与氧化剂、氧化性酸类混放。包装应完好，若有泄漏，应及时小心扫除。

失火时，大多数可用水、沙土、石棉毯和泡沫、二氧化碳、干粉灭火器等消防用品扑灭，但金属粉末着火时，须先用沙土、石棉毯覆盖，再用水扑救。

（五）第 5 类　氧化剂和有机过氧化物（Oxidizing substances and Organic peroxides）

第 5 类危险物品分为两项：5.1 项氧化剂；5.2 项有机过氧化物

1. 氧化剂

氧化剂虽自身不一定可燃，但其可以放出氧从而有助于其他物质燃烧。通常氧化剂的化学性质活泼，可与其他物质发生危险的化学反应，并产生大量的热量，这些热量可以引起周围可燃物着火。

2. 有机过氧化物

分子组成中含有二价过氧基-O-O-的有机物称为有机过氧化物。

有机过氧化物遇热不稳定，它可以放热并因而加速自身的分解。此外，它还可能具有易于爆炸分解，速燃，对碰撞和摩擦敏感，与其他物质发生危险的反应，损伤眼睛等一种或多种特性。

在有机过氧化物的分类中，若属于下列两种情况，则不归类为5.2项：

（1）当过氧化氢的含量不超过1.0%时，有机过氧化物中的有效氧不超过1.096。

（2）过氧化氢的含量超过1.0%而不超过7.0%时，有机过氧化物中的有效氧不超过0.5%。

有机过氧化物中的有效氧百分比含量按下列公式计算：

$$O_A = 16 \times \sum \left(\frac{n_i \times C_i}{m_i} \right)$$

其中：O_A 为有效氧含量（百分比）；

n_i 为每分子有机过氧物"i"中的过氧基数目；

C_i 为有机过氧化物"i"的重量百分比浓度（含量）；

m_i 为有机过氧化物"i"的分子量。

有机过氧化物运输时，必须使用危险品表中列出的泛指名称（UN3101至UN3120）。这些名称中应包含有机过氧化物的类型（"B"至"F"）、有机过氧化物的物理状态（固态或液态）以及是否要求控制温度等内容。

在运输过程中，含有机过氧化物的包装件或集装器必须避免阳光直射，远离各种热源，放置在通风良好的地方，不得将其他货物堆码其上。为了确保运输与操作安全，在很多情况下，有机过氧化物可以使用有机液体或固体、无机固体或水进行减敏处理。

3. 自燃品储存的安全要求

（1）应根据不同的性能要求，分别选择适当地点，专库储存。

（2）根据自燃物的不同特性和季节气候检查库内气味、包装等。

（3）在搬运装卸时，要轻拿轻放，不可重摔、撞击。

（4）严禁与氧化剂、氧化性等酸类混放，隔绝空气。

（5）失火时除乙基铝等金属烷基化合物和铝铁熔剂不能用水扑救外，其他物品均可用大量的水灭火，也可用沙土或二氧化碳、干粉灭火器等灭火。

（六）第6类　毒性与传染性物质（Toxic and Infectious substances）

第6类危险品分为两项：6.1项毒性物质和6.2项传染性物品。

1. 毒性物质

（1）定义

6.1项毒性物质是指在后，进入人体可导致死亡或危害健康的物质。来源于植物、动物或其他菌源的毒素，如不含传染性物质或微生物，也应分类为6.1项。

（2）分类

毒性达到表8-7和表8-8中Ⅲ级包装标准以上的物质归类为6.1项毒性物质。

表8—7　口服、皮肤接触及吸入尘/雾的毒性包装等级标准

包装等级	口服毒性 LD_{50}（mg/kg）	皮肤接触毒性 LD_{50}（mg/kg）	吸入尘、雾毒性 LC_{50}（mg/L）
Ⅰ	小于或等于5	小于或等于40	小于或等于0.5
Ⅱ	大于5 但小于或等于50	大于40 但小于或等于200	大于0.5 但小于或等于2
Ⅲ	固体： 大于50但小于或等于200 液体： 大于50但小于或等于500	大于200 但小于或等于1000	大于2 但小于或等于10

表8—8　吸入蒸气的毒性包装等级标准

包装等级	吸入物毒性
Ⅰ级	LC_{50}小于或等于1 000mL/m³，V大于或等于$10 \times LC_{50}$
Ⅱ级	LC_{50}小于或等于3 000mL/m³，V大于或等于LC_{50}，不符合Ⅰ级包装等级
Ⅲ级	LC_{50}小于或等于5 000mL/m³，V大于或等于$0.2 \times LC_{50}$，不符合Ⅰ级和Ⅱ级包装等级

注：

①V是20℃标准大气压下，毒害品在空气中饱和蒸汽的浓度，以 mL/m³ 计算。如果20℃时的蒸汽压已知，V 可以按下列公式计算：$V = p/P \times 10^6$ mL/m³，其中 p 为20℃时的蒸气压；P 为标准大气压。注意 p 和 P 必须采用相同单位。

②即使催泪气体物质的毒性数据与Ⅲ级包装相符，也必须把它们定为Ⅱ级包装。

（3）包装等级的标准

包括农药在内的6.1项毒性物质，必须根据它们在运输中的毒性大小来划分包装等级。在划分包装等级时，应考虑人们在意外中毒事故中取得的经验以及每种毒性物质的特性，例如液态、易挥发性、任何渗透的特殊可能性和专有的生物效应。当缺乏经验时，根据从动物试验取得的数据来确定包装等级。

如果某一毒性物质在侵入人体的不同途径中表现出不同程度的毒性，则必须根据其中最高的毒性划定包装等级。对于经口摄入，经皮肤接触和吸入尘、雾的方式的毒性物质，其包装等级的标准列于表2.4中。对于吸入蒸汽而能导致中毒的物质，其包装等级的标准列于表2.5中。就某一毒性物质而言，如果吸入其蒸气与吸入其烟雾所产生的毒性大小不同，必须按照两者之中最高毒性去确定它的包装等级。

（4）杀虫剂（农药）

杀虫剂（农药）是常见的6.1项物质，在其分类中应注意：

如果某杀虫剂（农药）制品的口服或皮肤接触的 LD_{50} 值是未知的，但其活性物质的 LD_{50} 值是已知的，则可通过使用下述的方法得出该制品的 LD_{50} 值。

$$制品的 LD_{50} 值 = \frac{活性物质的 LD_{50} 值 \times 100}{以重量计活性物质所占百分比}$$

最新版本的世界卫生组织农药危险分类及分类原则建议书载有关于若干种普通农药的 LD_{50} 毒性的数据。虽然该文件可用作关于农药的 LD_{50} 数据的资料来源，但其分类方法不得应用于农药的民航运输分类或包装等级分类，农药的运输分类或包装等级确定必须依照有关航空运。

2. 传染性物质

传染性物质是指已知含有或有理由认为含有病原体的能够引起或传播人类或动物疾病的物质。

病原体为已知或有理由认为能对人类或动物引起传染性疾病的微生物（包括细菌、病毒、立克次氏体、寄生菌和真菌）或重组微生物（杂化体和突变体）。

（1）分类

①遗传变异体和遗传变异微生物。遗传变异体和遗传变异微生物是指通过人为的遗传工程，将内部遗传物质已作有目的改变的有机体和微生物。

②生物制品。生物制品是指由活生物中获取的那些制品，它们应根据国家政府当局的特殊执照要求制造和销售，并且用于对人类或动物疾病的预防、治疗或诊断，或用于与此内容相关的发展、实验和研究目的。它们包括疫苗、诊断用制品的成品或半成品等。

下面两种情况不属于 6.2 项：

一是包含 1 级危险等级的病原体；所含病原体在该条件下产生病毒的能力很低或没有；已知不含病原体的生物制品；

二是依照国家政府健康当局的要求制造和包装并为最低包装或分发目的而运输，医学专家或私人用于个人保健的生物制品。

③诊断标本。诊断标本是指人体或动物体的物质，包括分泌物、排泄物、血液及其成分、组织及组织液等，它们是为了诊断目的而运输的，但不包括被感染的活动物。

④临床废弃物和医疗废弃物。临床废弃物和医疗废弃物是指人类或动物在医疗过程或生物研究过程中产生的废弃物。如果废弃物中存在传染性物质的可能性较小，可以按废的生物、临床、药品等（UN3291）划分。确实含某些传染性物质的废弃物，必须按 UN2814 或 UN2900 划分。曾含传染性物质但现已消毒过的废弃物，如不符合其他类别或项别的标准，则可不受危险品运输的限制。

（2）危险等级的划分

传染性物质必须按照《世界卫生组织实验室卫生安全手册》（1993 年第二版）中制定和公布的标准，根据传染性物质的三种危险等级中的一种，在 6.2 项中进行适当分类，并按照 UN2814 或 UN2900 进行适当的划分。危险等级根据生物病原性、传播形式和相对易传播途径、对个体或群体的危险程度及通过使用已知的和有效的预防制剂和治疗后疾病的可逆性诸特征进行划分。根据危险程度对每一危险等级的划分标准如下：

4 级危险（对个体及群体具有极大危险性）：指通常引起严重的人类或动物疾病、易于直接或间接相互传染，且通常对其无有效的治疗和预防措施的病原体。

3 级危险（对个体具有极大危险性，对群体具有较小危险性）：指通常引起严重的人类或动物疾病，但一般不通过被传染者进行相互传染，且通常对其具有有效的治疗预防措施的病原体。

2 级危险（对个体具有中度危险性，对群体具有较小危险性）：指能够引起人类或动物疾病，虽然能够在接触中引起严重感染，但不可能具有严重的危害，对其具有有效的治疗和预防措施，且传染的传播危险有限的病原体。

1 级危险《世界卫生组织实验室卫生安全手册》（1993 年第二版）将含有不可能引起人类或动物疾病，即对个体或群体没有或有极小危险性的微生物确认为、级危险性物质。仅含这类微生物的物质，根据本规则，不被视为传染性物质。

关于四个危险等级的详尽解释，请查阅 1993 年世界卫生组织出版的《实验室卫生安全手册》。

3. 遇湿易燃物品储存的安全要求

（1）注意防水、防潮，雷雨天没有防雨设备不准作业，储存场所要求通脱热良好，不得露天存放。

（2）装卸搬运不得翻滚、撞击、摩擦、倾倒，必须做到轻拿轻放。

（3）存放时，应与氧化剂、酸类和含水物品隔离，严禁火种接近。包装应完好、密闭。

（4）失火时，绝对不能用水、酸、碱灭火剂和泡沫灭火器，只能用干沙或干粉灭火器扑救。

（七）第 7 类　放射性物质（Radioactive material）

放射性活度大于 70kBq/kg 的物质或物品，定义为放射性物质。

氧化剂与有机过氧化物储存的安全要求：

1. 氧化剂应储存于阴凉、洁净、通风、干燥的库房内；远离火种、热源，防止日光暴晒。

2. 装卸和搬运中，要轻拿轻放，严禁滚动、摩擦、拖拉等，包装密封。

3. 严禁与易燃液体、易燃固体、自燃物品、遇湿易燃烧品、酸类、有机物等混放。金属无机过氧化物不得与过氧化氢、有机过氧化物混放。

4. 失火时，对过氧化物和不溶于水的有机液体氧化剂不能用水和泡沫灭火器，只能用沙土或干粉灭火器和二氧化碳灭火器灭火。

（八）第 8 类　腐蚀性物质（Corrosives）

如果发生渗漏情况，由于产生化学反应而能够严重损伤与之接触的生物组织，或严重损坏其他货物及运输工具的物质，称为腐蚀性物质。

1. 包装等级

第 8 类危险物品的包装等级是根据经验划分的，同时对其他因素也作了考虑，例如，吸入的危险性，与水的反应活性（包括生成危险性分解产物的情况）。对于不常见的物质（包括混合物），可根据它与人的皮肤开始接触到皮肤出现明显坏死所需的时间来判定其包装等级。这一时间可以通过试验测定。经测定不能导致皮肤严重损伤的物质，仍有可能引起金属表面的腐蚀。

达到第 8 类危险物品标准的物质和制品，如具有吸尘、雾的毒性（LC_{50}）属Ⅰ级包装而经口或皮肤接触毒性属Ⅲ级包装或更低的必须划归为第 8 类。

在划分包装等级时，必须考虑人们在意外事故中的经验。如果缺乏这些经验，必须根据指定试验的结果来确定包装等级。

2. 试验标准

第 8 类的三个包装等级的划分标准如下：

Ⅰ级包装（危险性较大的物质）：使被测物质与完好的动物皮肤接触，接触时间不超过 3 分钟，然后进行观察，观察时间为 60 分钟。在观察期间内，皮肤被破坏的厚度如达到 100%，则被测物质应定为Ⅰ级。

Ⅱ级包装（危险性中等的物质）：使被测物质与完好的动物皮肤接触，接触时间超过 3 分钟而不超过 60 分钟，然后进行观察，观察时间为 14 天。在观察期内，皮肤被破坏的厚度如达到 100%，则被测物质应定为Ⅱ级。

Ⅲ级包装（危险性较小的物质）：在下列标准中任选其一。

（1）使被测物质与完好的动物皮肤接触，接触时间超过 60 分钟而不超过 4 小时，然后进行观察，观察 14 天。在观察期内，皮肤破坏的厚度达 100%；

（2）被测物质对皮肤的破坏厚度达不到 100%，但在 55℃ 下，被测物在一年内腐蚀钢或铝的厚度可达 6.25mm 以上。试验使用的钢必须是 P235（ISO9328（Ⅱ）：1991）型或类似型号，使用的铝必须是无覆盖层的 7075-T6 或 AZ5GU-T6 型。

3. 毒害品储存的安全要求

（1）要先通风后作业，搬运时要轻拿轻放，禁止肩扛、背负，严禁冲撞、摔碰、翻滚，防止包装破损。库内温度应在 32℃ 以下，相对湿度 80% 以下。

（2）作业时要穿戴防护服、口罩、手套等，作业后洗澡。使用车、船装载毒害品的，作业后要严格清洗消毒。

（3）严禁毒害品与食品、食用色素、香精、氧化剂、酸类同存共储。

（4）易燃易爆的毒害品应远离明火、热源。

（5）反失火时，要根据毒害品的性质采取不同的消防方法进行灭火。

（九）第9类 杂项危险物品（Miscellaneous dangerous goods）

1. 杂项危险品

杂项危险物品是指不属于任何类别而在航空运输中具有危险性的物质和物品。本类别包括：航空业管制的固体或液体、磁性物品和杂项物质及物品。

具有麻醉性、有毒、刺激性或其他可给飞行机组人员造成极端烦躁或不适以致使其不能正常履行职责的物质。

2. 磁性材料

航空运输而包装好的任何物品，如距离其包装件外表面任一点 2.1 米处的磁场强度不低于 0.159A/m（0.002 高斯），即为磁性物品（见包装说明 902，其中包括测定磁场强度的方法）。

由于可能影响飞机仪器，尤其罗盘的工作状态，即使不符合对磁性材料的定义，诸如汽车、汽车部件、金属栅栏、管子和金属材料等大块的铁磁性金属也应按照经营人的特殊装载要求装载。此外，对那些就单个而论不符合对磁性材料定义，但集装后可能符合的包装件或材料部件也应按照经营人的特殊装载要求装载。

3. 高温物质

运输的或交运的温度等于或高于 100℃而低于其闪点温度的液体状态的物质，以及温度等于或高于 240℃的固态物质（这些物质属于经批准方可运输的危险品）。

4. 杂项物质和物品

本类中常见的有以下物品：

（1）石棉；

（2）固体二氧化碳（干冰）；

（3）危害环境的物质；

（4）救生器材；

（5）内燃机；

（6）聚合物颗粒；

（7）电池作动力的设备或车辆；

（8）连二亚硫酸锌；

（9）不属于传染性物质，但能够以一种通常不属自然更新结果的方式改变动物、植物或微生物质的遗传变异生物和微生物。

5. 腐蚀品储存的安全要求

（1）应根据腐蚀性物品性质的不同，存于不同的库房，经常检查包装是否有渗漏。储存酸、碱的库房地面要用沙土、炉灰夯实。盛装酸类的容器应专罐专用，严禁混用。

（2）装卸搬运时，应穿戴防护服、手套、口罩、防风镜和胶鞋等。作业时，轻拿轻放，禁止肩扛、背负、拖拉、翻滚、碰撞。

（3）失火时，可用雾状水、干沙或泡沫、干粉灭火器扑救。

二、按危险程度和包装等级分类

除爆炸品、压缩气体、液化气体、感染性物品和放射性物品的包装外，危险品按危险程度和包装等级分类：

Ⅰ类包装——具有较大危险性；

Ⅱ类包装——具有中等危险性；

Ⅲ类包装——具有较小危险性；

对于危险品的识别，基本上是根据国际标准通用手册《危险品品名表》和标准的危险品分来识别。也可根据不同运输方式下各运输组织制定的相应的规则和运输要求来进行识别，例如：航空危险品的识别可根据《危险物品航空安全运输技术导则》（TI），这是由联合国的专门机构——国际民用航空组织（ICAO）统一制定的危险品运输技术规则；《中国民用航空危险品品名表》，是我国民航总局以国际民航组织《危险物品航空安全运输技术导则》（TI）和 GB12268 为依据制定的危险品品名目录表。《品名表》按字母排列顺序列了3 000多个条目的危险物品，货主运输的危险品一般均能在表中找到。

铁路危险品的识别可根据：《铁路危险物品品名表》是我国铁道部铁运［2006］57号文件规定的，按照《危险化学品安全管理条例》、《铁路运输安全保护条例》等法规和有关国家标准，结合铁路危险货物运输实际修订编写的在中国铁路允许运输的危险货物品名。

第三节　外贸物流危险品运输标记与标签

正确的危险货物标志可使运输过程中的相关人员在任何时候、任何情况下都能对所涉及的危险货物迅速加以识别，引起警觉与重视，并采取相应的安全防护措施，一旦遇到事故时也能采取正确的行动。

对危险品包装件进行正确的标签和标记是安全运输过程中的重要元素。标签和标记的主要目的是：标明包装件中的物品；指明包装件满足相关标准；提供安全操作和装载信息；标明危险品的性质。

一、标记

（一）基本标记

基本标记作为最基本的要求，每个含有危险品的包装件或合成包装件都需要清晰地标示出以下内容：

1. 运输专用名称（需要时补充以适当的技术名称）；

2. UN 或 ID 编号（包括前对字母 UN 或 ID）；

3. 托运人及收货人名称及地址。

（二）附加标记

如下列危险品，还需附加标志，见表8—9。

表 8—9　危险品附加标志

类别	附加标志
第 1 类爆炸品	包装件内爆炸品的净数量和包装件的毛重
第 2 类中的深冷液化气体	包装件的每一侧面或桶形包装件每隔 120°应印上"KEEP UP RIGHT（保持直立）"。在包装件表面上必须印上"DO NOT DROP-HANDLE WITH CARE（勿摔-小心轻放）"
第 2、4、5、6、8 类对感染性物质	标净含量必须标出"Limited Quantity"或"Ltd Qty"字样

（三）危险品的包装标记、代号

1. 包装标记及其代号

包装标记采用白底（或采用包装容器底色）黑字，字体要清楚、醒目。标记的制作方法可以印刷、涂打和钉附，钢制品容器可以打钢印。

（1）包装级别标记代号。包装级别的标记代号用下列小写英文字母表示：

X——符合Ⅰ、Ⅱ、Ⅲ级包装要求；

Y——符合Ⅱ、Ⅲ级包装要求；

Z——符合Ⅲ级包装要求。

（2）包装容器标记代号。包装容器的标记代号按表 8—10 的规定用阿拉伯数字表示。

表 8—10　包装容器的标记代号

表示数字	包装形式	表示数字	包装形式
1	桶	6	复合包装
2	木琵琶桶	7	压力容器
3	罐	8	筐、篓
4	箱、盒	9	瓶、坛
5	袋、软管		

（3）包装容器的材质标记代号。包装容器的材质标记代号按表 8—11 的规定用下列大写英文字母表示。

表 8—11　包装容器的材质标记代号

表示字母	包装材质	表示字母	包装材质
A	钢	H	塑料材料
B	铝	L	编织材料
C	天然木	M	多层纸
D	胶合板	N	金属（钢、铝除外）
F	再生木板（锯末板）	P	玻璃、陶瓷
G	硬质纤维板、硬纸板、瓦楞纸板、钙塑板	K	柳条、荆条、藤条及竹篾

（4）包装件组合类型标记代号的表示方法：

单一包装：单一包装型号由一个阿拉伯数字和一个英文组成，英文字母表示包装容器的材质，其左边平行的阿拉伯数字代表包装容器的类型。英文字母右下方的阿拉伯数字代表同一类型包装容器不同开口的型号。

复合包装：复合包装型号由一个表示复合包装的阿拉伯数字"6"和一组表示包装材质和包装

形式的字符组成。这组字符为两个大写英文字母和一个阿拉伯数字。第一个英文字母表示内包装的材质，第二个英文字母表示外包装的材质，右边的阿拉伯数字表示包装形式。

（5）其他标记代号：

S——拟装固体的包装标记；

L——拟装液体的包装标记；

R——修复后的包装标记；

GB——符合国家标准要求；

UN——符合联合国规定的要求。

2. 图例

图 8-1 所表示的含义：

4G/Y145/S/83
USA/RA

图 8-1　危险品包装代号

（1）UN——图案中的大写字母 U、N 是联合国的英文缩写。

（2）4G——纤维板箱。

（3）Y——包装等级Ⅱ。

（4）145——最大允许毛重。

（5）S——只限装固体或内包装。

（6）83——生产年份，1983 年。

（7）USA——生产国代号，美国。

（8）RA——生产厂商代号。

二、危险品包装标签

（一）责任

托运人负责在含有危险品的包装件或合成包装上贴标签（《危险品规则》）。运营人及其他代理人的职责仅仅是替换在运输过程中脱落或难以辨认的标签（《危险品规则》）。

（二）标签的质量和规格

含有危险品包装件上所有的标签（包括危险性标签及操作性标签），其外形、颜色、格式、符号及设计规格必须符合 IATA《危险品规则》的要求。标签的材料、印刷及黏结剂必须充分耐久，在经过正常运输条件的考验后（包括暴露在环境中），其牢固性和清晰度不会大大降低。

（三）标签的种类

标签分为以下两种：

危险性标签（正方形倾斜 45°）所有类别大多数危险品都需要贴此类标签。危险性标签分为上下两部分，标签的上半部用于标示图形符号，下半部用于标示适用的类、项及配装组，如第 1 类爆炸品要注明配装组字母，还可以有文字说明危险性质，文字应使用英文，除非始发国要求使用其他文字，在这种情况下应该标有英语译文。但除了第 7 类放射性物质，这些文字的显示不是必需的，除非由于国家或运营人差异而要求必须使用文字。

1. 危险品标签

危险品标签（正方形倾斜 45°）。所有类别大多数危险品都需要贴此标签。危险物品包装件及合成包装件上的标签必须按照危险品《品名表》中的说明粘贴。表中列出的每一危险物品都要求使用一种指定的主要危险性标签。具有西药危险性的每一危险物品，应使用一种或一种以上次要危险性标签。

2. 操作标签（矩形）

某些危险物品需贴此标签，有些可以单独使用（例如：磁性物质 MAG、放射例外 RRE、例外数量的危险品 REQ、电池驱动的轮椅和移动辅助工具标签），有些又要同危险性标签同时使用（例如：仅限货机 CAO、深冷液化气体 RCL、远离热源标签、垂直向上标签）（如图 8—2 所示）。

图 8—2　操作性标签

（四）标签的粘贴

标签应粘贴在包装件的正确位置上，最好与运输专用名称、UN 编号及托运人、收货人的姓名地址粘贴于同一侧面；所有的标签必须牢固地粘贴在或印制在包装件上，并且必须全部可见，不准被包装的任何部分或其他标签所遮盖；标签所处的背景必须与标签形成鲜明的颜色对比。

危险性标签只要求在包装件一侧粘贴。放射性物品的标签必须粘贴在包装件的两个相对的侧面上 [如图 8—3（A）和图 8—3（B）所示]。

图 8—3（A）

图 8—3（B）

图 8—4

"冷冻液体"操作标签必须与非易燃气体危险性标签同时使用（如图 8—4 所示）。

"远离热源"标签必须和含有自身反应物质或有机过氧化物的包装件或合成包装的危险性标签

同时使用。贴有"远离热源"标签的货物必须避免阳光直射，放置在阴凉且通风良好的地方，远离各种热源。危险品航空运输标志及危险性描述见表8—12。

表8—12　危险品航空运输标志及危险性描述

Hazard Label （危险标志）	Name/Division Cargo IMP Code （货运代码）	Description （危险性描述）
Class 1 Explosive 图片看得不太清楚		
	Explosive Division 1.1 REX	Articles and substances having a mass explosion hazand
	Explosive Division 1.2 REX	Articles and substances having a projection hazand
	Explosive Division 1.2 REX RCX }　When RGX }　permitted	Articles and substances having a fire hazand and either a minor blast or minor projection hazard or both
	Explosive Division 1.4 REX	Articles and substances which present no significant hazand
	Explosive Division 1.5 REX	Very insensitive substances which have a mass explosion hazard
	Division 1.6 REX	Extremely insensitive articles which do not have a mass explosion hazard
	Explosives RXB RXC RXD RXE RXG	Compatibility group assignment according to DGR Table 3.1.A
Class 2 Gas		
	Flammable Gas Division 2.1 RFG	Any compressed gas which, when mixed with air in certain proportions, forms a flammable mixture

Hazard Label （危险标志）	Name/Division Cargo IMP Code （货运代码）	Description （危险性描述）
	Non-Flammable non-toxic gas Division 2. 2 RNG RCL	Any non-flammable，non-toxic compressed gas
	Toxic Gas Division 2. 3 RPG	Gases known to be toxic or corrosive to humans and known to pose a health risk
Class 3 Flammable Liquid		
	Flammable Liquid Class 3 RFL	Any liquid having a closed-cup flash point of 60. 5℃ or below （DGR Appendix A）
Class 4 Flammable solid		
	Flammable sulid Division 4. 1 RFS	Any solid material，which is readily combustible，or may cause or contribute to fire through friction
	Spontaneously Combustible Division 4. 2 RSC	Such substances are liable to spontaneous heating or to heating up in contact with air and then liable to catch fire
	Dangerous When Wet Division 4. 3 RFW	Substances which，by interaction with water，are liable to become dpontaneously flammable or give off flammable gases
Class 5 Toxic Substance		
	Oxidizer Division 5. 1 ROX	A substance that yields oxygen readily to stimulate the combustion of other material
	Organic Peroxide Division 5. 2 ROP	An organic material （liquid or solid） that can be ignited readily flame and then burns with an acclerating rate：some substances react dangerously with others
Class 6 Toxic Substance		

Hazard Label （危险标志）	Name/Division Cargo IMP Code （货运代码）	Description （危险性描述）
	Toxic Substance Division 6.1 RPB	Liquid or solids which are dangerous if inhaled，swallowed or absorbed through the skin
	Infectious Substance Division 6.2 RIS	Substances which are know or reasonably expected to contain pathogens and cause disease in huamans or in animals
Hazard Label	Name Class Category Cargo　　　　IMP Code	Maximum Surface Radioactive Level in μSV/h（mrem/h） Transport Index（TI）

Class 7 Radioactive

	Radioactive Class 7 Category Ⅰ-White RRW	$\leqslant$5（0.5） TI＝0
	Radioactive Class 7 Category Ⅱ-Yellow RRY	＞5（0.5）$\leqslant$500（50） 0.1$\leqslant$TI$\leqslant$1
	Radioactive Class 7 Category Ⅲ-Yellow RRY	＞500（50）$\leqslant$2000（200） 1＜TI$\leqslant$10
Hazard Label	Name/Division Cargo　　　　IMP Code	Description

Class 8 Corrosive

	Corrosive Material Class 8 RCM	A liquid or solid that causes full thickness destruction of intact skin tissue or has a severe corrosion rate on other materials

Class 9 Miscellaneous

Hazard Label （危险标志）	Name/Division Cargo IMP Code （货运代码）	Description （危险性描述）
	Miscellaneous dangerous goods Class 9 RMD	Any substance which presents a danger during air transportation that is not covered by other classes. These include Aviation regulated solids or liquids, where materials may have an irrtating, nosious or other properties which could cause extreme annoyance or discomfort to crew members preventing them from performing their duties
	Polymeric beads Class 9 RSB	Semi-processed polymeric articles, impregnated with a flammable gas or liquid as a blowing agent; may evolve small quantities of flammable gas
	Carbon dioxide, solid（Dry Ice） Class 9 ICE	Carbon dioxide, solid/dry ice has a temperature of -79℃. On sublimation it produces a gas heavier than air which in an edclosed area and in larger quantities can lead to suffocation
	Magnetized Material Class 9 MAG	These materials have relatively high magnetic field strength

第四节　外贸物流危险品运输单证操作实务

一、航空运输危险品的货运单证

（一）货物托运书

货物托运书是托运人办理货物托运时填写的书面文件，是填开货物托运单的凭据。

托运人托运货物，应当遵守出发地、经停地和目的地国家的法律和规定。《中华人民共和国民用航空法》第一百零一条规定，禁止以非危险品品名托运危险品。因此托运人在货物托运书上，应声明所托运的货物是否是危险品。

（二）危险品申报单

根据国际航协规定，危险品和隐含危险物质的货物，都必须由发货人填报"危险货物申报单"，以直接申报方式向承运人申报，并在承运人接收货物的情况下运输。在托运危险品时，托运人须填写一式两份的"危险品申报单"见表 8—13，必须如实、准确填写，并对所填写内容的真实性和准确性负责。

表8-13 危险品申报单

SHIPPER'S DECLARATION FOR DANGEROUS GOODS

Shipper	Air Waybill No Page of Pages Shipper's Reference Number （optional）
Consignee	For optional use for Company logo name and address
Two compeleted and signed copies of this Declaration must be handed to the operator TRANSPORT DETLLS This shipment is within the Aiaport of Departure limitations prescribed for （delete non-applicable） | PASSENGER AND CARGO AIRCRAFT	CARGO AIRCRAFT ONLY | 	WARING Failure to comply in all respects with the applicable Dangerous Goods Regulations may be in Breach of the applicable law, sub-ject to legal penalties. This Declaration must not in any circun-stances, be completed and/or signed by a consolidator, a forwarder or an IATA cargo agent
Airport of Destination	Shipment type （delete non applicable） | NON-RADIOACTIVE	RADIOACTIVE	

NATURE AND QUANTITY OF DANGEROUS GOODS   *(see sub-section* 81 *of LATA Dangerous Goods Regulations)*

Dangerous Goods Identification				Quantity and Type of Packing	Packing lost	Authonration
Proper Shipping Name	Class or Division	UN or ID No.	Subsidiary Risk			

Additional Handing Information

I hereby declare that the contents of this consignment are fully and accurately described above by proper shipping name and are classified, packed, marked and labeled, and are in all respects in the proper condition for transport by air according to the applicable international and National Government Regulations.	Name/Title of Signatory Place and Data Signature

申报注意事项：

1. 申报单填写内容必须与所托危险货物相一致，必须遵守 UN（联合国）、IATA（国际航协）和有关国家的相关规定。

2. 字迹清晰工整、用英文填写，也可在英文后附上另外一种准确的译文。一式两份，一份交始发站留存，另一份随货物至目的地。

3. 承运人不得接受已经有变动或修改过的申报单，除非在修改处有托运人的签名。

4. 申报单不得包括与本次运送无关的信息，但可以描写与本次运送的危险物品共同包装的非危险物品。

5. 申报单必须由托运人签字后才具有法律效力。签署人签字栏必须使用全称，可以手写，也可以印章，但不可以使用打印机打印。

6. 在任何情况下，申报单都不得由拼装人、货运代理人或承运人填制、签字。

（三）货运单

货运单必须按 TACTA Rules6.2 中的要求正确填写。在货运单中的"Handing Information"栏中注明有关事项，以下是只针对有关危险品的事项要求。

1. 客机与货机均可运输的危险品的填写要求

对要求填写"危险物品申报单"且客机与货机均可运输的危险品，在航空货运单的"Handing Information"栏内注明"Dangerous Goods as per Attached Shipper's Declaration"（附危险品申报单）。如下所示：

> Handing Information：
> 　Dangerous Goods as per Attached Shipper's Declaration

2. 仅限货机运输的危险品的填写要求

对于仅限货机运输的危险品，还需注明"Cargo Aircraft Only"或缩写"CAO"（仅限货机运输）。如下所示：

> Handing Information：
> 　Dangerous Goods as per Attached Shipper's Declaration-CAO

3. 不需要危险品申报单的填写要求

如不需要危险品申报单，需注明"Dangerous-Shipper's Declaration not Required"（不需要危险品申报单）。如下所示：

> Handing Information：
> 　Dangerous-Shipper's Declaration not Required

（四）危险品收运核查单（有放射性核非放射性两种格式）

在收运危险品时，为了检查申报单、货运单及危险品包装件是否完全符合要求，运营人应使用危险品收运核查单。收运核查单有3种形式，分别为非放射性物质核查单、放射性物质核查单和干冰核查单。核查单由危险品收运人填写，一式两份，经收运人员签字后生效。

收运核查单主要供承运人（航空公司或地面代理）收运危险物品使用。除此之外，也可给货主、货运代理人提供一个准备货件的良好依据。在使用该检查单时，当表中的项目没有检查完时，不得收运。如果任何一项问题得到否定的回答也就是说在"NO"栏中出现标记，也不得收运。

（五）特种货物机长通知单（NOTOC）

当空中出现紧急情况时，机长可以根据机长通知单中危险品的类别、数量及装载位置及时采取措施，并将机上载有危险品的信息通报有关空中交通管制部门，以便通知机场当局。

（六）其他有关文件

航空运输危险品时，托运人需要提供危险品的分类、识别等资料。如产品性质说明、理化检验报告、安全技术数据（MSDS）、货物性质差别、鉴定报告等资料。对于危险品使用 UN 规格包装，还应提供包装检测机构出具的包装性能测试报告。

二、海洋运输危险品的货运单证

（一）海运危险品的申报

1.船申报：船申报是指船舶载运危险货物安全适载申报。船舶声明船上货物安全和防污染证书及文书资料齐备，货物配装符合要求、船舶构造、设备、布置都具备在危险货物的适装条件，申报内容正确无误。海事机构对船舶申报内容和证书进行审核。

2.货申报：货申报是指包装危险货物安全适运申报。货物托运人对拟交付船舶装运的危险货物，按规定全部向海事机构申报货物正确名称、联合国危险编号、危险类别或性质、应急措施或事项，声明货物在各方面均符合安全适运条件。包装危险货物安全适运申报单如表 8—14 所示。

3.危险品申报员：危险品申报员应是经过专业培训，具有《危险货物申报员证书》的代表单位法人对危险货物的安全适运进行声明的专业人员。

4.危险货物申报单证：应使用统一格式的《包装危险货物安全适运申报单》。

表 8—14　包装危险货物安全适运申报单

危险货物安全适运申报单
Declaration on Safety and Fitness of Dangerous Goods
（包装/固体散装危险货物）
（Packaged /Solid in Bulk）

发货人： Shipper：		收货人： Consignee：	承运人： Carrier：
船名和航次： Ship's name & Voyage No.：		装卸港： Port of Loading：	卸货港： Port of Discharging：
货物标记和编号如适用，组织的识别符号或登记号 净重 weight（KG） Marks & Nos, of the Goods， weight（KG） if applicable, identification or registration number（s）Of the unit	正确运输名称*、危险类别、危规编号；包装类**、包件的种 总重（kg）和数量、闪点℃（闪杯）**、控制及应急温度**、净重/货物为海洋污染物**、应急措施编号和医疗急救指南表号***　　　　　Total Proper shipping name*, IMO hazard Net class/ division, UN number, packaging group**, number and kind of packages, flash point（℃ c.c.）, control and emergency temperature**, identification of the goods as MARINE POLLUTANT**, Ems No. and MFAG Table No.***		交付装运货物的形式： Goods delived as： □杂货 　Break bulk cargo □成组件 　Unitized cargo □散货包装 　Bulk packages □散装固体 　Solid in bulk 组件类型： 　Type of unit： □集装箱 　Container □车辆 　Vehicle □罐柜 　Portable tank □开敞式 　Open □封闭式 　Close 如适合，在方框内画"×" Inset "×" in appropriate
* 仅使用专利商标/商品名称是不够的，如适合：（1）应在品名前加"废弃物"；（2）"空的未经清洁的"或"含有残余物—上一次盛装物"；（3）"限量" ** 如需要，见《国际危规》第 2 卷第 3.4.6 款　*** 需要时 * Proprietary/trade names alone are not sufficient. If applicable：（1）the world "WASTE" should proceed the name；（2）" EMPTY/UNCLEANED" or "RESIDUE-LAST CONTAINED"；（3）" LIMITED QUANTITY" should be added. ** When required in item 3.4.6, volume 2 of the IMDG Code；*** When required			

发货人： Shipper：	收货人： Consignee：	承运人： Carrier：
附送以下单证、资料： The following documents（s）and information are submitted： 在某种情况下，需提供特殊资料证书，详见《国际危规》第1卷第5.4.4节。 In certain circumstances special information certificates are required，see paragraph 5.4.4，volume 1 of IMDG Code.		

兹声明：
    上述拟交付船舶装运的危险货物已按规定全部并准确地填写了正确运输名称、危规编号、分类、危险性和应急措施，需附单证齐全。包装危险货物，包装正确、质量完好；标记、标志/标牌正确、耐久。以上申报准确无误。
Declaration：
    I hereby declare that the contents of this declaration are fully and accurately described above by the proper shipping name, UN No. , Class and EmS No. The goods are properly packaged, marked, labeled/ placarded and are in all respects in good condition for transport by sea.
申报人员姓名：   申报单位签章
Declarer（signature）：_____ Seal of Declaration Unit
申报人员培训备案编号：   年   月   日
No. ：_____ Year   Month   Date
	主管机关签注栏：
	Remarks by the Administration：	

紧急联系人姓名、电话、传真、电子邮箱： Emergency Contact Person's Name，Tel，Fax and E-mail：		

5. 申报时限：如表 8-15 所示。

表 8-15

危险品船申报	危险品货申报
进境、过境：船舶靠泊前三天办理	出港：应在货物装船前三天办理申报
出境：船舶装货前24小时前申报	进港：船舶靠泊三天前

（二）危险品托运

1. 托运危险品时，应提交"进出口商品检验局"出具的按《国际海运危规》要求进行各项试验结果合格的"危险货物包装容器使用证书"。该证书需经港务管理局审核盖章后方才有效，港口装卸作业区凭港务局审核盖章后的证书同意危险货物进港并核对货物运输后方可验放装船。港务监督也凭该包装证书办理2项中的货申报。

2. 如果是出口到不同的国家或地区，不同国家或地区对危险货物单证有不同的规定。例如，对美国出口或需在美国装运的危险品货物，托运时应提供英文的"危险货物安全资料卡"一式两份，由船代理转交承运人提供美国港口备案。危险货物安全资料卡需填写：概况、危害成分、物理特性、期货和爆炸资料、健康危害资料、反应性情况、渗溢过程、特殊保护措施、特殊预防方法等内容。

3. 危险品托运时应随托运单提供中引文对照的"危险货物说明书"或"危险货物技术证明书"一式数份，内应有品名、别名、分子式、性能、运输注意事项、急救措施、消防方法等内容，供港口、船舶装卸、运输危险货物时参考。

4. 集装箱装载危险货物后，还需填制中英文的"集装箱装运危险货物装箱证明书"一式数份，分送港区、船方、船代理和港务监督。

5. 危险品货物运输外包装必须张贴《国际海运危规》规定的危险品标志和标记，具体标志或标记图案需参阅危规的明细表；成组包装或集装箱装运危险货物时，除箱内货物张贴危险品标志和标记外，在成组包装或集装箱外部四周还需贴上与箱内货物内容相同的危险品标牌和标记。

6. 对美国出运危险货物或在香港转运危险货物，还需要增加一份《国际海运危规》推荐使用的

"危险货物申报单"。

　　7. 罐式集装箱装运散装危险货物时，还须提供罐式集装箱的检验合格证书。

重点名词与概念

危险品；危险品分类与识别；危险品标志与标签；危险品单证操作

练习与思考

一、单选题

1. 在 20℃下，压力不低于 280kPa 运输的气体、冷冻液化气体以及具有窒息性或氧化性的气体是（　　）。

　　A. 易燃气体　　　B. 非易燃无毒气体　　C. 毒性气体　　D. 非易燃有毒气体

2. 包装危险品中的气体是指（　　）先完全呈气态的物质。

　　A. 在 50℃和在 101.3 千帕的标准压力

　　B. 在 50℃和在 300 千帕的标准压力

　　C. 在 20℃和在 300 千帕下的标准压力

　　D. 在 20℃和在 101.3 千帕的标准压力

3. 根据《国际危规》，危险货物包件上应标记（　　）。

　　A. 中国包装箱号　　　　　　　　　B. 联合国包装箱号

　　C. 模压金属包装符号　　　　　　　D. 海洋污染物包装符号

4. 具有整体爆炸危险性的物品和物质是（　　）爆炸危险品。

　　A.1.1 项　　　　B.1.2 项　　　　C.1.3 项　　　　D.1.4 项

二、多选题

1. 危险品装载的原则有（　　）。

　　A. 预先检查原则　　　　　　　　　B. 方向性原则

　　C. 轻拿轻放原则　　　　　　　　　D. 固定货物、防止滑动原则

　　E. 固定位置原则

2.6.2 项传染性物质分为（　　）。

　　A. 遗传变异体和遗传变异微生物　　B. 生物制品

　　C. 诊断标本　　　　　　　　　　　D. 临床废弃物

　　E. 医疗废弃物

3. 遇湿易燃物品储存的安全要有（　　）。

　　A. 注意防水、防潮

　　B. 装卸搬运不得翻滚、撞击、摩擦

　　C. 存放时，应与氧化剂、酸类和含水物品隔离

　　D. 失火时，要用水和泡沫灭火器扑救

　　E. 包装应完好、密封

三、判断题

1. 对于仅限货机运输的危险品，填写"危险物品申报单"时，只需在航空货运单的"Handing Information"栏内注明"Dangerous Goods as per Attached Shipper's Declaration"。（　　）

2. 海洋危险品的运输无须填申报单就可直接托运。（　　）

3. 表示毒性和传染性物质。（　　）

4. 危险品包装代号中，4G/Y145/S/83 中 Y 表示的是生产国代号。（　　）

四、简答与论述题

1. 什么是外贸物流危险品？

2. 危险品的分为哪几类？每一类的特点是什么？

3. 航空运输危险品货运单证有哪些？它们各自所起的作用是什么？

第九章　外贸物流货运代理实务

【本章培训的主要内容】

本章培训的主要内容是关于外贸物流货运代理实务的相关知识，包括国际货运代理行业的产生及其行业组织，国际货运代理的概念、性质与作用、业务范围，我国国际货运代理的发展，无船承运人与国际货运代理人的关系和识别方法，拼箱货进出口货运程序，国际货运代理责任保险的产生原因、内容、方式、投保渠道、除外责任和赔偿。

【本章应掌握的主要技能】

通过本章学习，掌握国际货运代理的概念、性质与作用、业务范围，无船承运人与国际货运代理人的关系和识别方法，拼箱货进出口货运程序，国际货运代理责任保险的内容、方式、投保渠道、除外责任和赔偿；理解国际货运代理责任保险的产生原因；了解国际货运代理行业的产生及其行业组织，我国国际货运代理的发展。

第一节　外贸物流货运代理基础知识

一、国际货运代理行业的产生及其行业组织

国际货物买卖大多数远隔重洋，买卖双方必须借助海、陆、空等不同的运输方式和不同的交通工具才能实现货物的流动。货主为了货物安全、运输便捷、节省费用、降低成本，便要广泛收集交通运输方面的信息，方能选择到最佳的运输方式、最新的运输工具、最好的承运人和支付最便宜的费用。但事实上绝大多数单纯经营国际贸易的货主，限于人力、物力，很难做到，而且往往由于对某一环节的疏漏或不谙办理有关的手续，而事倍功半，甚至造成经济上的损失。早在13世纪，国际货运代理行业便应运而生，在长期实践中他们积累了丰富的代理经验，熟悉运输业务，了解不同交通工具的载货特点，掌握各条运输路线的动态，通晓有关的规章制度，精通办理各种手续，深谙计算各种费用的门道，并与海关、商检、港口、码买、船公司、车站、机场、银行、仓库部门有着密切关系，因而具有接受货主委托，代办各种货物国际运输的有利条件，能收事半功倍之效，往往要比货主亲自办理更为有效和方便。因此，他们既能为货主提供周到的服务，使货物安全、迅速、廉价、及时地运达目的地，又能为承运人源源不断地揽来大批货载。由此可见，国际货运代理行业并非自今日始，早在数百年前就逐渐成为货主与承运人之间不可缺少的中介。因此，在国际上被人们誉为"国际贸易运输的设计师和执行人"。

国际货运代理不仅是中介性的服务行业，而且还是一个世界性的行业，它的国际组织叫"国际货运代理协会联合会"（International Federation of Freight Forwarders Association，FIATA），简

称"菲亚塔"。该组织成立于 1926 年 5 月 31 日，现有 130 个国家和地区的 35000 余家国际货运代理企业加入，我国外运公司于 1985 年加入该会。菲亚塔的总部设在瑞士的苏黎世，由两年一届的全会选出的常委会主持日常工作。常委会下设：公共关系、运输和研究中心、法律单据和保险、铁路运输、公路运输、航空运输、海运和多种运输、海关、职业训练、统计 10 个技术委员会，负责研究、指导、协调和解决国际货运代理业务中所发生的问题。

二、国际货运代理的概念

货运代理"The Freight Forwarder"在不同国家或地区有不同的名称：比如，关税行代理人、清关代理人、关税经营人、海运与发运代理人等。

国际货运代理（International Freight Forwarder），简称国际货代，自公元 10 世纪出现以来，至今尚无一个为世界各国普遍接受的概念。

国际货运代理协会联合会给国际货运代理下的定义是：国际货运代理是根据客户的指示，并为客户的利益而揽取货物运输的人，其本人并不是承运人。国际货运代理也可以依这些条件，从事与运输合同有关的活动，比如，储存（含寄存）、报关、验收、收款。

从传统意义上讲，货运代理通常是充当代理的角色。他们替发货人或货主安排货物的运输，付运费、保险费、包装费、海关税等，然后收取费用（通常是整个费用的一个百分比），所有的成本开支由（或将由）客户承担。近几年来，货运代理有时充当了合同的当事人，并且以货运代理人的名义来安排属于发货人或委托人的货物运输。尤其当货运代理执行多式联运合同时，作为货运代理的"标准交易条件"就不再适应了，它的契约义务受它所签发的多式联运提单条款的制约，此时货运代理已成为无船承运人，也将像承运人一样作为多式联运经营人，承担所负责运输货物的全部责任。

三、国际货运代理的性质与作用

（一）性质

从国际货运代理的基本性质看，它主要是接受委托人的委托，就有关货物运输、转运、仓储、保险以及与货物运输有关的各种业务提供服务的一种机构。国际货运代理是一种中间人性质的运输业者，它既代表货方，保护货方的利益，又协调承运人进行承运工作，其本质就是"货物中间人"，在以发货人或收货人为一方，承运人为另一方的两者之间行事。国际货运代理作为"货物中间人"，是发货人或收货人的代理，可以以代理的名义及时订舱、洽谈公平费率与适当时候办理货物递交；也可以以委托人的名义与承运人结清运费，并向承运人提供有效的服务。国际货运代理的这种中间人性质在过去尤为突出。

随着国际物流和多种运输形式的发展，国际货运代理的服务范围不断扩大，其在国际贸易和国际运输中的地位也越来越重要。在实践中，国际货运代理对其所从事的业务，正在越来越高的程度上承担着承运人的责任，这说明国际货运代理的角色已发生了很大的变化。许多国际货运代理企业都拥有自己的运输工具，用来从事国际货运代理业务，包括签发多式联运提单，有的甚至还开展了物流业务，这实际上已具有承运人的特点。将来会有越来越多的国际货运代理通过建立自己的运输组织并以承运人身份承担责任的方式来谋求更广阔的业务发展。国际货运代理的双重身份，即代理人与当事人并存的局面仍会继续存在下去。

（二）作用

国际货运代理在促进国际贸易和国际物流发展的过程中起着重要的作用。其作用主要表现在以下六个方面：

1. 组织协调作用

国际货运代理使用现代化的通信设备（包括资料处理），来推动国际贸易程序的简化。国际货运代理是"运输的设计师"，是"门到门"运输组织者和协调者。

2. 开拓控制作用

国际货运代理不仅组织和协调运输，而且影响到新运输方式的创造、新运输路线的开发、新运输费率的制定以及新产品的市场开拓。多年来，我国的国际货运代理已在世界各贸易中心建立了客户网，有的还成立了分支机构，因此能够控制货物的全程运输。

3. 中间人作用

国际货运代理作为"货物中间人"，既是发货人或收货人的代理，可以代理的名义及时订舱、洽谈公平费率、与适当时候办理货物递交，也可以委托人的名义与承运人结清运费，并向承运人提供有效的服务。

4. 顾问作用

国际货运代理是企业的顾问，能就运输、包装、进出口业务必需的单证、金融、海关、临时要求等方面提供咨询，还能对国外市场和国外市场销售的可能性提出建议。此外，国际货运代理可以监督运费在货物售价中的比例，建议客户采用最快最省的运输方式，帮助客户在众多的承运人中间，就关键的运价问题进行选择，挑选最具竞争力的承运人。

5. 提供专业化服务

国际货运代理的各种服务都是专业化的。它掌握进出口业务，海、陆、空运输，对结算、集运、仓储、集装箱运输、危险品运输、保险等方面的专业知识，尤其是关于国内外海关手续、运费与运费回扣、港口与机场的业务做法、海空货物集装箱运输的组织以及出口货物的包装和装卸等情况，有时它还负责申请商品检验和代向国外客户收取款项。

6. 提供特殊服务

国际货运代理可以提供各种特殊项目的服务。例如，将小批量的货物集中成整组货物，这对从事出口贸易的人很有价值。所有的客户都可从这种特殊的服务中受益，尤其是对那些规模较小、自己又没有出口及运输能力的企业则更是如此。

四、国际货运代理的业务范围

国际货运代理可以提供的服务范围非常广泛，主要是接受客户的委托，完成货物运输的某一个环节或与此有关的各个环节的任务。根据《中华人民共和国国际货物运输代理业管理规定》、《中华人民共和国外商投资国际货运代理业管理办法》和《中华人民共和国国际货物运输管理规定实施细则（试行）》的有关规定，国际货运代理企业的经营范围包括：

揽货、订舱（含租船、包机、包舱）、托运、仓储、包装；货物的监装、监卸、集装箱装拆箱、分拨、中转及相关的短途运输服务；报关、报检、报验、保险；缮制签发有关单证、交付运费、结算及交付杂费；国际展品、私人物品及过境货物运输代理；国际多式联运、集运（含集装箱拼箱）；国际快递（不含私人信函）；咨询及其他国际货运代理业务。

国际货运代理企业的经营范围是其依法从事业务活动为原则，在遵守有关法律、法规和规章，遵循有关主管部门批准、工商行政管理机关登记的经营范围为前提，在实际业务中，国际货运代理必须要细分市场、识别客户需求，根据客户的需求，结合自身实际，确定自己的服务对象、服务类别、服务方式等，将其经营范围内的业务活动具体化，体现为具体的服务内容，以便明确具体业务活动过程中国际货运代理与其他各方当事人的权利、义务关系。

在实践中，国际货运代理的业务内容可以从以下几个角度进行分类。

（一）根据不同的服务对象分类

1. 为货主服务

国际货运代理为发货人服务，其业务内容主要包括：向客户提供船期、航班、运价、出口报关所需单证等相关信息，选择最快、最省的运输方式，合理的运输路线和承运人，将货物运到目的地；催促客户及时提供充足的单证已顺利通关，需要时代办货物保险；与合适的承运人缔结运输合同，安排出运货物进港、仓储、计重和计量、包装货物和标记等，将货物交给承运人；办理货物的通关、报检、报验等手续，支付有关费用；跟踪货物出运情况，及时向委托人汇报；代缴运费及杂费，及时取得提单或运单并将它快速交给委托人或按其指示行事以及监管货物运输全过程直到将货物交收货人。

国际货运代理为收货人服务，其业务内容主要包括：接受委托，查询货物运达信息；催促客户准备换单的单证及通关所需证件；货物运达后，及时办理进口清关、查验、提货等手续，代付关税及其他运杂费；安排货物的运输、仓储、拆箱、分拨等事宜以及协助委托人就货物的短缺、损坏等向保险公司或承运人索赔。

2. 为承运人服务

国际货运代理为出口货物承运人服务，其业务内容主要包括：承揽货物，组织货载，接受托运人的包车、租船、包机、订车、订舱要求，签订运输合同；安排在适当的时间里交货；以承运人的名义解决与托运人的运费结算等问题以及向委托人转交货物运输文件、资料，报告出口货载、用箱、费用、收费情况。

国际货运代理为进口货物承运人服务，其业务内容主要包括：向收货人或通知人传达货物到站、到港、运抵信息，通知其提货；通知和协助车站、港口、机场安排卸货；收取运费、杂费及其他相关费用，办理放货手续以及汇总进口货物运输单据，审核有关费用、收费，办理支付、结算手续。

3. 为海关服务

当国际货运代理办理有关进出口商品的海关手续时，不仅代表客户，也代表海关当局。许多国家允许货运代理办理海关手续，并对海关负责，负责在法定的单证中申报货物确切的金额、数量和品名，以便政府在这方面的收入不受损失。

（二）根据不同的运输方式分类

1. 货物的海运

国际货运代理接受货主、船东或其他委托人委托，代办租船订舱、进出口中转、进出口报关及其他海洋货运相关业务事宜。

2. 货物的陆运

国际货运代理接受货主或其他委托人委托，代办陆上托运、车辆或专列，申请"门到门"服务、分拨运送及相关业务事宜。

3. 货物的空运

国际货运代理接受货主或其他委托人委托，代办订舱或包机业务，托运、提取、进出口报关及其他货运相关业务事宜。

4. 货物的联运或多式联运代理

国际货运代理接受货主委托，代办全程运输或换装转运业务，监管货物运送过程和各个环节，负责处理全程运输过程中各项事宜。

（三）根据货物性质与运输要求分类

1. 普通件杂货

对于不适于用集装箱运输的出口货物，国际货运代理人接受货主委托订舱，取得装货单并进行报关和安排货物入库和进场；妥善保管货物，保证货物搬运、进入库场和装船质量；认真审核大副收据并及时换取提单和做好退税核销事项。对于不适于用集装箱运输的进口货物，国际货运代理人接受委托，审核所有单据，备齐提单和其他文件，办妥进口报关，便于货主及时提货。

2. 集装箱货物

国际货运代理人接受货主集装箱货物出口业务的委托，根据货主的委托租船订舱；按货主用箱要求及时到指定的堆场提箱并将货物装运至港区；及时取得提单和做好退税核销事宜。国际货运代理人接受货主集装箱货物进口业务的委托，向银行付款赎单；代办货物进口报关、报验；安排货物的仓储、运输。

3. 拼箱货

小批量适箱货采用拼箱方式运输，国际货运代理为其提供一套良好的服务，乃至"门到门"运输。

4. 批量散货

批量散货运输一般适于租船运输。国际货运代理人接受货主委托后，根据租船市场的情况选择最有利的条件。

5. 重大件、危险品和其他特殊货物

对于特殊货物的运输事宜，国际货运代理必须了解它们的特性、进出口规定、操作技术、单证制法、运输保管以及交接手续等。要求货主提供详细的货物资料，根据规则处理并办理相应的保险。

6. 快件

国际货运代理接受委托后，以最快的速度从发货人处提取货物送至机场或由发货人将货物交给航空公司，赶最近和最快的航班出运；货物发出后，用传真或电传将航班号、收货人等内容告知目的地空运代理人；航班抵达后，由代理人专门送往收货人处或由收货人到机场提取。

7. 其他货物

与上列货物性质不同的某些货物。

（四）根据提供服务时所起的作用和所扮演的角色不同分类

1. 顾问

国际货运代理作为其客户的顾问，应向客户提供有关服务的意见和建议，比如，选择包装形式；选择路线和运输方式；投保货物所需的险种；进出口清关；随附单证（承运人）是否符合信用证规定等。

2. 组织者

国际货运代理作为货物运输的组织者，负责合理安排有关货物的运输，如进出口和运输发货；合并运输，即成组化运输；特殊和重型运输，比如，成套设备、新鲜食品、服装悬挂等。

3. 进出口代理

国际货运代理作为进出口商的代理，负责的工作有：接运；包装和标记；向承运人订舱；向承运人交货；签发货运单证；监督离港；向客户发出装船通知；卸货；合并运输、货物拆卸及清关。

4. 转运代理

国际货运代理作为转运代理，主要负责的工作有：选择样品；再包装；海关监管下积载和二次货运代理。

5. 委托人——提供拼箱服务

国际贸易中集装箱运输的发展促进了国际货运代理的集运和拼箱服务。集运和拼箱服务，是指国际货运代理人把供货地的若干发货人发往同一个目的地的若干收货人的小件货物集中起来，作为一个整件集运的货物发送给目的地的该国际货运代理人，并通过他们再把单票货物交给各个收货人。国际货运代理将签发的提单，即分提单或其他类似的收据交给每一票货物的发货人，国际货运代理的代理人在目的地凭收货人出示的分提单放货。单个发货人或收货人不直接与承运人联系。对承运人来说发货人是国际货运代理，而收货人是该国际货运代理在目的地的代理人。因此承担集运货物任务的承运人给国际货运代理签发的是总提单（或货运单）。如果发货人或收货人有特殊要求的话，国际货运代理也可在供货地和目的地从事提货和交付的服务或提供门到门的服务。在提供这种服务时，国际货运代理所起的是一个委托人的作用。

6. 经营人——提供多式联运服务

国际货运代理充当总承运人，负责组织在一个单一合同下，通过多种运输方式，进行"门到门"的货物运输。他可以当事人的身份与其他承运人或其他服务的提供者分别谈判、签约。但是，这些分合同不会影响多式联运合同的执行，不会影响国际货运代理对发货人的义务和在多式联运过程中它对货物灭失及货损货差所承担的责任。国际货运代理作为多式联运经营人时，通常需要提供包括所有运输和分拨过程的全面的一揽子服务，并对其客户承担一种更高水平的责任。

五、我国国际货运代理的发展

（一）我国国际货运代理的发展简况

新中国成立前，我国沿海的一些国际通商港口都开设有私营的报关行和运输行，主要从事国际货运代理方面的业务。新中国成立后，这些报关行和运输行还存在，当时的私营进出口公司都与报关行或运输行订有长期或临时的办理报关和国际货运的合同。但自1956年我国对私营工商业实行社会主义改造后，私营贸易行均与国营的进出口公司合营，报关行与运输行也均并入各地外运公司。从此各口岸的国际货运代理业务统一由外运公司独家经营，中国外轮代理公司代理外籍船公司向外运公司揽货，外运公司根据外贸各专业进出口公司的要求向外轮代理公司订舱，或向国际租船市场租船，以完成我国对外贸易的运输任务。这一局面相沿30余年，改革开放以后，我国对外贸易额不断增长，货运量不断扩大，运量与运力的矛盾日益突出。20世纪60年代平均年进出口额为36.88亿美元，70年代平均年进出口额为134.23亿美元，80年代平均年进出口额为556.31亿美元，90年代，年平均进出口额为2 398.36亿美元。截至2009年我国进出口贸易额已达11 547.4亿美元，比2008年增长35.7%。随着对外贸易额的不断扩大，进出口的货运量也在日益增加，1978年全国港口进出口的货运量约为6 000万吨，以后逐年增加，至2003年全国港口进出口货运量已达9亿吨。

国务院为了解决进出口货运量与运力不足的矛盾，于1984年11月颁布了《国务院关于改革我国国际海洋运输管理工作的通知》。在该通知中明确：中远、外代可向货主直接承揽部分货物，对外也可根据需要进行小量租船。从此，改变了由外运公司独家经营国际货运代理的局面。尽管如此，仍难适应对外贸易发展的需要，1988年3月国务院又明文规定："船舶运输、港口、装卸、货运代理网点设置要适应运输和方便用户的需要，在加强管理、统一对外的前提下，允许多家经营和互相兼营。"随之，我国经营国际货运代理的企业发展至 100 余家，这对开展竞争、方便货主、解决瓶颈问题的确起了很大的作用。1992 年，国务院又发布了《关于进一步改革国际海洋运输管理工作的通知》，通知中明确了对国际货运代理业实行放开经营的政策，这对我国的国际货运代理业的迅速发展，改进服务质量，提高企业管理水平，起到了积极的作用。至 1992 年年底经批准的国际货运代理企业近 455 家，以后逐年增加。

随着国际货代行业的蓬勃兴起，与此同时也出现了不少黑货代，他们拉关系、抢货源、给高回扣，这些行为，不仅腐蚀了一些意志薄弱的干部，污染了社会风气，败坏了商业道德，而且采取非法手段，扰乱了国际货运市场的正常经营秩序，增加了进出口商品的成本，使国家的外汇和税收大量流失。为了制止和改变这种混乱情况，使我国的国际货运代理行业走上有法可依的正常轨道，国务院于 1995 年 6 月 6 日颁发《中华人民共和国国际货物运输代理业管理规定》（以下简称"管理规定"）并由原外经贸部于同年 6 月 29 日以第五号令发布施行（详见附件一和附件二"实施细则"）。"管理规定"的颁布实施，标志着我国国际货运代理行业进入规范化、法制化的轨道，结束了长期以来无章可循、无法可依的局面，这对于促进国际货运代理市场健康有序的发展，保障从事进出口贸易的货主和货代企业的合法权益，进一步扩大我国对外贸易具有重大的意义。

截至 2009 年 6 月经商务部批准的国际货代企业已达 5 000 多家，从而在我国形成了一个具有一定规模的国际货运代理行业。在国务院下发的 2004 年第 16 号文件《国务院关于第三批取消和调整行政审批项目的决定》中，国际货代企业经营资格审批被列入取消的 409 个项目之中。今后设立新的国际货代企业，只需进行工商注册登记。在实行登记制后，中国的国际货代行业即将步入真正的平等的市场竞争年代。

（二）我国目前货代企业的类型

国际货运代理业务知识性较强，业务环节较多，涉及面较广，而且各个货代的业务重点又不尽相同，有的专门从事海运货代，有的专门从事陆运货代，有的专门从事空运货代，有的专门从事国际多式联运，有的侧重件杂货，有的侧重大宗货物，有的侧重集装箱，有的侧重仓储，有的则兼而有之。由此可见其业务上的复杂性和多样化，根据它们的规模大小、经营特点和企业背景，大体上可分为以下五种类型：

1. 以外运公司为背景的货代企业

外运公司同世界上 150 多个国家和地区的 400 多个货代、船代、租船经纪人、船公司有业务联系。它不仅承办海、陆、空、汽车运输、多式联运、报关、报检、仓储、码头、中转、分拨等货代业务，还经营班轮、船代、船舶租赁、航空快件、集装箱租赁、信息咨询等业务，是我国规模最大、分支机构及其控股公司或合资企业遍布国内外各大港口城市的专业化、网络化、规模化程度较高的国际货运代理。其经营特点是：一业为主，多元经营，资产雄厚，不断开拓国内外市场。

2. 以航运公司、航空公司和铁路为背景的货代企业

此类货代中具有代表性的有中远国际货运有限公司，中国外轮代理公司、中海集团控股的中海国际货运有限公司，天津海运集团控股的天海、天新、天富等货代公司，上海海运集团所属的上海海兴国际货运有限公司，山东省海丰国际货运集团所属的山东省海丰货运代理有限公司，中国民航客货运输销售代理公司，中国铁路对外服务总公司等。其经营特点是：可凭借运价优势、灵通的运输信息，以方便货主，揽取货源。

3. 以外贸专业公司、工贸公司的报运部门为背景所组建的货代企业

如中粮、五矿、中成、中纺、中土畜、中艺、中包、中化等系统的所属国际货运有限公司。其经营特点是：在货源、审核信用证、缮制货运单据和向银行办理议付结汇等方面较其他货代具有明显的优势。但规模都较小，服务功能欠完善，缺乏网络化的经营条件。

4. 以仓储业为背景的货代企业

以仓储业为背景的货代企业诸如天津渤海石油运输公司、上海国际展览运输有限公司、北京华协国际珍品货运服务公司等可资代表。其经营特点是：以其从事仓储业的丰富经验，在承办特种货物，如展品、珍品、超大、超重和保税货物等方面的代理独有专长，并能借此揽取货源，深得货主信任。

5. 中外合资经营的货代企业

为引进先进的管理方式，加快与国际市场接轨，目前，允许国外一些大船公司、大货代、大实业公司与国内的大外贸公司、大运输公司联合创办合资货代企业，这类货代约占我国货代总数的1/3。其经营特点是：资本雄厚，管理水平较高，服务质量较好。

（三）中国国际货运代理协会

中国国际货运代理协会的英文名称为：China International Freight Forwarders Association，简称 CIFA。为维护国际货运代理行业的经营秩序，保护国际货代企业的合法权益，促进我国国际货运代理行业的健康发展，在 1994 年，商务部（原对外经济贸易合作部）就作出筹建中国国际货运代理协会的决定，2000 年 3 月开始筹备，2000 年 9 月 6 日在北京正式宣告成立。2000 年 11 月 1 日，协会经民政部批准登记注册，它是由中国境内的国际货运代理企业自愿组成的、非营利性的、以民间形式代表中国货代业参与国际经贸运输事务并开展国际商务往来的全国性行业组织，接受商务部（原外经贸部）的业务指导和民政部的监督管理。截至 2002 年年底，该协会已有会员 540 余家，其中常务理事单位 27 家，理事单位 81 家，并于 2001 年年初，代表中国国际货运代理行业加入了国际货代协会联合会（FIATA）。

中国国际货运代理协会的宗旨是维护我国国际货运代理行业利益，保护会员企业正当权益，促进货运代理行业健康发展，更好地为我国对外经济贸易事业服务。其主要任务有：协助政府主管部门依法规范国际货代企业的经营行为，整顿行业秩序；开展市场调研，编制行业统计；组织行业培训及行业发展研究；承担政府主管部门委托的部分职能；为会员企业提供信息咨询服务，代表全行业加入国际货运代理协会联合会、开展同业国际交流。

（四）我国国际货运代理业务范围

1. 根据《管理规定实施细则》第三十二条规定，国际货运代理企业的经营范围包括：

（1）揽货、订舱（含租船、包机、包舱）、托运、仓储、包装。

（2）货物的监装、监卸、集装箱装拆箱、分拨、中转及相关的短途运输服务。

（3）报关、报检、报验、保险。

（4）缮制签发有关单证，交付运费，结算及交付杂费。

（5）国际展品、私人物品及过境货物运输代理。

（6）国际多式联运、集运（含集装箱拼箱）。

（7）国际快递（不含私人信函）。

（8）咨询及其他国际货运代理业务。

2. 按照上述规定，在实务中货代可根据货主的委托提供以下某项或若干项服务。

就出口方面而言，货代可提供的服务项目主要有：

（1）为出口商（发货人）选择运输路线、运输方式（海、陆、空、邮、多式联运）和适当的承运人，并争取优惠运价。

（2）为所选定的承运人揽货并办理订舱，如为集装箱运输，则办理订箱。

（3）从货主的存货地点提取货物送往指定的港、站。

（4）根据信用证条款和有关主管部门的规定缮制各种有关的单证。

（5）根据货主的委托，办理打包、存仓、报检（自 1999 年起已将商检、卫检、动植检合而为一）、保险、装箱理货等有关事宜。

（6）称重或打尺（视商品的情况而定）。

（7）货物集港（或集站）后办理报关并进行监装（指装船或拼箱货的装箱）。

（8）货交承运人后，凭大副收据换取已经签署的正本海运提单，并交付发货人，如为集装箱运输，于重箱交付承运人或拼箱交付货运站（CFS）后应取得场站收据（D/R），凭此换取集装箱提单或多式联运提单。

（9）办理议付结汇（根据委托而定）。

（10）支付运费和其他费用。

（11）根据委托安排货物转运（转运是指从国内始发地将货物转运至出境地）。

（12）记录货物残短或灭失情况（如发生灭失或残短）。

（13）协助发货人向有关责任方进行索赔。

（14）与委托方进行结算。

（15）提供货运信息、资料和咨询服务等。

就进口方面而言，货代可提供的服务项目主要有：

（1）向收货人通报有关的货物动态。

（2）接受并核查有关的运输单据。

（3）货物到达目的港（地）后办理接货、监卸。如为集装箱运输，整箱货办理接箱，如为拼箱货在货运站（CFS）办理提货等事宜。

（4）办理报关、纳税、结关。

（5）向承运人支付运费（如属到付运费）。

（6）根据委托安排存仓或转运（指从进境地将货物转运至指运地）或分拨。

（7）向收货人交付货物，并进行结算。

（8）必要时协助收货人向有关责任方办理索赔事宜。

就上述服务内容而言，货代企业的从业人员必须具备相应的专业知识，方能为货主提供良好而又周到的服务，方能为企业源源不断地招来货源，否则，便会事与愿违。

第二节　无船承运人与拼箱业务

一、无船承运人与国际货运代理人

（一）无船承运人与国际货运代理人的关系

根据国际货运代理协会联合会（FIATA）的有关规定，国际货运代理人是指根据客户的指示，为客户的利益而承揽货物运输的人。其本身不是承运人，但可以依据有些条件，从事与运输合同有关的活动，比如，储货、报关、验收、收款等。国际货运代理人本质上属于货物运输关系人的代理人，是联系发货人、收货人和承运人的货物运输中介人。

实践中，国际货运代理人作为纯粹代理人或当事人身份混同，突出表现为货运代理与无船承运人的关系上。

无船承运人（Non-vessel Operating Common Carrier by Water，简称 NVOCC）是指在国际货物运输中的契约承运人，而不是实际完成运输的实际承运人。其特征主要体现在：不是国际交易合同的当事人；在法律上有权订立运输合同；本人不拥有、不经营海上运输工具；因与货主订立运输合同而对货物运输负责；有权签发提单，并受提单条款的约束；具有双重身份，对货主而言他是承运人，但对真正运输货物的集装箱班轮公司而言他又是货物托运人。

在《国际海运条例》颁布前，我国没有无船承运人的概念，通常将除船公司之外的海上运输货运业务统称为货运代理业务，但货运代理人事实上承担了作为运输当事人即无船承运人时的权利义务。从这个角度看，无船承运业务是国际货运代理的独立经营人业务，无船承运人是从国际货运代理的双重身份中独立出来的所谓独立国际海运经营人。在《国际海运条例》设立无船承运人制度前，无船承运业务实际是由货运代理人从事的独立国际海运经营人业务，新的行政立法不过是把货运代理原有的业务进行经营主体的重新认定和变更行政管理主体。

无船承运人和国际货运代理人在主体上的混同以及业务操作上的相似性，加上有的货运代理公司为了避免大于代理人责任的承运人的责任，而在操作中故意混淆这两种业务，导致了一旦发生纠纷，法院在识别其法律身份时异常困难，司法的不确定性反过来又使得从业者认识上更加混乱。

（二）识别无船承运人与国际货运代理人的方法

司法实践中，涉及货运代理公司身份的诉讼主要有两种类型：一种是托运人或提单持有人在发生货损、货差、无单放货或延迟交付后，以货运代理公司为被告提出索赔；另一种是货运代理公司作为原告向托运人主张运杂费。在这两类案件中，货运代理公司的法律身份一般都会成为案件的焦点问题。货运代理公司向托运人主张运费时，往往自称为无船承运人，托运人则认为其应为货运代理人，无权主张运费；在托运人或提单持有人向货运代理公司索赔货物损失时，通常将货运代理公司视作无船承运人，而货运代理公司则视自己为货运代理人。

目前达成共识的有如下几种识别无船承运人与国际货运代理人的方法：

1. 合同的约定

合同是指当事人签订的书面合同，而非提单或者其他运输单证所证明的合同。书面合同是判断当事人之间合同关系性质的重要依据，也是识别无船承运人和货运代理人最直接的标准。如果委托人（托运人）与货运代理公司之间订有书面合同（协议），则通常根据合同的名称和内容判断该合同属于运输合同或者代理合同，进一步判断货运代理公司的法律身份（无船承运人或货运代理人）。如果合同的名称与合同的内容不一致（如合同的名称为运输合同，而合同的内容中没有运输合同的基本条款），则以合同的内容为准。

2. 是否签发无船承运人提单

通过提单识别无船承运人，一是看提单格式。在货运代理公司使用自身格式的无船承运人提单（提单抬头印制了货运代理公司名称）的情形下，一般应认定为无船承运人；反之，在货运代理公司没有使用自身格式的无船承运人提单，而是由船公司签发船东提单的情形下，则船公司为承运人，货运代理公司一般为代理人。二是看提单的签署。一般而言，船东提单以船公司为抬头，由船舶代理人代签。船舶代理人的签署或表明其所代理的船公司，或仅表示"代表承运人"或"代表船长"（For and behalf of the carrier/master）。无船承运人提单通常由货运代理公司自己签署，其签署应与抬头一致，即表明"作为承运人"（As carrier）。然而，现实中往往并非如此。绝大多数货运代理公司即使使用其无船承运人提单，在签署时仍然表示其"作为代理人（As agent 或 As agent for the carrier）"。其具有极大的迷惑性，可能因抬头与签署不一致而被认为以签署为准。根据提单识别承运人的主流意见认为：在提单抬头与签署不一致的情况下，应当以签署为准。假定如此，则货运代理公司可以在使用其无船承运人提单的情况下也能轻易地逃避无船承运人的责任。因此，在识别无船承运人的场合，传统的"签署优于格式"的观点不能适用，而应当反其道而行——在签署与格式（抬头）不一致的情况下，以格式为准，因为所谓的 Carrier 其实并不存在。船公司没有使用自己的提单格式，也没有授权货运代理公司签发提单，船公司就不能被认定为所谓的 Carrier。在没有船公司授权的情况下，货运代理公司很难为其自称的"代理"身份进行有效抗辩；而在船公司授权货运代理公司签发提单的极少数情况下，货运代理公司的身份变为船舶代理人，其使用的提单格式应为船东提单，而非无船承运人提单。

3. 收取报酬的形式

目前货运代理公司取得报酬的主要形式为包干费用，即由货主一次性向货运代理公司支付包括货物运费和货运代理公司利润在内的费用。货运代理公司在收取货主支付的费用之后（或之前）向船公司支付较低的运费，其中差额为货运代理公司的利润。这种收费方式，也是常常被当事人（一般为货主）引以为判断货运代理公司身份的理由：收取运费是承运人的权利，货运代理公司收取运费，可以表明其承运人的身份。

4. 其他方法

在委托人与货运代理公司之间不存在书面合同、货运代理公司也没有签发自己格式的无船承运人提单的情况下，识别货运代理的身份，首先需要从货运代理公司对委托人的询价答复、托运单或者委托书的内容、船公司签发给货运代理公司的提单等方面综合考虑。一般而言，如果委托人指定了船公司，或者货运代理公司在答复委托人的询价时披露船公司，并且（或者）提供多家船公司供委托人选择，托运单或者委托书记载了船名或以其他方式表明了货运代理公司的代理人身份，船公司签发给货运代理公司的提单记载的托运人是委托人，则应当认为货运代理公司披露了承运人，并且明示或者暗示其代理人的身份；反之，如果货运代理公司在相关文件中没有披露承运人，也没有表明其代理人的身份，而且，船公司签发的提单中记载的托运人是货运代理公司，则一般应认定货运代理公司为无船承运人。

具有无船承运人资格的货运代理公司，同时具有"国际海运业运输装用发票"和"国际货物运输代理业专用发票"。按规定，两种发票应分别对应两种不同性质的业务。但是，货运代理公司在日常操作中并没有严格按规定要求根据提供服务的不同类型开具相应的发票。除非委托人特别要求，货运代理公司通常出具货运代理发票。因此，货运代理发票已成为判断货运代理身份的依据。

当依据上述因素仍不足以做出判断时，还可以参考委托人与货运代理公司之间的往来函件、双方的交易历史、货运代理公司的参与程度等其他因素。

二、拼箱货进出口货运程序

所谓拼箱货（Less Than Container Load，简称 LCL）就是有集拼条件的货运代理人，将不同委托人、不同收货人、同一卸货港的零星货物集中起来，以货运代理人的名义办理整箱运输，国际上又称为 Consolidation，集拼货运代理人称为 Consolidator。

（一）承办集装箱拼箱业务的货运代理企业必须具备的条件

1. 具有集装箱货运站的装箱设施和装箱能力。
2. 在国外有自己的货运代理人，具备拆箱分拨能力。
3. 政府部门批准有从事集拼业务经营范围且能签发货运提单（House B/L）。

通常情况下，从事集拼业务的货运代理人，由于其签发自己的提单，其法律地位相当于无船承运人。办理拼箱业务的货物托运人，其接受的提单是货运代理人签发的以（LCL）CFS/CFS 交接方式的 House B/L。货运代理人作为集拼箱的托运人，从船公司或其代理人处签得（FCF）CY/CY

交换方式的集拼箱的 Master B/L。

　　如果集拼业务的货运代理人，在整箱货物的卸货港没有自己的代理人，则货运人（代理人）会使用船公司或其船代的代理，将拼箱货物送到船公司的 CFS，安排内装箱，向客户签发船公司的提单。这种业务相对船公司或其船代而言，称为自拼箱（Self Container Load，SCL），即将货运代理人视同货主，由货主自行组织零星货物拼成整箱后运输，船公司在卸货港的代理负责拆箱交货。在这种情况下，实际货物托运人接受的是船公司签发的以 CFS/CFS 为交接方式的 M-B/L。船公司提供的是类似杂班轮的服务，因此操作程序也类似。

　　（二）拼箱业务出口货运程序

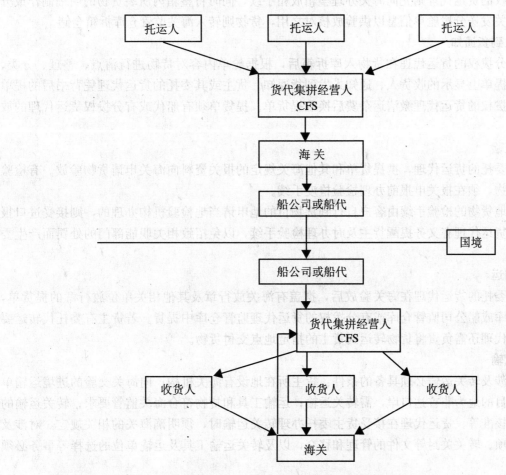

图 9—1　拼箱货出口货运代理业务流程

　　拼箱货出口货运代理业务流程如图 9—1 所示，集拼货运代理人预先以（LCL）CFS/CFS 集装箱交接方式向船公司或船代预定整箱，并为该箱项下的每票货物单独缮制场站收据联单（D/R）。船代接受订舱后，依照场站收据联单操作流程将相关报关单证退给货运代理，货运代理通知各委托人在规定时间内将运输的货物送进货运代理指定的 货运站 CFS，同时将相关报关资料送交货运代理。货运代理安排货运站适时向船代现场领取 EIR 后，将空箱运到 CFS 装箱。CFS 中的装箱人根据实际装箱情况缮制 CLP，并将实际装箱数据通知货运代理操作人员，以便于订舱时的 D/R 数据核对。若有误，则及时要求船代更正。货运代理整理报关资料统一向海关进行出口申报。海关验收后，货运代理应及时将有关单证送交船代现场配载装运。船开后，货运代理向船代申领整箱货下的全部 M-B/L 提单，同时向各委托人分别签发货运代理的 H-B/L。

（三）拼箱货业务进口货运程序

集装箱拼箱进口货物按照交货人的不同分为两种情况：或由船公司负责拆箱交货；或由有拼箱分拨权的货运代理负责拆箱交货。两者的共同之处在于：货物在交付前均须处于海关监督下，即存放在海关监管仓库或监管港区内。具体流程如下述：

1. 卸船拆箱

载运集装箱的船舶到港后，由船代根据积载仓单数据向海关进行货物进港的申报。船公司以 LCL 交付方式交货的集装箱则转入港区监管仓库或船代公司的海关监管仓库拆箱仓储。经海关核准具备拼箱分拨权的货运代理则先向海关办理整箱放箱手续，同时将整箱内所装货物的明细制作成分拨舱单，向海关发送分拨舱单信息以供验放核对之用，货物则转入海关监管仓库拆箱仓储。

2. 理货及到货通知

船代或有分拨权的货运代理在货物入库拆箱后，根据舱单内容对货物进行清点、整理、分类、仓储，同时向提单上显示的收货人、通知人发到货通知。货主或其委托的货运代理凭背书后的提单向船代或有分拨权的货运代理缴清运杂费后换取提货单。提货单须有船代或有分拨权货运代理的放货章方才生效。

3. 报关报验

货主或其委托的货运代理，携提货单和其他海关规定的报关资料向海关申请货物验放。有检验检疫要求的货物，须在报关申报前办理检验检疫手续。

而非口岸地货物的检验手续由客户自行到货物目的地申请当地检验机构办理的，则接受进口报关报验委托的货运代理有义务提醒货主及时办理检验手续，以免招致相关职能部门的处罚而产生委托代理纠纷。

4. 提货转运

货主或其委托的货运代理在海关验放后，携盖有海关放行章及其他相关单位放行章的提货单，到港区监管仓库或船公司监管仓库或有分拨权的货运代理监管仓库中提货。若货主有委托代转运要求的，则货运代理还需负责将货物转运到货主的指定地点交付货物。

5. 转关运输

进口货物涉及转关运输必须具备的条件：货主所在地设有海关机构；向海关交验的进境运输单据上列明到达目的地为非首达口岸，需转关运输；运输工具和货物符合海关监管要求；转关运输的单位须经海关核准等。货运代理在接受货主委托办理转关运输时，须明确海关的相关规定，对涉及的报关注意事项、转关关封等文件的管理和移交，以及转关运输工具及运输单位的选择等事务必须谨慎办理。

第三节　外贸物流货运代理责任保险

责任保险是指以被保险人依法应当对第三人承担的损害赔偿责任为标的而成立的保险合同。我国《保险法》第四十九条第二款规定："责任保险是指以被保险人对第三方依法应负的赔偿责任为保险标的的保险。"依照责任保险合同，投保人（被保险人）按照约定向保险人支付保险费，在被保险人致人损害而应当承担赔偿责任时，由保险人按照保险单约定承担给付保险赔偿金的义务。

国际货运代理的责任保险，通常是为了弥补国际货物运输方面所带来的风险。这种风险不仅来源于运输本身，而且来源于完成运输的许多环节当中，比如，运输合同、仓储合同、保险合同的签订、操作、报关、管货、向承运人索赔和保留索赔权的合理程序、签发单证、付款手续等。上述这些经营项目一般都是由国际货运代理来履行的。一个错误的指示、一个错误的地址，往往都会给国际货运代理带来严重的后果和巨大的经济损失，因此，国际货运代理有必要投保自己的责任险。另外，当国际货运代理以承运人身份出现时，不仅有权要求合理的责任限制，而且其经营风险还可通过投保责任险而获得赔偿。

一、国际货运代理责任保险的产生原因

国际货运代理所承担的责任风险主要产生于以下三种情况：

（一）国际货运代理自身的过失

国际货运代理未能履行代理义务，或在使用自有运输工具进行运输出现事故的情况下，无权向任何人追索。

（二）分包人的过失

在"背对背"签约的情况下，责任的产生往往是由于分包人的行为或遗漏，而国际货运代理没有任何过错。此时，从理论上讲国际货运代理有充分的追索权，但复杂的实际情况却使其无法全部甚至部分地从责任人处得到补偿，比如，海运（或陆运）承运人破产等。

（三）保险责任不合理

在"不同情况的保险"责任下，单证不是"背对背"的，而是规定了不同的责任限制，从而使分包人或责任小于国际货运代理或免责。

上述三种情况所涉及的风险，国际货运代理都可以通过投保责任险，从不同的渠道得到保险的赔偿。

二、国际货运代理责任险的内容

国际货运代理投保责任险的内容，取决于因其过失或疏忽所导致的风险损失。

（一）错误与遗漏

虽有指示但未能投保或投保类别有误；迟延报关或报关单内容缮制有误；发运到错误的目的地；选择运输工具有误；选择承运人有误；再次出口未办理退还关税和其他税务的必要手续，保留向船方、港方、国内储运部门、承运单位及有关部门追偿权的遗漏；不顾保单有关说明而产生的遗漏；所交货物违反保单说明。

（二）仓库保管中的疏忽

在港口或外地中转库（包括货运代理自己拥有的仓库或租用、委托暂存其他单位的仓库、场地）监卸、监装和储存保管工作中代运的疏忽过失。

（三）货损货差责任不清

在与港口储运部门或内地收货单位各方接交货物时，如果发生数量短少、残损责任不清的情况，由国际货运代理承担责任。

（四）迟延或未授权发货

部分货物未发运；港口提货不及时；未及时通知收货人提货；违反指示交货或未经授权发货；交货但未收取货款（以交货付款条件成交时）。

三、国际货运代理责任保险的方式

国际货运代理投保责任险时，主要有以下四种方式供选择。国际货运代理根据自己的情况，选择适合自己的方式进行投保。

（一）国际货运代理的有限责任保险

国际货运代理仅按其本身规定的责任范围对其有限责任投保，国际货运代理的有限责任保险主要有以下三种类型：

1. 根据国际货运代理协会标准交易条件确定的国际货运代理责任范围，国际货运代理可选择只对其有限责任投保。

2. 国际货运代理也可接受保险公司的免赔额，这将意味着免赔额部分的损失须由国际货运代理承担。保单中订立免赔额条款的目的是：一方面使投保人在增强责任心、减少事故发生的同时，从中享受到缴纳较低保险费的好处；另一方面，保险人可避免处理大量的小额赔款案件，节省双方的保险理赔费用，这对双方均有益。免赔部分越大，保险费越低，但对投保人来说却存在一定风险，即对低于免赔额的索赔，均由国际货运代理支付，这样当它面对多起小额索赔时，就会承担总额非常大的损失，而且有可能根本无法从保险人处得到赔偿。

3. 国际货运代理还可通过缩小保险范围来降低其保险费，但需要过去的理赔处理经验证明这是合理的，而且但意料之外的超出范围的大额索赔可能会使其蒙受巨大损失。

（二）国际货运代理的完全法律责任保险

国际货运代理按其所从事的业务范围、应承担的法律责任进行投保。根据国际货运代理协会标准交易条件确定的国际货运代理责任范围，国际货运代理可以选择有限责任投保，也可以选择完全责任投保。但有的国家对国际货运代理协会标准交易条件中有关责任的规定不予认定，所以，国际货运代理进行完全法律责任保险是十分必要的。

（三）国际货运代理的最高责任保险

在欧洲某些国家，一种被称为 SVS 和 AREX 的特种国际货运代理责任保险体制被广泛采用。在这种体制下，对于超过确定范围以外的责任，国际货运代理必须为客户提供"最高"保险，即向货物保险人支付一笔额外的保险费用。这种体制尽管对国际货运代理及客户都有利，但目前仅在欧洲流行。

（四）国际货运代理的集体保险制度

在某些国家，国际货运代理协会设立了集体保险制度，向其会员组织提供责任保险。这种集体保险制度既有利也有弊。其优点是使该协会能够代表其成员协商而得到一个有利的保险费率；并使该协会避免要求其成员进行一个标准的、最小限度的保险，并依此标准进行规范的文档记录。这种制度的缺点是，一旦推行一个标准的保险费率，就等于高效率的国际货运代理对其低效率的同行进行补贴，从而影响其改进风险管理、索赔控制的积极性；同时使其成员失去协会的内部信息，而该信息可能为竞争者所利用。

四、国际货运代理责任险的投保渠道

1. 所有西方国家和某些东方国家的商业保险公司，可以办理国际货运代理责任险。

2. 伦敦的劳埃德保险公司，通过辛迪加体制，每个公司均承担一个分保险，虽然该公司相当专业，但市场仍分为海事与非海事，并且只能通过其保险经纪人获得保险。

3. 互保协会也可以投保责任险。这是一个具有共同利益的运输经纪人，为满足其特殊需要而组成的集体性机构。

4. 通过保险经纪人（其自身并不能提供保险），可为国际货运代理选择可承保责任险的保险公司，并能代表国际货运代理与保险人进行谈判，还可提供损失预防、风险管理、索赔程度等方面的咨询，并根据国际货运代理协会标准交易条件来解决国际货运代理的经济、货运、保险及法律等问题。

五、国际货运代理责任保险的除外责任

虽然国际货运代理的责任可以通过投保责任险将风险事先转移，但作为国际货运代理必须知道，投保责任险并不意味着保险公司将承保所有的风险，因此绝不可误认为在任何情况下发生任何事故，即使自己有责任但也不必承担任何风险与责任，统统由保险公司承担，这种想法是错误的。事实上，保单中往往都有保单中的除外条款，即保险公司不予承保，所以要特别重视保单中的除外条款，并加以认真地研究和考虑。另外，保单中同时订有要求投保人履行的义务条款，如投保人未尽其义务，也会导致保险公司不予赔偿的后果。

国际货运代理责任保险的除外责任适用于各种保险，包括责任保险的保单中，除外条款和限制通常包括以下八个方面：

1. 在承保期间以外发生的危险或事故不予承保。

2. 索赔时间超过承保条例或法律规定的时效。

3. 保险合同或保险公司条例中所规定的除外条款及不在承保范围内的国际货运代理的损失。

4. 违法行为造成的后果，比如，运输毒品、枪支、弹药、走私物品或一些国家禁止的物品。

5. 蓄意或故意行为，比如，倒签提单、预借提单引起的损失；战争、入侵、外敌、敌对行为（不论是否宣战）、内战、反叛、革命、起义、军事或武装侵占、罢工、停业、暴动、骚乱、戒严和没收、充公、征购等的任何后果，以及为执行任何政府、公众或地方权威的指令而造成的任何损失或损害。

6. 任何由核燃料或核燃料爆炸所致核废料产生之离子辐射或放射性污染所导致、引起或可归咎于此的任何财产灭失、摧毁、毁坏或损失及费用，不论直接或间接，还是作为其后果损失。

7. 超出保险合同关于赔偿限额规定的部分。

8. 事先未征求保险公司的意见，擅自赔付对方，亦可能从保险公司得不到赔偿或得不到全部赔偿。例如：当货物发生残损后，国际货运代理自认为是自己的责任，未征求保险公司的意见，自作主张赔付给对方。如事后证明不属或不完全属国际货运代理的责任，保险公司将不承担或仅承担其应负责的部分损失。

六、国际货运代理责任保险的赔偿

国际货运代理投保责任险后，既能使委托人较快地得到合理的赔偿，又能使国际货运代理提高服务质量，对委托人和国际货运代理都十分有益。国际货运代理从保险公司获得的赔偿与其所签订的保单条款有关。通常国际货运代理责任保险的投保与赔偿大体可分为三种情况：

1. 国际货运代理以国际货运代理协会标准交易条件中所规定的责任保险条款为基础投保时，只能获得其责任限制的赔偿。

2. 国际货运代理虽采用该标准交易条件，但要求保险公司承保其全部责任时，则可获得完全责任保险的赔偿。

在上述两种情况下，虽然保费是国际货运代理支付的，但该保费已包含在国际货运代理向委托人所收取的服务费中。一般来说，委托人没有向保险公司直接请求赔偿的权利，然而当国际货运代理破产时，保险公司只要承保了上述责任保险，委托人就可以从保险公司得到赔偿。这种责任保险与承运人投保的责任保险相类似。

3. 委托人投保货物运输过程的全部风险，其中包括由于国际货运代理的过失或疏忽所引起的损失的风险时，因其为投保的当事人，因此有权直接向保险公司进行索赔。此时，保险公司不得援用国际货运代理所采用的标准交易条件中的责任限制条款。

国际货运代理责任保险的上述三种赔偿情况，无不与投保人缴纳的保费有直接的关系。一般来说，缴纳的保费越多，承保的责任范围越大，赔偿的金额也就越高；反之，缴纳的保费越少，承保的责任范围越小，赔偿的金额也就越低。因此，国际货运代理需根据自己业务的性质、范围、责任的大小以及有关的法律与保险公司商讨制定出一个理想的保单，用以维护双方的合法权益。

重点名词与概念

国际货运代理，国际货运代理人，无船承运人，拼箱货，国际货运代理责任保险

练习与思考

一、单选题

1. 国际货运代理协会联合会的英文缩写是（   ）。

A. FIATA   B. FITTA   C. IFATA   D. IFFFA

2. 以下不属于国际货运代理企业经营范围的是（   ）。

A. 揽货、订舱   B. 签订买卖合同

C. 报关、报检   D. 国际快递（不含私人信函）

3. House B/L 是由（   ）签发的单证。

A. 班轮公司   B. 无船承运人

C. 买方的代理人   D. 卖方的代理人

4. 国际货运代理发生以下哪种情况，保险公司可以拒绝赔偿（   ）。

A. 错误与遗漏   B. 仓库保管中的疏忽

C. 违法行为造成的后果   D. 迟延或未授权发货

二、多选题

1. 根据不同的服务对象分类，国际货运代理的业务内容包括（   ）。

A. 为货主服务   B. 为承运人服务

C. 为海关服务   D. 顾问

E. 转运代理

2. 我国目前国际货运代理企业的类型有（　　）。

A. 以外运公司为背景的货代企业

B. 以航运公司、航空公司和铁路为背景的货代企业

C. 以外贸专业公司、工贸公司的报运部门为背景所组建的货代企业

D. 以仓储业为背景的货代企业

E. 中外合资经营的货代企业

3. 拼箱货业务进口货运程序为（　　）。

A. 卸船拆箱　　　　　　　　　B. 理货及到货通知

C. 报关报验　　　　　　　　　D. 提货转运

E. 转关运输

4. 国际货运代理责任保险的方式（　　）。

A. 国际货运代理的有限责任保险

B. 国际货运代理的完全法律责任保险

C. 国际货运代理的最高责任保险

D. 国际货运代理的最低责任保险

E. 国际货运代理的集体保险制度

三、判断题

1. 国际货运代理从事纯粹代理业务，无论本身是否有过失，都不承担任何责任。（　　）

2. 无船承运人就是国际货运代理人。（　　）

3. 国际货运代理投保责任险并不意味着保险公司将承保所有的风险。（　　）

四、简答与论述题

1. 简述国际货运代理的概念、性质和作用。

2. 简述在出口中国际货运代理可提供的服务项目。

3. 简述国际货运代理责任险的内容。

4. 试述识别无船承运人与国际货运代理人的方法。

5. 试述拼箱业务出口货运程序。

参 考 文 献

[1] 姜春华. 物流企业管理 [M]. 重庆大学出版社, 2009.

[2] 林贤福. 仓储与配送管理 [M]. 北京理工大学出版社. 2009.

[3] 小保罗. R. 墨菲, 唐纳地. F. 伍德 [M]. 中国人民大学出版社. 2004.

[4] Jinxiang Gu, Marc Goetschalckx, Leon F. McGinnis. *Research on warehouse design and performance evaluation: A comprehensive review* [J]. European Journal of Operational Research. 2010, 203: 539-549.

[5] Jinxiang Gu, Marc Goetschalckx, Leon F. McGinnis. *Research on warehouse operation: A comprehensive review* [J]. European Journal of Operational Research. 2007, 177: 1-21.

[6] 吕军伟. 国际物流业务管理模板与岗位操作流程 [M]. 中国经济出版社, 2005.

[7] 刘凯, 张晓东. 国际物流: 全球供应链管理 [M]. 电子工业出版社, 2006.

[8] 隆国强. "发展国际物流配送中心的政策研究".《特区理论与实践》, 2003 年第 6 期.

[9] 史丽丽, 江红宁. "国际物流配送中心的服务功能设置".《中国储运》, 2006 年 2 月.

[10] 霍佳震, 周敏. 物流绩效管理 [M]. 清华出版社, 2009.

[11] 朱占峰. 配送中心管理实务 [M]. 武汉理工大学出版社, 2008.

[12]《国际物流师培训教程》编委会. 国际物流师培训教程. 中国经济出版社, 2006.

[13] 黄福华, 吴可夫, 庞燕等. 物流绩效管理研究 [M]. 湖南人民出版社, 2007.

[14] 杨占林. 国际物流货主操作实务 [M]. 中国商务出版社, 2004.

[15] 翁凤翔. 国际商贸实践 [M]. 浙江大学出版社 物流工程与管理. 2004.

[16] 姚大伟. 出口贸易单证实务 [M]. 中国金融出版社, 2008.

[17] 梁朝瑞, 梁松. 外贸出口制单实务 [M]. 中国对外经济贸易出版社, 2003.

[18]《国际物流师培训教程》编委会 [J]. 国际物流师培训教程. 中国经济出版社, 2006.

[19] 蒋长兵, 王姗姗. 国际物流学教程 [M]. 中国物资出版社, 2008.

[20] 吕军伟. 国际物流业务管理模板与岗位操作流程 [M]. 中国经济出版社, 2005.

[21] 林正章. 国际物流与供应链 [M]. 清华大学出版社, 2006.

[22] 刘凯, 张晓东. 国际物流: 全球供应链管理 [M]. 电子工业出版社, 2006.

[23] 邢颐. 国际物流实务 [M]. 中国轻工业出版社, 2005.

[24] 王莉, 陈琳, 刘琳, 陈云. 国际商务单证员考试参考用书: 进出口业务单证操作手册 [M]. 广东经济出版社, 2005.

[25] 中国出入境检验检疫协会. 报检员资格全国统一考试辅导 [M]. 中国计量出版社, 2009.

[26] 刘耀威. 进出口商品的检验与检疫 [M]. 对外经济贸易大学出版社, 2008.

[27] 张兵. 进出口报关实务 [M]. 清华大学出版社, 2006.

[28] 刘春晖, 李明. 2010 年版报关员资格全国统一考试教材同步辅导教程 [M]. 对外经济贸易大学出版社, 2010.

[29] 海关总署报关员资格考试教材编写委员会. 2010 年版报关员资格全国统一考试教材 [M]. 中国海关出版社, 2010.

[30] 中国国际货运代理协会. 国际陆路货运代理与多式联运理论与实务 [M]. 中国商务出版

社，2010.

[31] 中国国际贸易学会商务培训认证考试办公室. 外贸物流理论与实务 [M]. 中国商务出版社，2007.

[32] 蒋长兵. 国际物流实务 [M]. 中国物资出版社，2008.

[33] 胡杨. "国际多式联运的优越性".《大陆桥视野》，2010 年 8 月.

[34] 吴永富. 国际集装箱货物多式联运组织与管理 [M]. 大连海事大学出版社，1998.

[35] 孙家庆. 国际物流运作流程与单证实务 [M]. 大连海事大学出版社，2007.

[36] 杨运涛. 国际多式联运法律关系研究 [M]. 人民交通出版社，2006.

[37] 王仁军，朱铁男. 铁路货运技能手册 [M]. 西南交通大学出版社，1996.

[38] 杨占林. 国际物流空运操作实务 [M]. 中国商务出版社，2005.

[39] 周全申. 现代物流技术与装备实务 [M]. 中国物质出版社，2002.

[40] 唐明毅. 现代航空运输法 [M]. 法律出版社，1999.

[41] 中国国际贸易学会商务培训认证考试办公室. 外贸物流理论与实务 [M]. 中国商务出版社，2007.

[42] 杨占林. 国际货物运输操作规程 [M]. 中国对外经济贸易出版社，2002.

[43] 肖勇. 现代货物进口贸易与单证实务. 上海教育出版社，2008.

[44] 薛贵明. 物流运输实务 [M]. 重庆大学出版社，2009.

[45] 王俭廷. 航空物流运营实务 [M]. 中国物资出版社，2009.

[46] 中国国际货运代理协会. 国际航空货运代理理论与实务 [M]. 北京：中国商务出版社，2010.

[47] 王俭廷. 仓储物流运营实务 [M]. 中国物资出版社，2009.

[48] 真虹，张婕姝. 物流企业仓储管理与实务 [M]. 中国物资出版社，2007.

[49] 中国国际货运代理协会. 国际陆路货运代理与多式联运理论与实务 [M]. 北京：中国商务出版社，2010.

[50] 中国国际货运代理协会. 国际海上货运代理与多式联运理论与实务 [M]. 北京：中国商务出版社，2010.

[51] 陈军. "金融危机给我国货代业带来的挑战与机遇".《对外经贸实务》，2010 年 2 月.

[52] 罗建雄. "浅析新形势下中国货运代理企业竞争策略".《科技信息》，2010 年 3 月.

[53] 井庆仪. "国际货运代理通用交易条件——国家标准解读（上）".《中国远洋航务》，2010 年 3 月.

[54] 刘晓岚. "金融危机下中小型货代企业发展对策".《南通纺织职业技术学院学报》，2010 年 1 月.

[55] 冯翌胜，张平，王晓东. "对港口货代企业经营发展模式的探讨".《中国港口》，2010 年 4 月.

[56] 宋秀峰，孙萍. "我国国际货代企业未来发展的定位与战略思考".《山东纺织经济》，2009 年 5 月.

[57] 顾永才，王斌义. 国际货运代理实务 [M]. 首都经济贸易大学出版社，2008.

[58] 张敏，周敢飞. 国际货运代理实务 [M]. 北京理工大学出版社，2007.

[59] 庞燕，邓平. 国际货运代理实务 [M]. 湖南人民出版社，2007.

[60] 师向丽. 国际货运代理实务 [M]. 上海财经大学出版社，2009.

[61] 杨鹏强. 国际货运代理实务 [M]. 电子工业出版社，2008.

[62] 陈军，李海华. 国际货运代理实务 [M]. 科学出版社，2009.

[63] 邓传红. 国际货运代理实务 [M]. 大连理工大学出版社，2009.